读不够的

DU BU GOU DE

秦汉史

QIN HAN SHI

鸟山居士 ◎ 著

第五部 复兴

中国文史出版社

图书在版编目（ＣＩＰ）数据

读不够的秦汉史.第五部，复兴 / 鸟山居士著 . --
北京：中国文史出版社，2023.10
　ISBN 978-7-5205-4096-4

　Ⅰ.①读… Ⅱ.①鸟… Ⅲ.①中国历史－秦汉时代－
通俗读物 Ⅳ.① K232.09

中国国家版本馆 CIP 数据核字（2023）第 085402 号

责任编辑：刘　夏
装帧设计：欧阳春晓

出版发行：中国文史出版社
网　　址：www.wenshipress.com
社　　址：北京市海淀区西八里庄路 69 号　　邮编：100036
电　　话：010-81136606　81136602　81136603（发行部）
传　　真：010-81136655
印　　装：廊坊市海涛印刷有限公司
经　　销：全国新华书店
开　　本：1/16
印　　张：25.75　　字　数：378 千字
版　　次：2024 年 1 月北京第 1 版
印　　次：2024 年 1 月第 1 次印刷
定　　价：66.00 元

目录 Contents

第一章

新朝覆灭记

1.1 王莽改制

公元9年，也就是王莽谋朝篡位后的第一年，王莽将本年的国号改为"始建国"，然后，便开始了他的疯狂大改制。

为什么要大改制呢？

其一，王莽要让全国的百姓彻底忘记曾经的汉朝制度，令他的新朝更加"合理合法"。

其二，王莽崇尚古人，崇尚三皇五帝，所以希望能带领新朝回到那"光辉灿烂"的岁月。

其三，当初王莽改革官职名称，改大司农为羲和（后又改为纳言），大理为作士，太常为秩宗，大鸿胪为典乐，少府为共工，水衡都尉为予虞，光禄勋为司中，太仆为太御，卫尉为太卫，执金吾为奋武，中尉为军正，地方太守为大尹，都尉为太尉，县令、县长为宰等。

按说这也没有什么，只是换一换名字，职能不变也就好了。可王莽在原来官职的基础上又增加了很多的新官职。比如在中央新设大司马司允、大司徒司直、大司空司若，那么这些官都是什么阶级的呢？位列九卿。

也就是说，这些官职的职能绝不仅仅是辅助三公的工作，他们是有一定权力来削弱三公职权的。

诸如此类的情况还有很多，这里就不一一枚举了，总之，就是王莽改制以后，整个天下的官员都乱了套，很多人都不知道自己应该干什么，到底什么才是真正归自己管的。

此外，王莽还模仿周朝制度，大封五等诸侯七百九十六人，附庸一千五百人，这其中有很多人都没有得到实际上的封地，每月只能领取几千钱而已。

所以，大量的官员和诸侯运用手中的职权想尽办法压榨民脂民膏，而清正的受封爵者却穷困潦倒，有的甚至靠给别人打工来维持生活。

另外，王莽还频繁更改地名，给老百姓的生活造成了相当大的不便，甚至有的官员都弄不明白自己治理的地方到底应该叫什么。

同时，王莽还想取消奴隶制度，他禁止天下买卖奴隶、婢女，想要多年以后新朝再无奴隶。

这事儿乍一听挺合理的，可在当时，根本和大势不符。

那时候，身为奴隶的人大部分不外乎两种。

第一种，罪人或者罪人之后。

第二种，家中没有钱养活子女进而将子女卖掉当奴隶，抑或自己直接去当奴隶。

可以说，这种制度是当时很多人的一种生活保障。

可王莽这么一搞，让这些人完全失去了生活的保障，所以不管是那些想要当奴隶的，还是想要买奴隶的都恨死了王莽。

综观以上，王莽之前的改革是完全以失败而告终的。

但他身为一个刚刚上任的统治者，是绝对不能承认自己的错误的。不仅如此，他还要在此基础上继续改、继续变，直到将汉家天下从里到外完全变成新朝的。

基于此，王莽开始了大型改革改制。

它们分别为井田圣制（也叫王田制）、五均赊贷六筦制以及货币改制。

我们先说说这个井田圣制。

其实，所谓的井田圣制就是商周时期的井田制。那么什么叫作井田制呢？

说简单点儿就是将一大块田地划分为井字九块，将井字周边的八块分给老百姓，让他们自由耕种，收获都是他们自己的。可在他们伺候自家田地之前，必须先将中间那一块最好的田地给耕种好，不然他们休想得到一粒粮食。因为一到秋收时节，中间的那块田地所有的收获都归朝廷所有。

井田制，说白了就是全天下的土地都是公有的，不管是谁都不可以自由买卖。

此制度妙不可言，因为只要土地公有，那么这天下就不会再有那么多土豪地主来压迫百姓，抬炒地价，可以做到人人有田种、人人有饭吃，这就大大降低了农民起义的概率。这也是六百年大商、八百年大周之所以存在这么长时间的重要因素之一。

可这么好的一项制度为什么到了春秋战国之时却被废弃了呢？原因很简单。

因为井田制规定，这天下所有的土地都是朝廷的，而不是私有的，所以有了地的老百姓就丧失了开拓新地的动力。

而春秋战国时期，各路诸侯相互征伐，军饷钱粮的消耗就像自来水一样哗哗地往外淌。诸侯们为了增加自己国家粮食的产量和税收，便改井田制为田地私有纳税制，鼓励百姓们开荒种地，为国家创收。

那如果这么说的话，盛世之时不就应该恢复井田制度吗？

从表面上来看是这样的，可实际上是没有可操作性的。

春秋战国维持了多少年？我们哪怕是不从公元前770年开始算，就从公元前453年开始算到公元前221年也有232年了。

这段时间，土地私有纳税制早已经深入人心，特别是深入了那些权贵和土豪的心。谁要是敢动他们手中的蛋糕，他们一定会在第一时间抄家伙生死相搏。

到了王莽时期的新朝。

这时候，中原的荒地已经被开垦得差不多了，所以看似正是改井田制之时。从这一点来看，王莽做的是没有什么错误的。

可他王莽知道的事情之前的汉宣帝就不知道吗？崇尚儒家到了极致的汉元帝就不知道吗？那么他们为什么没有改这项制度呢？

那是因为他们知道这件事的可操作性实在是太低，操作之后能不能得到实惠不知道，但是可以肯定的是，一定会收到相当强烈的"反响"。而王莽也即将被这种"反响"所淹没。

再看五均赊贷六筦制。

所谓五均，其实就是王莽新设置在大城市的五均官，下设交易丞五人，钱府丞一人。

他们的主要作用简单来说有两个。

第一是征收各种商业税务。

第二则是管理物价。

他们会在每季的第二个月来评估出各种货物的标准价格（简称市平），如果市场上物价高于市平，他们就会介入，强令物价在市平以内。

再看赊贷。

顾名思义，赊贷就是政府专门建立一个机构借钱给百姓办理祭祀、丧葬和从事工商业等事宜。如果是祭祀借钱的，政府不收取百姓任何利息，不过必须要在十天内还清贷款。

如果是办理丧事的，国家同样不收取任何利息，不过要在三个月之内还清贷款。

如果是借钱办理其他事情的，比如说工商业等，那还钱的时候就需要多缴纳十分之一的贷款，不过可以分期付款。

最后来看六筦。

所谓的六筦，其实就是"六管"。即酒、盐、铁都由国家专卖，铸钱之事也由国家专营，依靠名山大川生活的人也要开始向朝廷缴纳一定的赋税，再加上之前的五均赊贷，所以总和为"六管"。

以上这些措施，单从表面上看，不管是从减轻百姓负担上还是从加强政府对经济的控制上，抑或是从中央集权来看，都是对国家有利的。

可是事实真的像表面上看到的那么简单吗？答案当然不是。

以上这些政策大多都是需要当地那些巨商富贾配合的。可这些钱多得流油的家伙根本就不愿意配合政府。

他们利用手中的财富和当地官员相互勾结，用各种办法肥己营私、囤积货物。之前为了防止商人们非法盈利的五均反倒成了那些奸商贪官们谋取富贵的工具。有些边地的赊贷官员更是和太守勾结在一起，乱改利息额度以谋求私利。

结果，上面这些政策非但没有给百姓谋得福利，反倒成了祸害百姓的大害。

再来看货币的改革。

王莽的货币改革实际上并不是一次性的改革，而是断断续续地经历了四次大型改革。

第一次是在两年前，也就是公元7年。

那一年，王莽令工匠制造三种"大钱"，分别是错刀，价值五千钱；契刀，价值五百钱；大钱，价值五十钱。

当初汉武帝也试图制造大钱以促进国家经济，可最后因为造假钱的人实在是太多，所以这事也就宣告破产了。

如今，王莽不信邪，也要来一出制造大钱，这也就重演了当初汉武帝的故事。

因为就在王莽的大钱令发出以后，这天下有些"手艺"的人都开始制造假钱。

一时间，假大钱满地，物价急剧飙升，老百姓痛苦不堪。

见此，王莽只能在无奈之下废除错刀。

在废弃了错刀以后，他于公元9年再改货币。

这回他直接弄了二十八种货币，并且最大面值的货币照之前的刀币也是相差无几。

因为假冒伪劣的"大钱"实在太多，再加上货币的种类也太多，这让百姓苦不堪言，所以百姓们私下里都还用五铢钱来进行交易。

王莽得知此事以后非常愤怒，竟强令全国官员挨家挨户地搜查。只要发现谁家有铜、炭的，都会被指为私铸货币，进而斩杀。

并且，王莽下令，只要有一家发现私铸货币的，他的邻居们也都要被连坐，所以哪怕是被全天下的百姓痛骂，他也必须要把货币改革进行到底。

可就是这样，依然无法使新币流通，老百姓们依然私下用五铢钱来进行交易。

无奈之下，王莽只能在一年以后再行第三次货币改革，那就是只留下两种小钱（一值五钱，一值五十钱），算是自己改革成功了吧。

公元14年，王莽再行第四次货币改革。

这次，他废了两种小钱，另外发行货布和货泉，其中货泉重五铢，货布重二十五铢，一货布却值二十五货泉，价值比例十分不合理。

本次改革，非但没有厘清王莽所造成的货币混乱，反倒是加剧了混乱。

由于王莽一而再，再而三地改革货币，所以王莽政府毫无信誉可言，造成了物价飞涨，百姓饱受其害。有的人甚至在市场上大声痛哭，跪拜老天，希望上天能让汉朝再回到他们的身边。

综观以上，王莽的这些改革几乎是把整个天下的百姓和土豪都得罪遍了，人们不造他的反还能造谁的反？

另外，王莽还改革音乐、改革漏壶、改革历法、改革度量衡等，就不一一介绍了，还是继续介绍主线吧。因为接下来王莽干的事情更加快了他短命王朝死亡的脚步。

1.2　四面皆敌

公元9年秋，如疯似癫的王莽突然派出使者往四面八方的少数民族而去，意图很简单，就是让这些少数民族接受新朝的新印信，宣布对新朝进行效忠。

按说这也没什么，只要中原王朝势力强大，拳头够硬，四周的这些民族便都会顺从。但王莽千不该万不该去贬低人家的身份，这样可就不对了。

那王莽是如何贬低周边这些民族的呢？我们先来看西南夷方面。

新朝使者到了西南夷诸族以后，直接命令他们接受新朝的印章，将他们的王爵贬为了侯爵。

此命令一下，这些王爵们当时就不乐意了。

"这王莽什么意思？当初那么强势的汉武帝都承认我们的王爵，你一个谋朝篡位的东西还当自己是个人物了？还让我们都当侯爵？做梦吧！"

　　想到这，这些族王们异口同声地拒绝了王莽的要求，并宣布从此以后不再臣服于新朝，这其中句町国闹得是最严重的。

　　消息传到长安，王莽怒不可遏。要知道，自己篡权才一年不到，正是需要威望的时候。这时候句町王闹事，那不是往他的心口插刀吗？

　　基于此，王莽迅速下令牂柯太守周歆，让他无论用什么办法都要把这个不知死活的东西弄死。

　　王莽认为，只要句町王一死，其他的族国就会尿了。

　　而周歆，也确实没令王莽失望。几乎是在收到王莽命令的第一时间便诈称新朝方面有新的任命，希望句町王能来接受指示。

　　中原王朝，从有商开始便一直都是礼仪之邦，从不屑于搞什么小动作，说一是一，说二是二，所以句町王根本就没怎么怀疑，再加上他也不想把这个庞然大物给彻底得罪了，便前来接受任命。

　　可谁知他一进入牂柯郡就被周歆以关门打狗的方式给弄死了。

　　此举使得句町国全国愤慨，遂于本年发举国之兵攻击牂柯，并将周歆斩杀。周围之郡县虽屡屡征讨，但句町国仗着地利，不停和新朝郡国兵打游击战，使得新朝无从发力。

　　直到公元16年，盛怒的王莽终于再也忍受不了句町王的挑衅，遂命平蛮将军冯茂率大军出兵攻打，但依然没有用。

　　之后，新朝只能无可奈何地和句町国展开了长期对峙，此对峙一直持续到公元21年，因为当时新朝的农民起义已经遍地开花，所以王莽才不得已终止了和句町国的战争。

　　这场战争从公元9年的小打小闹，发展到公元16年的生死搏杀，再到公元21年为止，共用时十二年，其间消耗军饷无以数计，这也成了王莽迅速亡国的重要因素之一。

　　但和接下来与匈奴之间的交锋相比，句町国只能算是小巫见大巫了。

　　公元9年秋季，就在新朝使者在西南夷碰壁之时，匈奴也和王莽把脸皮撕破了。

话说新朝派五威将军王骏出使匈奴以后，王骏这一路上就不停地担心，脸上从来就没有好颜色。

因为新朝周围的这些近邻们就数匈奴最为强大，那乌珠留若鞮单于之前对汉朝百般试探，早就有了其他的心思，只不过被之前汉朝的强势吓退了而已，这个满朝文武谁都知道。

如今，新皇帝王莽竟然要将乌珠留若鞮的"玺"改成"章"，乌珠留若鞮单于怎么可能会答应？而如果他不答应的话自己的任务就完不成。并且现在正是王莽新登基，属于最敏感的时期，如果自己在这一阶段将事情给办砸了，那等待着自己的将会是什么就很明显了。所以，王骏一直都没有什么好脸色。

这时候，随同他一起出使匈奴的右将军陈饶见王骏如此愁眉不展，便微笑着问："五威将军可是怕乌珠留若鞮单于不接受新朝的新印章吗？"

王骏道："唉，是呀，除了这个事儿我还有什么可担心的。"

陈饶道："如此，大人不必担心，下官有一法可以轻易达成任务。"

这话一说，王骏如同抓住了一棵救命稻草，赶紧问陈饶有什么办法。

陈饶道："大人您到了王庭以后先不要把我们的新印章拿出来，只送礼、说事。等单于将旧印玺交给我们之后再将新印章给他。到时候哪怕他发现了毛病我们也死活不还给他旧印玺，这样任务不就完成了吗？"

王骏道："啊？这，可是……"

陈饶道："没什么可是的，大人您相信我，凭前朝在匈奴累积的声望，他乌珠留若鞮单于绝对不敢拿我们怎么样。"

讲真，陈饶的这个主意真不是什么好主意，这不外乎拿命去赌明天，但事情到了现在这种进退两难的地步，好像除了这个办法也再没有什么太好的办法了。

王骏没招，只能同意。

等一行人到了王庭以后，乌珠留若鞮单于给予了新朝使者最隆重的迎接礼仪，王骏也将王莽送给匈奴的金银布帛全数拿了出来。

到这儿为止双方都很愉快。

这之后，王骏向乌珠留若鞮单于说明了现在新朝的情况，并希望匈奴能够像以前臣服于汉朝那样臣服于新朝，并将原来汉朝赠予的"匈奴单于玺"拿下来，换上新朝赐予的新印信。

乌珠留若鞮单于哪管你什么新朝汉朝的，只要你拳头够硬我就服你。

于是，他毫不怀疑便将双手平举了起来，准备让翻译给他将印玺解下来。

可就在翻译走到乌珠留若鞮单于身前的时候，南匈奴左姑夕侯却突然拦住了翻译："汉使稍等，我有话要对单于说。"

话毕，翻译停止了动作，左姑夕侯则将乌珠留若鞮单于拉到了一边道："单于可要三思啊，如果说这是当初的汉朝，我绝不会如此无礼！因为汉朝从来说一不二，不会耍什么小动作。可他王莽是个什么东西？就是一个谋朝篡位的大奸臣而已。所以，在见到新印玺，确认没有毛病之前，我不建议大单于将旧印玺交给这些所谓的新朝使者。"

乌珠留若鞮单于也觉得很有些道理，便暂停了受玺仪式，想要等王骏将新玺交给他之后再交换回去。

可王骏知道，一旦让乌珠留若鞮单于看到他们的"新匈奴单于章"，那本次任务就是百分之百失败了，所以，王骏义正词严地道："这绝不可能，在大单于交给我们旧印玺之前，我们是不可能将新'印信'交给大单于的。这并不是我矫情挑理，而是关乎我大新朝的国威、尊严，我不得不慎重。"

乌珠留若鞮单于想想也是，中原王朝不管什么时候都讲究个面子，他也不好因为这事儿和使者闹得太僵。再说，新朝是一个新兴的朝代，这时候正是需要稳的时候，怎么会在这种敏感的时期得罪自己呢？

于是，乌珠留若鞮单于再次举起了胳膊，让汉朝翻译前来给他解下印玺。

见左姑夕侯又要说话，乌珠留若鞮单于"嘶"了一声，有些不爽地道："你消停点儿，莫拿你那小人之心度人家新朝的心胸。"

这话说完，左姑夕侯一愣，然后怒了，直接甩袖子就走了。

乌珠留若鞮单于无所谓地和翻译道："别管他，他就这样，让各位见笑了。"

就这样乌珠留若鞮单于将旧的印玺交给了王骏，换得了新的"印章"。

可这个"新匈奴单于章"是用一个黄丝布裹着的，并没有显示它的"本来面目"。而乌珠留若鞮单于为了缓解之前的尴尬，并没有当场检查这个印章，直接就开席摆宴招待王骏等人了。

这场酒席一直持续到了晚上才宣告结束。双方依然意犹未尽。

酒席结束以后，王骏一行人回到了大帐。

这时候，大家都认为这次任务会圆满完成，所以一个个全都非常放松兴奋，只有右将军陈饶满脸阴云。

王骏不解地道："我说右将军，来的时候我们都非常担心，只有你满脸的自信。怎么到了现在任务完成了，你反倒是不开心了呢？"

陈饶冷笑道："任务完成了？将军您开心得太早了些。"

王骏一愣，随即不解地道："这话怎么说的？"

陈饶道："之前受玺仪式的时候，左姑夕侯就对新印章诸多怀疑，致使任务差点儿失败。从单于对左姑夕侯随意的态度来看，左姑夕侯一定是单于的心腹，如果让他发现印章是假的，他一定会让单于将旧的印章抢夺过来，到时候我们的任务依然会以失败告终。那时候他们人多势众，就由不得我们不将旧的印玺交给他们了。所以，现在只有一条路可走，就是立即毁掉这个旧的印玺，那便什么事都没有了，他们匈奴人畏惧新朝强大的军事实力，是一定不敢拿我们怎么样的。"

王骏道："这……"

最开始，王骏一行人没有什么其他的办法，这才采用了陈饶的建议，孤注一掷。可现在印玺已经到了自己的手中，这就使得王骏一行人存有一定的侥幸心理，认为自己是强大新朝的使臣，匈奴单于哪怕明知道吃亏也不敢拿自己怎么样，进而犹豫不决。

可陈饶却没有他们那么乐观。他见众人犹豫不决，直接将印玺从王骏手中抢了过来，然后狠狠地往地上一摔，紧接着拿起宝剑便噼里啪啦一顿狂砍。

等这些人反应过来的时候，本来好好的印玺已经变成了一堆碎末。

时间：第二天一早。

地点：单于大帐。

此时的乌珠留若鞮单于借着昨天的美酒正做着美梦，可就在这时候，大帐外面传来了一阵嘈杂之声。

左姑夕侯那粗犷的声音瞬间将乌珠留若鞮弄醒了。

"你别拦着我！让我进去！我要见大单于！"

卫兵："侯爷，大单于现在睡得正香，这要是放您进去，小的性命不保，您就别为难小的了。"

左姑夕侯："国家大事和他的懒觉哪个更重要，我告诉你小子，你要是耽误了……"

"别吵吵了，赶紧滚进来！"

没等左姑夕侯说完，乌珠留若鞮那极不耐烦的声音便从大帐里传了出来。

这时候，乌珠留若鞮单于因为昨日的豪饮，头痛欲裂，见左姑夕侯进来也没什么好脸色，直接怒声道："大清早的你小子发什么神经！"

左姑夕侯因为昨天的事情气还没消呢，他也不看乌珠留若鞮单于，撇过头去瓮声瓮气地道："我要看新印玺，不给我检查我就不走了！"

乌珠留若鞮单于："你……就在桌上你自己看吧！"

话毕，乌珠留若鞮单于直接大被一蒙，再不搭理左姑夕侯了。

可就在乌珠留若鞮单于即将再入梦乡的时候，一声极具毁灭性的怒吼声突然传入了他的耳朵。"我们都被新朝使者给骗了！"

这一声怒吼差点儿将乌珠留若鞮单于给吓"死"！可他现在没心情怪罪左姑夕侯了，而是噌的一下从暖暖的被窝中蹿了出来，直接奔到左姑夕侯身边急道："怎么了？这印玺有什么问题？"

左姑夕侯冷冷地道："怎么了？还印玺？还有什么问题？你看看，这印章下面写的什么？"

乌珠留若鞮单于怒了，他直接在左姑夕侯的后脑勺上打了一巴掌，然后又怒又急地道："我看！我看个什么！我认识汉字吗？到底写的什么你赶紧给我读。"

左姑夕侯揉了揉后脑勺郁闷地道："这印章上面写的是'新匈奴单于章'，而不是'匈奴单于新章'或者'匈奴单于新玺'。这是什么意思？啊？想当初汉朝那么强大，他们也没敢给我们'章'，而是给的我们'玺'。想当初汉朝那么强大，他们也没敢在印玺之前加上一个'汉'字。这就是汉朝皇帝尊重我们匈奴人的态度！承认我们还是一个独立的国家。可王莽这个篡国贼子给的新章是什么意思？那就是说，在我们接受新印章的同时，也就等于彻底承认了臣服于新朝，成为他们国土的一部分，这要是印玺也就算了，最重要的还是一个章，这什么意思？就拿我们当成一个侯爵了！大单于你愿意忍受这种待遇吗？"

乌珠留若鞮单于听到这里已经怒不可遏，但理智告诉他，现在还不是和新朝翻脸的时候。所以，他当即召来了右骨都侯，嘱咐他好言相劝王骏等一干新朝使者将旧的印玺还回来，等他们实在是说服不动的时候再动用武力强行抢夺。

可等右骨都侯找到王骏的时候却傻了，因为人家早已经将旧的印玺给敲碎了。

乌珠留若鞮单于是又气又恨，但更多的却是无奈，因为他真的不能将新朝使者杀死，那样的话可就真没有挽回的余地了。

所以，乌珠留若鞮单于虽然恨王骏等一行新朝使者，但依然无奈地将其放回了新朝。

可你就让他这样接受什么劳什子的"新匈奴单于章"他实在是无法接受，所以乌珠留若鞮单于只能再遣使者前往长安，请求王莽赐给他一个和原来一模一样的印玺。

可王莽呢？根本就没搭理他。那态度，嚣张得很啊！

没办法，面对嚣张无礼的王莽，匈奴使者只能灰头土脸地返回王庭。

可就在他们回到匈奴境内，路过左犁汗王管理的土地之时，却看到了许许多多的乌桓百姓。匈奴使者觉得非常奇怪，便问左犁汗王是怎么回事儿。

左犁汗王回答道："这些乌桓人都是因为各种原因从乌桓逃到我们匈奴

的，我们左右都需要劳动力，所以我就将他们收留了。"

匈奴使者大急，赶紧道："之前新朝皇帝曾经明令禁止我们匈奴人收留西域人和乌桓人，这事儿要是被新朝皇帝知道怕是又要啰唆了，你还是赶紧送回去吧。"

左犁汗王不屑地道："怕什么！他不仁还不能让我们不义了？我不管，反正这人我是不可能放的，除非得到单于的命令。"

话都说到这个份儿上了也没有必要继续了，本来这事儿也和自己没有关系。想到这儿，使者直接回到了中央王庭，将出使新朝的经过详细地汇报了一番，然后又将乌桓人之事说了一下。

本来，在听使者汇报见王莽之事的时候，乌珠留若鞮的脸还是黑的。可当他听说有一大堆乌桓人来到了自己的领土时脸色反倒缓和了不少。

并且使者接下来的话更是让乌珠留若鞮单于开怀大笑。

只见使者犹豫地道："还有一件事，虽然和咱们没什么关系，但我觉得也有必要向大单于汇报一下。"

乌珠留若鞮单于道："没什么可犹豫的，有事儿你就说。"

使者道："是，臣在长安的时候听说新朝的使者在给西南夷印章的时候也非常不顺利。非但如此，还因为这事儿将句町国的国王给杀死了，两国现在正处于交战的状态，长安方面也是频频调兵遣将，看样子是有要大规模讨伐句町国的意图。"

这话一说完，乌珠留若鞮单于明显是一愣，然后哈哈大笑："真天助我也！你，再给我去一趟长安，这回见到王莽你给我先问他这些乌桓人是要从塞内送还呢，还是从塞外送还。当他给出明确的意思以后你再给我问他能不能换回以前的印玺。我相信，这个新朝的皇帝只要不是脑子不好使，他就一定会重新给本单于做一个老印玺。"

就这样，此匈奴使者带着乌珠留若鞮单于的期望再次来到了长安。

可他实在是太高估王莽的智商了。

当天，使者问王莽，是要从塞外送还乌桓人还是从塞内送还以后，王莽说出了从塞外送。可当使者询问什么时候新朝能再给匈奴做一个新印玺的时候，王莽却再一次拒绝了使者的请求。

当使者回到匈奴将王莽的答复告诉了乌珠留若鞮单于以后，这位大单于简直不敢相信自己的耳朵。

这都什么时候了，他还这么在乎所谓的面子？好，你王莽不是要面子吗？那本单于就给你这个"面子"。

公元9年秋季，乌珠留若鞮单于整整派了一万多名身强体壮的射雕者押送乌桓人回去本来的地方。

这一万多人故意绕了远道，沿着新朝边关一路嚣张地到了乌桓，又一路嚣张地走了回来。

乌珠留若鞮单于是什么意思呢？就是在向王莽示威呢。他在提醒王莽，自己有足够的军事实力和新朝对着干，如果再不给我制造新的印玺，那就别怪我不客气了。

结果，王莽好像没看到一样，好几个月过去都没有反应。

这一下，乌珠留若鞮单于可就真的怒了，匈奴和新朝的战争也在一步步地逼近之中。

公元10年二月，因为一个偶然的事件，新朝和匈奴的战争终于全面爆发。

这个月，王莽因为和西南夷与匈奴都闹得相当不愉快，生怕这时候西域诸国也和自己闹事，便命心腹甄丰为西域太伯，率领兵众前往西域进行镇抚等工作。

可这些新朝大兵要想到西域就必须经过车师后国这个必经之路。而现在车师后国的国王名叫须置离。

须置离，详细信息没有，不过有一点可以肯定的是，他是一个非常贤德的君主。他爱自己的老百姓胜过自己的生命，为了老百姓的幸福，他可以什么都不要。

所以，整个车师后国的百姓们都十分爱戴这个国王。

而当须置离听说新朝大部队要巡视西域的时候，他首先想到了自己的国家必定会供应大批量粮食给新朝人补给。

车师后国是一个相当小的国家，根本禁不起新朝庞大的开销。再加上自从王莽登基以来，新朝百姓强烈不满，更是和西南夷以及匈奴相互龃龉，如此一个不得人心且四面树敌的国君，须置离相信，过不了多长时间新朝就会让他弄得亡国。

基于此，须置离决定带着百姓和粮食逃离车师后国，前去投奔匈奴。

可不知什么原因，这个消息却提前泄露了，新朝都护旦钦直接派军队前往攻打车师后国。

须置离为了保护老百姓的生命安全，便没有抵抗，答应投降新朝并被新朝大兵押走了。

过了没多长时间，须置离被旦钦处决的消息就传到了车师后国。

当天，车师后国举国哀痛，全国的老百姓都在不停地痛哭。须置离的哥哥狐兰之更是悲愤交加，当即率领自己的两千多名部众于当夜偷偷前往了匈奴。

而这时候，正是乌珠留若鞮单于和王莽闹得最凶的时候，所以他根本就没有半分犹豫，直接接纳了这两千多名百姓。

这之后，狐兰之悲愤地向乌珠留若鞮单于哭诉着新朝的无道和自己弟弟的冤屈，希望乌珠留若鞮单于能给他们报仇，杀了新朝另立的车师后国国王。

此提议正中乌珠留若鞮单于之下怀，所以他立即派出一名大将协助狐兰之以突然袭击的方式攻破了车师后国，并将新朝另立的国王给弄死了。

杀了很多人，抢夺了很多财富，匈奴人打算满载而归了。

可就在这时候，新朝又给匈奴带来了意外的收获。

当时驻扎在西域车师后国附近的戊己校尉史陈良和终带以及司马丞韩玄、右曲侯任商等人见王莽如此不得人心，断定其最后必败，又怕匈奴人顺便也把他们给灭了，便共同商议，带领自己所部几百人发动兵变。

他们先是杀掉了戊己校尉之一的刁护，然后派人暗通匈奴人，希望匈奴人能接他们这两千来号人返回匈奴。

匈奴将领一听这话极为高兴，甚至都没有请示单于便直接开始了救援行动。

那他为什么要这么武断呢？按说这么大的事，做之前是一定要请示领导的呀。

那是因为匈奴人对汉人的渴求程度是非常高的。因为当时的汉人在很多方面都掌握了世界上最先进的技术，而常驻西域的军队里面肯定不乏优秀的木匠、地理探测师以及武器甲胄锻造师等。

这些人在新朝虽然算不上什么香饽饽，却都是匈奴求都求不来的高端人才。所以，匈奴人立即在回匈奴之前先行将他们解救出来，然后立即返回匈奴。

此事传到长安以后，王莽气得暴跳如雷。自从篡位以后短短不到三年的时间，王莽先是改革失败，逐渐丢了各个阶级的民心，然后又在西南夷处处碰壁，现在竟然连匈奴人和西域的一些城邦国都公然和他作对。这种势头如果不压下去，那自己这皇帝还有什么可做的。

于是，王莽立即昭告天下，将匈奴单于的数量大大提高，竟然一举多出了十五个匈奴单于。然后又命中郎将蔺苞、副校尉戴级率领一万多骑兵，并带着许多的金银珠宝前往边塞，通过重利将呼韩邪的儿子们都引到了边塞，一举封了他们的单于之位。

王莽为什么要这样做呢？他就是想让这些匈奴人自相残杀。

可他这次的如意算盘又打错了。

乌珠留若鞮单于在位的时间已有十八年之久。其在位期间，爱护百姓，与民休息，使得匈奴强大、百姓富足。

所以，匈奴从上到下都非常爱戴乌珠留若鞮单于。

别看左姑夕侯经常和乌珠留若鞮单于叫嚣，但谁要是敢反对乌珠留若鞮单于，左姑夕侯可能第一个冲上去打翻他。

而呼韩邪的这些儿子们在匈奴却一丁点儿的威信和实力都没有。

至于此，又有谁会去响应这些所谓的单于呢？

结果，不出意外地，王莽这次的行动再次以失败告终了。

可他的行为却让乌珠留若鞮单于更加愤怒、更加鄙视甚至更加厌恶。

因为匈奴人从来都是崇拜武力、崇拜英雄。

按说，他们最应该痛恨的人就是汉武帝。可实际上却不是这个样子。虽然匈奴衰落的最根本原因就是汉武帝,可汉武帝干什么都是直来直去,虽然把匈奴这头饿狼都给打残了,但匈奴非但不痛恨汉武帝,反倒认为他是一个爷们,是一个真正优秀的统治者。

可这个王莽算个什么玩意儿?打不打和不和,行,你不是不打吗?那我替你打!

公元10年十月一日,乌珠留若鞮单于诏告全匈奴:"我匈奴自呼韩邪单于开始,便历代受汉朝恩惠。对于汉朝,我们匈奴绝对不能辜负!可王莽,篡国之贼也!现在中原的朝代也不再是汉朝,而是新朝!所以,哪怕是为了给汉朝报仇也好,是为了给自己争口气也罢,本单于宣布,从即日起,我大匈奴开始和新朝全面开战!"

公元10年十月中旬,匈奴多股部队突然对新朝边境轮番袭击,人数最多的有一万余人,人数最少的也有将近一千人,且大部分都是数千骑兵。

汉朝边境在一时之间狼烟四起,边境百姓哭号遍野,被掠夺的百姓、官吏、畜生、财物根本无法以数来计算,整个汉朝边境因为匈奴的这一次超大袭击,几乎都要瘫痪了。

这下王莽彻底怒了。

公元10年十二月,一次朝会之上,王莽当着众臣的面封了立国将军孙建为总统帅,又另立十二部将军,打算征集全国郡国兵三十万,然后兵分十路,同时从张掖、西河、五原、云中、代郡、渔阳等地共同打击匈奴。

等彻底将匈奴有生力量消灭后,再立十五个新单于共同管理匈奴,这样的话,匈奴就会像中原的诸侯王一样,再也无法给新朝造成什么威胁了。

此计划到底有没有什么可操作性先不谈,起码从表面来看他是集合了"以夷制夷"以及"分而治之"的共同优点的。

王莽也为自己能想到这么一个天才般的计划而骄傲。

可谁知此计划刚说完,王莽的大将严尤便跳出来极力反对了。

"陛下此举万万不可!凡是中原王朝,从来都不可避免地和四周游牧民族打交道。据我所知,周、秦、汉三朝都曾和周边的游牧民族进行过武力火并。

却没有一个朝代的策略能够称得上是上策的。"

听到这儿，王莽的眉头微皱："怎么说？"

严尤："周朝对这些游牧民族的政策是赶跑了就算，此举虽然经常会受到骚扰，但不会动摇国本，所以是中策。汉武帝选拔精兵强将主动深入匈奴进行歼灭战，虽然最后将匈奴人打得狼狈逃窜，兵祸却接连三十年而不断，国中消耗殆尽，使得暴乱层出不穷，这属于下策。而秦朝呢？弄了一个万里长城，花费了不知道多少人力物力，可最后形成的防御成效却可以说得上是微乎其微的。他这个连下策都算不上。"

这时候，王莽的脸已经有点儿黑了："那照你这么说，朕的策略就属于下策了？"

严尤心里暗骂，表面上却没有回答王莽的问题，而是直奔主题："陛下，请恕臣直言，现在国内政局并不是十分稳当，西南句町国还一次一次对我国边境进行骚扰。最重要的是，中原地区这些年来接连遭受大旱，饥荒遍地，尤其是北边境受灾更是严重。如果我们要出动三十万部队的话，就要向全国征集兵源，这样的话，哪怕是一年的时间都未必会够。最重要的是，三十万部队光是集合在一起就最少要耗费三百天的粮食，我估计陛下也许没有想到这是一个多么吓人的数字。那就让末将来提醒一下陛下吧。一名士兵三百天最起码需要粮食十八斛（一斛约为一百二十斤），那三十万需要多少粮食呢？那就是五百四十万斛（约六亿四千万斤），而运送这么多粮食，肯定是不能用人的，而是要用牛和马，而一头牛行进三十天最少也需要麦子八斛，那行进三百天就需要八十斛，试问，如果要用十万头牛来拉粮食的话，三百天需要多少斛麦子呢？八百万斛！这还没有算上护送人员所需要的粮食，以及以后和匈奴长期作战所需要的粮食。末将可以很负责任地说，光粮食方面，没等作战就已经动摇我们新朝的国本了。而这，只是其一。其二，匈奴地处极北，那里的冬天十分寒冷，一年四季都是不断的冷风，在这种地方行军打仗，只能多带大锅木炭，一年四季只吃干粮喝白水才能度过。而那样，就有可能引发瘟疫。所以，在汉武帝时期，他才会全用轻骑兵攻击匈奴，时间绝不会超过一百天，为的就是防止这种情况发生。可现在，我们新朝有汉武帝时期那么多优良战马吗？没有。其三，因为我军数量庞大，绝大部分都还是步兵，不可能做到像卫青和霍去病那样只携带些许的粮食轻装疾进，一定会携带大批量的运粮部队，到时候，匈奴凭借自己优良的机动力足以拖垮我们，等我们士气降到最低点的时候再切断我们的粮道，进而不战而屈人之兵。所以，臣不建议陛下实行此次的计划。"

严尤，字伯石，王莽的同学，绝对心腹，军事专家，著有《三将》等兵书，一生替王莽征战沙场，胜多败少，并常自比乐毅、白起。他建议的这些话绝对是配得上他军事专家的称号的。

可王莽现在已经是疯狂的状态了，并且箭在弦上，不得不发，所以严尤的建议他是一丁点儿都没听进去。依然按照原定计划执行。

此外，为了进一步增加自己的兵力，王莽还派人前往乌桓与高句丽征调士兵。可令王莽没想到的是，他此举反倒是又将这两个势力彻底给得罪了。

我们先来看看乌桓。

新朝使者到了乌桓以后，乌桓大人因为不敢得罪强大的新朝，所以被迫答应了新朝的要求，将族中那些身强力壮的全都安排给了新朝人。

可王莽并不信任这些外族人，所以在出发的时候又将这些士兵的妻子儿女都押解到了新朝的郡县之中作为人质。

乌桓士兵对王莽此举恨得牙痒痒，但人家拳头硬，你还能怎么办？

可等这些乌桓人集结到代郡以后，却不知从哪听来的消息，说王莽在和匈奴决战以前要拿自己当炮灰用。所以这些乌桓人当即不干了，但就这样逃跑他们又不敢，因为家里人还在新朝手上呢。

所以，这些乌桓人以水土不服为由，希望新朝放他们回到自己的故土。

可王莽本来就是要用他们当"前锋"的，在王莽心中，这些异族人可是重要的一环，怎么可能放他们离去呢？

基于此，王莽没有答应！

乌桓是一个拿老人生命当作草芥的民族。因为乌桓人认为，人到老了以后就没有劳动能力了，白白浪费国家的粮食，他们根本就不管老人年轻的时候为国家所做的贡献，只要没有用了国家就不会再养着你。所以身在代郡的这些乌桓人听说王莽拒绝了他们的请求以后也不管老婆孩子和父母了，直接跑路。

而王莽呢？在得知此事以后一点儿都没惯着这些乌桓人，立即下令将他们的家人满门诛杀。

此举使得这些乌桓人更加愤怒。于是，这些乌桓人在往回跑的过程中不断抄略沿途县邑，给本就不怎么富裕的汉朝边境又造成了相当严重的损失。

所以从这以后，新朝和乌桓便结下了梁子，只不过现在王莽所有的精力都放在了匈奴人身上，没有工夫搭理乌桓而已。

这个问题，乌桓大人是知道的。

我们再看高句丽。

高句丽，大概地理位置应该是从现在的吉林省四平市一直到通化市。他们向南连接朝鲜，向东连接沃沮，向北连接夫余。

高句丽属于夫余人的后代，他们的国中大多大山深谷，人们非常随意，找一个地方便可住下。

基于此，高句丽的聚落很多，但人口数量却不多。

同时，因为高句丽人住在什么地方的都有，并不一定要挑选在肥沃的土地上定居，所以他们的粮食产量不高，人民以节省粮食为最高的品德。

高句丽共有五部族，分别是消奴部、绝奴部、顺奴部、灌奴部、桂娄部。

最早的时候，消奴部最为强大，是高句丽的王部，后来因为统治者的昏庸，被桂娄部取代。

其官职的各种职能没有记载，不过按照尊贵的顺序分为相加、对卢、沛者、古邹大加、主簿、优台、使者、帛衣等。

高句丽没有监狱，犯罪的要么就直接被弄死，要么就将其妻子收押为奴。

高句丽的男人结了婚之后很长一段时间都要在女方家中生活，直到孩子长大以后才会一家搬去外面生活。

高句丽人喜欢干净，喜欢穿金戴银，但更加喜欢淫乐。所以基本上一到晚上，就会有一群年轻男女聚在一起。

　　高句丽的男人们性格特别凶狠，他们有很大的力气，并酷爱战斗，喜欢抢劫别人的东西。而这只不过是近战上的优势。对于隔空作战，他们同样有相当大的优势。

　　他们的弓箭质量非常好，有效杀伤射程就是较汉朝良弓也不遑多让。古时候很有名的貊弓就是这些人制造的。

　　所以，高句丽周围的一些小民族都非常惧怕高句丽人，进而对其臣服纳贡。

　　可拥有再强大的战斗力，高句丽对于强大的汉朝而言依然是蝼蚁一般的存在。

　　当初汉武帝灭掉卫氏朝鲜以后，高句丽一点儿都没敢反抗，直接归顺了汉朝，成了汉朝的一个县。

　　而从这以后，随着时间的推移，高句丽从上到下也都慢慢地接受了身为汉人的现实。

　　可王莽篡位以后，这一切都变了。

　　那天，新朝来了一名使者，指名道姓要求桂娄部的统治者调集整个高句丽的青壮年随他前往西北攻击匈奴。

　　高句丽虽然在文化方面落后于汉朝，但谁都不傻，都知道自己一旦去了就是充当炮灰。

　　因此，桂娄部统治者断然拒绝了新朝使者的要求。

　　此举使得新朝使者极为愤恨，当即扔下狠话转身便走。

　　新朝在这些少数民族眼中说白了就是汉朝，而对于汉朝的统治他们是怀念且畏惧的。桂娄部首领当然不会天真地认为自己会是"汉朝"的对手。所以，等新朝使者走后，他当即下令高句丽的全体人民，让他们四散而逃，绝对不能落入新朝人的魔爪。

　　而王莽方面当然不会放过高句丽，他当即命大将严尤率领一支新军前往攻击高句丽。可当严尤到了高句丽以后却发现高句丽已人去楼空。于是，严尤将此次歼灭行动改为斩首行动。

　　当他通过多方打听终于知道桂娄部所在以后兵锋直指桂娄部，并在交战以前写信劝告桂娄部首领让他赶紧向自己投降，不然整个桂娄部都将为他陪葬。

桂娄部首领不想连累自己的百姓，所以毅然决然地前去见了严尤。可这个所谓的首领在严尤眼里就是一个土民，他根本没有时间和他废话，就想着早点儿完成任务好赶紧去西北战线。

于是，严尤当即命人砍下了此首领的人头送到了长安，然后便赶往西北战线了。

结果，王莽是高兴了，可东北边境却遭了殃。

这些高句丽人听说他们的首领被新朝人残忍地杀害，一个个悲愤交加。

于是，从这时候开始，高句丽开始常年犯边，而王莽虽时常遣小部队对这些"强盗"进行攻击（国家已经被西南战线和西北战线拖垮了，王莽根本无法派中型以上的兵团攻击），结果却都收效甚微。

最后，一直到新朝灭亡，王莽始终没有解决东北的高句丽问题，直到光武帝继位以后，这个问题才最终得到了妥善的解决。

1.3　王政君之死

好了，我们言归正传，继续看王莽是怎么对付西北战线的吧。

话说从公元10年开始集结士兵，一直到现在也就是公元11年，已经有一年的时间了。可新朝的士兵还是没有集结完毕，西北的那些新朝大兵们在这一年的时间里白吃白喝，浪费了国家巨亿粮饷，却始终没有进攻过匈奴一次，反倒是匈奴持续不断地骚扰着新朝的边境，一点儿都不畏惧没有马匹的新朝人。

为什么到现在都没有聚集三十万人呢？从全国征调兵马，哪怕是超过三十万人一年也应该够了吧。

那是因为王莽的新朝根本不得民心，他的种种政治改革已经将天下的一切弄成一团乱麻，老百姓恨他，更不愿意为了帮这么个不靠谱的人上战场送死。

所以，各州郡百姓为了躲避军方的征召，纷纷抛弃家园，开始流浪逃亡，有的最后甚至沦落成强盗。

这种情况在全国各地屡见不鲜，其中并州和平州尤其严重。

所以，王莽一时半会儿根本就召集不到三十万士兵，最后甚至连那些强盗、罪犯、商人什么的都用上了，但人数依然凑不够。

按说虽然没凑够三十万人，但起码也有将近二十多万的兵力了，王莽要是真想和匈奴决战就派上去呗。

可王莽就是不这么干，一定要等三十万兵马聚齐之后再行攻击匈奴。

可二十多万人待在西北边境上，每一天的粮食消耗都是天文数字，再这样继续下去有什么家底都会败光了。

王莽无奈，只能命西北边境的士兵自行屯田，自给自足。

可这些士兵中正规军只占一小部分，其余大多都是罪犯、强盗什么的，所以纪律极差，总会偷偷跑出去欺凌边境的老百姓，使得本就遭受了匈奴掠夺的边地百姓更加愁苦，有的人甚至都被迫自杀。

这种行为一传十，十传百，很快便普及开来，使得本来还算比较正经的正规军都开始欺凌百姓了。

大汉北部边境从汉宣帝以来已有数代看不到烽火的警告，人口繁殖迅速，牛马遍野。可王莽继位这才几年，边境这都变成什么样子了？史书载："莽数年间，北边空虚，野有暴骨矣。"

一句话，大汉北边境，废了。

而这，只不过还是前戏而已。

这些王莽召集而来的所谓新朝正规军根本就不好好屯田，一切都应付了事，为此，每年的收获都不是很好，月月需要朝廷派遣运粮队接济，国库的钱财像流水一样哗哗往外流，并且根本没有停止的势头。

而王莽依然不下进攻的总命令。

因此，军队在边境就这样耗着，一直耗了四年多，王莽才让这些士兵退回来，新朝之国力因此消耗殆尽矣。

公元12年正月。

此时，因为王莽改革制度的失败及"乱打仗"问题已经让四周的邻居和全天下的百姓、土豪都对王莽痛恨到了骨头里，因此王莽每次外出前都要先让长安的官兵挨家挨户地搜查，看看有没有什么不明身份的刺客混在城中，有时候一个月就要连续搜查多于五次。

公元12年二月，为了表示整个新朝已经和汉朝一刀两断，没有半点儿关系，王莽下令将王政君王太皇太后的丈夫，也就是汉元帝刘奭的祭庙拆除，只留一个偏殿来做太皇太后的食堂，并亲自请太皇太后到这儿来吃饭。

可当太皇太后看到自己丈夫的祭庙被毁掉时，直接趴到地上号啕大哭，她指着王莽嘶吼道："这是汉王朝皇帝的祭庙，是被神灵保护的地方，它什么地方得罪了你？非要将它拆除掉？你如今将我丈夫的祭庙改为我的食堂，难道是想羞辱我吗？"

面对太皇太后的质疑，王莽没有半点儿回应，只是冷冷地看着她。

"哈哈哈哈哈哈！"

太皇太后笑了，她笑得很疯狂、笑得很扭曲，很让人揪心。只见太皇太后狂笑过后指着王莽就骂："你，得罪神灵的地方已经太多了，你这种人不值得神灵来保佑，也不会有任何鬼怪会祝福你、帮助你，你的结果我已经看到了，看得一清二楚，哈哈哈哈哈。"

话毕，太皇太后直接就走了。

当她回到长信宫以后，直接将身上黄色的貂皮扔到了地上，下面的宫女吓得手足无措，慌忙从地上捡起貂皮，哆哆嗦嗦地劝道："太、太皇太后，您快穿上吧，不然……"

没等这宫女说完，王政君老太后一把将她推开，然后近乎嘶吼地道："滚开！我不穿这不伦不类的垃圾！拿我汉朝的衣服来！"

宫女哪敢说半个"不"字，赶紧从角落的箱子里拿出了一件黑红相间的貂皮给王政君太皇太后披上了。

直到这时，王太皇太后那近乎扭曲的表情才有所舒缓。

然后，她静静地躺在了床上，看着天花板笑骂着："刘奭啊，你这老不死的，这一辈子就碰老娘那么一次。"

良久，王政君再没有半点儿声音，只是不停地看着天花板发呆。

大概半炷香以后，两行泪水从王政君的眼角划过，她闭上双眼，默默地说了一句："对不起。"

公元12年二月，历朝历代最长寿的皇后，八十四岁的王政君去世。而王莽这一次终于良心发现了，将王政君葬在了汉元帝的身旁。

王政君是不幸的，因为她到死也没能看到新朝的覆灭，以及东汉的兴起。

1.4　内忧外患

公元13年三月，随着焉耆国军队斩杀了西域都护旦钦，整个西域三十六国除少数死忠之外皆反新朝。而对王莽来说，这个时候东北有高句丽，西北有匈奴，西南还有西南夷，国内形势也已经越来越不稳，所以他已经腾不出手来对付西域那三十六国了，只能听之任之。

张骞等无数先辈打下的汉之西域也在王莽的手底下彻底败光。

公元13年十一月，匈奴乌珠留若鞮单于魂归西天，其弟继位为新任单于，是为乌累单于。

乌累单于在继位之前就是和亲一派的坚定拥护者，其心腹更是和自己一样，希望能和中原王朝始终保持着友好的和亲关系。

于是，他派遣使者往长安面见王莽，希望王莽能够重新与匈奴恢复和亲。

现在，新朝四面皆敌，内外不安，正处在一个极为危险的状态之下，乌累单于也是抓住了这一时间段来找王莽进行商榷。

他认为，不出意外，王莽一定会答应自己的请求，毕竟攘外必先安内嘛。

可是他错了，因为他实在是太不了解王莽。

王莽现在已经处于一种疯魔的状态，再加上他看中名声和权力胜过一切。而一旦与匈奴开始和亲，那便是自己服软了，那便是证明自己之前所做的一切都是错误的。王莽不会接受，绝对不会！

可王莽没有当即拒绝匈奴使者的请求，而是说自己会考虑这个事情，但有一个前提，那就是匈奴必须将之前背叛新朝的那些人以及他们的家属全都送回长安。

乌累单于不疑有他，再加上这些人对他也实在没有什么作用，便将之前背叛新朝的陈良、终带、韩玄、任商以及他们的家人全都遣送到长安。

当这些人到了长安以后，王莽二话不说，将他们全部诛杀。

然后王莽非但不提和亲之事，甚至被安排在边境上好几年的新军他也一点儿没撤。

乌累单于直到这时候才知道自己被耍了，他怒火中烧，当即命令匈奴的部队再攻新朝边界。

于是，匈奴的进攻狂潮又起，而新朝所谓的"三十万"大军只窝在高大的城池里防守而已，这就造成了北方大饥荒，谷价百倍而起，老百姓根本吃不上粮食，进而相互残杀吃食，王莽的新朝已经距离灭亡越来越近了。

谏大夫如普再也忍受不了这种情况，乃上奏王莽，几乎是带着哭腔道：

"陛下！将近三十万的部队常驻边界数年，使得国库已接近崩溃边缘，我们国家实在不能再拖下去了。老臣刚刚从西北边关回来，陛下您知道吗？现在西北边地的百姓们已经都吃不上饭了，这些可怜的百姓已经到了相互残杀而食的状态了，臣请求陛下，将那些士兵都撤回来吧，不要再苦了边境的百姓了。"

这时候，王莽再也没有往日的意气风发了，他也意识到了事态严重，可现在刚刚欺骗了乌累单于，这时候再去服软，那不是自己打自己耳光吗？

于是，王莽想了一个折中的办法，那就是遣散一部分士兵，只留正好二十万士兵在边境布防。

可这一切都已经太晚了,新朝的覆灭已不可阻挡。

可就在王莽刚刚打算消停消停的时候,西南方面又出事儿了。

同年,王莽刚刚撤回部分西北驻军,西南方面再次出现了大规模的暴动。

原来,随着这些年句町国对新朝的不断抵抗,诸西南夷看清了新朝真正的实力,总结起来也就那么回事儿吧。所以,他们联合起来在西南方向同时发动了叛变。

一时间,整个西南兵祸连连,益州更是首当其冲,连太守都被杀死了。

王莽听闻此事后大为惊恐,急命冯茂为平蛮将军,紧急征发巴郡、蜀郡以及犍为郡的地方官兵前往平叛。

可现在有一件非常尴尬的事情摆在面前——人有,粮没了。

原来,随着这些年来新朝与匈奴的不断"征战",朝廷不停地在地方征集粮草送往西北战线,使得新朝各地官府的存粮捉襟见肘,再加上西南方面一直都有句町等西南夷不停骚扰,这就使得西南诸郡更加"贫穷"。

所以在短时间内根本没有办法筹集提供给庞大军队的粮饷。

那怎么办呢?

为了给军队足够的粮饷,王莽竟下令让军队向益州的普通老百姓征收粮食,美其名曰"平叛税"。

这说白了不就是让大兵们去老百姓的家中抢粮食,这和强盗又有什么区别?

公元15年,就在王莽新朝将所有的精力都用到西南方向的时候,西北又出事儿了。

本年年末,一匹从西北边境而来的战马风风火火赶到了长安向王莽催要粮饷,因为西北边境已经有好长一段时间没有供给军粮了。

可一是现在朝廷确实是没有粮食支援西北了;二是王莽也痛恨这些好吃懒做的东西,所以他就没有给西北提供粮食支援。

这一下可是捅了马蜂窝,一听朝廷不给粮食了,这些西北边境的大兵们都炸了锅，一些人甚至铤而走险当了强盗。

他们分成好几股部队往中原方向从事抢劫活动，最少的部队有几百人，最多的甚至能达到数千人。

王莽紧急命孔仁为捕盗将军，率领一部分士兵协同各地方军一起抓捕这些强盗。结果，整整耗时一年才彻底地平定了此次骚动。

1.5 老百姓开始行动了

公元16年，经过整整两年的平乱，西南夷攻进益州的大部强盗已经被平蛮将军冯茂讨平，可因为长时间向老百姓征收粮食，使得益州虚耗，郡民穷尽。

这结果明显和所谓的"胜利"不成正比。为了回京以后不受王莽惩罚，甚至向王莽邀功，冯茂决定深入敌境讨平句町国。

可他想得太简单了。句町国，大概位置在现今云南广南一带。

现在的云南，风景秀丽，空气清新，是旅游胜地之一，可在古代的时候却不是这个样子。

那时候的云南山高道险，沼泽、瘴气也是时常能见，所以冯茂的军队进入云南境内以后不出意外地，士兵十之七八都因为水土不服，患了瘟疫而死。

这还没进入句町国的领地士兵就死了一大半了，仗还怎么打？于是，冯茂就这样带领着士兵返回益州了。

此次不战而大败的战果使王莽极为震怒，他当即将冯茂召回了长安，将其关进监狱，之后于本年冬季再次对句町国发动了超大规模的进攻。

这次进攻，王莽可谓是孤注一掷了。他命廉丹为宁始将军，大肆征发天水、陇西骑兵，并征广汉、巴郡、蜀郡、犍为郡等步兵十万人，加上负责运输的壮丁共二十万大军攻击句町国。

一开始，廉丹大军势如破竹，连破句町诸部，斩杀数千人。

可自从开了个好头以后，新军的噩梦可就开始了。

因为这以后，句町王带领着本国百姓和新军打起了游击战，他们躲躲藏藏游离无踪，死死拖着节奏不肯决战。

而随着时间一天一天地过去，新军士兵因为水土不服逐渐患上了瘟疫，句町王还趁此机会截了新军的粮道，使得新军的士气降到了最低点。

此消息传到了京城，王莽大为惊恐，遂有放弃句町之念，便命使者前往西南战线让廉丹在损失扩大以前赶紧率兵撤回来。

有了冯茂的前车之鉴，廉丹哪里还敢回撤，他可不想进监狱。

于是，廉丹请王莽继续给予增员，并发誓一天不灭句町誓不回国。

王莽有感廉丹作战之心的坚决，便同意了，并在整个西南方向增加了很多苛捐杂税以供军需。

可就在政府开始强加杂税之时，成都太守冯英第一个不干了，他拒绝让成都的人民给政府钱粮，并上书王莽："从西南夷叛变到现在，前后已经十年之久了，我西南各郡县从来都没停止过对他们的抗击，说实话，凭现在朝廷的情况，这已经够了。可是陛下却觉得不够，依然任用冯茂为将领率领大军攻击句町，还勉强推行那如同不顾后果的政策，结果使整个西南空虚饥贫。最后怎么样了？没等攻击句町事情就失败了。现在廉丹明知道自己无法彻底消灭句町，却依然请求陛下给予支援，这并不是什么战斗热情，而是因为他害怕步了冯茂的后尘而已。结果陛下您还真的很信任他，还想要从本就不富裕的百姓身上再拿走一半的口粮。臣请问陛下，您还想不想让西南的百姓活了？臣建议立即停止对句町的战斗，并让部队撤回边境，以屯田的方式守护西南边境。"

见了冯英的奏书，王莽怒不可遏，当即便免去了他的官职，并继续压榨西南百姓的私有财产，誓灭西南夷。

而这场漫长的拉锯战一战就是六年之久，直到公元21年，因为国内起义已经是遍地开花，所以王莽才不得不撤出了这支部队。可等到那个时候，新朝国力已疲，再想翻盘已经是不可能的了。

综合而论，王莽讨伐西南夷和南匈奴之举绝对可以和"乱改革"位列同等级的亡国之因。

公元17年，随着长年不断的战争以及各种改革的接连失败，新朝的农民们已经没有时间耕种，徭役却越发频繁，各种苛捐杂税不断。

同时，新朝还接连发生了旱灾、蝗灾以及水灾。那些为富不仁的官员们在这种时候还利用残忍的手段来建立威信，同时钻王莽"新法"的空子，用残暴的手段来夺取百姓的私有财产，使得穷人不能活命、富人越来越穷。

于是，在这一年，揭竿而起的义军一个接着一个地站了出来，他们有的占山为王，有的隐藏于大泽之间。地方官府无法制服，只能向长安隐瞒事实，使得新朝虽然遍地义军，但朝廷却一无所知。

因为起义的义军实在是太多，无法一一介绍，所以这里就挑一些重量级的来说吧。

首先，让我们来看琅邪海曲县（今山东省日照市）的妇女起义领袖吕母。

吕母，海曲县巨富，年轻的时候就死了丈夫，一直都和自己唯一的儿子吕育相依为命。

吕育勤奋好学善良耿直，长大以后更是做了县吏的巡查官。

新朝时期，因为王莽改革的诸多漏洞，使得全天下官员都中饱私囊、凶狠残暴，老百姓对此已经无力抱怨。可吕育是个异类，他从小就不缺钱，并且熟读"四书""五经"，对老百姓非常好，在当地非常有名。

可到了公元14年的时候，这所有的美好都破灭了。

这一年，县宰吩咐吕育去惩罚那些缴纳不起苛捐杂税的百姓，吕育可怜这些贫穷的百姓，便没有对他们实施惩罚。

那县宰愤恨吕育已经不是一天两天了，所以直接趁着这次的小事将吕育给弄死了。

吕母失去了唯一的爱子，伤心欲绝。可在儿子葬礼那一天，吕母没有掉半滴眼泪，而是用无尽阴冷的眼神看着自己儿子的墓碑，她要报仇，不杀此县宰誓不为人！

这之后，吕母开了一家大酒店，她暗中购买刀剑甲胄，并救济穷苦的百姓。那些想要喝酒的青壮年手头上不宽裕了，吕母便赊账给他们，并且什么时间还都无所谓。

有的人家穷得吃不上饭了，吕母就会给他们衣服和粮食，还有各种接济。

时间长了，这些穷苦大众都不好意思了，毕竟吃人家的嘴软，拿人家的手短。于是，这些人成群结队地来到了吕母的酒店，询问她有什么可以帮忙的。

吕母一开始微笑着拒绝了，可是这些人说什么都要帮吕母一些忙。吕母见实在弄不走这些人，便笑道："既然你们这些人这么闲不住，那就把奎山脚下的那条小河沟挖一下吧。记住哦，一定要把挖出来的土堆积在一起才行。"

人们听了吕母的话以后拿起家伙就去干活了，并将土堆积在了一起，形成了一个大台子。而这便是以后吕母起义时的点将台。

几年以后，吕母所有的钱财全都送光了，自己也成了贫困户，那些受过吕母恩惠的贫苦农民们相聚在一起，凑了一部分钱打算还给吕母。虽然这些钱较吕母之前送给他们的可以说是杯水车薪，但好歹也是一份心意。

可让他们意外的是，吕母根本不收他们的钱，反倒是在这些人面前痛哭起来。

众人忙问吕母怎么了。

吕母哭着道："诸位，我多次救助你们，实际上不是为了求利发财。诸位都知道，我只有吕育这么一个儿子，他要是犯了滔天大罪被杀也就算了，可诸位都知道我儿子从小敦厚善良，只不过是没按照县宰的话去欺负那些老百姓便被县宰残忍地杀害了，我不服，真的不服，所以我请求诸位助我一臂之力，帮我报仇。"

这些穷苦百姓本来就不满新朝的统治，吕母这一说，便一个个义愤填膺，当即便叫嚣着要杀向官府，给吕母报仇雪恨。

吕母深知这么贸然杀过去只会白白送了性命，所以她和这些百姓连夜带着家眷逃出了海曲县。

从这时候开始，一支数百人的起义军算是形成了。

这以后，这支小小的起义军专门攻打小村落的官府，将抢来的粮食分给那些吃不起饭的农民们。州郡虽然派出了郡国兵征伐他们，但是吕母的部队神出鬼没，从来都没有一个固定的聚集地，他们有时候躲藏在大山之间，有时候甚至出海躲避于孤岛之上。所以官兵对他们根本无可奈何，只能被动防守。

当时，全国上下有太多的百姓都活不起了，再加上吕母素有善名，所以很多百姓都慕名投奔吕母，结果没过多长时间，吕母的队伍就发展到了千人之众。

而到了公元17年，吕母的队伍更是发展到了三千人的数量。

她感觉力量积蓄得差不多了，便率众来到了当初百姓们给她修建的土山上，然后在此地祭天点将，之后便开始狂攻海曲县。

吕母这次的袭击非常突然，一开战官府便失去了先机，外加吕母部队相对庞大，所以官府虽然抵抗激烈，但最终还是被吕母击败了。

海曲县宣告拿下。

第二天一早，一群起义军农民拖着一个一身是血的官员走了出来，这人不是别人，就是曾经杀了吕育的县宰。

这县宰在其他官员心中还有一定的威信。那些跪在地上的官员一见县宰被拖了出来，全都砰砰地给吕母磕头，希望吕母能放过这个县宰。

可杀子之仇怎能化解？吕母冷冷地看着这些官员道："我儿子之前只是犯了一点儿小罪，无论如何都不应该被处死，可这个县宰却残忍地杀害了他。我怎么可能会饶恕他？我不杀你们，因为你们和我儿子的死没有什么关系，你们怎么还好意思，怎么还敢为这个县宰求情？"

话毕，吕母也不再啰唆，直接将这个县宰斩首示众了，并将此县宰的首级拿到了吕育的坟前祭拜。

这之后，吕母声威大震，前来投靠吕母的人更是络绎不绝，可到这儿问题来了，现在海曲县已经被拿下了，吕母的起义军也算是有了据点，现在的王莽朝廷也和当初的二世秦朝一样，都城方面根本就不知道她的存在，所以她是要像当初的陈胜一样以一个据点为根据地四面开花呢，还是继续四处打游击呢？

这两个吕母一个都没选。

首先第一点，枪打出头鸟。一百多年前陈胜确实闯出了一片天，可最后的结果还是惨死收场，而吕母非常有自知之明，她知道自己毕竟是个女人，没有陈胜的能力以及号召力，勉强学习先人肯定不会有好果子吃。

而第二个选择同样不行，以前吕母的部队只有区区几百人，那个时候目标小，便于行动，可现在自己的部队已经有数千人之众，并且这个数字还在不断攀升，目标太大，绝对不能再像以前一样四处游击。

那么现在就只剩下最后一个选择了，便是占据有利地形和郡官府对峙。

那吕母将海曲县的财物席卷一空后立即带领部队撤回了海中孤岛，占据海上之地利。官府虽数次派遣士兵前往征伐，但没有一次不被吕母的海军所歼灭。

让郡太守绝望的是，随着时间的推移，总是有饥民或豪杰前往孤岛投奔吕母，使得吕母在不到一年的时间便集结了超过一万人的军队。

基于此，郡太守停止了主动进攻，转而封锁港口，以守代攻。

至此，攻守互换，吕母的起义军在这以后如同深海恶魔，时常于夜深之时突袭沿海县邑，让整个琅邪官府心惊胆战。

这时候，琅邪太守也知道自己奈何不了吕母了，再不请求朝廷的帮忙自己早晚完蛋，便只能硬着头皮将琅邪现在的实际情况向王莽作了汇报。

现在新朝已经四面皆敌，西南方向更是拖得王莽筋疲力尽，他现在实在抽不出力量来对付吕母了。

所以，王莽只能派使者前去拜见吕母，许给了吕母很多财富，只希望吕母能解散这支部队。

但吕母也不傻，知道现在王莽之所以对自己低声下气，完全是因为抽不出手了，一旦等王莽腾出手来，那就是秋后算账的时候了。

基于此，吕母拒绝了王莽的请求，继续率众和地方官府对抗。

那么这支部队以后又会怎么样呢？他们又会发展成什么级别的势力呢？时间到了自然会说，现在还是将目光瞄向另一支起义军吧。

还是公元17年，此时的荆州地区正发生大饥荒，很多百姓受不了地方官府的压榨剥削，一个个都逃到了山野沼泽之中成了强盗。

可这集团一多，利益纠葛就在所难免，为了点利益，这些小集团之间来来回回不停地打不停地抢。而在这些人中，有两个人却不是这样的莽夫，他们拥有更大的野心，以及更大的智慧，这便是王凤和王匡了。

此二人也是这些小集团中的首领，他们见其他的集团总是在不停地械斗，便生出了一个"以德服人"的想法。

一次，两个集团为了一些食物大打出手，王匡和王凤便带领自己的人前去调解。史书上没记载两人是怎么调解纷争的，反正最后这两个集团的首领都非常佩服王匡、王凤，进而握手言和。

从这以后，每每有集团发生纠纷，这两个人总会带领手下的士卒前往调和。久而久之，这一片集团首领全都对二人心悦诚服。

最后大家一琢磨，咱们这群人总是这样一群游散也不会有什么大出息，不如整合在一起拼一把得了。

那整合在一起就一定要有领导，那么现在谁的威望最大呢？不必说，自然是王匡和王凤了。

最开始，经过整合后的王匡、王凤手下军队也只有区区数百人，但他们和吕母一样，一开始也以游击的方式攻打小的县邑。而随着时间的推移，王匡、王凤的名声越来越大，人数也就越来越多，不到几个月的时间部队就累积了将近一万人。

拥有了一万人的部队，再躲藏在大泽之中已经略显不够了，所以王匡和王凤二人经过再三挑选终是选了一个地势险要的地方作为自己的据点，这个地方便是绿林山了。

王匡和王凤的部队也以绿林山为名，从此以后被称为绿林军。

与此同时，琅邪郡。

这时候，一个叫樊崇的年轻人走在莒州的路上。

樊崇，琅邪灵门人（今莒县之北），他身强力壮，武艺高超，因为家乡官吏的压迫以及各种苛捐杂税的层出不穷，使得他在本地实在是活不下去了，便出行到了莒州发展。

可到了莒州以后，樊崇惊异地发现此地和自己的家乡根本没有什么区别，此地官员一样剥削老百姓，此地的苛捐杂税一样层出不穷，此地的老百姓一样快活不下去了。

那既然活不下去了怎么办？再到别的地方去求活？算了吧，到哪儿不是这个德行？反了算了！

于是，就在继吕母造反以后，樊崇又领导了数十上百的贫穷百姓起义了。

而和吕母以及绿林军相比，樊崇的起义更加简单粗暴！他聚集百人以后直接在莒州之内起义了，他们攻打官府，抢夺府库，然后率领部队一路转战，凡战必胜！使得部队人数迅速飙升。

樊崇能够常胜固然是王莽不得民心以及新朝将士归属感不强、战斗力不高的原因，但樊崇之勇猛也不可忽视。

此人，但凡作战必奋勇向前，手中大刀一抢一个，能给部队大大提升士气，让手下部卒奋死作战。

而面对一帮不怕死的亡命之徒，你拿什么抵挡呢？

随着樊崇威望日复一日地增加，投靠他的百姓也越来越多，没过多长时间便增至一万余人。而本次又是在这起义军已经做大之时，琅邪郡那可怜又可悲的郡太守才向中央汇报情况。

这一次，王莽不忍了，也不写什么劳什子的劝降书了，直接从中央派出将领，打算带领一部士兵协同琅邪一带郡县共同征伐樊崇起义军，屠了樊崇以后再乘胜灭掉吕母。

一时间，整个琅邪一带人头攒动，虽然具体兵力不得而知，但正规军人数保守估计不下两万。也就是说，王莽新朝的部队最少也是樊崇的两倍有余，还都是正规军！

在得到王莽派遣大军征伐他们的信息以后，樊崇根本没有选择游击作战，而是命所有的士兵将自己的眉毛用血涂成红色（这样做一是可以不混淆战友和敌人；二是可以有效地提升部队作战的士气），然后迎头直奔新朝军队。

新朝军队，别看人数多，武器盔甲配备齐全，但是他们对新朝根本就没有半点儿归属感，士气极低，所以面对一群眉毛血红的亡命之徒根本就没有什么抵抗力，交战没有多长时间便被杀得大败。

本次作战，樊崇之起义军一举灭掉数倍于己的新朝军队，使得樊崇大名威震东方，人们都敬畏地称樊崇所统率的起义军为赤眉军，更有众多农民起义军看重赤眉军的前途前来投奔。这其中有逄安起义军、徐宣起义军、谢禄起义军、杨音起义军，合起来有数万人马。

年迈的吕母没过多长时间也含笑而去，其部众也在这一年左右投奔了赤眉军。

赤眉军，一举成了整个新朝起义军的领头羊、精神支柱。

赤眉军、绿林军等，这天下无尽的起义军已成风起云涌之势，东南西北边境还有太多少数民族在虎视眈眈，根本无法往中原撤兵，王莽的头已经快要炸裂了。没办法，只能再行那根本不可能的"缓兵之计"了。

这一年，王莽再遣使者分别前往各个起义军据点，承诺这些首领，只要他们肯解散起义军，朝廷便赏赐他们无尽的财富和各种官爵。可依然不出意外地，这些起义军的首领没有一个答应王莽的"请求"，起义军依然在全国遍地开花。

王莽蒙了，在一次朝会之上，王莽近乎恍惚地道："怎么会这样？怎么能够这样？这天下人不都是以利为先吗？为什么我都给他们许了这么大的重利了他们还是不遵从呢？这到底是怎么回事？"

话毕，下面有一名官员实在是忍不住了，他站出来道："陛下！这一切的原因都是出在您改革的制度上啊！现在我新朝的法律又多又苛刻，老百姓动辄就会稀里糊涂地触犯法律，进而被官员弄死。我新朝现在的苛捐杂税层出不穷，老百姓整整一年的劳动成果都不够缴税的，您这不就是把他们往死里逼吗？在这种情况下他们能不……"

王莽嘶吼道："闭嘴！你给我闭嘴！是谁给你的权力让你抨击新政？是谁

给你的权力在这大放厥词！来人！来人！"

"在！"

王莽道："给我乱棍打出去，并立即罢免官职，此人之后代万世不得录用。"

就这样，这个可怜的官员被打出了皇宫，王莽紧接着用那阴冷的眼神看着下面的官员道："还有谁？还有谁要说什么？"

可话音刚落，又有一名官员走出来恭维道："启禀陛下，臣觉得天下那些反贼就是该杀，现在的失败只不过是偶然而已，等边境战事结束以后，只等朝廷精锐一到，这些反贼哪里还能翻出什么浪花来？所以陛下敬请放心就好。"

呵，这话说得中听，现在的王莽就喜欢听这些恭维的话。

所以，这官员说完以后，王莽当即便给他加封了官职，并赏赐很多的财物。

现在的王莽彻底疯了，这和当初的秦二世已经没有什么两样了。

1.6　疯魔

公元18年，南匈奴乌累单于病逝，其弟继承了单于之位，是为呼都而尸道皋若鞮单于（以下称呼都单于）。

呼都单于继位以后，认为现在新朝内忧外患，正是与其重新恢复联姻模式的最好时机，便派遣使者往长安进贡，希望王莽能答应和匈奴重修旧好。

虽然呼都单于之前寇掠了无数的新朝财富和劳动力，但新朝现在的情况确实是不允许王莽再树立敌人了。可天亡王莽，不知道现在的王莽是不是疯了，他表面上答应了呼都单于的请求，可实际上在友好回访的时候却趁机劫持了呼都单于的直系血亲栾提云和须卜当，并在将他们劫持回长安以后封须卜当为单于，准备以他们为口实集结大军再攻匈奴。

此举将呼都单于气得咬牙切齿，他当即聚集了无数匈奴骑兵再次对新朝边境进行了毁灭性的打击。

并且就在西北战线重新燃起战火的同时，西南战线又传来了噩耗，已经在句町国交战了三年的廉丹，在耗费了新朝无数的财物以后依然被击败了。

听到这个信息，王莽感觉天都要塌下来了。

然而这还不算完。随着廉丹的失败，整个西南夷都发生了连锁效应，益州栋蚕部、若豆部、越嶲大牟所部等全都在同一时间对空虚的西南地区展开攻击。

他们屠杀郡守、官吏和平民，并抢夺他们的财产，使得西南地区横尸遍野，惨如人间地狱。

而这时候，狼狈而又可悲的廉丹也逃回了长安城中。王莽现在没工夫理他，而是急速派大司马护军郭兴、庸部牧李晔再次集合各郡县军队前往攻击西南夷，然后又派太傅羲叔士孙喜带一部分士兵协同各地方官府征伐农民起义。

最后，重头戏来了，王莽在公元19年春季以超大之规模召集全国壮丁以及那些死刑犯、犯罪的官吏还有男性奴隶，给他们起名叫野猪突击大队，准备讨伐匈奴。

史书上虽然没有详细说明这支队伍到底有多少人，但二十来万绝对是有了。这么多人，粮食上哪去收？哼，管老百姓要呗。

这之后，王莽再下诏令，向全天下所有百姓抽取总资产的三十分之一作为本次野猪突击队的军饷开支。而此时的老百姓早已对王莽失望透顶：你就随便加苛捐杂税吧，反正到活不下去的时候我就会造反。

这还不算最精彩的，王莽为了更加有效地打击匈奴，还广召天下奇人异士，称只要谁有有利于打仗的奇招，便会重赏那人。

这下子，天下形形色色的人都来到了长安献上自己的"奇招"。

结果王莽一看这些献策的报告，几乎快要被逼疯。就见这些"奇招"里有推销辟谷丹的，声称只要吃了他炼制的辟谷丹，就可以好几个月不吃饭。还有声称会法术的，只要让他带领部队就可以施法，让部队在水面上行走，还有声称……唉，算了，反正就是各种大骗子拙劣不堪的骗术，王莽根本不屑一顾。

可就在这时，王莽突然看到了另一条奏策，此人声称发明了一种翅膀，人们戴上它以后就可以飞行一千多里，可以做到零损失探察敌方情报。

王莽见到这个奏策以后眼睛直接就亮了，当即便给此人建造高台，让他当着自己的面实验他所谓的日行千里。

结果这个戴着翅膀的"鸟人"从高台上往下一跳，飞了不到一百米就摔死在地上了。

这以后，王莽对所谓的奇人异士彻底绝望，但为了博得一个爱惜人才的名声，还是将他们编排到了军队之中，并给了他们一定的赏赐，等待部队集合完毕后出发。

可就在大军正在集结的时候，大司马严尤却找到了王莽并语重心长地劝王莽这时候不要再和匈奴开战，他说攘外必先安内，现在最危险的不是什么匈奴，也不是什么西南夷，而是那遍地开花的农民起义。只有先将农民起义彻底消灭，新朝才有机会起死回生。

可王莽这时候根本就不听严尤的了，非但不听，他还因为严尤不赞同他的决策而大怒，进而将严尤罢官免职。

本年年末，因王莽冥顽不灵，新朝田荒不耕，谷价成倍成倍地飙升，王莽还不停地增加苛捐杂税，使得越来越多的人加入了各路起义军。

直到本年，全国各地起义军之规模持续扩大，稍微上点儿规模的也有数千人，大规模的像绿林、赤眉之流更是六、七、八、九万不一而足。

可事情已经到了这种地步，王莽依然不知醒悟。

公元20年九月，王莽建九庙，其一黄帝庙，其二虞帝庙，其三陈胡王庙，其四齐敬王庙，其五济北愍王庙，其六济南伯王庙，其七元城儒王庙，其八阳平顷王庙，其九新都显王庙。

这些庙全都是用铜皮包裹斗棋，用镶金镶银的花纹作为装饰，庙里面的装潢都用尽了当时各种美工技巧，其总花销根本无法计算，被徭役折磨死的民夫竟然也有上万。

1.7　自断臂膀

公元21年，新朝征伐起义军的军队败，征伐西南夷的部队依然败，而西北边塞，就在刚刚集结完毕的野猪突击队即将对匈奴发动攻击的时候，王莽所立的须卜当单于又死了。

这一下丧失了进攻匈奴的口实，数十万的野猪突击队又堆在边境动弹不了了。

这些囤积在西北边境的士兵们每日无所事事，便开始不断地胡作非为，无尽地羞辱那些已经穷得不能再穷的西北百姓。

大西北，自古良将悍兵层出不穷，可让人无法置信的是，老百姓的忍耐力也是极强的。有时候，中原朝廷甚至都已经威胁了他们的生命，他们却依然不肯造反。

同年，此时的荆州地界，一支两万人的地方正规军正浩浩荡荡地杀奔绿林山。

现在的绿林军，人数已经飙升至六万余人，虽然军备上不如正规军，但士气空前高涨，和新朝所谓的正规军根本不可同日而语。

基于此，王匡与王凤决定主动迎击敌人，真正打出绿林军的威风来。

这一年的秋季，绿林军和荆州地方正规军在云杜发生了激烈的碰撞，双方都没有耍什么小手段，见了面就是打。可地方军的士气极为低落，虽然有兵器优势，但根本就没有胆子面对数倍于己的绿林军。所以双方交战并没多长时间，地方正规军便被打得四散而逃。

王匡当机立断，立即分别部署，将部队分出了好几股小部队对逃跑的地方军进行追击围剿。

那些死命奔逃的地方军害怕被绿林军追上，全都在奔跑的时候将身上的甲胄和兵器扔掉了。

最终，绿林军虽然只斩杀了数千官兵，却得到了将近两万套优良的甲胄兵器，使得绿林军战力更是狂飙。

而借着这股大胜之势，王匡、王凤并没有停止攻击，而是继续掠夺附近县邑，当他们掠夺了足够的财富和美女以后才返回了绿林山中。

此时的荆州政府已经无力再讨伐绿林军，太守和州牧只能派使者前往长安向王莽请求援助。

可现在王莽哪里还有什么军队可以援救荆州呢，他所有的军队现在几乎都派出去了，总不能将南北两军也派出去讨伐叛逆吧？那到时候长安空虚，来个小小的政变自己就没有活路了。

此时的王莽在朝堂之上来回踱步。他对下面哆哆嗦嗦的使者道："你，说！为什么现在有那么多的百姓起义叛乱！难道我新朝的制度就真的这么不合他们的意吗？"

使者哆嗦着道："这……陛下天威，您制定出来的政治制度一定是这个天下最好的，这个小人不敢评论，可这些百姓确实是已经吃不起饭了，这才……"

王莽大怒道："一派胡言！将这个不知死活的东西给我拖出去杀了！"

使者死了，可王莽的脸上依然黑如乌云，整个大殿之中也是一片沉寂。

过了一会儿，王莽突然愤怒地对下面的官员们吼道："你们都给朕听好了，朕所施的政策都是仁政，是不可能会危害百姓们的生计的！现在之所以会有这么些盗贼，那都是因为地方官吏的无能所导致的，所以从今以后，谁也别跟朕提什么劳什子的饥寒交迫！那都不是借口。四辅、三公可在？"

四辅、三公道："臣在！"

王莽道："现在马上给朕发布国书，告诉地方这些废物，让他们从今以后少往自己兜里塞钱，有那工夫多教化教化老百姓，多打击打击地方叛乱。"

"是！"

《资治通鉴》载："自此，群下愈恐，莫敢言贼情者，州郡又不得擅自征兵，贼由是不能治矣。"

是这样吗？这些贼真的就不能治了吗？是的，不说别的，就光州郡不得擅自征兵这一条就够新朝受的了。

当时，翼平郡太守叫田况，其人智勇兼备。当他听说赤眉军要进攻他的郡县以后，当即凭自己的威信在当地私自发动了十八岁壮丁四万人，组织成一支新军。

据说田况组织军队以后便发军饷严军纪，使得这支军队在短时间内便战斗力大增。

赤眉军领袖樊崇听说此事以后竟然放弃了攻击翼平郡的想法，直接撤退了。

由此可见，如果朝廷真的允许地方官府私自征兵的话，他们还是可以很有些作为的。

可朝廷根本不允许。尤其是王莽，他可以忍受一群小老百姓造反，他觉得这样对自己没有威胁，但如果地方官府有几万人的力量的话，那绝对有能力颠覆他的王朝。

所以，他绝对不能允许地方官府私自征兵。

而田况，很明显也知道这个道理。于是他在"赶"跑赤眉军以后便上奏王莽"自首"，同时希望王莽稍稍改变一下新朝政策，允许朝廷地方军在国内叛乱平定以前私自征兵。

而王莽的回复是这样的：

"朕没有给你发虎符你就擅自征调军队，这属于犯上作乱，按律朕应该杀了你以儆效尤。可顾念你是一心为了国家，这次的事情就算了，这四万人你也不必遣散，你就用这些人平灭地方叛乱就好，可军队编制不能再行增加，不然朕必杀你。"

这以后田况四面出击，逢战必胜，不过月旬之间，整个翼平郡的叛民几乎全部被讨伐殆尽。

田况不满足于此，还想再接再厉，乃请命朝廷，希望王莽能让自己跨郡作战。

王莽见田况如此奋勇，便将青、徐两州之叛民都交给田况处理。

那田况果然没让王莽失望，自督两州以来，两州之叛民节节败退，甚至赤眉都不敢撼田况之锋芒。

可讨伐着讨伐着，田况就感觉事情不对劲了。

怎么不对劲了呢？因为只用武力讨伐完全是治标不治本。根本无法彻底地肃清叛民，如果真想完全肃清二州之贼，还要从根本上入手。

于是，田况再次给王莽上奏：

"陛下，群贼刚刚起事之时，基础极为薄弱，只需要地方官府一吏便可将其全部擒拿。可在那个时候官府根本就不在意这些盗贼，为了所谓的'歌舞升平'而谎报军情，百人只说十人，千人只说百人。而朝廷方面又不严谨查处，偏听偏信，以至于蔓延几州，天下皆贼。直到这个时候，朝廷才派遣将帅出兵讨伐。而这些所谓的'将帅'不会冲锋陷阵，不会带兵打仗，在军界又没有丝毫威信，所以军队士气降至冰点，逢战皆败，最后只能白白浪费老百姓的口粮。而老百姓一旦没有了粮食，就必然会铤而走险，发动叛乱。这就是叛军永远都杀不完的最根本原因。可反过来说，如果让老百姓能吃得饱饭，那么谁还会造反呢？所以，臣提议，陛下应该即刻将小地方的老百姓迁徙到大型城市，然后停止对天下叛军的征讨，只坚壁清野，多储粮食。这样的话，老百姓有饭吃了，他们就不会造反，叛军人数就不会增加，而那些叛军紧接着一定会对大型城邑进行攻伐。恕末将直言，这些叛军全都是由老百姓组织的部队，野战尚且不足，就更不要说攻城战了。时间一长，这些攻不下城邑的叛军必然会士气锐减，城中的人马士气反而会越来越高！到时候，只需要一将，便可以尽扫天下之群贼。恕末将斗胆，如果陛下能够扩增末将的军事编制，并将青、徐两州军政之事全权交给末将，末将灭这些叛军必如宰猪杀狗一般简单。不用两年便还陛下一个朗朗乾坤！"

这话说得够气势、够豪迈，却没有勾起王莽的热血，反倒让他越来越忌恨田况。

"给你增加军事编制？将青、徐两州全权交给你来治理？还扫遍天下群贼？接着呢？接着你要干什么？是不是接着就要把老子给扫地出门了？"

抱着此种态度，王莽料定，这田况一定没安什么好心思，所以立即秘密派出心腹，拿着自己的符节和诏书前往田况军营，以迅雷之势夺取了田况之军权，复制了刘邦、韩信当年的故事。

而最后田况呢，则被王莽的使节"押"到了长安，从此得一闲职了此一生。

史料载："况去，齐地遂败。"

也就是说，自从田况被押到长安以后，他所打出来的一切战果全都没了，三齐之地的叛乱从此以后再也无法制止了。

1.8 全线失利

公元22年四月，随着反叛军小集团越来越多，大集团如赤眉、绿林军的势力越来越大，使得赤眉军首领樊崇的人生格局越来越宏伟。

他敏锐地发现，现在的赤眉军应该转型了，不应该像曾经那样无所顾忌地抢夺掳掠了。

于是，樊崇在这个月下令赤眉军不得再无故伤及无辜，应该将抢夺后多余的粮食分给贫穷的老百姓，并定下"杀人者死，伤人者偿创"的根本军规。

此举使得赤眉军更得人心，进而在原本人数就不少的情况下再添新丁，十余万的部队没过多长时间便增加至十五万以上。

可和赤眉军同等级别的绿林军却没有赤眉军的好运气，相反，他们还十分悲催。

因为就在这个月，绿林军发生了超级大瘟疫，整个军队的士兵死了百分之五十左右。也因此，绿林军之间开始相互猜忌、相互埋怨，进而造成分裂。

这之后，绿林军从此分割成两股部队，一股由王常、成丹率领向西往南郡方向，是为"下江兵"。另一股则由王凤、王匡、马武率领，向北往南阳方向，是为"新市兵"。

再看王莽方面，王莽见全国起义军的势头已经越来越猛，完全不是地方官能制服得了，便只能在万般无奈之下于本月大批量撤回西南战线和西北战线的新朝军队，并一边命太师王匡、更始将军廉丹出击赤眉军，一边命纳言大将军严尤率兵出击下江兵。

我们先来看东路王匡、廉丹的战报吧。

本次出征，王莽对于赤眉军方面是极为重视的，所以给王匡和廉丹配备了新朝最精锐者十余万。

也就是说，现在新朝最具战斗力的士兵全都在二人手下了。并且，因为现在新朝的粮草不济，所以在行军途中廉丹和王匡放任士兵抢劫百姓之粮以充其军粮。

于是，但凡新莽军路过之地必饥民遍野，如同一支超大的强盗集团一般。

当时，天下人都憎恨这支部队，并为其创造歌词曰："宁逢赤眉，不遇新军！赤眉尚可，新军杀我！"

由此就能看出，现在的老百姓已经痛恨新朝到了一种什么样的程度。

再看廉丹。

那廉丹自从经历了前些年的句町国战役以后，已经从一个莽夫变成了一个谨慎而为的将军。所以这一次行军非常缓慢，但凡路过一地都要保证没有后顾之忧。

可这种"磨磨蹭蹭"的行军速度却使正在长安的王莽大怒异常，他立即写信交与廉丹，告诉他现在国库已经没有粮食了，让他赶快进军，不然提头来见！

廉丹收到此消息以后大为惊恐，可又无可奈何。为什么这么说呢？因为现在天下到处都是反贼，廉丹必须走一个地方打一个地方，什么时候将此地的叛军彻底消除以后才能继续向赤眉进军。如果不顾这些叛军而直奔赤眉军的话，那就极有可能遭受前后两路夹击，这是兵家大忌，是廉丹无论如何都不想面对的。

可现在前有赤眉后有王莽，他就是不想这样做也不行了，所以廉丹特别纠结。

然而，就在此时，廉丹之部将冯衍却走到了廉丹的面前，只见冯衍眼冒凶光，用真诚而又略显低沉的口气和廉丹道："将军，想当初张良因为五代都是韩国的相国，所以才会在博浪沙谋杀秦始皇。而将军您的祖先世世代代都是汉朝的臣子，用得着如此效忠那个昏庸的王莽吗？不如趁现在天下大乱，新朝失天下人心之绝佳时机占据一郡而自立，您手下可以控制五万精锐，凭这样一股势力必会给您带来无尽的福泽，为什么还要遵守那如同让你去死一般的命令呢？"

冯衍这话说得可谓是掏心掏肺了，可廉丹没有采纳冯衍的意见，而是遵从王莽的命令，不管后方如何危险都毅然而然地往赤眉主力部队奔去了。

公元22年冬季，随着几个月的突进，新朝大军终于即将进入赤眉军的腹地。

可就在这时，廉丹最害怕的事情来了。其身后的无盐县突然造反，一个名叫索卢恢的人召集了数千人响应赤眉，打算在新军与赤眉对战之时从后方突袭新军。

廉丹听得此消息以后大为惊恐，在第一时间急速命部队掉转马头狂攻无盐县。

最终，终是在赤眉军赶到以前将无盐县攻破了。

秉承着"宁多杀一千不放过一个"的原则，廉丹在攻破无盐县以后展开了一系列疯狂屠杀，只要是和反叛军沾边的，无一例外，全都被廉丹的部队所屠杀。

可就在这时，有士兵来报，说赤眉将领董宪正带着几万部队向自己逼近。

王匡听闻此事大喜，就想率兵吃掉这支赤眉的前锋部队。

可廉丹及时制止了他，让他一定不得妄动，因为现在军队刚刚攻下无盐县，正是最为疲乏之时，如果这时候和赤眉军展开决战的话，势必会处于劣势。不如在无盐附近建设防线，以坚壁清野之法彻底击溃赤眉军的斗志，然后再主动出击，彻底消灭赤眉军势力。

可此提议被王匡坚决否决。

王匡认为，现在军队节节胜利，正是士气最为高昂之时，此时正应该趁着这股大势攻击赤眉军，怎么可以消极防守呢？再说了，眼前这几万赤眉军并不是所有的部队，只不过是赤眉军的先锋部队而已，只要在赤眉军主力部队到达之前将这股部队吃掉，那就会非常好地打击赤眉军的士气，从而一举获胜。

说完以后，王匡根本就没管廉丹再说什么，便带着自己的直属部队直扑赤眉前部了。

廉丹没有办法，总不能扔下王匡不管吧。所以无奈的他只能带着部队跟着王匡前进了。

可就在这时，本来逐渐接近新军的赤眉前部突然向后急撤，王匡见此情况更来劲了，他以为赤眉军畏惧自己而撤，所以立即命令大军疾奔而行，不荡平赤眉誓不罢休。

可在后面跟进的廉丹却不这么认为，几年前和以游击擅长的句町国交战了那么长的时间，使廉丹练就出了一种对危险极其敏锐的第六感，他可不认为赤眉前部这些亡命之徒的撤军是畏惧自己。

相反，他感到了一种极度的不协调，这种不协调让他放慢了行军的脚步，并派出使者追上了王匡，希望他即刻停止进军，缓慢向后撤退。

可王匡此时正是兴奋的时候，哪里听得进去廉丹的建言。他不但没有停止追击，反倒是又将速度加快了几分。

廉丹简直要被气疯了，但事情已经到了这一步，他还能怎么办？只能拼了命地跟进了。

结果，当王匡的部队到了成昌地界以后，突然杀声四起，十五六万的赤眉军从四面八方像一群恶鬼一样冲向了王匡的新军，王匡根本没想到这是樊崇的诡计，所以直接愣在原地，一时间不知如何是好。

而此时的新军呢？一个个累得上气不接下气，再加上被以逸待劳的赤眉军突袭，所以一时之间，这些新军投降的投降，逃跑的逃跑，根本就组织不起半点儿有效的反击。

而罪魁祸首王匡见此，干脆也掉转马头逃跑了。

没受到半点儿损失就打退了王莽新朝所谓的精锐，这使得赤眉军从上到下都大为振奋、士气如虹。

于是，樊崇当即下令，命十五万赤眉军急速前行，再一鼓作气消灭廉丹所部。

再看廉丹所部。

此时的廉丹正带领着部队小心翼翼地向前行进。可就在这时，无数的新军逃兵从前往后奔涌而来。每个人都像疯了一样大喊："败了，败了！"

此话一说，廉丹所部之兵人人惊恐，有的士兵甚至直接放下了手中的兵器也跟着逃亡。结果一个逃，十个逃，多米诺骨牌效应就这样产生了。只不大一会儿的工夫，廉丹所部超过百分之七十的士兵皆跟着逃亡了。

见此，廉丹副将立即劝告廉丹也跟着逃跑。可廉丹却是一声长叹，然后悠悠地道："他王匡小儿可以逃，本将军却已经不可以了。别忘了，之前讨伐句町国的战役我是失败了的，如果这次再败了，我还焉有命在？与其这样，不如战死沙场，也全了我身为武将的人生追求。"

就这样，廉丹带着仅剩下对其忠心耿耿的二十校尉和数千士兵毅然而然地扑向了数十倍于自己的赤眉军。

结果，廉丹战死，赤眉军继续追击，投降和被杀死的新军"精锐"不计其数。本次东征大军以完败而告终。

再看南征大军。严尤率领的南征军虽然没有东征军人数那么多，那么"精锐"，但胜在主帅严尤能力高超，下江兵也没有赤眉军那么强大，所以在一开始的时候，南征军是占据了绝对优势的。

可这些下江兵自从经历了最初的失利以后，他们在首领成丹、王常的带领下躲进了山川大泽，和南征军开始打起了游击。而新朝又不得人心，所以很多老百姓都投靠了下江兵，使得下江兵声势复振。甚至还有些胆子大的百姓敢于偷袭南征军，使得严尤举步维艰。

而就在严尤的主力部队被拖住之时，成丹、王常却领导下江兵突然袭击了荆州地界。荆州州牧因此大恐，迅速集结了本地所有的部队在上唐和下江兵进行了会战。

结果，下江兵大胜，然后继续和严尤的南征军进行游击抵抗。

本年，王莽所有的征伐部队几乎都以失利而告终，起义军节节胜利。然而就在这天下群雄闹得天翻地覆的时候，又有一个人也带着一支部队崛起了。这个人的名字叫刘縯，而他有一个弟弟，叫刘秀。

1.9　不怎么闪耀的登场

刘秀，字文叔，南阳郡蔡阳县（今湖北省枣阳市附近）人，是汉高祖刘邦的九世孙，出自汉景帝一支。

刘秀虽然血统尊贵，但经过了一代又一代的"过滤"，家室早已一落千丈，只不过为地方一土豪而已。

刘秀九岁的时候父亲便死了，一直都是叔父刘良所抚养。

等他长大以后，《后汉书》载其身高七尺三寸（一米七五左右），须眉秀密，英俊伟岸，嘴阔鼻高，额角饱满如日，天生就是一副器宇轩昂的帝王之相。

可是与他的相貌相比，刘秀本人却没什么大出息了。为什么呢？因为刘秀生性敦厚，不喜欢打仗，只喜欢勤劳地耕作，想做一名朴实的农民。

刘秀的哥哥叫刘縯，他的性格和刘秀截然相反。自从王莽掌握大权以后，他便明里暗里结交各路黑社会，打算为以后的大计铺设一条康庄大道。

因为刘秀实在是太过淳朴，所以刘縯经常嘲笑这个弟弟，说他没有出息，并拿刘秀和高祖刘邦的哥哥刘喜相提并论，以此自比为刘邦。

可究竟谁才是真龙，这个事情没多长时间便能印证了。

再说刘秀。

话说王莽谋朝篡位以后，刘秀曾有一段时间扔下了手中的农耕器具，前往长安学习《尚书》。当时的人们都以为他是要去长安当官了，刘縯还为此训斥过刘秀。

可刘秀只是淡淡一笑，之后便毅然决然地前往长安了。

是呀，燕雀安知鸿鹄之志，刘秀到底是怎么想的，大概只有他自己才知道了。

那刘秀不知道在长安学习了多长时间，《后汉书》说他学会了一些宏观的要义精髓以后便回乡了，他的同学，哪怕是他的老师都不知道这个小子到底是怎么想的。

回到家乡以后，刘秀放掉了手中的耕种工具，转而开始做起了倒卖粮食的买卖。

他的姐夫邓晨很有些看人的眼光，本来就觉得刘秀很不一般，而自从此次从长安回来以后，他感觉到刘秀的精气神更上了一层楼。

于是，料定刘秀绝不是什么池中之物，便经常带着刘秀出去见识大场面。

有一次，邓晨带着刘秀来到了著名的图谶大师蔡少公家中。当天蔡少公家中高朋满座，都在等待着蔡少公对未来天下的预言。

那蔡少公语不惊人死不休，哐当就来了一句："图谶显示，未来刘秀当为这天下的天子。"

这话一说，大家都惊叹地道："很有可能啊，国师公刘秀是王莽的心腹，现在天下越发不安定，他很有可能取而代之。"

可这话刚刚说完，刘秀便以开玩笑的口吻道："左一句国师公，右一句国师公，你们怎么知道说的不是我这个刘秀呢？"

这话一说，场中众人先是一愣，紧接着哈哈大笑，全没拿刘秀的话当真，只有邓晨心中暗喜："我果然没看错人。"

我们再将时间移到公元22年，这一年，新朝东征军完败，南征军无法制服不断游击的下江兵，所以整个天下人心浮动，因为新市兵到达了南阳郡的关系，更使得南阳郡每个有点儿能耐的人都开始打起了自己的小算盘。

当时，南阳郡宛城有豪族李氏一族。

一天，李氏老二李轶找到了大哥李通，并和其道："大哥可曾听过蔡阳刘氏兄弟？"

李通道："你说的可是刘伯升（刘縯字伯升）？"

李轶道："正是此人！大哥可还记得父亲以前说过的话？"

李通道："这怎能忘记？父亲当年说过，刘氏当复兴，李氏为辅佐。嘶，你是说……"

李轶道："没错！现今天下新朝失政，内忧外患并起，王莽朝廷是绝对不会再有作为了，早晚会被推翻！我认为，这天下百姓还是顾念刘氏朝廷的，我们正可以利用此等天赐良机出钱出力来帮助刘縯，如此，富贵可期矣！"

话毕，李通大笑道："好！此计妙矣！我现在就派人去联系刘縯。"

李轶道："哎，何必走那么远的路，现在刘縯的弟弟刘秀就在宛城倒弄粮食，我们找他商议即可。"

李通疑惑道："刘秀？就是那个没什么出息，整天只知道种田的人？找他商量干什么？他能代表得了谁？"

李轶微笑摇头道："哥哥大错！道听途说不可信，我曾与刘文叔有过一次交往，从此人的言谈举止来看，其将来绝非池中之物！哥哥你还信不着弟弟的眼光吗？"

话毕，李通再没作声，而是让李轶去将刘秀请了过来，他要亲自考验这个传说中的废物到底是不是像他弟弟说的那么厉害。

结果，当李通第一眼见到刘秀时就被他伟岸的气质所折服。这，大概就是传说中的领袖魅力吧！

不仅如此，那刘秀谈吐顺畅理性，没等李通、李轶说明来意便将事情分析得七七八八，这使得李通更是对其刮目相看，这才放心和刘秀商量大事。

李通认为，凡起义造反，必须要有周密的计划，等万事准备完毕方可行动。

所以，李通决定等入秋以后，在宛城士兵例行检阅的时候率领部众发动突然袭击，一举劫持官家，这样便可一劳永逸，彻底在宛城站稳脚跟。

等那时候，刘縯同时在春陵（现在刘縯的栖息地）起兵响应，如此势必会在旦夕之间形成一股相当大的势力。

此方案虽然有一定的危险性（现在是七月，等彻底入秋还要两三个月，时间太长所以有一定的危险性），但造反这种事哪次不是伴随着危险而生的呢？所以刘秀和李轶也没有过多思考，便在和李通敲定以后前往了舂陵。

刘縯，本身就是一个极度不安定分子，所以当他听了刘秀的话以后二话不说，直接就将本地和他有关系的那些不安定分子召集到了一起，宣告了自己的谋划。

可当这些平时和刘縯称兄道弟的人一听说刘縯要造反以后当即尿了，有的甚至都吓哭了："刘縯你个混蛋，起兵造反这么大的事儿你不早点儿说，现在箭已上弦，你让我们怎么办？呜呜呜，你害死我了。"

可就在场中大乱、人人自危之际，一身戎装的刘秀却突然从大门闯了进来。他威风凛凛地对刘縯行了一个军礼，然后意气风发地道："启禀大帅！周围村县的那些兄弟们已经都被我劝服，他们都发誓要和我们刘氏一族同生共死。"

一见这人，一听这话，在场的人全傻了。

"怎么着？刘秀这谨慎忠厚的家伙也干上造反这事儿了？那我还怕个啥？我连刘秀都不如了？"

"怎么？周围村、县全部的人都入伙了？嘿！你还别说，这事儿有戏啊。"

半炷香后，随着刘秀的出现，这些本来吓得鬼哭狼嚎的"豪杰"们一时之间"恢复"了"本色"，一个个义正词严地要和刘縯推翻暴政。

于是，在很短的时间内，一支大概七八千人的汉军就这样组成了。

可就在刘縯这边一切进展顺利之时，从宛城却传来了一个如同晴天霹雳的消息。

那李通准备造反的消息提前泄露，官府当天便派人前往捉拿。不知李通是否提前得知了消息，反正官兵没来，他却跑了。

结果，李通在朝中为官的父亲李守以及李家六十四人皆被诛杀殆尽。对刘缜来说，李家死多少人和他没有半点关系，这也不是他所担心的。可问题的关键是，宛城不管是经济还是人口都是南阳之最，如果这地方拿不下来，那自己起事就少了很大的依仗，结果必然是兵败身死。

这可怎么办？正巧现在新市兵也已经到了南阳郡中，刘缜把心一横，直接派遣使者联系了新市兵首领王凤等人，希望自己的部队能和新市兵合兵一处，共同抗击王莽的新朝。

王凤根本没有多想，当即同意了刘缜的请求。

一、刘缜在南阳郡中有一定的威信，有他在更方便自己收拢南阳民心。

二、刘缜是土生土长的南阳人，对于南阳这片土地，他已熟悉得不能再熟悉，所以带上刘缜更方便自己攻城略地。

基于以上两条，不管哪一条都有资格让王凤答应刘缜了，所以他没有半点儿犹豫，当即便让自己的部队和刘缜合兵一处。

这之后，他们的军队一路攻城略地，攻无不克。

可就在军队攻陷唐子乡的时候，内部却产生了一些不和谐的声音。

原来，不管是刘缜还是刘秀，他们的指挥才能都非常高超，所以二人部曲的作战效率相当高，抢到的战利品也是整个联军中最多的。

这一下新市兵的那些人不干了。哦，你们刘家部曲仗着我们新市兵的虎威抢夺官府，最后一点儿都不上缴，这是什么道理？

抱着此种心思，新市兵众人越来越怨恨，便想火并了刘氏部曲，将他们的财富全抢夺到自己的兜里。

这事按说不大，可如果处理得不得当也会引发不小的流血冲突。而现在的刘氏兄弟说好听点儿是和新市兵通力合作，可说难听点儿就是仗着新市兵的力量在狐假虎威。

所以，对于新市兵，刘氏兄弟是绝对不能得罪的。

最重要的是，对于这次的事件，新市兵首领王凤根本就没有表态，那就是说，对于这件事情他是默许的。

所以，敏锐的刘秀绝对不允许这事件继续深入下去。

于是，他说服了大哥刘縯，将所属部曲所有的战利品全都强收了上来。

当天，收缴现场，气氛极其压抑，两兄弟手下的士兵们双眼都能喷出火来。

有一个士兵实在是再也无法忍耐，他一把将手中的钢刀插到了地上，然后嘶吼着咆哮："凭什么我们辛辛苦苦抢上来的东西要交给那些废物？他们想要那就让他们冲到最前面！这群垃圾，打仗的时候就跟在我们后面，打完仗以后抢东西他们有理了，岂有此理，我就不给，不服就打！"

话毕，场下一众人群情激愤！

可负责收缴的刘秀却没有作声，就是这样看着下面的人。

大概一炷香的时间，气撒完了，这些人这才看着刘秀，等待他的命令。

只见刘秀低沉地道："都发泄完了吗？"

"……"

刘秀道："发泄完了我说两句。本来，我们这些实力强大的兄弟们是不需要仰仗别人的威信存活的。说实话，我也受不了这个气。但现在的情况就是这样，宛城起义的失败宣告了我们必须要找一个合作伙伴存活下去。不然，迎接我们的必然只有死路一条。丢了这条性命，我不在乎，但是因为这种毫无意义的滥事丢了命就不是我刘秀想要的了，我们有更大的追求、更大的抱负！绝对不能为了这么点儿小事就丢弃他们！多了我不想说，我知道你们都懂，现在，马上将之前的战利品扔到地上，我负责卑微地还给那些烂人。你们也不必不甘心，我刘秀可以代大哥向你们保证，早晚有一天，全天下的人都会看着咱们兄弟的脸色才能苟活！"

话毕，士兵们都不作声了，而是默默地将战利品交给了刘秀。而刘秀也没有再说什么，只是默默地将这些战利品交给王凤等人，这事儿就算这么过去了。

这之后，部队继续向前挺进，又攻克了棘阳等地。

而就在这时候，终于有好消息传到了刘縯、刘秀这一边。

原来，自从李通宛城起兵失败以后，李轶就离开了刘秀，偷偷地前往宛城附近，暗中收拢之前那些心腹兄弟们。直到今天，李轶终于收拢完毕，这就带着部众前来投靠刘氏兄弟了。

这还不算，就在李轶前来投奔没多长时间，刘秀的姐夫邓晨也带着自己私自武装的部队前来投奔了，这就使刘氏兄弟的部队瞬间过万，整体实力有了一个质的提升。

实力有了，这人就不免会多出一些小心思。于是，刘縯便请攻击宛城，意图自立。

那为什么说攻击宛城就是意图自立呢？

宛，自春秋开始便为天下之重镇。《读史方舆纪要》载：其"南蔽荆襄，北控汝洛，图霸中原，必为基石"。

尤其是自秦代以来，宛城已经成为全国工商大都会，为南北交通及经济之重镇。

因其为交通枢纽，所以北出洛阳，南通荆襄，西入武关而达长安，遂成为整个荆州之战略要地。新莽朝廷拥有此地，可完全掌控荆豫之形势。反之，如果起义军掌握了宛城，北进可取颍川洛阳，西进可拿下长安。

所以，只要能拿下宛城，刘縯便拥有了和新市兵平起平坐的资本，因为只要拿下此地，他就要钱有钱要人有人，还可以通过此地和赤眉军相互协作。

可以说，拿下宛城以后，整个天下的大势力全都会求助于刘縯。

可让刘縯万万没有想到的是，新莽朝廷同样对宛城极为重视。因为王莽命令周围郡县分兵防守宛城，并在同时命严尤的南征军也向宛城靠拢，绝不能让此地有半点儿闪失。

于是，宛城在一时间人头攒动，没过多久守军就达到了十万之数（这还是严尤大军没来的情况下），还都是一群装备精良的正规军！

正所谓"不知彼而知己，一胜一败，不知己亦不知彼，逢战必败"！

那刘縯率领所有的家当就在这种稀里糊涂的情况下冲向了宛城。

由此可见，他的情报工作做得是多么不到位。

而宛城一把手甄阜和将领梁丘赐的情报却做得相当到位。当他们得知刘縯的军队正向宛城行进的时候，当即命令部队主动出击，于小长安设下十面埋伏之阵，只等刘縯进阵便瓮中捉鳖。

那天早晨，也许是天要亡汉军吧，小长安周围大雾弥漫，汉军就在这种大雾中缓缓前行。

可就在这时，只听一声巨响。

紧接着，四面八方杀声四起，无数的箭矢好像蝗灾一般冲向了汉军。

一时间，全无准备的汉军被射得鬼哭狼嚎，只这么一波弓箭便将整个汉军射得丢盔弃甲。

刘縯见中了敌方的圈套，慌忙下令全军分散逃亡，然后在预定集合地重新会合。

于是，汉军化整为零，借着大雾呈四面之势分散而逃。

在逃亡的过程中，刘秀正好看到了自己的妹妹刘伯姬，他一把将刘伯姬拉上了马疾奔狂逃。

可还没等逃出千米，便又看到了自己的姐姐拉着三个女儿奔逃。

刘秀迅速下马，作势要将大姐刘元的几个女儿抱上马背。可刘元却死活不让，只让刘秀赶快逃跑。

刘元和刘秀感情是最好的，在刘秀年幼的时候她便经常带着刘秀出去玩，这么深厚的感情让刘秀怎么割舍？刘秀毕竟不是刘邦，做不到无义无情，所以他坚持要让刘元的几个孩子上马。

可就在这时，刘元突然从刘秀的腰间抽出了宝剑，并迅速架到了自己的脖子上。她对刘秀嘶吼："你给我赶紧带着妹妹跑！不要管我和孩子们，你还有更重要的事情要去做，不能为了我而死！"

刘秀还想争辩，可这时候，刘元瞪着眼睛，手中的力道又加重了几分，鲜血瞬时顺着刘元的脖子淌了下来。

刘秀知道，如果自己继续规劝刘元的话，刘元一定会毫不犹豫地自杀，而放任她自己逃走的话，她还有那么千分之一的希望得以蒙混过关。

于是，刘秀挥泪而逃。

那么结果是怎么样呢？刘元有没有逃出追兵的魔爪呢？

没有。

自刘秀走后，刘元带着三个半大的孩子慢吞吞地逃亡，不大一会儿就被追兵追上，刘元和三个孩子都被乱刀砍死。

自从那天以后，刘秀便彻底从灵魂深处痛恨新朝，为了能够胜利，为了能够多杀一个敌人，他甚至愿意和新朝人同归于尽。

我们再说正文。经历了本次惨败，本来兵力就不怎么充足的汉军更加悲惨，只剩下不到五千人马。要不是因为大雾的关系，这个数字估计会更少。

实力锐减的刘縯赶紧率军返回了棘阳，打算和新市兵合流之后再对新朝军发动反扑。

可王凤等新市兵的领导却在这时候开始打起了退堂鼓。

因为此时的甄阜和梁丘赐已经乘胜带领着十万正规军向前高速挺进，兵锋直指新市兵。

二人在渡过潢淳水之后甚至还将潢淳水的浮桥也给烧了，以此表示不灭新市兵势不回军之决心。

王凤等人见新莽军如此强大，又有如此决心，这心里便打起鼓来，想要逃到其他地方再寻战机。

1.10 昆阳之战

见王凤等人尿成了这个样子，刘縯在大失所望的同时心急如焚。因为他知道，如果随新市兵这支部队向其他地方逃亡的话，以后这天下便再没有自己的一席之地了。

可就在这时候，一个绝好的消息传到了刘縯的耳中。

原来，下江兵的五千多前部军队此时已经到了南阳境内，后部主力部队也在往南阳行进之中，不日即将抵达。

刘縯听说此消息以后高兴地跳了起来。因为他知道，如果能将下江兵拉到自己的阵营中，就一定能给新市兵吃一颗定心丸。到时候，大家也许能够消除恐惧的情绪，进而合兵一处共抗新莽军。

于是，刘縯在第一时间亲自前往下江兵处，请求面见前部总帅王常商议大事。

本来，刘縯是怀着一颗忐忑而又恐惧的心来到此处的。因为凭现在这种形势，他不知道王常到底会不会和他合作。

可当他见到王常以后，这种负面的情绪便烟消云散了。

因为王常见了刘縯以后对其极为热情，客气了几番，还没等刘縯求他，他便表明态度了。

王常道："王莽残酷暴虐，这个本来繁华的天下被他弄得尸横遍野。老百姓们思念汉朝，希望刘氏皇族能够重新站出来带领他们。所以，只有高祖的血脉才有资格带领这天下的百姓，才有资格成为这个天下真正的主人。我王常代表下江兵，愿意助您完成伟业。"

话毕，王常竟给刘縯单膝跪了下去。

此举让刘縯呆住了。是呀，一下从地狱重新蹿上了天堂，根本来不及反应。那刘縯魂游天外几息以后赶紧将王常扶了起来，并拉着王常的手激动地道："王兄不必如此！如果天佑我大汉，事情最后真的能够成功的话，我刘縯又岂会独自享有这份功劳？到时候我愿与君同治天下！"

当然了，这只不过是一句客气话，不过刘縯的态度也很明显了，表明了如果统一天下以后他一定会给王常一个相当高贵的职位。

于是，刘縯在和王常"深交"以后便告辞离开了。

几日以后，下江兵主力兵团也到达了南阳境内。王常在第一时间将自己的决定告诉了成丹、张卬等诸多下江兵首领。

可话刚刚说完，这些刀口上舐血的豪杰们就炸锅了，成丹更是激愤地道："你怎么能擅自代我们答应这种事情？大丈夫起事，自己当主子是天经地义的，怎么还主动送过去给别人控制呢？简直愚不可及！"

众人也道："是呀，我们不干！"

王常道："行了行了！一个个的鼠目寸光！我就问你们一句话，如果现在当政的还是刘氏汉朝，你们还能当上起义军的领袖吗？"

"……"

王常道："新莽朝廷苛刻残酷，这才使得民心尽失，这天下百姓思念刘氏汉朝已经不是一天两天了，之前没有刘氏皇族掺合起义咱们还可以为所欲为，可现在有了高祖后裔掺合这事，就凭你们？呵呵……"

有人不服插嘴道："我们怎么了？是，我们都是老农出身，可现在不也干大了吗？严尤牛不牛？不照样奈何不得我们吗？"

王常问："那我且问你，你比当初吴王刘濞如何呀？"

"……"

王常又问："你比当初的项羽又如何？"

"这……"

王常道："哼！我告诉你们，得民心者得天下，民心怨恨的，不用谁出手，上天都会剿灭他们！民心所盼望的，整个天下人都会拼命帮忙！所以凡起大事者，必须下顺民心，上承天意，这样最后必能大功告成！如果仗着自己一时强大而为所欲为，最后必然以身死收场！哪怕你得到了，也会再次失去！秦朝和现在的新朝难道还不能让你们引以为戒吗？如今，南阳刘氏家族起兵，领导者刘縯不但是高祖九世孙，还具有王侯将相之奇才！所以，最后得到天下的一定是此人！并且你们要注意了，之前刘縯虽然依仗着新市兵起义，可他和新市兵实际上处得并不是太好，王凤那厮胸无大志，只盘算着自己的一亩三分地，根本就不是成大事之人。而现在，刘縯非常困难，这正是老天给我们雪中送炭的机会，我敢保证，只要我们能跟刘縯到最后，刘縯必能统一天下，到时候封王拜爵还能少得了你们的？你们就等着一生富贵吧！现在，还有谁不同意我的吗？"

这话一说，之前吵吵嚷嚷的一众豪杰全都老实了。大概一炷香时间以后，所有人都举双手通过了王常的意见。

从此以后，下江兵被并入到汉军编制之中，听从刘縯的指挥。刘縯的部队瞬时之间达到数万之众。而新市兵王凤见刘縯势力激增，立即带着自己的部队前来和汉军会师，表示愿意和刘縯一起抗击朝廷军。

这一下，新汉联军的数量顿时又激增到了将近十万！

公元22年十一月，新汉联军以六路大军共同向新莽军发起了攻击。其中有四路分别从四个方向游击拖延新莽军的主力部队，进而吸引他们的注意力。另外两路则偷偷前往兰乡，瞄准了新莽军存放粮草器具的仓库。

此时的甄阜和梁丘赐并不知道下江兵和新市兵重新联合到了一起，还以为自己面对的是新市兵呢，根本就没有怀疑什么，而是放开了和新汉联军四路部队相互攻伐。没有去多想后方的事情。

同年十二月，新汉联军后两路终于抵达了兰乡，然后一点没耽搁，当即便对兰乡发动了总攻击。

新莽军此时所有主力部队都在抵抗着所谓的新市兵，在兰乡根本就没有什么防御，哪里能抵挡得住新汉后两路大军的进攻，于是不出一日兰乡便被攻破，新莽军的粮草辎重被抢夺一空。

正所谓"三军未动，粮草先行"，粮草的重要性不言而喻。如今，后方粮草却被新汉联军抢夺一空，这使得前方新莽军极为恐惧，士气在瞬时之间下降到冰点。

而最令人恐惧的是，六路新汉联军根本不和新莽军硬拼，他们就好像狼群一样紧紧地跟着你，直到什么时候你们的肚子饿扁了，直到什么时候你们彻底丧失了抵抗的意志，他们才会对你发起进攻。

公元23年正月，已经断粮一个月的新莽军实在无法继续坚持作战了，甄阜和梁丘赐在无奈之下只能下令绕着远道撤离（浮桥已经被烧毁）。

可新汉联军根本不会给他们这个机会，乃于本月从六个方向同时向新莽军发起了潮水式的进攻。

此时的新莽军饿着肚子，士气全无，还犯了兵家大忌，被敌军从六面围攻，如果这样还能赢的话，那简直就没有了天理。

本次作战史料也没给出什么详细的经过，只说新莽军惨败，死两万余人，其余散兵要么从此隐姓埋名，要么投降了新汉联军，总之成功逃回宛城的少之又少，就连统帅甄阜和梁丘赐也死于本次战役之中。

宛城，已再无抵抗之力。

可就在新汉联军即将围攻宛城之际，严尤的南征军也在同一时间赶到了南阳境内。

当严尤听说甄阜和梁丘赐全都死在了战场以后，便向宛城疾奔，打算先新汉联军一步到达宛城，之后坚壁清野，死守城池。

可就在他到达淯阳的时候，正好遇到了同往宛城的新汉联军。

现在的新汉联军士气正盛，所以见到严尤部队以后想都没想，直接发动了总攻击。

严尤见新汉联军人多势众兼士气极旺，料想不敌，所以交手没多长时间便向北撤往颍川以待战机。

如此，外患全无，只剩下狂攻宛城而已。

可恰恰就是在这个没有外敌威胁的时候，新汉联军的内忧终于来了。

公元23年正月，新汉联军已经彻底完成了对宛城的包围，却迟迟不对宛城进行攻击，这让全军士卒都非常纳闷儿。

那么这是怎么回事呢？原来，随着新汉联军的节节胜利，使其不管是在威望还是士兵的数量上都不断高升。所以，这军中就需要一个真正的统帅来指挥三军了。

于是，在本月的某一天，新汉联军所有的高层全都集中在大帐之中，一起商讨立一个新的刘姓氏族皇帝来指挥他们。

当天，南阳郡内的豪杰们以及下江兵王常一部全都支持让刘縯来做新汉朝的皇帝。

是呀，现在的刘氏宗亲里，除了刘縯以外还有谁比他更合适的呢？别急，好戏这可就来了。

因为就在刘縯正暗自得意之时，王凤、王匡等一干新市兵领导却站了出来，并义正词严地道："我们新市兵，还有很多下江兵的兄弟们都不想听从刘縯的指挥，我们只会服从刘玄的调遣。"

话毕，没等刘縯反应过来，除王常所部之将领没有动外，其他下江兵的领导们也都在这时候宣布支持刘玄的决定。

这一幕当时就给刘縯弄蒙了。他实在想不明白，什么时候下江兵的这些人也都投靠新市兵了。他们又为什么要立刘玄那个窝囊废做皇帝。

其实，这没什么想不明白的，就像之前下江兵的一个将领说的，大丈夫起事，谁不想做第一把手呢？反过来说，就算不能做第一把手，谁又不想把持朝政，做一个权臣呢？而刘縯性格刚强严厉，在他手下干活，不把命丢了就不错了，还第一权臣？做梦去吧！再加上新市兵的众多领导之前还得罪过刘縯，所以，这些人绝不能让刘縯成为他们的皇帝，便打算立性格懦弱的刘玄为皇帝，以方便以后控制。

那这个刘玄又是怎么个窝囊法呢？其实，说他窝囊不如说他没有根基。

刘玄，字圣公。曾经，也就是天下大乱之前，刘玄的弟弟不知道是被谁给杀了，他结交当地黑社会想要给自己的弟弟报仇。可事情提前泄露，这些黑社会都被抓了起来，更是把刘玄也给供了出来。刘玄从此在平林过起了隐姓埋名的生活。

直到上一年，也就是公元22年，王凤和王匡越发感觉到刘縯给他们带来的威胁，正好在平林又发现了刘玄，这才给刘玄强召至军中，并开始暗中联系下江兵一众领导，于是便有了上面那一幕。

我们再说正文。

刘縯虽然在一开始有些猝不及防，可怎么说都是当世之枭雄，反应速度那是非常快的，便马上和众人道："承蒙各位将军对我刘氏一族的厚爱，想要拥戴刘玄为皇帝。可现在并不是立皇帝的最佳时机。各位别激动，且听我说完。现在青、徐二州之赤眉，拥兵将近二十万，比我们的联军还要强大。如果这时候他们听说我们立了一个刘氏为皇帝的话，势必不甘落后，也一定会立一个刘氏宗亲为皇帝。到时候各种龃龉就会接踵而来，义军联合反新莽之大好前景就有可能会崩盘！同时，我们现在的位置正是天下中心的位置，距离长安不远，本来就比较吸引王莽的注意。如果还在这时候登基称帝，势必会迎来王莽如潮水一般的攻击，趁机让其他的起义军坐大。我相信，在座的各位没有谁想要为他人作嫁衣的吧？"

众人："……"

刘縯："所以，本人建议，等消灭王莽以后再吞并赤眉，然后再讨论登基称帝之事。至于现在，暂时称王足矣！"

刘縯这话固然有自己的小心思，但不可否认，他说的确实有道理。所以刚刚说完，支持刘縯的那些人就连声叫好，全都支持刘縯的决定。

可就在这时，新市兵张卬突然站出来抽出宝剑，狠狠砍了一下地面，然后凶神恶煞地吼道："刘玄！众望所归！今天这项决定，不管任何人说什么都必须要执行！谁要是敢有反对意见，那就问问我手中宝剑！"

见张卬如此疯癫的状态，还有几个人敢持反对意见？关键的问题是他刘縯现在手中力量并不如支持刘玄派系的力量大。如果这时候和对方产生矛盾，哪怕最后真的侥幸赢了，自己也必定是损失惨重，再也没有机会争霸什么天下。

所以，无奈的刘縯只能先行忍耐，以待后作。

刘玄为新任汉朝皇帝这个事儿，到这儿就算是定下来了。

同年二月初一，汉军在淯水畔沙滩中设置坛场。

当天，刀甲林立，数里之内皆为汉兵，汉军的主要将领分到两侧，可每个人的眼神都不相同。大多数眼神中都神采飞扬，对自己的未来充满了憧憬；还有小部分以刘縯为首的将领却眼神阴暗，好像正处于爆发的边缘。

不一会儿，伴随着震天的鼓声，刘玄披着一身红黑相间的龙袍走了出来。本来应该是一件相当威风的事情，可在刘玄身上却显得特别好笑。

刘玄哆哆嗦嗦地上台，哆哆嗦嗦地改变年号，甚至连说话都结结巴巴，显得特别紧张。

刘縯等一众"反对派"见刘玄是这种货色，一个个把他鄙视得不行。

最后，刘玄封王匡为定国上公，王凤为成国上公，朱鲔为大司马，刘縯为大司徒，陈牧为大司空，其他将领皆封九卿及各种将军，算是人人有赏了。

刘縯派系这边，刘玄给的大头只有一个大司徒而已，其他关键职位不是给了自家亲人就是赏给了新市兵和"倒戈"的下江兵。所以刘縯一脉中人很多人都不服，两派纷争从此而起。

不过那都是以后的事，刘玄认为现在还不是和刘縯撕破脸皮的时候，并且还要给他一定的权力，让他带兵攻打宛城。谁叫刘縯带兵打仗的能力那么强呢？

于是，刘玄将忠于自己的十万大军全都交给了刘縯指挥，让他全力攻打宛城。至于那些忠于刘縯的部队，刘玄几乎在第一时间都给分派了出去。

第一路，让一不知名的统帅带领数千众（平林军）攻击新野。

另一路由王凤统率，携廷尉大将军王常、五威将军李轶，以及太常偏将军刘秀共同向颍川以及洛阳进军。

这支部队皆为刘縯派系之有生力量，人数大概在三万左右，刘玄却让他们急速向中原进逼，这是要干什么？很简单，让这些不属于自己的士兵们一边替自己打江山，一边消耗殆尽。

公元23年二月，王凤所部连战连捷，相继攻克了昆阳（今河南省叶县一带）、定陵及郾等诸城，兵锋直指洛阳。

而这时候，王莽终于慌了。

同月中旬，王莽先是大赦天下，然后以八百里加急之速派遣许多朝廷特使往全国各郡县，命所有郡县都要派出最精锐的士兵前往洛阳准备南征。

公元23年四月，新莽各郡精锐共四十三万正规军齐聚长安，王莽以王邑为元帅，多配虎豹犰狼等猛兽助阵，然后命令大军立刻朝颍川方向挺进。（注：王邑为成都侯王商次子，乃王莽之从弟，曾平灭过很多规模不大的反叛，立有"赫赫战功"，所以他既是王莽所信任的人，还有一定统兵打仗的能力，王莽很信任他，便用他为这次攻击的总统帅。）

据《后汉书》和《资治通鉴》等史料记载，出兵当天，新莽之旌旗、辎重千里而不绝，如果算上各种徭役工种的话，王莽这次出征的部队绝对将近一百万人了，此实乃自刘邦后最大规模之征伐战役。

公元23年五月初，王邑庞大的主力部队顺利抵达颍川，和南征军严尤部队会师。

而就在这时，不知道新朝已经集结了庞大部队的王凤所部也已经到达了阳关（今河南省禹县西北），意图进窥洛阳，伺机而动。

可当他们看到新朝大军的时候完全被吓傻了，那数不尽的新朝士兵千里而不绝，一眼根本就望不到边际。

王凤二话不说，当即便命令全体将士迅速往昆阳后撤。

而就在王凤所部撤退的同时，王邑也发现了这群小小的蝼蚁，乃命前部十万骑兵有条不紊地紧紧跟随，伺机而动。

昆阳，便是现在的河南省叶县，此地乃宛城通往颍川以及入伊洛的必经之路。它向南可以防卫宛城，向北可以防卫颍川伊洛，故为新莽军与汉军之必争要地！

所以，王邑的第一个战略目标便是吃掉这个兵家必争之地，于是在命前部追击叛军之后，主力大军亦即刻向昆阳开进。

时间：公元23年五月。

地点：昆阳城中。

此时的昆阳城中已经乱作一团。每个老百姓都哆哆嗦嗦地躲藏在家中，每个士兵都在悄悄地收拾财物准备逃跑。而昆阳的议事大厅中更是气氛沉重。几乎每个大厅的人都在商量着怎么带领老婆孩子逃跑，从此过隐姓埋名的生活。正坐首位的王凤面对这种情绪也没有作声，好像是默许了一般。

可就在这时候，一直都没有作声的刘秀却站起来轻蔑地道："各位怕什么？是，我们昆阳现在不管是士兵还是粮草都无法和新朝相提并论，但只要我们能够一条心来对付敌人，还是有那么一线希望可能会成功的。可如果我们都分散了，势必会让敌人逐个击破。造反这事，只要开始了就没有回头路，你们以为从此隐姓埋名就能够幸免了吗？太天真了。况且，现在刘縯还在不停地攻击宛城，一直都没有拿下。如果我们这个时候撤退的话，就会让他们陷入腹背受敌的处境，那样就真的完了。在座的各位都是当代之豪杰，怎么可以自私到这种程度？难道你们忘记了起义之初的本心了吗？"

刘秀，自起义开始便一直活在刘縯的光芒之下。几乎所有人都瞧不起他，认为刘秀之所以能走到现在完全就是靠着自己的大哥。

所以，在场众多将领听了刘秀的话以后当即气得七窍生烟，一个个吼道："刘秀！你小子怎么敢这么和我们说话？简直放肆！"

刘秀根本不搭话。他环顾了一下在场众人，见没有一个人支持他的想法，直接轻蔑一笑，转身走了，只留下一众气愤的所谓"豪杰"。

可刘秀刚走出去没多长时间，突然有传令兵来报，说新莽十万铁骑已经进入了昆阳郊外，部队延绵百里，根本看不到边际。

一听这话，王凤直接蒙了，他结结巴巴地道："你再说一遍，多少士兵？什么兵种？"

传令兵答："启、启禀大帅，最少十、十万，兵种清一色骑兵。"

话毕，王凤哐当一下跪坐在地上。完了，全完了，十万骑兵，就是自己将所有的财宝丢下也绝对甩不开这些骑兵了。难道自己真的就要死在昆阳了吗？

就在王凤以及一众将军胡思乱想之时，突然传来了天籁之音。

只见一名将领突然站起来道："元帅！刚才刘秀那小子言之凿凿地说什么有一线希望，是不是这小子有什么反败为胜的办法呢？元帅为什么不将那刘秀召回来问一问？"

话毕，王凤好像抓住了最后一根救命稻草，他赶紧对手下一名近卫道："快！快去把刘将军给我请进来！记住，一定要恭敬。"

"是！"

就这样，刘秀被再次请到了昆阳议事厅之中。

之前那些怒气冲冲的将领一个个全变了脸色，只见他们笑着问道："刘将军，刘将军，您大人不记小人过，刚才是我们多有得罪，这边给您赔礼了。现在事态已经是十万火急，还请您不要跟我们一般见识，有什么办法您就说说吧。"

刘秀本就是一个心胸宽大的人，根本没闲心，也没有那个时间和他们斤斤计较，乃道："现在我昆阳守军只有区区一万人左右，虽然人数少，但昆阳这地方易守难攻，城池也小，想拖延新军一段时间还不是那么难的。所以，我想要元帅和王常将军各分一半士兵死守昆阳。然后，我带领一部分心腹往郾和定陵聚集所有士兵前来相救。重新回到昆阳之后，我会在外不断游走，分散敌军注意力，让其不能专心攻击昆阳。现在，宛城即将被我汉军拿下，如果宛城及时被拿下，主力大军势必会在第一时间前来相助我们。那时，新莽军士气必然下降，我们胜利的机会就大大增加了！"

这话说完，王凤本来神采奕奕的双眼顿时失去了原本的光泽。刘秀这计划和没说也没有什么两样。郾和定陵，这两个地方加在一起士兵也就一万来人，就是让他们过来又有什么用？那王邑还能愚蠢地也派一万多人和你"单挑"不成？到时候新莽军一拥而上，你一万来人能挡住敌人潮水般的攻势？

可不这么办又能怎么样呢？

所以，王凤也只能死马当作活马医了，直接让刘秀挑选了十三个心腹前往郾和定陵两地聚集援军。

公元23年五月中旬，王邑主力大军来到了昆阳，他当即命令大军将昆阳围了个里三层外三层，就要准备进攻。

可就在这时，其身边的原南征军统帅严尤却献计道："元帅，昆阳城小而坚固，我军虽然人多势众，但也不是一时半会儿能攻下来的。再加上昆阳之兵多经胜仗，不管是士气还是经验都是汉军中最为强悍的。哪怕我军最后拿下了昆阳城，所付出的代价也绝对是相当大的。那时候宛城十有八九已经被拿下，敌人坚壁清野，便会出现诸多变故。而现在宛城已经整整坚持了四个多月，正是汉主力大军士气最为低落的时候。我建议，这时候不要去管什么昆阳，而是带领大军直扑汉军主力，必可一战而定！到那时，昆阳这些蝼蚁一般的士兵必会望风而降，我军可不战而定之！至于所谓的腹背受敌，大帅也不必担心，此地只留五万士卒防守壁垒便足以让昆阳城内的士兵不敢出击了。所以，大帅根本就不用担心后方的问题。"

严尤，不愧为新朝诸多将领中少有的良将，其计谋一针见血，直接扎到了汉军的软肋之上。如果王邑能够按照严尤的计谋来实施计划的话。汉军必死无疑！

可王邑却没有这么干，以往用超大规模军团平灭小造反团体的经验让他超级猖狂。只见王邑轻蔑地和严尤道："哼，严将军真是越活胆子越小了。我现在拥有百万大军，遇到什么阻碍不是摧枯拉朽？一个小小的昆阳还能阻拦得了我大军片刻？笑话！我，王邑，这次战斗就是要一路踩着尸体过去，所有反叛军的人都别想幸免于难！昆阳，只是第一个前哨战而已，我们又怎能避而不战？"

严尤道："可是……"

王邑道："没有什么可是，来人！"

"在！"

王邑道："给本帅传令下去，即刻对昆阳城展开围攻，城破之日，满城皆屠，此城中财富皆为尔等所有，本帅不会收取分文。"

"是！"

"咚咚咚咚咚……"

此时，新莽军鼓声雷动。紧接着伴随着"轰，轰，轰"如同地震般整齐划一的步伐之声，将近三十万新军步兵缓慢向昆阳逼近。看着下面黑压压根本看不到边际的新莽军士兵，每个城墙上的汉军士兵都绝望极了，都在心中呼喊着自己的家人，直到这时候他们才知道死亡和绝望是多么让人恐惧的事情。

"呼呼呼呼……"

就在这时，昆阳城东南西北四个方向的新莽军团中突然竖起了四杆大旗。

然后，数个扛着小旗的传令兵骑着马在最前面的步兵前举旗奔跑。

当即，所有的步兵全都停下了脚步，整个战场瞬间变得安静。

之后，再有四杆大旗升起，所有的步兵都在同一时间抽出了背着的弓箭。

刺啦！

三十多万人几乎在同一时间拉起了手中的弓弦。紧接着，伴随着一声巨响，遮天蔽日般的箭雨呼啸而下。

据《资治通鉴》所说，当时昆阳城别说是城墙上的汉军了，就连城内的汉军都躲在大盾之下不敢露头。甚至百姓想要出去喝水都要躲在家中最厚实的木板后面才敢出行。由此可见，当时的箭雨已经密集到了什么程度。

而经过几轮射击以后，整个昆阳城内已无完好之物。这时候，咚咚咚的鼓声再响，新莽军的战士们收起了手中的弓箭转而拿起了大盾准备开始总攻。

可就在此时，昆阳城内的大门却鬼使神差地打开了。

之后，从里面冲出了一名使者，这名使者身穿白袍，还扛着一把木棍，木棍上挂着一个最高统帅的头盔。

见此，新莽军士兵们都不愿意了。

为什么？因为这个人很明显是来投降的。还记得统帅王邑之前说过，进入昆阳之后要将里面的男女老少满城诛杀，所获得的财物也尽归士兵所有。所以这些士兵现在满脑子里想的都是怎么去杀人，怎么去抢夺财物，才不希望看到所谓的什么投降，那样的话，本来应该属于自己的钱财不就都没了吗？所以新莽军的士兵不愿意了，非常不愿意。

可他们生气得太早了，因为他们愚蠢的主帅是绝对不会让他们失望的。

此时，新莽军中军大帐。王邑坐于首位，以极为藐视的眼神看着这个跪在自己面前的使者。只见那使者在王邑面前磕头如捣蒜，然后极为卑微地道："大帅，我们将军说了，只要大帅能饶我们城内汉军一命，我们愿意向伟大的新朝投降，并将所有的财物都原封不动地奉上。"

"呵呵。"

王邑一声冷笑："投降？早干什么去了？我新朝百万大军现在已兵临昆阳城下，其间所耗费的人力物力根本就不是你们可以想象的，就你们这些反贼城中的财物还不够我塞牙缝。回去告诉你们将军，让他拼了命地好好抵抗，珍惜这最后能存活的日子吧。因为城破以后，包括他，还有你以及城中所有的人全都要死。"

见王邑如此说话，一旁的严尤大急（现在的主要目的是宛城，怎么你就是想不明白）道："大帅！此举不……"

王邑双目一瞪："本帅叫你说话了吗？"

严尤一愣，紧接着气得满脸通红，转身就走。

就这样，昆阳汉军投降新朝的念头彻底被王邑断送了。

而城中的王凤以及一干将领听了这个结果以后无不气得咬牙切齿："好，你不让我们活，那大家就同归于尽吧。"

咚咚咚，经过短暂的停歇以后，新朝进攻的大鼓再次敲响，如同蝗虫一般的新莽军驾着云梯不断向昆阳奔涌而去。

可此时昆阳城中却是一片寂静，那些城墙上的士兵早已经失去了绝望和恐惧。现在的他们双眼通红，脑子里想的只有一个，那就是和这些新朝畜生同归于尽。

抱着此种想法，全无恐惧的汉军战斗力成倍向上蹿升，射出几轮箭弩之后便开始和登上城墙的新军士兵展开生死搏杀。

昆阳汉军不要命的作战精神震撼了在场的每一位新莽军将士，严尤更是冲进大帐和王邑道："大帅！昆阳反贼的抗争精神您现在也看到了，您说您不放过他们，行，这事儿我不和您争了。但攻城也没有您这么攻的吧。不管什么兵书都明明白白地记载着，凡攻城者，必留一缺口，这样给予敌人一定的希望，他们就不会顽抗到不要命的程度。并且，从宛城方面传来了消息，现在宛城再也挡不住刘縯的进攻了，马上就要被攻破了。如果大帅您能放出去几个汉军逃兵的话，这些汉军必会将昆阳即将陷落的消息告诉给汉军主力部队，这样也能有效地打击这些部队的士气。大帅您接下来的战斗……"

王邑打断道："你别说了，我现在手上握有百万大军，如果这都要搞小动作的话，那这天下人该怎么看我？陛下又该怎么看我。本次作战，本帅就是要堂堂正正，以摧枯拉朽之势毁灭一切反叛新朝的反贼们。严尤，从开战到现在你就一而再，再而三地劝本帅搞一些小动作。本帅忍你也不是一天两天了，奉劝你以后干好自己的本职工作，不要再对本帅如何领兵打仗来指手画脚，不要再让本帅瞧不起你行吗？"

这话说完，严尤的脸黑了下来。严尤知道，现在说什么也没有用了。

于是，严尤转身走了。

一天过去了，两天过去了，十天过去了，时间很快到了五月下旬。

这期间，王邑动用了各种办法来攻陷这个他眼中所谓的小城，却依然没能攻下。而与此同时，宛城，这个重镇，也终于被刘縯攻下了。

可是宛城基本上和一个空城差不多了，不是没有什么抵抗能力了吗？既然这样的话，那为什么这个地方还能抵抗汉军十万大军四个多月的侵攻呢？

要说这呀，其实都归功于一个人，这个人不是别人，正是以后云台二十八将排名第六的人——岑彭。

岑彭，字君然，南阳郡棘阳县人。

此人饱读经书、兵法，属于文武双全的大才。

可王莽之新朝，已经是腐败透顶，岑彭根本无法得志，所以奋斗了好些年都只能在棘阳县做一名小小的县长。

而到了公元22年的时候，刘縯汉兵、新市兵以及下江兵在荆襄之地翻江倒海，兵锋很快便指向了棘阳县。

棘阳县就是一个非常普通的小县，兵不过千，根本没有办法抵挡住叛军的攻势。所以岑彭直接放弃了抵抗，带领着自己的士兵和门客们往宛城而去了。

宛城甄阜是一个非常刚烈的人，他毕生的理想便是为了国家而战死沙场。所以对于岑彭的这种行为非常恼怒，便在岑彭到达宛城之后将他的全家都关在牢中，并警告岑彭，让他以后拼死作战，以赎回自己的家人。

岑彭无奈，只得带领自己的宾客跟随甄阜作战，且每战皆用死力。

最开始，宛城地方军完全可以用势如破竹来形容。甚至连刘縯兄弟都杀了个九死一生。可最后在那次决定性的战斗中全军覆没，甄阜也死于战场。

当时，岑彭拖着受伤的身体一路往宛城狂奔，并在逃亡的过程中一路聚集奔逃之散卒。等他赶到宛城以后，竟然收拢了将近一万兵众。

可岑彭深知，现在宛城只有这一万兵众是无论如何都守不住的。所以他紧急动员城中百姓参与宛城的守卫战。

甄阜当初在宛城的时候很得民心，所以宛城百姓并没有像其他地方的老百姓一样排斥新朝，相反，他们还自愿帮助岑彭。男的披上盔甲登上城墙防守，女的做饭疗伤，做好一切后勤工作。

等汉军主力部队将宛城围得里三层外三层以后，宛城已经做好了所有的准备工作，只等汉军攻城。

刘縯一开始根本就没瞧得起这个宛城。可等他真正攻城以后才知道自己的想法是多么的天真。就好像王邑怎么攻都攻不进昆阳一样，任凭他刘縯想尽办法去攻击宛城都无法将其拿下。

最后，刘縯干脆把心一横，不攻了，只将宛城里三层外三层地围拢而已。

为什么呢？因为之前甄阜带领大军出兵作战已经将宛城所有的存粮带出去了，宛城里面留有的粮食相当有限，所以刘縯料定，宛城一定抗不了多长时间。

而事实也确实如此，看着汉军不攻只围，岑彭在第一时间便洞悉了刘縯的意图。可岑彭非但没有半点儿担心，心中反而乐开了花，因为城中的粮食足够他抵抗汉军四月有余，这期间朝廷一定会派出军队前来救援。

结果，一个月过去了，两个月过去了，四个月过去了，在时间即将到达五个月的时候（此时的王邑已经攻打了昆阳十一天），城内的百姓和士兵已经饿得皮包骨，完全丧失了继续抵抗的意志。

岑彭仰天长叹。他知道，宛城再也无法抵抗下去了。

于是，岑彭遣使者前往刘縯军营，希望刘縯能饶全城军民的性命。只要他能答应，自己的性命都随便他如何处理。

刘玄和刘縯都不是王邑。他们没有王邑那么猖狂，也没有王邑猖狂的底气，所以使者一到，二人便立即答应了岑彭的请求。宛城，终是在新朝大军到达之前被拿下了。

可就在汉军即将进入宛城的时候，刘縯突然找到了刘玄，并语重心长地问："陛下打算怎么处理岑彭这个人？"

刘玄道："这个岑彭抵抗了我们这么长时间，给我们汉军造成了相当大的损失，对于这种人当然要杀之而后快！"

刘縯道："我不这样看。陛下，岑彭之前是新朝的官员，他强力抵抗我们是他的本分，也是他节操的体现。我觉得，对于这种人我们非但不能斩杀，还要任用他。这样就能让所有的人都能看出陛下您的仁德之心，他们从今以后也会对陛下更加忠诚，还能让以后的敌人更加轻易地投降。这不是一箭双雕的良策吗？"

刘玄一想，觉得刘縯这话说得甚有道理，便封岑彭为归德侯，并将其归入刘縯所部，从此听从刘縯的命令。

现在岑彭这事儿解决了，是不是应该马上去救援昆阳了呢？呵呵，不用了，因为昆阳那边也已经搞定了。

公元23年五月中下旬，刘秀相继到达了郾和定陵。

此二地的士兵皆为刘縯一脉之心腹，所以绝大部分都愿意随刘秀前往救援。但是他们对于前景也相当不看好，所以在随刘秀出征以前都在不停地收拾金银财宝，以备失败以后去过隐姓埋名的生活。

刘秀带兵打仗的能力确实超强悍，之前他不想在自己大哥面前出风头，所以一直在大哥的光环下隐藏，表露出的只是自己柔弱的一面。可如今，已经到了生死存亡的关键时刻，刘秀终是显露了他真正的一面。

只见刘秀当即怒吼道："都给我放下！我们现在即将要面对的是超过我们百倍的敌人，如果你们还要给自己留后路的话，那不好意思，你们，包括我刘秀最后也只有死路一条。可如果你们肯放下这些财物孤注一掷，我们还有一线希望！而一旦我们这次侥幸成功，那你们得到的将是无穷无尽的财宝和美女！"

听了刘秀这一声怒吼，所有的将士都惭愧地低下了头。是呀，连平时懦弱谨慎的刘秀都能有如此的决心，我们为什么还要这个样子呢？

于是，所有的将士都将手中的财物扔到了地上，然后毅然决然地跟随刘秀前往了那最危险的昆阳战场。

公元23年六月初一（刘縯已下宛三日，刘秀和王邑皆不知），刘秀所部终于到达了昆阳战场。其身边的李轶见前方一眼望不到边际的新莽军队手心直发抖，刘秀微笑着道："哎哟，我的李兄，怎么？害怕了？"

李轶惊异地看着刘秀道："你，你不怕吗？"

刘秀只是微笑没有作声，紧接着他对后面的部队怒吼一声："有没有愿意去新莽军那儿溜达一圈儿的？"

话毕，下面这些士兵们先是一愣，然后哈哈大笑。不一会儿，一名小将大步上前："我去！"

刘秀："好，你一会儿策马突入敌军阵营中后大喊宛城已陷，援军马上就会到来。如果你不幸被王邑所杀，等胜利之后，你的家人我刘秀养之！"

那人听得此话什么都没说，转身便骑马冲向被重重包围的昆阳城，并在冲到王莽包围圈以后不断地大喊："宛城已陷，援军就要来到。"

后来，这人没冲出去多远就被新莽将士生擒进而斩杀，可恐惧的心理却不知不觉开始在新莽军中蔓延。

无他，一个小小的昆阳城守军都如此强大，那十万主力部队会强大到什么地步？想想就让人恐惧。

见第一步心理战目标已经达成，刘秀开始了第二步心理战，那便是以小规模斗阵取胜的方式彻底激怒狂妄自大的王邑。

只见刘秀亲自挑选了军中最骁勇善战的一千多名将士，带着他们直接到距离新莽军营五里的地方布阵挑衅。

他这是要干什么？很明显，这是要搞斗阵了。

本来，凭王邑的兵力是没有必要和刘秀斗阵的。但一是此人太过狂妄，二是之前因为"宛城陷落"事件使得部队士气有所损伤，所以王邑急需通过一场战斗来挽回部队丢失的士气。

所以，他一见刘秀要和他斗阵，便直接派出了三倍于刘秀的兵力，也就是三千人前往和刘秀相斗。

五里、四里……一里。

当新莽那三千人距离刘秀所部不过一里之时便开始布阵，准备和刘秀那一千多人相斗。

可就在这时，一身戎装的刘秀直接抽出手中的钢刀，一声大吼便一马当先地冲向了迎面而来那三千人。

这一幕直接将刘秀后面的战友弄蒙了，一时之间竟然没反应过来。

　　为什么？因为凡是刘秀带兵打仗，他从来没有冲到前线过。别说前线了，哪一次打仗他不是在最后待着，始终让自己处于一个最安全的位置。可如今，他竟然一马当先地冲了过去，这简直太颠覆人们对刘秀的认知了。

　　愣了一会儿后，一名将领才反应过来，他兴奋地怒吼一声"杀"便跟随着刘秀的脚步冲了过去。

　　紧接着，所有的士兵也都瞪着血红的双眼兴奋地杀了过去。

　　那刘秀丝毫没有停顿，直接带领众人冲进了三千新莽军之阵营。此时的刘秀手中的首环刀上下翻飞，一刀一人命，其身后的一千兵众更是奋勇向前，悍不畏死，一走一过就是杀人。

　　失去先机的新莽军士兵仓促应战，当然不是士气如虹且单兵作战能力极强的汉军精锐的对手，所以只交战没多长时间便被击溃，进而仓皇向后方逃走。

　　刘秀奋起直追，斩杀了一千多人，在即将追到新莽军主力部队跟前才收住了缰绳，嚣张地立于四十三万大军身前。

　　他身后的一干将领全哈哈大笑。

　　凭此一战，刘秀彻底赢得了手下将领们的心。可事情到这一步也仅仅是一个开始，刘秀的心理战是一环套着一环，不逼死王邑他绝不会善罢甘休。

　　因为刘秀接下来的举动简直都要将王邑气得吐血。

　　那刘秀大胜之后并没有立即回营，而是带着手下的这些将士横着在新莽阵前走了数百米才猖狂大笑着回了自己的营地。

　　而猖狂的王邑，果然中了刘秀的挑衅之计。此时的新莽中军大帐。

　　"啪！"

　　随着一声器皿破碎的响声，中军大帐里面暴发出了激烈的骂声。

　　"好你个刘秀，老子不杀你誓不为人！王寻！王寻何在？（王寻为汉平帝时之福校尉、丕进侯，因为辅佐王莽篡汉有功，所以在公元9年的时候被封为大司徒、章新公。为本次讨伐大军的副帅，全军第二号人物）"

　　王寻答："在！"

　　王邑道："迅速给我从全军挑选一万强战之士，随我一起前去挑战这些反贼，我要亲自将士气给打回来！"

王寻道："是！"

王邑道："来人！"

传令兵道："在！"

王邑道："给我传令各营，让他们全待在营地，在我和这些反贼交手的时候不准任何人前去救援，违令者定斩不饶！"

传令兵道："是！"

就这样，在如此狂怒的状态下，王邑携带王寻和一万精锐之士奔向刘秀军中进行挑战。

而王邑刚刚一动，便有传令兵迅速奔向刘秀军中，并向刘秀传达了王邑的动向。

刘秀一听当即大喜："大事成矣！李轶！"

李轶道："末将在！"

刘秀道："之前让你准备的三千骑兵准没准备好？"

李轶道："早已准备妥当！"

刘秀道："好！很好！我现在立即率领这三千精锐埋伏在西面的高地之上，待敌军前来挑战之时，我便会带领部队冲溃他们的侧翼！到时候，敌军必大乱，你就在这时率所有军队配合我出击，争取在此次战斗中将王邑斩杀！只要王邑一死，敌军必将大乱，等到那时，大事成矣！"

李轶道："是！"

就这样，刘秀率领着三千彪勇的敢死队队员偷偷隐藏在了西面的高地之上，只等王邑军团前来挑战。

而这一切，都确实按照刘秀的剧本上演，其间没有半点儿意外。

那王邑率军刚刚行至汉军营前，还没等叫嚣挑战，便听一声怒吼。

紧接着，刘秀三千勇士从西侧高地顺势而下，如同迅雷一般直插王邑侧翼。

王邑什么时候经历过如此突然的袭击，所以当即便慌了，根本不知道如何组织部队进行抵抗。

就这样，刘秀三千勇士成功杀进了王邑所部的侧翼，第一时间便将其拦腰截断。

而李轶抓机会的能力也是相当不错。他见王邑所部已乱，便在瞬时间带领全部兵马从正面突击。

本来就已经混乱不堪的王邑部队再遭正面重创，顿时乱作一团，但还没有彻底崩溃。

就在这时，刘秀已经突入了王邑部队的核心位置。他见迎面不远有一个身穿金甲的将领（王寻），以为是王邑，于是挥刀便上，只一个回合就将王寻的首级斩落马下（刘秀乘锐冲杀，遂斩王寻）。

身在不远处的王邑见王寻被杀，吓得屁滚尿流。他也不管手下的士兵了，也不管后面的主力部队了，一鞭子抽在马屁股上撒腿就跑。

于是，这一万新莽军精锐之士彻底崩溃。而后方的主力部队见前部全崩，又不敢去救，再看主将副将一死一逃，士气当即降到了冰点，一个个慌慌张张，不知所措。

然后，就在这个最敏感的时候，昆阳城的大门也打开了，王凤率领城内所有的士兵在此时冲杀了出来，与刘秀内外夹攻新莽大军。

而在新莽大军中，也不知道是谁这时候突然怒吼了一声："快跑啊，宛城的援军来了。"

这一声怒吼成了压死骆驼的最后一根稻草，那些还在纠结，还在不知所措的新莽士兵顿时四面八方作鸟兽散，相互踩踏致死者不计其数。

据《中国历代战争史》所载："新莽数十万军皆拥挤于狭小之地区，遇刘秀、王凤两面夹攻，又以为宛下兵到，于是风声鹤唳，自相溃乱，相互践踏而死者，伏尸百里而不绝。"

此外，据《汉书》《后汉书》及《资治通鉴》所载，就在大军四散溃逃之时，天空中突然乌云密布，然后狂雷不断。紧接着，暴雨好像从天上倒灌下来一样（雨下如柱），使得滍水（今河南省叶县北沙河）暴涨。那些逃亡的士兵也不管不顾了，直接跳下了奔涌的滍水。

于是，没多长时间，成千上万的新莽士兵淹死于潍水。

据史料所载，当天死在潍水的士兵不计其数。没过多久，潍水就流不动了。为什么？因为成千上万的死尸已经将潍水堵住了。王邑、严尤之流都是骑马踩着这些死尸所搭建的"人桥"才成功地逃到了对岸。其他侥幸活下来的新莽士兵也再不愿为新朝送命了，都各回各家。王莽，从此刻起，真正成了一名光杆儿司令。

而汉军经过了此次的大战，收获可谓是丰厚得不能再丰厚了。

据史料载，汉军胜利以后获得了新莽军全部的粮草和军用装备，连续收拾几个月都收拾不完。最后多出的那些直接一把火烧了。所以从这以后，所有汉军的兵器甲胄皆为当时最先进的，他们的粮草也不用再去抢了，因为很长一段时间内他们也不必为了粮草而犯愁了。

而这些还不是汉军得到的最大的好处。那最大的好处是什么呢？声望！

因为通过本次战胜新莽大军，整个天下大部分的农民起义军都自动投靠在了更始皇帝刘玄的麾下。他们更换服装，改更始为年号，只等刘玄一声令下便杀奔长安，直取王莽之人头。

好嘞，就让我们雄赳赳气昂昂地杀奔长安吧！

刘玄："等会儿！你们先别忙着杀王莽，在这之前我还要杀掉一个人呢。"

"谁呀？"

刘玄："谁？呵呵，刘縯！"

1.11 杀刘縯，巩政权

奇怪，现在不是正应该趁着天下人心拧成一股绳的时候直接宰掉王莽吗？为什么还要在这种时候杀掉刘縯呢？他刘玄难道就不怕发生什么变故吗？

变故刘玄当然怕，可他更怕的是在刘縯身上发生什么变故。因为刘玄认为，现在的王莽已经不能够对他产生任何威胁了。反倒是刘縯，如果再不杀他，以后自己的皇位很有可能就坐不稳了。

为什么呢？因为刘縯、刘秀两兄弟的威望实在是太盛了，盛到完全能够威胁自己的程度。

那刘秀自从赢得了昆阳之战以后，几乎整个天下的豪杰都拿他当偶像，甚至老百姓和原来的新朝官员都络绎不绝地投靠到了刘秀的麾下。

一个月以前，就在刘秀赢得了昆阳之战后，他兵不解甲，继续向颍川一带挺进。就在他攻打颍川的过程中，在中途生擒了一个叫作冯异的郡掾（冯异，为以后刘秀手下的超稳定实用型大将，绰号大树将军，云台二十八将的第七员大将，用兵打仗相当凶狠，如果要拿一个人和他相提并论的话，我觉得王翦和他最为相似）。

刘秀对这些新朝的官员本来就没有什么好感，所以当场就想诛杀冯异。

可就在此生死危急之际，那冯异非但没有半分惧色，反倒是微笑着看着刘秀。

刘秀感觉自己面前这个人非常不一般，便制止了准备行刑的刽子手，转而问冯异道："这都快死了，你笑什么？"

冯异道："我笑这天下人都说将军你是百年难得一见的奇才。可如今一见，呵呵，不过如此。"

这冯异如此姿态，摆明了就是在明嘲暗讽。可刘秀却一点儿都没有生气，反而变得客气起来："哦？难道先生还有什么话想说？说吧，只要先生说的话有道理，我刘秀非但不会杀您，反而会另加重用！来人！给先生松绑，赐座！"

就这样，刚到鬼门关的冯异又回来了。

他跪坐之后，先是对刘秀一拜，然后道："将军可知道这天下最高明的兵法是什么？"

刘秀道："这个当然知道，不战而屈人之兵嘛，可恕我直言，不战斗就能胜利，呵呵，只听过，没见过。"

冯异微笑着道："没见过好办，下官今日就让将军见识一次！下官名叫冯异，是这附近五个县的督查。不才在此五县还有些威望，所以有信心游说一番，不出三日，不用将军动武，便将五县完完整整地奉上。"

话毕，刘秀的眼神当时就亮了起来。只见他直接站了起来，然后握住冯异的手激动地道："先生此话当真？"

冯异道："自然当真！"

刘秀道："好！如果先生真的能够让我不战而屈人之兵，我刘秀定给先生富贵！"

就这样，冯异去了。而结果真的如同他所说的一样，这五个县的县令一听是三千破四十三万的刘秀来了，二话不说，直接便将自己手中的县交了出去，刘秀得以不战而屈人之兵。

我们再入正题。

刘秀不战而收五县的消息很快便传到了宛城。刘玄听了以后心中很不舒服，而原来新市兵和一些拥护刘玄的下江兵将领听到以后就更不舒服，甚至是惧怕了。

因为当初要不是自己阻拦的话，真正应该当上皇帝的除了刘縯不做第二人选。可自己却阻拦了，还将刘縯得罪了。如今，刘秀、刘縯两兄弟的声望一日胜过一日，再这样下去，刘縯的势力就会一点一点上升，最后极有可能取刘玄而代之。到时候，自己这些曾经坏过刘縯好事的人就一个都活不了了。

于是，以王凤、王匡为首的反刘縯将领们在刘秀收复五县后不久便找到了刘玄。

王凤也不磨叽，直接对刘玄道："陛下，不知道您对刘縯、刘秀兄弟俩怎么看？"

刘玄道："嗯，刘縯是我们汉军的第一大将，这当然不必说了，可这个刘秀可真是让朕刮目相看了。曾经朕还没拿他当个人物。可谁能想到这小子，三千破四十三万，真的是太不可思议了。"

王凤道："陛下，臣之所以问陛下可不是让您夸他，难道您就没从中看出危机吗？"

刘玄道："……有什么话上公你就明说了吧，咱们不是外人。"

王凤道："相信陛下也知道，那刘縯本就对您的位置有所窥伺。现在，刘秀创造了千古大胜，这就使得刘縯的声望更甚。如果长此以往，他早晚会对陛下您出手。所以，还请陛下先行出手。"

刘玄道："你的意思是……"

王凤道："没错，我们的意思都是一样的，那就是在刘縯动手以前先动手杀了他！这样便可高枕无忧矣。"

刘玄道："可现在我们正要向长安挺进，这时候杀了刘縯难道不会引起分裂吗？更何况刘秀现在还在颖川，手握一些兵马，如果他造反了我们应该如何应对呢？"

王凤微笑着道："呵呵，陛下多虑矣，正所谓树倒猢狲散。这世界上哪个人是不惜命的呢？这些人别看现在对刘縯忠心耿耿，但只要刘縯一死，他们没有了主心骨，立即会投到陛下这一边。至于刘秀，那就更好办了。这小子现在手中真正可用之兵连一万大关都没过，怎么可能对陛下形成威胁？天下谁会应承他？所以刘秀根本就算不上是威胁。刘縯一死，他刘秀老实则罢了；如果不老实，陛下随随便便出动一支军队便能将其剿灭！总好过灭掉新莽以后这哥俩窝里反要好得多。攘外必先安内嘛。"

话毕，刘玄陷入了久久的沉思，最终听信了王凤等人的建议，决定在攻打长安以前先杀掉刘縯。

可要杀一个人总要有一个口实才行，那刘縯不但军功卓著，且从始至终都没反抗过刘玄，拿什么借口杀他呢？

呵呵，杀人的借口，那简直不要太多。

当时，在刘縯军中有一个叫刘稷的。此人不但是刘縯军中第一骁将，还对刘縯忠心耿耿。当初在刘玄刚刚登基的时候就当着众人的面大骂道："起兵图谋大事的是刘縯，他刘玄算个什么东西？"

刘玄知道，此人是刘縯的心腹，是一定不会投靠自己的。于是，他便拿刘稷开刀，进而图谋杀掉刘縯。

公元23年六月的一天，刘玄的一名使者突然来到了刘稷的住处，并宣告圣旨，封刘稷为抗威将军。

那刘稷一点儿都没有出乎刘玄之预料，当即冷笑，拒不接受刘玄的任命。

紧接着，刘玄派遣了一千名士兵将刘稷抓获，并没有立即斩杀，而是等待着刘縯的到来。刘玄坚信，刘縯是不可能看着刘稷被杀的。原因简直不要太简单。刘縯最有优势的便是人心，而刘稷又是他最忠诚的大将，如果刘縯看着刘稷被斩杀的话，他的威望就会大幅下降，以后谁都不会再听他的了。所以刘玄断定刘縯一定会来找他。

而事实果然不出刘玄所料。那刘縯听说刘稷被捉以后第一时间就找到了刘玄，并为刘稷求情。

可当天，平时比较好说话的刘玄说什么都不原谅刘稷的无礼，就是要将其斩杀。有可能是太着急了，有可能是真的挂念刘稷的安危，刘縯的语气越来越冲、越来越激烈，当对话到达"高潮"之时，李轶和朱鲔突然站出来怒吼道："大胆刘縯，是谁给你的胆子敢和皇帝陛下如此说话？你难道想造反不成？"

看着李轶义正词严的面孔，刘縯蒙了，彻底蒙了。他实在无法相信李轶是真的背叛自己了。（注：昆阳之战后，朝廷宣旨将李轶召了回去，刘秀当时就怀疑李轶已经投靠了刘玄，所以立即写信给刘縯，让他当心提防李轶，说李轶很有可能已经叛变了。刘縯当时根本就没当回事儿，认为完全是刘秀多心了）

而李轶根本就不会再给刘縯机会了。他按照早已谋划好的剧本对刘玄深深一拜，然后好似"大义灭亲"一样道："陛下！刘稷拒旨抗命，这已经是犯了大不敬之罪，理应处斩！刘縯非但不帮助陛下捉拿他，反倒为了保他和陛下当朝争辩。刘縯心存之歹念已暴露无遗，不杀不足以平众怒！臣建议，就在今天，将此二人一起诛杀！"

就这样，大司徒刘縯在毫无征兆的情况下被刘玄诛杀。

杀了刘縯以后，刘玄迅速命自己的堂兄刘赐为大司徒，然后频频调动士兵准备防守刘秀。

毕竟刘秀的统军才能明明白白地摆在那里，谁这时候要是再敢轻视刘秀那就太傻了。

可刘秀接下来的表现却让刘玄瞠目结舌，觉得不可思议。

按说，自己杀了刘秀亲如生父的大哥，刘秀应该在第一时间发兵报仇才是。

可刘秀看事情非常通透。他知道，现在天下人都在盼望着汉军消灭新莽，创造新的汉朝。这时候的刘玄可谓是众望所归。如果此时自己出兵攻击刘玄，那等待着自己的一定是全天下的讨伐。到时候，不但报不了仇，还会搭上自己的性命，那样就太不值了。

可如果带兵杵在原地不动的话就会变成任人宰割的羔羊，早晚都会死于非命。刘玄想用一个借口杀死你还不是一瞬间的事吗？

所以，刘秀决定占据主动。

那什么叫作占据主动呢？就是让刘玄惭愧，并认为自己对他没有威胁。

于是，刘秀只身回到了宛城，并将兵权全都交给了刘玄。

这之后，刘秀整日作闭门思过状，足不出户，非但不穿丧服，甚至连自己的功绩都绝口不提一句。甚至哪个刘縯曾经的亲信来见，他也不见。

见刘秀这个样子，刘玄对他算是彻底地放宽了心，甚至在心中还生出了一种愧疚的情绪。

于是，为了弥补自己心中的愧疚，也为了让天下人都看清自己不是一个卸磨杀驴之徒，刘玄乃封刘秀为破虏大将军、武信侯。可是兵权却一点儿都不给刘秀。

好了，刘秀这个后顾之忧算是彻底解决了，刘玄的下一个目标不用多说，便是灭亡新莽，斩杀王莽了。

1.12　王莽死，新朝灭

公元23年八月，刘玄之汉军两路出击，以定国上公王匡带领数万汉军攻洛阳，以西屏大将军申屠建、丞相司直李松领近十万大军攻击武关，进逼长安。

而西北枭雄隗嚣也在此时起兵响应，自陇西之地向长安进逼。

再看王莽方面。

话说自从昆阳大败以后，王莽的军事实力急速下滑。可你就让他这么灭亡他绝不甘心！于是，王莽在一个月以前便召回王邑为大司马（此时王邑已经退据洛阳），张邯为大司徒，崔发为大司空，苗䜣为国将镇守长安。

又令之前同时讨伐青、徐二州义军的太师王匡和国将哀章急速率军退守洛阳，还命都尉朱萌，右队大夫宋纲率领仅剩下的一些士兵防守武关。

一个月之后，汉军分两路大军攻打王莽。

王莽知道，仅靠武关那点儿守军绝对扛不住汉军和西北隗嚣军的进攻，于是，他破天荒地动用了北军将士驻扎于华阴回溪之隘（今河南省洛宁县之东崤山坡），以固关中（北军，为长安皇帝直辖之军，负责守卫长安安全，不是有亡国危机是绝对不会动用的。从汉朝建立一直到现在，除了景帝时期的七国之乱以外还没有动用过一次。由此可见，现在的王莽已经遭遇了什么程度的危机）。

按说，现在王莽手下还有南北军数万（南北军总编制在最初的时候有十万，可这么多年过去了，人数一直都在缩水，直到王莽时期因为耗费巨大，使得南北军现在人数更是减少不少，但如果用兵得当的话还是有一定抵抗能力的）。

可什么叫用兵得当呢？其实很简单，给士兵最多的军饷、用最好的将领。

将领就不用说了，纵观整个新莽朝廷，也就一个严尤还算可用。

再说军饷。现在王莽私库之中还有储备黄金六百多万两，加上其他的奇珍异宝。这些储备给现在外边的守军为军饷绝对是绰绰有余的。

可王莽呢？他舍不得。

他认为，这些金子都是自己的，谁都不能染指，这些士兵给他们一口吃的就不错了，还想要朕的金子？做梦去吧。

军饷不给，那拿什么来命令这些士兵呢？呵呵，别担心，人家王莽有的是办法，虽然这个办法还不如没有。

那王莽为了防止士兵和将领们反叛，竟然将所有将领的家眷都囚禁了起来。王莽认为，下面这些士兵哪怕是不服从自己也一定会服从顶头上司，而顶头上司如果敢反叛自己的话，他们的家眷就别想要了。

所以，从将领到士兵一定不会反叛自己。

公元23年九月，汉东路大军元帅王匡打败了士气全无的洛阳守军，顺利拿下了洛阳，并生擒太师王匡、国将哀章等新朝大将。王匡没给这个和他同名同姓的人任何情面，直接将这些俘虏全部斩首。

刘玄遂迁都洛阳以巩固关东之地。

同月，汉西路军狂攻武关。南阳析县人邓晔、于匡等人起兵响应汉军。

于是，申屠建、李松等汉军将领决定分两路向长安进击。

第一路由申屠建率领，继续率军狂攻武关，等武关攻下后再经蓝田攻击长安。

第二路由李松率领本部兵马及邓晔、于匡之兵，避实击虚奇袭函谷关及回溪隘之背，然后绕道袭击长安。

先来看申屠建的正面军队。

自李松奇袭部队出走以后，申屠建夜以继日地狂攻武关，中间毫不停歇。新军现在的士气本来就极低，再加上汉军不要命的攻城效率，使本就对王莽心怀怨恨的朱萌直接宣布投降。

武关的大门就这样被打开了，申屠建紧抓战机，率军直接突入了武关之内，然后大败宋纲所部，并击斩之。

武关彻底陷落，申屠建率兵冲向蓝田，兵锋直指长安方面。

再看奇袭军。

李松率军绕道以后先是从西陕口北进，然后直袭回溪隘之新莽北军。

新莽北军虽然是精锐，但士气低落，厌战情绪极盛，所以交战没多长时间便全线溃逃。

之后，李松再攻湖地又破之。于是新莽众残兵败将全都退守渭口京师仓（今陕西省渭水入黄河之口）。

这一次，新莽军队据险而守，使得汉军短时间之内无法继续挺进，战事头一次陷入了短暂的胶着状态。

而这时候，王莽在干什么呢？

此时的长安，王莽正在朝堂之上正襟危坐，下面的大臣陪同，不过这时候没有一个人敢于和王莽对话，也没有这个心情。因为他们全都在等，等东西两方的战报传来。

"报……"

这时候，一声战报传来，王莽和众多大臣全都站了起来，以无比忐忑的心态等待着好或者是坏消息的降临。

"报，报！启禀陛下，东线洛阳已经被叛军彻底攻陷，太师王匡、国将哀章等一干将领全都在洛阳城中战败身亡。"

哐当，这一番话说完，王莽颓废地坐在了地上，可还没等他感叹什么，又是一声战报传来。

"报，报告陛下，现在武关已被叛军攻破，守关隘的北军也被攻破，现在几乎所有的守军全都退往京师仓死守。据前线来报，现在京师仓的守军已经成功堵住了汉西路军，让他们无法行进。"

"怎么办？怎么办？现在局势已经恶劣到了这种地步，我到底应该怎么办？"

看着王莽如此不知所措的样子，下面的官员全都唉声叹气，他们也不知道到底应该用什么办法才能安慰王莽。

可就在这时候，有一名叫崔发的文官道："陛下莫愁，臣听说，古时候一旦国家有大的灾难，只要国君带着大臣们对天祈祷痛哭，老天就会降下灾难来收拾这些反贼，所以只要陛下带着我们向老天痛哭，我保证这些反贼不出数日便会被老天所灭。"

大概是这时的王莽已经失心疯了吧，或者是现在根本没有其他的办法，也或者是古人真的那么信奉上天的力量。反正崔发刚刚说完，王莽就忙不迭地带领群臣前往天坛祭祀上天去了。

当天，王莽对着老天哭得撕心裂肺，他下面的那些大臣别管心里怎么想的，表面上也跟着王莽一顿痛哭。

可就是这样王莽也嫌不够，他竟然还让人将城中的百姓和儒生也叫了过来陪他一起痛哭。

那些老百姓和儒生都是弱势群体，他们能说什么？敢说什么？于是陪着王莽哭。

哭声就在长安郊外连绵不绝了。

可很明显地，下面那些人根本就不是真心痛哭。好些人都是应付了事，甚至连声都不出。

事情到了这一步，王莽是绝对不敢在老天面前动屠刀了。为了让这些儒生和百姓们真心痛哭，王莽不但给他们加强伙食（只要在这陪他哭的，一日三餐王莽全包），还用专人查看下面痛哭的百姓，承诺只要有人哭得伤心、哭得到位，他便赏赐给他们郎官职位。

所以，自这以后，所有的百姓全都像没了亲人一样痛哭。

几天以后，被封为郎官的百姓竟然就达到了五千之众。

可有用吗？没用，现在李松都已经快杀到长安了。

李松不是被京口仓的王莽残军堵住了吗？怎么杀到长安的？

原来，狂攻多日的李松见京师仓坚挺难下，便直接弃之不顾，将其越了过去，他就不信京师仓的那些残兵败将敢主动攻击他的腹部。

紧接着，李松命王宪率数百人北渡渭河，直接进入左冯翊境内，又亲自带领主力部队推进到了新丰，攻击王莽的波水将军窦融。

窦融部曲士气极低，本身也不是李松的对手，所以交战没多长时间便被李松打得全线溃败。

这之后，李松马不停蹄，又率军推进到了频阳。

这时候，全天下的人都知道王莽必将败亡，谁再继续跟着他就是自寻死路了。所以，但凡是汉军路过之地的新莽守军纷纷投降，各个地方的乡绅土豪们全都组织起自己的势力，并自称是汉朝将士追随王宪的部队杀奔长安，使得王宪兵力瞬时之间就增加到数万之众。

王宪这个小人物，就这样毫无阻碍地杀到了长安城下。

而此时的长安已经无兵可派，王莽没有办法，只能使出最后的手段。

他派遣使者分别赦免释放了城里各个监狱的犯人，给每个人都发放了武器盔甲，并威胁他们，如果对新朝不忠诚，那么死后鬼神都不会放过他们。

可现在谁还会在乎什么劳什子的鬼神？活命才是真理。

所以，在这些囚犯出击以后，还没碰到汉军便全都四散而逃了，最后只剩下监督这些囚犯的一个将领狼狈地逃了回来。

到此，王莽已经一点儿办法都没有了。可他竟还天真地以为自己能侥幸活着，还以为自己是天选之子，所以手下哪怕只剩下几千的士兵，他也要顽强抵抗。

公元23年九月初一，汉军王宪所部已经进逼至长安郊外，在对长安全面攻击之前，王宪首先命士兵挖掘了王莽的妻子、儿子、父亲、祖父的坟墓，反正是和王莽有关的人，汉军都将他们的坟墓给掘了，并焚烧了他们的棺材以及王莽所立的庙宇。

这之后，汉军马不停蹄，直接对长安发动了总攻。

现在，长安这座所谓的天下第一坚城只剩下数千兵众，根本无法抵挡汉军的进攻，但主帅王邑对王莽忠心耿耿，哪怕明知道不可能抵挡得住汉军的攻势也要拼死抵抗。

别说，整整一天，汉军竟然没能攻进长安。

可到了天黑，这一切都完了。因为长安城内所有的人都知道长安早晚会被攻克，所以一个个早就为自己谋定了后路。

大概在晚上9点，长安城内的官吏、土豪、商人、百姓全都拖家带口地聚集到了城门，请求守门的士兵放他们离去。

可这些士兵怎么可能答应他们的要求，于是这人就越聚越多，到最后，城里有两个青年怒了（你们这些当兵的要让我们死，那么好，大家就一起去死），他们带着一群"愤青"满长安地放火滋事，并奔跑喧哗："反贼王莽，为什么还不出来受死？"

此举不但使得整个长安人心惶惶，大火还不停地蔓延，一直烧到了承明殿。

当天夜里，王莽为了躲避大火四处逃窜，可这该死的火焰像长了眼睛一样走到哪里都跟着他（火辄随之）。

这时候的王莽已经疯了，他一边奔跑着躲避大火，一边五官扭曲地嘶吼道："上天将治理天下的责任交给了朕！你们汉军能拿我怎么样？这该死的火灾又能拿我怎么样？"

就这样，在满长安都极度恐慌的状态下，王邑率领着守城军奇迹般地守住了汉军又一天的攻势。

可到现在，守城的士兵已经都死得差不多了，王邑也已经两天两夜没有睡觉了，实在疲惫至极。这种状态、这种士气、这点儿兵力，哪怕曾经的卫青、霍去病也改变不了战局了。

好像王莽也知道这个道理，便派出使者命王邑率领现在还剩下的士兵迅速前往渐台保护他。

渐台，修建于长安太液池中，高二十多米，是历代皇帝游玩观赏风景之地。由于现在长安所剩士兵只有一千人左右，再加上渐台地势高，易守难攻，所以王莽只能将所有的力量收缩在渐台之上用以抵抗汉军的攻击。

王邑也知道到现在这种局面说什么都没用了，那就和自己尊敬的皇帝陛下一起殉国吧，这也算是武人的最高归宿了吧。

可就在前往渐台的途中，王邑看到了一个熟悉得不能再熟悉的身影。这人是谁啊？正是他王邑的儿子王睦。

原来王睦这小子自知新朝必将灭亡，便偷偷地改换老百姓的行装，准备趁乱逃出长安。

可悲催的是他在逃跑的途中撞见了自己的老爹。只见王邑一把将王睦拽了过来，怒喝道："你小子弄这一出要干什么去？"

王睦："我、我……"

见王睦支支吾吾地半天说不出个所以然来，王邑当然知道他儿子要干什么去。于是一鞭子就抽了下去，然后嘶吼着痛骂："你小子从小到大锦衣玉食，你认为这都是谁给你的？我告诉你，是当今圣上！你不思报国也就算了，现在国家有难，你小子还想跑？我告诉你，今天你要是敢从我身边离开，老子一刀砍翻了你！"

看着已经通红了双眼的父亲，王睦哪里还敢说半个不字，只能老老实实地跟着王邑前往渐台守护他那所谓最尊贵的皇帝了。

就这样，现在长安还有的士兵全都一拥挤进了渐台，意图利用这个高地来抵挡汉军的攻击。

次日清晨，汉军全部进入了长安城。当他们打听到王莽进入渐台防守以后第一时间将渐台团团围住，然后一声令下，数万的箭矢如雨点一般射向了渐台。

几轮相互射击以后，汉军便集体冲向了渐台，两军便开始了没有半点儿悬念的生死搏杀。

值得一提的是，主帅王邑虽然是新朝的罪人，但他对王莽的忠诚真的挑不出半点儿毛病。因为王邑始终率军冲在最前线。哪怕是防守，他都一直顶到最前面。

这场惨烈的攻防战一直从上午打到中午，王邑虽然忠烈，他手下的将士虽然奋勇，但无奈兵力差距太过悬殊，面对着汉军一波又一波的攻势，最前面的主力防守部队终于体力不支，结果防线告破，王邑父子和一干将领皆死于战阵之中。

而事情都已经到这种地步，王莽还是舍不得自杀。于是，他的灾难来了。

新莽守军已死绝，汉军接二连三地冲到了王莽的身前。商人出身的杜吴首先冲到了王莽的身前，一刀捅进了他的身躯。紧接着，校尉公滨砍下了王莽的脑袋。剩下的士兵争相冲了上去围住王莽的尸体来抢夺他的器官。

据史料所载，王莽的四肢、关节、肌肉、骨骼皆被剁成了许多块，光拿这些去请赏的就有数十人之多。

至此，王莽之新朝彻底宣告灭亡。从王莽五十一岁开始主政，五十四岁建立新朝，到六十八岁被杀为止，新朝共经营十七年。

第二章

白手起家，刘秀的艰苦创业史

2.1 天下形势（一）

新朝灭亡了，王莽被杀死了，那么现在身在长安的王宪是不是应该马上准备迎接申屠建和李松等人了呢？

是应该这样做，可王宪没有。因为消灭了王莽以后，王宪的总士兵人数已经到达了数十万之巨，这时候他反倒起了其他的心思。

他先是自称为汉朝的大将军，然后直接住进了长乐宫，并将王莽的嫔妃们全都变成了自己的媳妇。

这还不算，王宪竟然还大逆不道地用王莽的马车，穿王莽的龙袍。他这到底想要干什么？不言自明矣。

结果三天以后，李松和申屠建的部队全都来到了长安。他们听说王宪的这些举动以后直接怒了，当即命人将他抓起来杀掉了。

而这期间，竟没有一个人前来帮助王宪。

这之后，申屠建和李松将王莽的首级运送到了洛阳，刘玄直接命人将王莽的首级挂到洛阳的大街之上。

洛阳的那些百姓们恨死了王莽。他们争相扔石头击打王莽的首级，有的人甚至冲到首级的面前，将王莽的嘴巴撬开，硬生生将他的舌头割下来吃了。

从这也可以看出，老百姓恨王莽已经到了什么样的程度。

好了，我们书归正传。

现在王莽已经死了，新朝已经灭了，那么天下是不是应该重新回归到汉朝的正统了呢？答案当然是不，因为现在天下明面上虽然是汉军最为强大，但实际上还有很多势力的战斗力根本不输于汉朝，也不愿意服从汉朝的统治，他们分别是赤眉樊崇、巴蜀公孙述、陇西隗嚣，以后还有邯郸刘子舆（王郎）、睢阳刘永、淮南李宪、黎丘秦丰、琅邪张步、东海董宪、汉中延岑、夷陵田戎以及铜马、大肜、高湖、重连、铁胫、大抢、尤来、上江、青犊、五校、檀乡、五幡、五楼、富平、获索等，敌对势力如同过江之鲫延绵不绝。

首先咱们来看赤眉樊崇。

其实，早在刘玄攻克了洛阳以后，他就有机会收服赤眉了，可刘玄根本就没有把握这个机会的能力和心胸。

话说刘玄攻下洛阳以后，认为这天下再也没有能与他相抗衡的势力了，于是广遣使者寻找各个起义军的首领，希望他们能回归汉朝的统治。

樊崇当时也认为天下归汉是大势所趋，不是人力所能抵挡的，于是当即答应了刘玄的要求，并只率领二十来号军中骨干去长安投奔，这心也是够诚的了。

可刘玄却没有把握住这次机会。要知道，赤眉军乃是整个天下起义军中最强悍的，如果刘玄能够把握好这个机会，以国宴来迎接樊崇，并给他封侯封地，相信樊崇乐得将所有的部队全都交给刘玄。

可是刘玄并没有这样做，他只是给了樊崇一张空头支票（只封爵，不给封地），然后就不搭理人家了，直接去招待其他前来投奔的起义军首领了。

所以，樊崇失望透顶，直接带着自己的骨干们逃出长安，回到自己的地盘了。

这之后，赤眉彻底和刘玄汉朝反目，樊崇将自己的部队分为两部，一部由自己亲自率领，向南攻击长社和宛城，另一部由徐宣、谢禄和杨音率领，攻向河南郡。

赤眉军虽然屡战屡胜，但现在他们的"精神支柱"王莽已经死了，所以很多士兵都没有了继续打仗拼杀的信念，都想回家种地，重新过安稳的生活，甚至在夜晚时常会传出哭声。

面对这种情况，樊崇十分担心，担心过不了多久自己的士兵就会四散奔逃。到那时候，自己就是想再向刘玄投诚都不可能了。

不行，绝对不能任由局势这样恶化下去。思来想去的樊崇最后索性把心一横，道："干脆直接杀向长安，哪怕最后失败了，因为距离很远，我手下的士兵也不会背叛我，赢了整个天下就都是我的了，这何乐而不为呢？"

就这样，下定决心的樊崇打算将部队重新整合，继而杀向长安。

那他会不会成功呢？我们暂且按下不表，先看巴蜀公孙述。

公孙述，字子阳，扶风茂陵人。汉哀帝的时候，公孙述因为父亲公孙仁的担保为郎官。后来，他的父亲又当上了河南都尉，所以再保荐公孙述就任清水县县长。因为当时公孙述非常年轻（不到二十岁），所以公孙仁怕公孙述完成不了工作，便派遣自己的一个得力部下前去辅助公孙述。

可一个多月以后这个人就回来了。公孙仁特别惊异，便问为什么回来，结果这个得力手下长叹一声道："大人，看来您还是不太了解您的儿子。您儿子根本就不是一个需要别人教导的人。请恕属下直言，别看公子现在年纪轻轻，可论能力不在您这个经验老到的官员之下。"

这评价，有些太高了吧。

高吗？不高。

那公孙述做事情雷厉风行，效率极高，没过多长时间便被太守所器重，遂提拔其为五县兼管。

按说一个人管一个县就够忙活的了，可公孙述却是干得游刃有余，这五县在他的治理下政务有条不紊，根本就没有作奸犯科的事情，下面的老百姓全都称赞公孙述拥有鬼神之助，能够明察秋毫。

等到王莽登基以后，公孙述更是坐到了蜀郡太守的位置，享有才能出众的美名，在本地威望极高。

后来，天下大乱，各种层次的起义军层出不穷，有的起义部队以汉军自称，却净干那些土匪所干之事。

南阳人宗成自称"虎牙将军"，攻占了汉中；商县人王岑也在洛县发动了起义，自称"定汉将军"，并杀掉了王莽的庸部牧来响应宗成，部队在很短的时间内就达到了几万人之多。

当时，身为蜀郡太守的公孙述听闻此事以后，认为新朝必灭，汉朝必将复起，与其和新朝一起陪葬，倒不如投奔汉朝，这样还能捞一个富贵。

于是，他主动迎接宗成等所谓的汉军将士进入了成都，意图辅佐。

可谁能想到，这些所谓的汉军进入成都以后就开始不断地抢夺民财，横行霸道。

一时间，整个蜀郡的百姓和土豪们都将这些汉军恨得牙痒痒，可又没有一个领头的人，他们也不敢反抗，只能打碎了牙往肚子里面咽。

可就在这时候，公孙述发现了属于他的机会。并且，他抓住了。

公孙述敏锐地发现此时蜀中百姓们对汉军的愤恨程度。于是，他凭借自己的威信，在一天夜里将成都所有的土豪都召集在一起，并单刀直入地道："各位，这天下人民都深受王莽的苦害，人心思念汉朝也不是一天两天了，所以我一听说汉朝的军队要来就主动派人去迎接他们。可是现在，各位看看他们都干了什么？我们的老百姓有什么罪过？可这些所谓的汉军却奸淫我们的妇女，抢夺我们百姓的财物。所以这些人根本就不是什么汉军，而是一些披着汉军外皮的强盗。我们蜀中的老百姓绝对不能受这些畜生的奴役。我想消灭他们，保护好我的子民，以等待真正的真命天子来临。各位如果想要和我一起保护百姓的话就留在这里，否则请马上离去。"

这话说完，土豪们都求之不得，哪有一个人会反对呢？于是，他们都激动地齐声高喊："我等愿以死协助太守。"

就这样，公孙述在宗成毫不知情的情况下便组建了一支数千人的部队，然后突然对宗成发动了攻击。

宗成哪里会想到素来老实敦厚的蜀中人会对他发起攻击，遂毫无防备，部队瞬时之间就被公孙述击溃。

宗成的副将垣副见宗成败局已定，为了保命，他直接斩杀了宗成，然后带着剩余的部队投靠了公孙述，使得公孙述的部队增到了数万之众，再加上公孙述在蜀中的威望实在是太盛，所以自此以后，公孙述成了蜀中的土皇帝，虽然表面上成天喊的都是忠汉保汉，但实际上他根本就不听汉朝的调遣，只是潜心增强实力，以待时机到来之时便统一这个天下。

那公孙述会不会成功呢？我们再来看隗嚣。

隗嚣，字季孟，天水成纪县人，年轻的时候，因为隗家在本地实力非常强大，还因为隗嚣拥有一定的才能，所以在州郡任公职。

几年以后，王莽的国师刘歆看上了隗嚣，乃征召他为自己的直属官吏，使得隗嚣一跃成了尊贵无比的京城官员。

可好事不长久，坏事年年有，就在隗嚣成为京官没多长时间，刘歆就驾鹤西去了，隗嚣在长安除了刘歆以外，并没有什么靠山，所以刘歆一死，隗嚣立马无人问津。

最后，隗嚣见继续留在长安也没有什么前途，便告辞而去，回家投奔他的叔父隗崔去了。

这隗崔可不是一个简单的人，在本地，基本没有一个人敢和他叫嚣，甚至在整个天水那都是黑白两道通吃的大佬级人物，所以隗嚣的官位虽然丢了，但生活得依然很滋润，起码是不用挨饿的。

又是几年以后，天下大乱，隗崔听说新朝军在昆阳大败，刘氏后人刘玄又在宛城登基，便想要于本地起事，遥相呼应汉军。

可就在隗崔要行动的时候，隗嚣却劝隗崔道："叔父，起义是没有回头路的，不是大富大贵就是被满门诛杀，而我们隗家现在根本就不用为生活发愁，您又为什么要蹚这浑水呢？"

隗崔："现在天下大乱，正是建功立业的绝好时机，王莽自昆阳大败以后根本就不会再有翻盘的机会，最终这天下必为刘汉复得，这时候，我起兵响应汉军正是最佳时机，完全是无本买卖，怎么能说我会被满门诛杀呢？我只看到了大富大贵啊，哈哈哈哈。"

话毕，隗嚣也是深深点头，然后对着隗崔一拜道："叔父言之有理，既如此，侄儿愿效犬马之劳。"

就这样，隗嚣集结了整个天水郡的党徒，组成了一支数千人的队伍宣布起义。

昆阳大败后，天下郡县的守兵大减，王莽已经再没有能力组织部队征伐起义军了，便只能由着各地起义军而不得动弹。

所以，隗崔等一众联军非常顺利地拿下了天水郡的部分地盘。

可这时候，问题来了，这次的起义虽然说是隗崔张罗的，但起义军有很大一部分人手中的兵力并不弱于隗崔，有的甚至还要强上一些，所以到底应该让谁来当首领成了起义军的一大难题。

最后，经过众人反复商议，他们都认为只有隗嚣文武双全，还在京城做过大官，让他当首领是再合适不过的了。

可是隗嚣呢，却百般推托，死活都不当这个首领。

这是为什么呢？既然已经上了起义军的这个贼船当不当首领又能怎么样？失败了还是难逃一死。难道是隗嚣没有统率众人的这个信心吗？

非也。隗嚣当然是愿意做起义军首领的。不过隗嚣考虑问题非常全面。他认为，自己手中的心腹力量根本没有，而下面这些首领都不是什么好说话的人，如果自己上台以后只是做一个傀儡的话，那还不如不当这个首领。所以他才百般推托，说明白点儿其实就是想要一个主动权而已。

果然，这些起义军首领们不达目的不罢休，哪怕隗嚣拒绝多次，他们依然希望隗嚣能当他们的统帅。

最后，隗嚣被"逼"得"没有办法"了，这才"不情不愿"地道："既然各位这么看好我，那我再推脱就显得太不近人情了。不过在做首领之前有一件事我必须说明白，如果各位不答应的话，那我就是死也绝对不会做这个首领。"

众人："说！只要你能答应做首领，我们什么都愿意。"

隗嚣："在座的各位大多都是隗嚣的长辈，可无规矩不成方圆，要隗嚣来做首领，那就必须要做真正的首领，所以以后有什么事情都要听隗嚣的，一旦有不服从者就必须军法处置！只要能做到这一点，隗嚣二话不说，直接把这个担子给接了！"

一听这话，众人只是略微犹豫片刻就答应了隗嚣。

如此，西北枭雄隗嚣的起义军正式成立。

这之后，隗嚣立即建立了高祖、文帝和武帝之祭祀庙，以表达自己接受汉之正统，并定军规、制度，不得随便欺凌抢劫老百姓的财物，同时废除了王莽之前所定下的所有不合理制度。

这些举动使得天水一带的百姓对隗嚣极为感激爱戴，再加上隗嚣给士兵的福利又特别好，所以整个天水一带的百姓都蜂拥往隗嚣处投奔，使得隗嚣在一时间士兵增加至十万之数。

这之后，隗嚣迅速命一将带兵前往攻击王莽。

再后来，从长安方向传来了好消息，王莽被汉军杀了！

王莽一死，天下新朝政权崩溃，各个地方的政府完全混乱。隗嚣抓住了这个千载难逢之良机，迅速命大军分兵攻城略地，拿下安定郡以后又相继攻克了陇西、武都、金城、武威、张掖、酒泉、敦煌等。

说白了，隗嚣就是利用这次机会一举拿下了整个大西北，使得自己的实力向上猛蹿。

那隗嚣以后又会怎么样呢？我们到时候再说，现在还是再将目光移向刘秀，看看更始皇帝刘玄顺风顺水的同时，他刘秀又在干什么。

2.2 河北，我来了

话说刘秀回到宛城以后整日不问世事，使得刘玄不但没有杀刘秀，还任命给他一个破虏将军的职位。

虽然这个所谓的破虏将军没有什么兵权，只是一个闲职，但也由此说明了现在刘玄不再那么提防刘秀了，刘秀的性命也暂时保全了。

直到洛阳城被汉军攻破，刘玄下定决心迁都洛阳以后，他便开始逐渐往洛阳派遣士兵做修缮王宫等一系列事宜。

与此同时，刘玄非常爱惜刘秀的才能，认为将这么一个大才从此闲置实在是太过可惜。于是，他任命刘秀为司隶校尉，随同一众人马前往洛阳做这些工作。

公元23年十月的某一天，汉军一众部队逐渐进入了洛阳城。可当那些围观的百姓们见到汉军的士兵以后全都傻了。为什么？因为这些人一个个不知什么原因，全都衣衫褴褛，围观的老百姓们先是一愣，紧接着窃窃私语，嗤笑声不断，有的人甚至认为这样的军队成不了大事，早晚都会被灭，还不如赶紧收拾东西往边塞避祸安全。

可就在众人对汉军失望透顶之际，他们突然被接下来的一幕惊呆了。

只见刘秀胯下大宝马，一身鱼鳞甲，腰挎大宝剑，头顶锃亮盔，他后面的士兵也是一个个精神抖擞，迈着整齐划一的步伐走进了洛阳。

最重要的是，这些士兵眼神中几乎都带着杀气，这就形成了一股军势，压得周围百姓大气都不敢喘一口。

可他们没有半点儿恐惧，反而极为兴奋，有的百姓甚至一边颤抖，一边流着眼泪地道："没想到老小子我能在入土之前再一次见识到汉军的威仪！真是死也无憾了！"

这之后，整个洛阳的老百姓都更加地了解了刘秀，认为他才是真正的英雄。而有识之士则还在观望。

这之后，刘秀行动极为迅速，他用不到一个月的时间便完成了设置宫廷属官、签发公文、督促文书和检举非法等一系列司隶校尉应该完成的工作，使得洛阳已到官员各司其职，不敢越雷池半步。

那些有识之士惊叹于刘秀的能力和效率，从此认定了刘秀才是这个天下真正的大才。

而就在刘秀完成了这种种工作以后，更始皇帝刘玄也起御驾来到了洛阳。看到刘秀将洛阳官场摆弄得井井有条，刘玄非但没有半点儿危机感，反倒对刘秀更加信任，封其为大司马，越发想要对其委以重任，好像忘了究竟是谁杀了刘秀的哥哥。

之前说过了，刘玄虽然灭了王莽，但并不代表他就得到了天下，这天下的起义军依然多如牛毛，多是"老子天下第一"之辈，谁会服从你一个刚刚崛起的汉军头子？所以，刘玄要走的路还很长很长。

而现在这个时间段，什么地方对刘玄是最重要的呢？不必多说，自然是河北。

河北，春秋时为晋所占据开发，战国时南部被赵、魏分割，北部被中山和燕瓜分。占据河北的这些人都是当世天下的大佬级人物，所以河北早就被开发得好好的，属于比较富有发达的地区。

并且，河北多出宝马良兵，同时还是中原北门户。如果不能将河北牢牢地握在手中，身在洛阳的刘玄就好像始终有一个人拿着一把大铁锤在自己的脑袋顶上晃荡，怎一个害怕了得。

所以，想要真正统一天下，第一步就要先拿下河北诸地。

那平定河北派谁去好呢？刘玄的大司徒刘赐建议道："陛下，大司马刘秀为人谨慎，富有才干，天下百姓还很崇拜他，重要的是这人还没有什么野心，臣敢作保，只要让刘秀前往河北，整个河北准在旦夕之间便会归陛下所有。"

可还没等刘玄回话，朱鲔赶紧插嘴道："此言大谬！没错，刘秀确实文武双全，是一个不可多得的人才，但就是这样他才是最可怕的！陛下可不要忘了是谁杀死他亲如手足的哥哥！说句不好听的，如果小臣是刘秀的话，一定会在第一时间起兵造反！但那刘秀非但没有，反倒是主动交还了兵权，并回到宛城始终处在陛下的监视之下。这种人，就如同隐藏在暗处的一条毒蛇，只要给他机会便会突然冲出来给他人致命一击！所以这次陛下如果放刘秀巡视河北，必定会给自己埋下祸根，到时候就算是后悔都来不及了。还请陛下深思！"

话毕，刘玄陷入了久久的沉默。

刘赐见势不妙赶紧道："这话说得不对！刘秀是什么样的人天下谁不知道？这小子从来都没有什么野心，从小的时候起就谨慎地做人，老实地做事，谁见过他做出过什么出格的举动？陛下如果连这样的人都信不过的话，那以后还能信得过谁？再说，现在天下归心，谁还会在这个时候反抗陛下的威严呢？"

此时的刘玄已经完全被自己信任的堂兄所迷惑，几乎忘了刘赐也是刘秀的堂兄，所以，他也不再想什么了，直接任命刘秀为巡察使，代理自己巡察安抚河北诸郡。

不过刘玄也留了一个心眼儿，那就是没给刘秀多少兵，想来他手下的这群人也翻不出什么浪花来。

可刘玄永远不会理解，这世界上有一种人，他根本就不需要有多少人，因为只要有他在的地方，人们就会络绎不绝地前来投奔。尤其是在刘秀出发之前，大树将军冯异还对刘秀说了这么一段话。

话说冯异投靠刘秀没多久刘縯就被刘玄所杀，刘秀当机立断地前往宛城行那"投诚"之事，且留冯异继续在颍川五县保留实力。

这之后，刘玄曾再派人前来接收冯异的地盘，可这一次冯异却没有那么好说话了，他拒不缴纳地盘，并将前来索要的汉朝官员赶出了颍川。

刘玄因此大怒，遂派军队前往镇压抢夺。

可冯异是什么人？那是云台二十八将第七，真实实力可排到前三的强人，所以哪怕刘玄前后派出了十多批次的汉军前来进攻，冯异依然将自己的大本营防守得固若金汤。

后来，刘玄彻底对刘秀放松了警惕，还命其为司隶校尉前往洛阳。刘秀觉得是时候重新收回他的班底了，便在前往洛阳的时候顺道去了一趟颍川，将冯异和他手下的那些精锐士兵全都接了回来，这便有了洛阳城下威风凛凛的那一幕。

再后来，刘玄任命刘秀为河北巡察使，让其持节前往河北给他收复民心。冯异知道，刘秀的机会来了。于是，他急忙找到了刘秀并语重心长地奉劝道："天下百姓已经被王莽祸害很久了，所以没有一个人不思念曾经的汉朝，这是刘玄之所以能够成功的关键。可是现在，因为刘玄手下的将领素质参差不齐，所以有很多所谓的汉军士兵横行乡里，残害百姓。百姓已经逐渐对刘玄失去了信心，认为他不是一个可以托付的人。而这时候，正是将军您的天赐良机！这次去河北，将军您一定要支援那些穷苦的大众百姓，让他们吃得饱穿得暖，还要每去一地都给穷苦的百姓们平冤昭雪，让他们知道谁才是这天下最有德行的人！这样，河北的民心就是将军您的了。而得民心者，最后一定会得到整个天下！"

话毕，刘秀默默不语，只是沉重地点了点头。

就这样，刘秀带着他所属有数的部队前往河北了。

到了河北以后，但凡是刘秀所经过的郡县，他都会考察官吏政绩，根据官吏能力的大小来任用或者罢免，公平审理诉讼刑狱，推翻之前累积了多少年的冤案，还废除了王莽的残酷政令，恢复汉朝的官名和制度。河北的官民对此一片欢腾，他们争先恐后地拿出美酒和牛肉来慰劳刘秀与他带来的纪律严明的士兵。

可刘秀非但没有接受他们的馈赠，反倒从官府拿出了粮食来给那些长年吃不上饭的穷苦大众。

此举使得刘秀大名瞬间响彻河北，几乎所有的老百姓提起刘秀都会竖起大拇指，称赞其圣明贤德。

但就在刘秀于河北收买人心的时候，又有一个人追上了刘秀前来投奔。这人不是别人，正是以后的云台二十八将之首，高密侯邓禹。

邓禹，字仲华，南阳新野人，是本地著名的神童。从小就熟读"四书""五经"。十三岁后，邓禹更是能将《诗经》倒背如流，便前往长安学习更加专业的知识。

而当邓禹到达长安的时候，恰巧刘秀那时候也刚到长安求学。

邓禹这小子从小就有一个非常惊人的天赋，那便是看人非常准。他见刘秀仪表不凡，认定这人以后绝对会是一个成大事的人。

于是从两人见面开始，邓禹便和刘秀亲近。

可以说，在长安求学的这几年，邓禹是刘秀关系最好的同学了。

后来，两人都回到了家中，没过多长时间便天下大乱。

等到刘玄将王莽杀死之后，有很多所谓的豪杰都劝邓禹前去投奔刘玄，因为他们知道，现在汉朝刚刚建立，正需要邓禹这种文武双全的人才。

可是邓禹根本不为所动，用他的一句话说就是"宁可在家种地，也不投奔更始"。

原因很简单，在他的心中早有了投奔的人选。

而等到邓禹听说更始派刘秀前往河北巡视以后，二话不说，扔下手中的书本，骑着快马就去投奔刘秀了，并终于在刘秀到达邺县的时候将其追上。

刘秀听说老同学前来投奔，那别提多高兴了，两人见面以后便是一顿拥抱。

在宴请老同学的酒席之上，刘秀微笑着对邓禹试探道："老同学，我现在是河北巡察使，且代理朝廷大司马之职，你这次前来是想让我为你在朝廷上谋个一官半职吗？"

邓禹微笑道："我才不愿意在刘玄手底下干活呢。"

见邓禹对刘玄一丁点儿尊敬的口吻都没有，刘秀笑了，继而挥挥手将其他的人赶走，然后微笑道："那你来干什么？我可不相信你大老远跑来只是想念老同学而已。"

见屋子里现在只剩下刘秀和自己，邓禹也没有什么可顾忌的了，他哈哈大笑道："当然不是只为了和你叙旧！我这次前来的目的，就是想助将军您统一天下，继而在史册中留下我邓禹的名字！"

这话一说，刘秀整个人一哆嗦！

说实话，刘秀是有推翻刘玄的想法的，但统一天下，这时候他还不敢那么想，毕竟饭要一口一口地吃，他现在还没有什么力量。

见刘秀的目光微有躲闪，邓禹笑着道："刘玄，任人唯亲，庸才而已，他手下那些所谓的豪杰皆鸡鸣狗盗之徒，所图之事也不过一时的欢快罢了。现在天下起义势力如同过江之鲫络绎不绝，而刘玄和他的手下，是绝对无法镇服他们的。不说别的，就说赤眉和青犊军就不是他们能收拾得了的！我甚至已经看到了这个天下再次分崩离析的场景。而将军您却不一样！昆阳之战，您数千兵马破四十三万新朝正规军，声名早已震慑天下，巡行河北，您又以种种仁德的行为收买了整个河北，乃至天下的人心，所以您只要继续这样积攒民心，储备兵马粮草，招纳天下英雄，早晚都有一争天下的本钱！"

这些话可真是说到刘秀心坎儿里去了，使得刘秀立即对自己的未来充满信心，所以在以后的日子里，凡是有重大事件，刘秀都会先和邓禹商议一番，然后才做抉择。

公元23年十月下旬，刘秀继续北上，继而来到了河北重镇邯郸。

熟悉刘秀的人都说刘秀拥有和高祖一样的魅力，这话一点儿不假，因为就在他来到邯郸以后，先后又有很多有才学之士前来投奔刘秀，其中有两个人还要重点说明，他们分别是耿纯和刘林。

耿纯，字伯山，巨鹿宋子县人，云台二十八将中排名第十三。

耿氏家族在河北属于黑白两道通吃的庞大家族，耿纯的父亲耿艾更是在王莽时期担任济南太守。

王莽失败以后，耿艾投降了汉朝，刘玄因为耿氏家族在河北的影响力便没有动耿艾，继续让他担任济南太守之职。

耿纯早就听说过刘秀的大名，所以当刘秀来到邯郸以后耿纯便马不停蹄地前来邯郸求见刘秀。

对于耿氏这种大家族的实权人物，刘秀当然是欢迎的，所以非常礼貌地接待了耿纯。

两人见面相谈甚欢，而在这整个过程中，耿纯发现刘秀的气质很不一般，说话滴水不漏，他手下的将官一个个也是精神抖擞，士兵相当有规矩，从不侵犯百姓。

基于此，耿纯断定，这个天下以后必是刘秀囊中之物，便当机立断献上自己全部家产，只求能在刘秀手下做一名马前卒。

刘秀对于耿纯的举动又感激又欣慰，所以当时就封了耿纯为邯郸太守，让他守护后方，自己则继续北上增加硬实力。

可就在刘秀打算北上之前，有一个叫刘林的人也来投奔了。

刘林，汉室宗亲，已故赵王刘元的后代，在赵魏之地有一定的黑社会势力。

他见刘秀在河北越来越得人心，便前往投奔，并献上了自以为不错的计谋。

那天，刘秀召见了刘林，刘林劝刘秀在第一时间掘开黄河的河堤，淹死黄河下游的赤眉军军团。

刘秀一听这话当时就怒了，痛骂刘林而去，从此再也没和刘林有半点儿交集。

那刘秀为什么要这么愤怒呢？这当然是有原因的。

首先是战略考虑。

现在刘秀第一要务就是全定河北诸地，给自己增加资本，进而争夺天下。可如果在这时候贸然和赤眉军开战，他就没有办法继续略定河北，这和他的战略总纲完全不符，所以刘秀不可能接受他的建议。

第二点，也是最关键的——民心！

众所周知，刘秀走的路线一直都是亲民路线，可如果掘开黄河河堤，河水泛滥以后可不仅仅是赤眉军有所损失，整个黄河稍南的百姓都别想消停，到时候会有多少家庭妻离子散、家破人亡？那时候他刘秀还拿什么来打天下？

所以综合以上，刘林的计谋不但不是在帮刘秀，反倒是在害他，并且是往死里害的那种，所以刘秀才会拂袖而去。

这之后刘秀也再没搭理刘林，便领兵继续北上了。

可让刘秀万万没有想到的是，一个小小的刘林却在以后给他造成了相当的困扰，甚至差点儿要了他的命，让他的千秋大业功亏一篑。

想当初在新朝王莽当政的时候，曾经有一个人自称是汉成帝的儿子刘子舆，咋咋呼呼地意图光复汉室，可没咋呼多长时间就让王莽给弄死了。

如今，邯郸城内，有一个叫王郎的算命神棍，他谎称自己才是真正的刘子舆，且逢人便说："我母亲本来是汉成帝的一位歌女，因为怀了我而被赵飞燕姐妹忌恨，于是，这姐妹两个就想先弄死我娘，然后再弄死我。可没想到我娘聪明，用别人家的孩子将我替换过来，这才使我逃过了一劫。"

据《资治通鉴》描述，上到刘林等黑社会头领，下到邯郸的黎民百姓，全都对此深信不疑。

公元23年十二月，因为忌恨刘秀，刘林勾结赵地黑社会头子李育、张参等人率众偷偷潜入了邯郸，然后突然宣布拥立刘子舆（王郎）为大汉皇帝，继而袭击耿纯，夺取邯郸。

因为事发突然，再加上邯郸本来就没有多少耿纯的心腹兵力，所以被轻易拿下，耿纯也狼狈地逃回了宋子县。

这之后，刘子舆分别派出将领攻略幽州和冀州诸多土地，然后将自己的合法身份以文书的方式通报给河北诸地。

一时间，赵国以北、辽东以西的各个势力竟然望风响应，使得刘子舆的实力大增。

后方已经失陷，刘秀现在的处境已岌岌可危，那么我们这位可怜的小光武现在正在干什么呢？

这事儿我们后面再说，现在还是先将目光转向更始皇帝刘玄这一边吧。

2.3 "伪汉"政权的败落

话说那刘玄自从建都洛阳以后便一直有心想要重新建都长安。因为长安毕竟一直都是西汉的都城，在那里建都更"合理合法"，更能得到众人的认同。

可和之前的刘邦一样，因为洛阳才是这个天下最中心的位置，距离自己的家乡最近，所以刘玄手下的那帮子人都不愿意迁都往西去长安。

刘玄虽然不算是傀儡，但也没什么大能耐，还需要仰仗手下的这些粗人，所以虽然心里不爽，但也没有办法，只能先行忍耐。迁都这事儿就这么先放下了。

直到刘子舆于邯郸称帝，河北诸地望风响应，更始政权的北门户已岌岌可危之际，这些将领为了自身的安危才同意并建议刘玄迁都长安。

可等刘玄到了长安以后，竟然惊奇地发现自己已是四面皆敌，原本以为安全的地方竟然一点儿都不安全。这又是因为什么呢？

原来，当初追随王宪攻打长安的那些头领们都想凭借自己的功劳封侯拜爵，可最后申屠建来了，并且将王宪给杀死了。

可就是这样，这些头领也没感觉怎么样，毕竟擅自"占用"王莽的女人和衣服以及权力的人是王宪，又没有他们什么事儿，这些人感觉自己怎么说也是有功劳的，所以应该给他们封侯拜爵。

估计是被这帮人弄烦了，抑或是真的讨厌他们到了极致，申屠建竟然当众宣布这些所谓的汉朝将领全都是一群地痞流氓，并说三辅的人全都是狡猾奸诈的畜生，应该全都杀掉。

这下可把这些"汉将"惹急了，他们见到申屠建的态度以后也不要什么劳什子的官爵了，也不当什么汉将了，而是直接返回了各自的领地中继续独立，根本就不服从汉朝的指挥。

而因为这一切都是申屠建一个人搞出来的，他怕因为这事儿刘玄弄死他，所以也没敢往上报，就想凭借自己的武力将这些刁民全都消灭掉。

可他申屠建实在是太过于高估自己了。人家三辅的这些势力杂七杂八地加在一起有好几十万人，他申屠建拿什么来扫平人家？

结果，申屠建虽然多次出兵征讨，但没有一次能成功的，每一次都是落荒而逃。

直到刘玄都已经搬到长安了，申屠建感觉实在是瞒不过去了，这才觍着脸向刘玄实话实说。

刘玄当时是真想把申屠建给千刀万剐了，但没有办法，这时候的第一要务还是安定三辅。其他的说什么都是虚的。

于是，刘玄赶紧派出使者分别面见各个势力的头子，并给了他们或多或少的奖励，且大赦天下，宣布整个三辅地区，除了王莽的后代以外，其他的人，不管之前犯了什么错误，现在统统免除他们的罪责。

如此，三辅地区才稍稍有所稳定。

可更让刘玄崩溃的还在后面。

他手下的那些土匪将领们进了长安以后纵兵抢劫掠夺，整个长安被他们祸害得鸡犬不宁。

刘玄心中暗恨，可根本没有办法阻拦这些人，谁叫自己的手中没有兵权呢。

那天，刘玄第一次来到了长乐宫，第一次登上承明殿举办朝会。可在这次朝会上，他根本没有脸去看那些曾经的西汉、新朝官员，因为他手下的人做得实在是太过分了。

可这些土匪们还不满足，还要让刘玄根据功劳的大小给他们封王。

这话一说，一直对刘玄忠心耿耿的朱鲔实在是受不了了，他当时就站出来，当着满朝文武的面和刘玄道："陛下！我们都是汉朝的子民，是高祖的后代。想当初，高祖在建国的时候说得清清楚楚，非刘氏族人不得封王！我希望陛下能记得前人说过的话，不要违抗了他们的遗命。"

实际上朱鲔能在这时候站出来说话就是给刘玄台阶下了，因为他将所有的仇恨在一瞬间都拉到自己身上，这时候哪怕刘玄答应了他的请求众人都不会恨刘玄，只会恨这个多管闲事的朱鲔而已。

可是刘玄竟然害怕众人因此生气而大封诸侯王，凡是他手下有点儿势力和兵权的统统封赏为王。

自这以后，刘玄天天窝在后宫和女人喝酒厮混，并将所有的朝政大权都交给了自己的老丈人赵萌，他自己什么都不管了。下面的大臣想要见刘玄一面，刘玄每次都因为喝得酩酊大醉而不能和他们见面。

因此，赵萌越发嚣张跋扈，经常运用手中的职权随意杀人，只要宫中有人手中没有兵权并反对他的，赵萌统统杀之。

郎官中有一个小伙子实在是看不下去了，就在一天刘玄喝酒之前向刘玄打了小报告。

刘玄听说这事儿以后暴怒至极，直接抽出了腰中大宝剑，对着这个郎官就是好几剑。

将此可怜的郎官捅死以后，刘玄还对着他血肉模糊的尸体吐了口唾沫，极为不屑地道："就凭你一个垃圾一样的东西也配挑拨我和右大司马之间的关系？"

从此以后，不管是谁，再也不敢在刘玄的面前打赵萌的小报告了。

由是，赵萌更加肆无忌惮，只要谁能给他一点儿小钱，他就封封封、提提提，甚至连流氓和厨子都在长安做了官。

长安的百姓因此编出了歌谣："灶下养，中郎将。烂羊胃，骑都尉。烂羊头，关内侯。"

至此，朝中有赵萌把持朝政，胡搞乱整；朝外的将领和地方官们自行赏罚、创建制度，整个天下的百姓都不知道到底该服从谁好。

因此关中离心，全国怨恨，刘玄已离死不远矣。

好了，刘玄说到这儿，我们还是再看河北的刘秀在干什么吧。

2.4　仓皇如狗

两个月前，就在刘秀北上之际，后方邯郸之刘子舆突然称帝，紧接着河北大部全都望风而降，使得刘秀一瞬间陷入了进退维谷的尴尬境地。

幸好这时候前来投奔一人，使得刘秀有了新的战略目标。这个人是谁呢？就是云台二十八将中排名第四的大将，同时也是刘秀军中最会指挥骑兵作战的耿弇。

耿弇，字伯昭，祖上为汉武帝时期两千石高官，其父耿况更是上谷郡的一郡之长。

耿弇小的时候，曾立志成为一名勇冠三军的骁将，所以从小学习骑马射箭、近战搏击，练就了一身的好武艺。

可当他十岁以后却觉得自己的志向实在是太微不足道了，做一名勇冠三军的匹夫有什么意思？要做就做霍去病一样的骑兵统帅，率领精锐骑兵纵横千里，长途奔袭，打得敌人屁滚尿流，那才是真正的威风。

所以从这以后，耿弇开始研读兵法，多注重骑兵方面的指挥与作战。

时至公元24年正月的某一天，已经满二十岁的耿弇正在指挥一队骑兵做奔袭训练，可就在这时候跑过来一个小厮，气喘吁吁地和耿弇道："少爷，少爷，老爷叫你马上回太守府，说有重要的事情要和你相商，让你马上就去。"

此时的太守府，一身戎装的耿弇神采飞扬地来到了耿况的身前，他微微一拜，然后道："爹，这么急着叫孩儿所为何事？"

耿况眉头紧皱地道："现在王莽王朝覆灭，看当今这形势，刘玄应该能取得天下，我上谷郡虽然远在边塞，但也不能不表个态度，如果慢了就会引起刘玄的不满，进而给我耿家造成灾难。最近听说刘玄已经起驾去了长安，所以我想让你替为父去一趟长安，向刘玄表个态，顺便看看这个刘玄到底是个什么样的人，究竟值不值得托付。"

就这样，耿弇带着百余精骑踏上了前往长安的旅途。

可在沿途的过程中，耿弇却听说了刘玄的种种不是以及刘秀的种种贤德表现，这就使得耿弇开始对刘玄有了一定的怀疑。

而等耿弇一行人到了宋子县的时候，耿弇的斥候却突然从前方跑了回来，并着急忙慌地和耿弇道："少将军，不行了，前面过不去了。"

耿弇疑惑地道："为什么？"

斥候道："少将军不知，前些日子邯郸城中有一个叫王郎的算命先生自称是成帝的后代刘子舆，现在已经在邯郸称帝，河北诸地豪杰和地方官大多已经投奔了他，现在刘子舆势力大增，已经封锁了黄河，断绝了河北往中原的通道，看样子形势大好，早晚会统一河北。"

话毕，耿弇的脸色逐渐转黑，可还没等耿弇发话，他手下的两个官吏孙仓和卫包就跳出来兴奋地道："少将军！这可是天大的好事！如果之前咱们听到的传言是真的话，那么刘玄这个所谓的更始皇帝是一定成不了什么大事的！可刘子舆则不同，同样是高祖的后代，他现在的实力已经不弱于更始，有这么多人支持，这还不能说明他多么得人心吗？我们不如直接投了刘子舆，以后也能……"

没等这两人说完，暴怒的耿弇直接吼道："住嘴！你们两个说的也叫人话？还刘子舆？什么东西！就是邯郸城内一个骗吃骗喝的神棍而已，只要给我耿弇两千精锐骑兵，我就让他变成阶下之囚。你们给我听好了，现在马上随我绕道，从太原前往长安，但凡有敢阻挡之人，杀无赦！我耿弇将带着你们亲往长安，向更始皇帝说明我上谷精骑的战斗力，然后再由太原返回上谷，紧接着调拨数千上谷骑兵南下攻击什么劳什子的刘子舆，到时必势如破竹，神挡杀神，鬼挡屠鬼，我看看谁能阻挡我耿弇的精锐骑兵！如果你二人继续不识时务的话，我耿弇可以保证，你们的宗族妻子就离死不远了。"

这话说完，孙仓和卫包先是一愣，然后哈哈大笑，其中孙仓更是边笑边说："少将军，给你一点儿面子我管你叫一声少将军，不给你面子你算个什么东西？还我们不识时务，我看真正不识时务的是你！还从太原绕到长安？还从长安再绕回来？你做梦呢？你知道前面有多少人等着我们吗？行了，我也不和你磨叽了。"

说到这儿，孙仓对后面的一众骑兵吼道："你们都听见了，我们这位少将军要带着你们杀到长安，屠杀数十倍于我们的敌人。想要死的就和他去吧，不想死的和我去邯郸投奔刘子舆。"

话毕，孙仓和卫包看都不看耿弇一眼，转头就走。而那一百来个骑兵只是稍微地犹豫了一瞬，便跟随着孙仓和卫包的脚步离去了。

耿弇，这个以后的汉军骑兵第一大将，云台二十八将第四的超级攻击型将领就这样变成了一个光杆儿司令，真是够悲催的了。

这要是一般人，我相信现在直接掉转马头回上谷了。可耿弇很明显不是一般人。这莽夫哪怕只有一个人也要从太原潜到长安。

可接下来的现实却将耿弇的美梦敲击得支离破碎，因为前面的封锁实在是太严密了，而耿弇又是一个人，他的武力又无法和力能敌百的项羽相提并论，所以只能往回走了。

可就在耿弇快到卢奴县的时候却突然听说刘秀的部队已经到达了卢奴县。此消息使得耿弇眼前一亮。

"对啊，那刘秀声望如此之高，还是纯正的高祖后代，我不如去看看他怎么样。"

抱着此种念想，耿弇前往投奔了刘秀。

当时刘秀的实力虽然不怎么样，可多少也算得上是更始皇帝派来河北的钦差大臣，所以每天前来投奔刘秀的还是有些人的。

而那天，耿弇就这样随着众人前来面见了刘秀。

那天刘秀没怎么看得上耿弇，只给了他一个小官做。

可耿弇何许人也？那可是上谷太守的大公子，他差你这么一个小吏？

只见耿弇哈哈大笑，当着刘秀的面嚣张地道："众人都说将军您忠厚贤德，才能举世无双，如今所见，哈！也就那么回事儿吧！"

这话一说，刘秀周围的文臣武将面容皆有怒色，可刘秀举手制止了他们即将暴走的举动，反倒是玩味地看着这个一脸锐气的年轻人道："噗？听你这意思是我看走眼了？还未请教……"

耿弇道："请教不敢当！本人耿弇，上谷太守耿况之子，跟将军您说这个并不是要靠我父亲，本人拼的是实力！"

一听说是上谷耿况之子，刘秀一下就来精神了。上谷太守耿况那是何人？那可是手握北方精锐骑兵的大佬级人物，只要能得到他的支持，刘秀手中就等于多出了一把绝世宝剑！如果能得到他的支持，刘秀手上瞬间就能多出数千的精锐北方突骑。别看人数不满万！可那都是全天下最精锐的骑兵，数千人足抵数万人马！要是自己手上有这些精锐骑兵，王郎还算什么！

于是，刘秀的表情瞬时郑重了起来，他对耿弇道："噗？没想到你小子还有如此家势。好，就像你说的，我不看你的家势，我就看你这个人，你有什么想法？说出来听听。"

这时候的耿弇如同一把尖刀，生怕别人看不到他的锋芒。见刘秀终于有要重用他的想法，便气势汹汹地道："对付王郎这种小小贼人不用跟他讲什么仁义道德，只有最暴力的手段才简单有效。我愿引将军北上上谷，之后领上谷突骑助将军略定河北，横扫天下！"

这话说完全场都愣住了，过了一会儿，大家都哈哈大笑起来，几乎每个人都认为这个叫耿弇的小子实在是太能吹牛。可只有刘秀没有笑，还郑重地制止了周围人，并且掷地有声地道："好小子！确实有志向！好！本将军就听你的，全军即刻向北行进！"

就这样，刘秀真就按照耿弇的提议向北方行进了。

在这期间，刘秀多次和耿弇促膝长谈，和这个年轻的小辈探讨一些军事上的问题。这不探讨还好，探讨之后刘秀才发现这个叫耿弇的年轻人对指挥骑兵进行作战还真有一些高深的见解，遂对其更加重视。

不知不觉，刘秀的部队行进到了蓟城，距离上谷已经越来越近了。

可就在这时候，突然有一名传令兵闯了进来，火急火燎地道："报将军！南方有紧急军情！"

刘秀道："说！"

传令兵道："邯郸刘子舆于数日前集结数万大军北上，意图擒获斩杀将军！并诏告天下，称谁能擒住将军，不论死活都是大功一件！"

话毕，满堂皆惧，几乎所有的文臣武将全都建议刘秀迅速向南逃回刘玄的领地，等刘玄彻底平灭了刘子舆以后再行计较。

可就在这时，耿弇站出来义愤填膺地道："你们说得不对！现在王郎正从南方杀来，我们怎么能向南方而去呢？这不是看着前面有陷阱还往里面跳吗？各位！你们要知道，在北方支持将军的可不只有家父一人！渔阳太守彭宠也是将军的同乡，我想他一定会和家父一样支持将军的！我意，加快速度往上谷疾行，到时候齐聚两郡万余精锐骑兵给我指挥，别说他刘子舆数万杂兵，就算十万正规军我耿弇也让他有来无回！"

刘秀手下这些将领实在是再也忍不了这个小子了，之前没有刘子舆的威胁他们还可以忍一忍，现在刘子舆追兵已经出动，正是生死攸关的时候，他们无论如何都不能忍了。

于是，一个将领站出来对耿弇怒声道："我且问你！你父亲这次让你出来是拜访谁？是拜访我家将军吗？据我所知不是，是更始皇帝。我再问你，你在这儿说得天花乱坠，你家父亲知道吗？他不知道！我再问你，你凭什么说彭宠会帮助我家将军？你和彭宠熟吗？还是你知道什么内情？"

耿弇道："我，我可以代表我的父亲，至于彭宠，他一定会……"

将领道："行了吧你！闭嘴吧！我告诉你，你谁都代表不了。"

说到这儿，那名将领转身面向刘秀道："将军！据末将观察，这小子实在不可信，现在整个河北除了信都及和戎摆明不帮助刘子舆以外，其他的地方要么归顺，要么模棱两可。我敢肯定，现在渔阳和上谷两郡的太守也一定准备归顺刘子舆了。这时候将军您前往两郡必被瓮中捉鳖，还不如突围南返，只有这一条道才有可能成功，才有可能保住将军您和我们这群人的性命啊！"

耿弇还想要解释，可刘秀伸手制止住了耿弇，并指着耿弇罕见地对手下的文臣武将们吼道："你们都给我听好了！他，就是我们此次北行的主人！他的意见就是我的决定！我不准你们任何一个人有其他的想法！"

话毕，刘秀抽出腰中宝剑大声吼道："再有敢言南行者，杀无赦！"

话毕，所有人都蔫儿了，只有耿弇激动得浑身哆嗦，从此在心中发誓一辈子效忠这个百分百信任他的明君。

可就在这众人无声、耿弇激动之时，屋子外突然杀声四起，还没等众人反应过来，一名卫士急忙跑进了屋子，狼狈地道："不、不好了，已故广阳王之子刘接已经在蓟城起兵造反响应刘子舆，现在一部分士兵已经杀到此处，大批部队正在后面，将军你们快快逃跑吧！"

话毕，众人都被这突如其来的一幕给吓傻了，一时间竟不知所措。

只有刘秀，临危不乱，当即吼道："不要慌张！全都跟着我往北门冲！只要冲出了蓟城，谁都拦不住我们！"

就这样，刘秀带着一众人马走出了屋子，往北门方向冲去。

可刚刚行进不到百米，刘秀和他的手下们尴尬地发现，北门方向的士兵实在是太多了，多得如同蚂蚁一般根本没有冲过去的可能。反观南门方向的敌人虽然也很多，但绝对要比北门方向的敌人少得多。

见将领们全都用恳求的眼神看着他，刘秀知道，除了冲向南门再没有半点儿办法。于是，刘秀只能带着众人冲往南门方向。

可到了南门以后，突然一声杀字怒吼，紧接着众多敌人从四面八方杀向刘秀一行人。

刘秀心知中计，但他绝不是引颈就戮之人，哪怕有一点点希望，他也会拼尽全力。

于是，一行人在刘秀的带领下并没有绝望，而是拼死冲杀。

终于，在折损了无数心腹以后，刘秀冲出了南门，进而一路南逃（大多数人都战死了，很多逃出来的人也走散了，耿弇也不知所踪，现在跟随在刘秀身边的只有冯异、邓禹等十余人而已），甚至连头都不敢回。

逃逃逃，刘秀一行人不停地逃，他们昼夜向南奔驰，一路上不敢进入城市，食宿都在野外，可等他们到达饶阳的时候，尴尬而又无奈的一幕出现了。

他们的粮食吃完了。

实际上，一行人的粮食早就吃完了，因为不敢随便进入城市，所以一直都只是用一些很残次的干粮搅拌着水来吃。

可就在几天以前，哪怕是残次的干粮也一点儿都没有了。所以当刘秀一行人到了饶阳以后就再也走不动了。

刘秀也是饿急了，道："走，一不做二不休，咱们冒充邯郸刘子舆的使者去饶阳的官署客馆吃饭去！"

众人也实在是饿得狠了，当时心里想的哪怕是死也要当一个饱死鬼，便和刘秀就这么去客馆骗吃骗喝了。

"来人！来人！有没有个活的？"

饶阳官署客馆中，刘秀手下一个随从狂吼着。

不一会儿，一个官吏慌忙跑了出来，见刘秀一行人气质绝佳，便先入为主地断定这帮人一定是达官显贵，乃恭敬地道："在，在，小人客馆主事，不知各位……"

刘秀随从道："少废话，我们是邯郸的使者，这次有公干路过饶阳，随身粮食已经吃光，快给我们准备饭食。"

客馆主事道："好、好，小的这就去办，各位大人跟我来，食堂就在前方。"

此时的客馆食堂，一众客馆小吏正在吃饭，可就在这时，一群如同疯魔一般的官员冲了进来，他们一下将这些客馆小吏挤到了一边，然后对着桌上别人吃过的剩饭剩菜狂吃猛塞（属吏方进食，从者饥，争夺之）。

以后的大树将军，被誉为最稳重的冯异现在正疯狂地往嘴里扒拉米饭。

以后云台二十八将之首，名冠天下的邓禹，现在正左手抓菜，右手抓饭，狠狠往嘴里塞。

而刘秀正捧着一个烧鸡狂啃疯咬。

其他的人更是不必多说，吃相吓人。

被挤到一旁的客馆属吏都看蒙了，他们什么时候见过吃相这么难看的官员？

于是，有一个属官走到客馆管事的身边默默地道："大人，这帮人是什么身份？"

客馆主事道："他，他们说是邯郸那边的使者。"

属官道："你信吗？"

客馆主事道："开始信，现在我也开始怀疑了。可怎么验证真伪呢？"

属官道："这好办，大人现在即可命人去敲响门外大鼓，然后声称邯郸将军到。如果这些人真的是邯郸使者，他们一定不会惊慌。相反，如果这些人是假冒的，到时势必会疯狂逃窜，我们就可将其拿下。"

客馆主事道："嗯！这办法好！"

咚咚咚……客馆门外突然十声鼓声响起，然后客馆主事故意放大嗓门吼道："邯郸将军到！"

一听邯郸将军这四个字，刘秀一行人差点没被噎着，顿时吓得魂不附体。

刘秀一开始听到邯郸将军四字的时候第一念想便是赶紧逃跑，可转念一想，不对，哪有这么巧的事情，我们刚刚到，邯郸将军就到了？

转念一想刘秀明白了，准是自己一行人的吃相引起了客馆主事的怀疑。

只一瞬间，刘秀就将这些事猜得八九不离十，然后对下面略带惊慌的一行人使了一个眼色，紧接着对客馆主事吼道："吓老子一跳，一个邯郸将军，来了也就来了，吵吵什么？让邯郸将军来见我！"

话毕，刘秀连头都不回，继续大吃大喝。

嘿，这派头，现在客馆主事是无论如何都不怀疑刘秀一行人的身份了，只当他们有什么紧急任务连饭都顾不上吃而已，便跑到刘秀身边献媚地道："这位大人，不好意思，刚才是下官看错了，实际上并没有什么邯郸将军。"

刘秀一声冷笑，也就不再搭理他。

一个时辰以后，刘秀一行人吃饱了，又向客馆主事要了很多随身携带的干粮便继续南逃了。

可当刘秀一行人到达下曲阳（今河北省晋州市鼓城村附近）的时候，前面探路的斥候不知道从哪里听来的消息，说刘子舆现在已经派遣数万军队前来捉拿自己。

刘秀这帮人顿时慌张失措，想来南方已经布置了重兵，自己无论如何都逃不过去，不如逃到信都，毕竟现在河北诸地也只有信都及和戎的太守没有投降刘子舆了。

于是，刘秀等人不要命似的向信都方向逃窜。

可当他们到了下博城一带的时候却彻底蒙了。因为他们只顾着逃命没关注方向，结果到了下博城附近的时候发现自己迷路了。

一行人所处之地四下无人，让大伙惊慌失措。

可就在这时，一天籁之音从不远处传来。

原来这附近有一户人家，这家的老大爷每天都会在这一带砍柴打猎，并且每次都会在砍柴打猎的时候不停地炫耀自己的歌喉。虽然这歌唱得实在是不怎么样，但此时的刘秀听到这歌声却如同天籁。

他怕惊到这个老大爷，重现当初项羽的尴尬，竟然只身来到了这老大爷的身边，近乎恭敬地道："这位老大爷请了，晚辈想请问老大爷，这是哪里？距离信都还有多远的距离？"

老大爷见刘秀气质不错，又很懂礼貌，于是哈哈笑道："小家伙懂礼貌，不错，此地乃下博城稍西。"

说到这儿，老大爷用手指向一个方向道："顺着这个方向走八十里就能到达信都了，小家伙加油吧。"

说完，老头继续唱着歌忙乎自己的事去了。

刘秀大喜，赶紧带领众人向那个方向走了。所幸这个老大爷并不是项羽时期的那个老大爷，刘秀的态度也甚是恭敬，所以没有受骗，很顺利地到达了信都。

而就在刘秀到达信都的时候，也同时宣布了他仓皇如狗的日子彻底终结，刘秀，要反扑了。

2.5　疯狂的反扑（上）

时间：公元24年二月中下旬。

地点：信都郡政府衙门。

此时，信都太守任光正愁眉不展地坐在办公处，他最近真的很烦躁、很恐惧。因为他知道，刘子舆就是一个大骗子，身份早晚会曝光，这种人最后是一定不得好死的。自己要是跟着他，早晚会被拖累死。

可现在整个河北大部分地方都臣服了刘子舆，就凭自己这一亩三分地绝不是刘子舆的对手。

选择投靠刘子舆大概会过好长时间以后才死，却要遭受千古骂名。

然而选择对抗刘子舆虽然不会遭受千古骂名，但现在就得死。

怎么办？这可怎么办？无比纠结痛苦的任光惶惶不可终日，整日愁眉不展。

可就在这时，一个下属官员突然闯了进来，然后以极其激动的口吻对任光道："大、大、大、大、大人！你整日放在嘴边的河北巡察使刘秀来了！"

任光道："什么？这是真的吗？他现在人在何处？"

下属官员道："人现在在大厅等候！"

任光道："快！快随我前去相见！"

冲出了屋子，见到了刘秀的本尊，任光疯了一样冲了过去，跑到刘秀面前哐当一下跪在了地上，激动万分道："下官，信都太守任光拜见名公！"

见此，刘秀心中虽大定，表面上却故作惶恐，他赶忙将任光拉起来道："任太守这是何故？"

任光道："王郎贼子冒充刘子舆在河北兴风作浪，下官不说有多忠于皇帝陛下，但也绝对不会同流合污，可下官早就听说将军的大名，如今将军到来，正是托付终身之时，岂能不跪拜？岂能不激动？从此以后，信都所属兵马全权由将军指挥，下官哪怕只做将军手下一马前卒也不枉此生矣！"

雪中送炭，这绝对是雪中送炭，刘秀都快被任光的行为给感动哭了，可还没等刘秀的眼泪落下，又一个天大的好消息瞬间将刘秀送到了云端。

只见一名卫士突然闯进了大厅，并激动地道："启、启禀太守大人，启禀巡察使大人，和戎太守邳彤带着和戎郡全部士兵和两千战马现正在城外等候，声称要投奔巡察使大人！"

"什么？"

刘秀和任光几乎是异口同声地表达惊异之情。紧接着，二人不敢有片刻耽搁，当即出城迎接邳彤。

邳彤，字伟君，信都本地人，其父邳吉曾担任辽西太守，凭借着父亲留下的底子，邳彤顺利地坐上了和戎太守的宝座。

自昆阳之战以后，邳彤便认定刘秀不是池中之物，等刘秀到了河北以后，通过观察刘秀的举动，邳彤更是对刘秀奉若神明，早就心有所属。

前一段时间，邳彤听说刘子舆正派人捉拿刘秀，而刘秀也成功出逃，虽然一直到现在都没有刘秀的消息，但邳彤通过方位、路线以及信都及和戎两郡的军事对比，断定刘秀必会前往信都，于是第一时间带领所有的士兵前往信都投奔刘秀。

正巧刘秀前脚来到信都，他邳彤后脚也来了。

一下子多出数千士兵，刘秀心中有了底，但这些人和刘子舆的部队比起来依旧是小巫见大巫，毕竟昆阳之战的那种近乎奇迹的事件不会一直发生。

所以，刘秀当即将自己的心腹都召集在一起商讨以后要走的路线。

当时，大多数献计的人都认为现在凭两军兵力还是不够和刘子舆相抗衡，不如带着这些部队突破刘子舆的防守，进而返回长安，相信凭借刘秀指挥战斗的能力，刘玄一定还会再派刘秀带领大军前来河北平乱的。

说实话，刘秀对这种建议并不怎么感兴趣，因为刘玄能放他一次并不代表能放他第二次，毕竟杀兄之仇不共戴天。

然而，就在刘秀眉头紧皱的时候，他发现新来投奔自己的邳彤也是一副欲言又止的样子，于是刘秀赶紧道："邳太守，你有什么建议吗？请直说，不必有所顾忌。"

邳彤站出来道："既然明公问了，那我就说！我觉得，在座大多数人所说的都不对，完全不对！这天下的百姓思念汉朝已经太久太久了，所以更始皇帝一举汉朝之旗号，这天下人便接连响应，三辅的人甚至扫清城道和宫殿来迎接他。自上古以来，我也从来没听说过有这么得人心的朝代。可恕我直言，大家看看这一段时间更始皇帝都干了些什么？他非但整日蜗居后宫，不管朝中政事，还纵容手下的那些强盗抢劫掳掠，天下百姓谁不对他失望透顶？而明公则不同！这天下最开始本就不应该是更始的，而是您或者您大哥的！他更始只不过是一个半路杀出来的路人而已。昆阳之战，明公数千破数十万，威震天下。明公自从到河北以后，定制度、废旧政、赏罚分明、帮助贫苦，声望所及，无人不服。所以只要明公一起兵，我敢以性命担保，整个河北在瞬时间就会从了明公的门下。可如果明公要带着这些人回到长安，那就一切都完了，明公不但会丢掉河北，还会丢掉河北的人心，完全损坏了明公的英名。并且，两郡的士兵全都是河北本地人，他们思念家乡，一定不会随同明公西归，哪怕是受强迫西归，也会在中途落跑。到时候明公就是再想聚集这些士兵也是不可能的了。所以，还请明公深思啊！"

在理！分析得极为精辟，所以刘秀当即放弃了西归的心思，下面一众人一想也是这么回事儿，所以再没有一个人提议西归长安了。

可现在刘秀手下哪怕是合两郡之兵也只有区区数千人而已（《中国历代战争史》载四千人），和刘子舆的士兵根本无法相提并论，在这种敌极众我极寡的情况下应该怎么办呢？

这时候，一名将领站出来道："将军，末将提议投靠城头子路或者刁子都！有了他们的庇护，大事可成矣！"

[注：爰曾，字子路，东平人，王莽时期曾与肥城刘翔起兵于卢县城头，所以把他的部队称为城头子路，城头子路创立以后，不断于黄河与济水之间抢劫，因为这期间王莽将所有的注意力都集中在了汉军和赤眉军身上，所以城头子路没有受到半点儿打击，声势一路壮大，最后甚至发展到了二十万之众。刘

玄灭王莽以后，爰曾派人前往长安投降，表示归顺，刘玄便封爰曾为东莱太守，刘翔为济南太守。二人虽然在名义上投奔汉朝，可实际上就是当地的土皇帝，和单独的势力差不多，实力相当强大。刁子都，东海治人，于王莽天凤五年（公元18年）起义，转战徐、兖之间，随着时间的推移不停发展壮大，至今已经有众六七万人］

这话刚一说，任光立即站出来反对道："明公！此事绝不可行！城头子路及刁子都皆贼人也，明公一旦寻求他们的庇护，结果必然是被当成傀儡而利用，以后再无半点儿出路。"

刘秀道："可我们的士兵实在是太少，如果不寻求他们的庇护，拿什么来抵挡刘子舆的进攻呢？"

任光道："哈哈哈哈，明公太过于小看自己的声望和能力了，我军现在有正规军四千，凭明公之声望，指挥作战之强悍，平灭周边小县如同探囊取物！明公可于即日分兵略地，要求周边小县投降，我相信，凭明公在河北的威信，这些小县一定会纷纷向明公投降。到那时候，我军最少也有数万士兵，数万士兵在别人手中也许还不是刘子舆的对手，但在明公手中，别说他一个刘子舆，就是再来两个，三个，明公一样能将他们消灭殆尽！"

这话说得提气，一下将刘秀埋藏于心中很长时间的雄伟壮志都激发出来！从而直接断了投靠他人之想法。

公元24年二月下旬，刘秀广派使者往四方散布谣言，说已收城头子路和刁子都的部队，如今正率领百万大军准备扫平河北。

刘秀是谁？那是仅凭数千人就打得新朝四十三万正规军丢盔弃甲的狠人，如今手握百万雄兵，这天下还有谁能抵挡？于是一时间，整个河北乱作一团，每个人在心中都有了自己的计较。

同年三月初，刘秀正式出兵，第一站——堂阳。

为了能有效地布置疑阵，刘秀特意让骑兵在战马上绑了数个火把，并趁着夜色让它们不断散开游走，造成数十万大军的假象。

堂阳首领吓傻了，二话不说，直接派人到刘秀处请求投降，并将所有的士兵都交给刘秀指挥。

之后，刘秀再以同样的方式进击贳县，贳县县令不敢抗衡，当即宣布投降。

再之后，刘秀率领已经过万的部队向昌城进击。可还没等到达昌城，本地人刘植便率领数千士兵前来投奔。

原来，因为刘秀的连战连胜，河北诸多地方的官员百姓都认为无人能挡住刘秀，所以分别劝本地统治者投降。

可昌城太守不知道是不是真的对刘子舆忠心耿耿，他不但不打算投降刘秀，还要在战场上和刘秀一决生死。

可他想决生死，其他的人还没活够呢。于是，昌城本地人刘植集结了数千人对昌城太守发动了突然袭击。

因为事发突然，再加上昌城太守不得人心，所以昌城很轻易便被刘植拿下，刘植于是带着整个昌城的部队投奔刘秀。

刘秀深感欣慰，当即命刘植为骁骑将军，并随同自己继续向下曲阳方向进逼。

这一路上，不断有流民和地方官员前来投奔刘秀，使得刘秀部队急速上涨，顺利拿下下曲阳以后刘秀又下中山、卢奴，所过之处皆望风而降。

至此，刘秀所部已将近十万之数！

可就在这时候，一个消息传到了刘秀处，使刘秀大为吃惊。

真定王刘杨，竟然在刘秀顺风顺水的时候于真定举兵十余万依附刘子舆。

刘秀听后大恐，当即派遣刘植前往真定面见刘杨，意图说服刘杨"弃暗投明"。

刘杨当然知道投靠刘秀要比刘子舆靠谱得多，他之前之所以依附刘子舆实际上也是在为和刘秀谈条件之前赚足资本。因为刘杨知道，刘秀一定会因为自己依附刘子舆而前来寻找自己。

果然，当刘植说明来意之后，刘杨直接制止了刘植接下来的话，转而斩钉截铁地道："要我投降巡察使大人没有半点儿问题，可巡察使大人必须答应我一个条件，不然的话，恕我无法从命！"

刘植道："大人尽管说，只要不是太过分的，我家大人一定会答应您。"

刘杨道："好说，这事儿巡察使一定能做到，那就是迎娶我的外甥女郭圣通，只要巡察使大人能做到这一点，我刘杨愿意为巡察使肝脑涂地！"

就这样，刘植带着刘杨的答复回来了。

刘秀是个相当出色的统治者，更是一个好男人、专情的男人，在历朝历代这些伟大的皇帝中，相信除了商朝的武丁，没有任何一个人比刘秀更加专情。

2.6 疯狂的反扑（下）

想当初，在刘縯、刘秀兄弟还没有起兵之时，刘秀曾有一次到了新野。

当时，在新野有一个阴氏家族，其祖上正是春秋时大名鼎鼎的管仲。后来，到了管仲第七代子孙的时候，管氏家族从齐国迁居到了楚国，被封为阴大夫，从此管氏家族便改姓为阴。

再后来到了秦朝末期，阴氏家族又举族搬迁到了新野，从此便一直在此定居。

阴氏家族在新野绝对是响当当的豪门大户，光是土地就有七百余顷，奴仆的数量更是能和诸侯王相提并论，然而这还不是阴氏家族最大的亮点，它最大的亮点是有一个如明珠一般美丽的少女，这女孩就是阴丽华了。

阴丽华美到了什么程度呢？只能说远近闻名了。

而刘秀因为是邓晨的小叔子，再加上邓晨和阴丽华又是亲戚关系，所以刘秀得以一见阴丽华的仙容。

当时刘秀就被阴丽华的美貌容颜所惊，以后更是说出了"做官当做执金吾，娶妻当娶阴丽华"的经典语录。

可因为当时刘秀还什么也不是，所以他也没对阴丽华展开追求。直到昆阳之战以后，刘秀威震天下，这才对阴丽华展开了追求，并成功将阴丽华这个美人娶回了家。

当时，刘秀二十九岁，阴丽华十九岁。

可两夫妻还没热乎多长时间，刘秀就被刘玄派到了河北巡视。

如今，经历了种种磨难，刘秀终于有了自己的人马，还有机会收服拥有十余万军队的刘杨，那他会为了阴丽华而放弃这个大好的机会吗？

当然不会。

于是，刘秀答应了，非常干脆地答应了。

就这样，刘秀迎娶了郭圣通为夫人（是夫人，而不是妾，这也就是说原本为夫人的阴丽华在这时候已经变成了刘秀的小妾），部队数量又狂涨了十余万。

这之后，刘秀继续横扫河北诸县，连下元氏、防子。可就在刘秀军团攻下防子之时，刘子舆的大军也到了。

原来，自刘秀于信都起兵之时，刘子舆便准备派出兵马攻击刘秀。可刘秀昆阳之战的战绩实在太过惊人，刘子舆不敢小看刘秀，就想集结全部兵马碾压式消灭刘秀。

可谁能想到刘秀的攻击速度如此之快，短短一个月的时间就扫荡了自己近乎一半的地盘。

更吓人的是，刘秀竟然在短短一个月内，将自己的数千兵马变成了将近十余万，这哪是常人所能到达的力量？

不行，绝不能让刘秀再这样继续成长下去了，畏惧至极的刘子舆当即命令手下大将李育率领将近十万大军前往阻击刘秀。

可让刘子舆万万没有想到的是，等李育的军队抵达目的地以后，刘秀的部队竟然已达二十万之多。

公元24年三月末的一天，李育军帐之内，几乎所有的将领都劝李育固守城池，不要主动出击，因为刘秀指挥作战的能力实在是太可怕了，以前只有几千人还能压死他，现在他手上的士兵已经达到了二十万之众，这个天下还有谁能在野战中制服刘秀？

但李育没有听手下的建议，毅然决然地率领士兵前去和刘秀野外决战了。

结果李育大败，仓皇逃进了柏人城中死守之。

不过别看李育野战不行，可守城战那是真有两把刷子的，竟然让刘秀狂攻三日一无所获。

对于刘秀来讲，时间就是金钱，所以他也不打算继续和李育在柏人城耗着了，只留部分士兵继续拖着李育，自己则率领主力部队转攻别的地方去了。

这之后，刘秀又相继攻克了很多县邑，兵锋直指河北重镇巨鹿。

可就在刘秀大军抵达广阿之际，突然从北面方向传来了轰隆隆的巨响，定睛一看，大概五千余威风凛凛的北方突骑正直奔刘秀而来。

刘秀手下的士兵多为步兵，且绝大部分都是由百姓组成的"杂牌军"，他们什么时候见过如此威风精锐的北方突骑？所以众人一时非常惊慌，以为上谷和渔阳这两个骑兵强郡全都归附了刘子舆，这次前来就是攻击他们的。

说实话，见北方骑兵前来广阿，刘秀也是一惊，但转念一想，不对啊，如果上谷、渔阳二郡真的投靠了刘子舆怎么会只来五千人呢？应该配合刘子舆的步兵作战才对啊。

于是，刘秀当即登上了广阿城墙对下面的骑兵喊道："哎，下面的统帅出来对话，你们是谁的兵马，来这干什么？"

话音未落，只见一名一身精致鱼鳞战甲、威风凛凛的小将军激动地从人群中走来，对着城墙上的刘秀大声吼道："明公！我耿弇不辱所命，带上谷、渔阳二郡五千骑兵前来报到！"

一个月前……

"杀！抓住他！别让刘秀跑了……"

伴随着无尽的喊打喊杀之声，耿弇仓皇逃出蓟城。

此时，耿弇已经和刘秀走散，他不知道接下来刘秀要前往何方，所以只能先回上谷再作计较。

可就当耿弇终于回到上谷郡治昌平的时候，却听说刘子舆的劝降使者已经到了昌平，现正在议事大厅劝耿况投降。

一听此话，耿弇杀气腾腾地就往议事大厅走。

此时的议事大厅，刘子舆的使者正滔滔不绝地向耿况诉说着刘子舆的贤明，并命令耿况赶紧投降，派出精锐骑兵往中原投靠刘子舆。

耿况心动吗？心动，可他还在犹豫，心态和当初的任光相差无几。

可就在这时候，一身杀气的耿弇突然冲进了议事大厅，没等老爹说话便拿出大宝剑插进了刘子舆使者的胸膛，使其当即断气。

在场官员全都被这突然的一幕弄蒙了，一时大眼瞪小眼啥都说不出来。而耿弇呢？宝剑归鞘，拍了拍手，好像做了一件微不足道的小事。

耿况当时就怒了，他指着耿弇痛骂道："你疯了！你知不知道你干了什么？"

耿弇道："知道，不就杀了刘子舆的一个使者吗？杀了就杀了，您还打算投靠他不成？"

耿况道："疯子，疯子，我耿况怎么就生了你这么个东西，现在刘子舆如日中天，我不投靠他投靠谁？指着更始皇帝？我指得上吗？你小子知不知道？自刘子舆起事开始，更始方面已经组织好几次进攻了，可没一次不是被刘子舆给打回去的，现在我们在南面根本就寻不到半点儿支援，难道你想让我上谷郡成为刘子舆的瓮中之鳖吗？"

耿弇道："哼，我压根儿也没想让父亲您指望更始啊。"

耿况道："那指望谁？指望你吗？"

耿弇道："当然也不是我，而是刘秀！父亲您可知道，这次儿前往长安面见更始皇帝并没有成功，反倒听说了巡察使刘秀的一些消息，您不知道，巡察使大人现在在河北有多得人心。所以儿抱着考察的态度前去面见了他，结果确如传言一般，那刘秀气度非凡，满脸的君王之相，还是纯纯的高祖后裔。儿当时就断定，这天下以后绝对是巡察使大人的，而非更始那个窝囊废和刘子舆那神棍的。儿现在虽然不知道巡察使大人身在何方，但一定往信都方向去了，所以就想让父亲投奔刘秀，为怕父亲犹豫，这才一剑捅死刘子舆那神棍的使者。"

耿况道："这……"

到这儿，耿况犹豫了，道："现在这天下谁还不知道刘秀呢？特别是昆阳之战以后，天下武人无不对刘秀敬仰有加，如果刘秀现在真的还在河北，且如此得人心的话，不对，刘秀手上没兵啊，他真的有可能打败刘子舆吗（此时的刘秀正在仓皇逃命）？"

就在耿况胡思乱想之际，上谷郡功曹寇恂（寇恂：云台二十八将排名第五的防守型将领）突然站出来道："大人！下官赞成少将军的说法！刘子舆，神棍而已，现在虽靠着招摇撞骗的手段有了一定的势力，但早晚会被消灭。刘秀则不同，他是刘縯的亲弟弟，血脉纯正，是高祖后裔，且指挥作战英勇无敌，私下里又礼贤下士，这种人，绝对值得托付。"

耿况道："话说得是没错，这个我也懂，可现在邯郸刘子舆如日中天，巡察使大人又不知身在何处，我们真的能和刘子舆抗衡吗？"

寇恂轻蔑一笑道："请恕下官直言，大人太长他人志气了。我上谷郡兵粮充足，精锐突骑一万余人，并不是刘子舆那些'民兵'能轻易拿下的，再说渔阳太守彭宠和巡察使也是老乡，据说也有投奔巡察使的想法，所以下官请命前往渔阳劝说彭宠和大人结成联盟，一齐投奔巡察使大人，如此，哪怕最后巡察使大人失败了，我们也有两万多精锐骑兵对抗刘子舆。至于现在巡察使大人身在何处，还请大人相信少将军的军事直觉。"

耿况道："这……好吧，貌似现在也没有什么其他的办法了，就这样吧，如果彭宠也投靠巡察使大人的话，我就拼他一把！"

就这样，寇恂遵令前往渔阳去劝说彭宠。

时间：多日以后。

地点：渔阳郡议事大厅。

此时，渔阳太守彭宠正在议事大厅和众人商量到底要不要投降刘子舆。安乐县令吴汉（云台二十八将排名第二的攻击型将领）和护军盖廷（云台二十八将排名第十一的攻击型将领）都建议彭宠投奔现在还不知所踪的刘秀，彭宠心中也有这个倾向，不过他手下的其他将领和官员全都反对这个提议，理由不外乎三点。

第一，刘秀现在不知所踪。

第二，刘秀手中没有足够对抗刘子舆的兵力。

第三，刘秀到底是不是如同传说中的那么贤德也不知晓。

基于以上几点，彭宠没敢轻易做决定，所以这事儿就拖了下来。

次日，吴汉正例行巡城，午饭的时候碰到了一个儒生打扮的人。要知道，渔阳处于汉朝的最北方，此种边境之地很少出现儒生，所以吴汉断定，这儒生一定是从南边过来的，于是他恭恭敬敬地将此儒生请到了面前，请儒生共同进餐。

席间，吴汉非常客气地问："先生可是从南边而来？"

儒生道："正是。"

吴汉道："噢？既如此，那先生一定听说过刘秀吧？不知他是不是如同传说中那么贤德呢？"

儒生微微一笑道："实话实说，巡察使大人真人要比传说中的更加贤德，我可是亲眼见过，巡察使大人但凡路过一处，此处的官员和百姓必然扫榻相迎。说实话，我从来没见过一个人能这么得到众人的爱戴。"

吴汉道："噢？那不知邯郸的刘子舆到底是不是刘氏后裔呢？"

儒生不屑一顾道："呵，他就是一神棍而已，那点儿伎俩也只能欺骗一下普通的百姓而已，但凡有识之士都没有相信的。"

吴汉道："原来如此，可不知现在巡察使大人身在何处啊？"

儒生道："这我还真不知道，但我往北方逃难的过程中听说刘子舆有很多追兵都往信都方向去了，据说是去追巡察使大人了，而现在整个河北估计也就信都及和戎没有投降了，所以巡察使大人八成是往信都去了。"

一听刘秀的确切消息，吴汉别提多高兴了，转念一想，计上心头，转而便和儒生道："哎！先生，我有一件事想求您帮忙，要是帮我办成了，我必重谢之！"

儒生道："先说说，我看能不能办。"

吴汉道："是这样的，我们渔阳的太守大人一直都想投奔巡察使大人，可一是不知道现在巡察使大人身在何处，二是不知道巡察使大人到底是不是真的像传说中的那么贤明，所以到现在还没有决定。如今碰到了先生，则证实了巡察使大人的确切位置和他的贤德，所以我希望先生您能随我去拜访一下太守大人，将您知道的都对他说一说，让他安心地投奔巡察使大人。"

这话说完，儒生将胸脯拍得砰砰响："这事不用大人报答，巡察使大人贤德无双，如果能让他统治河北诸民，那是整个河北的幸运，也是天下的幸运，如果连这个忙都不帮的话，那我的书就都白读了。大人放心吧。"

就这样，吴汉带着这个儒生前去面见了彭宠，使得彭宠更加倾向于投奔刘秀，他现在的顾虑也只剩下兵力而已。

就在这时候，寇恂也到渔阳了，当寇恂表达了结盟的意向以后，彭宠当即便答应了寇恂的请求，并命吴汉立即从军中挑选最精锐的两千五百余突骑和寇恂前往上谷，然后与上谷骑兵合兵一处，共同南下投奔刘秀。

当众人到了上谷以后，耿况那仅剩下一点点的疑虑也完全消失了，遂命耿弇为主帅，同样从军中挑选了最精锐的两千五百骑兵与吴汉合兵一处，共同向南投奔支援刘秀。

来吧，让我们看看这支部队的阵容。

兵种：清一色北方精锐突骑。

将领：云台二十八将第二将，亢金龙吴汉。

云台二十八将第四将，房日兔耿弇。

云台二十八将第五将，心月狐寇恂。

云台二十八将第十将，女土蝠景丹。

云台二十八将第十一将，虚日鼠盖廷。

这部队，可谓"全明星"阵容，试问这样的部队谁能抵挡？

这之后，上渔联军一路突袭，兵锋所指所向无敌，连破中山、清河、河间等二十二县，斩杀刘子舆士兵三万余人，大小官员一百余号，直到行进至广阿，听闻广阿城中有十多万的士兵，景丹便停止了前行，让斥候前往探听消息。

结果一听是刘秀的部队，众人直接乐翻，然后就有了前面的那一幕。

确认城下来人是耿弇以后，刘秀亲自下城迎接，耿弇立即下马，哐当一下就给刘秀来了一个单膝跪地。

刘秀急忙将耿弇扶起，然后询问耿弇这一段时间是怎么过来的。

耿弇将经过细细地说了一遍，并将来时战绩以及众人全都介绍给了刘秀。刘秀大喜，当即封景丹、寇恂、耿弇、盖廷、吴汉、王梁等人为偏将军，又封远在渔阳、上谷的彭宠和耿况为大将军、列侯。从此，北方的粮草、战马、兵器等战争用器源源不断往刘秀方输送。可以这么说，如果不是北方二郡的强力援助，刘秀不可能这么快就拥有一支超级强悍的骑兵作战部队，也不可能在以后统一河北的战争中那样顺利。而这支精锐的北方突骑部队到底强到了什么地步，刘秀马上就会知道了，而且也将知道边塞精锐骑兵和普通的骑兵部队差距到底有多大。

两军会师以后，刘秀带着部队直接往巨鹿方向进击。而就在这时候，前方又传来了喜讯，原来更始皇帝的汉军部队已经临近了巨鹿，他要一举夺下这个北方重镇。

于是，刘秀带领部队成功和更始汉军会师，并对巨鹿城展开了四面猛攻。

史料上没有记载防守巨鹿的士兵有多少，也没记载谁是巨鹿主将，总之这个巨鹿被守得固若金汤，刘秀的军队和更始皇帝的军队不间断地围攻了一个多月也没能将巨鹿拿下。

公元24年四月的某一天，正在刘秀打算再次对巨鹿展开围攻的时候，突然一个传令兵慌张地跑了进来，对刘秀道："报、报告将军，传来战报，那刘子舆趁将军攻击巨鹿之际派遣了万余士兵偷袭信都，现已将信都攻克，到底该如何计较，还请将军示下。"

"什么？"

一听这话，几乎在座所有的人全都站了起来，信都，那可是他们的大本营，很多人的家室都在信都，如果信都被拿下，这对刘秀军的士气绝对是一个毁灭性的打击。

所以，信都无论如何都要重新夺回来。

基于此，刘秀当即命一将率领数万士兵急速返回信都，并下了死命令，务必将信都重新夺回。

可刘秀万万没有想到，这都是刘子舆的计谋，而不凑巧的是，他中计了。

最开始联军围攻巨鹿的时候，刘子舆并没有动，为什么呢？因为他对巨鹿的士兵有信心，更对巨鹿的守将有绝对的信心。

刘子舆认为，巨鹿守将一定能将联军拖住，进而让其士气大跌。

结果，这一切都被刘子舆猜中了。

一个月以后，巨鹿纹丝不动，刘子舆断定现在联军的士气必定大跌，这时候攻击联军是最好的时机，可刘子舆是一个相当谨慎的人，对于刘秀，他真的是不敢小看。

于是，为了分化刘秀的士兵，刘子舆只派了一万多人前去偷袭信都城。而现在的信都主力部队全都跟随刘秀出征去了，城中根本就没有多少守军，所以轻易被刘子舆那一万来人拿下。

而刘秀果然中了刘子舆的计谋，他派出了数倍于刘子舆数量的军队前往营救信都，结果，信都虽然重新夺回来了，可刘秀身边的士兵一下子少了好几万人，且剩下的还是一些士气低落的"民兵"。

而刘子舆就在这时候出动了，他命手下最出色的大将倪宏和刘奉带领几乎所有的部队以疾行的速度奔袭刘秀的大后方。

刘子舆认为，真正对他有威胁的只有刘秀一人，只要将刘秀斩杀，所谓的汉军精锐就会不攻自破。

论军事能力，在历代开国皇帝中，刘秀足以排进前五，所以对于情报的收集他是相当严谨的，整个巨鹿大后方都遍布了他的斥候，甚至在邯郸城内都有他的"乡间"。

所以，在刘子舆军队还没走到一半的时候，刘秀就已经察觉了。

为避免腹背受敌，刘秀带着几乎所有的部队兵力前往南栾主动迎击刘子舆的部队。

可战争开始以后，刘秀的部队并不顺利。

首先，刘秀手下那些"民兵"们已经攻了巨鹿一个月，很累了。而刘子舆部队的士兵却没有这么累，相反，他们的精神还十分饱满，求战欲望相当强烈。

因为他们知道，巨鹿陷落之日，就是汉军攻击邯郸之时，而自己的爹、娘、老婆、孩子全都在邯郸城中，如果汉军无耻地屠城的话，那就什么都没了。

其次，刘秀虽然指挥作战能力非常出众，但倪宏和刘奉身为刘子舆手下的大将也不是好对付的。这两人身先士卒，指挥士兵拼死作战，随着时间的推移，刘秀的部队竟然慢慢落了下风。

此时，刘秀眉头紧皱，正不停地敲击着身前的几案，似在思考如何行动才能使部队取得胜利。

就在此时，耿弇站出来道："明公！末将请求出战！"

见耿弇站了出来，吴汉等渔阳骑兵的将领也站出来大声道："末将等请求出战！"

刘秀叹息了一声道："唉，真没想到刘子舆的部队还有此等战斗力，看来这时候不用你们也不行了，不过你们都是我军的宝藏，损失不起，所以记住，如果身陷重围，立即撤退出战圈，听到了吗？"

众人道："是！怎么打？还请明公示下！"

刘秀道："耿弇、景丹！"

耿弇、景丹道："末将在！"

刘秀道："尔等率上谷骑兵即刻游走至战场东部，攻击敌方侧翼。"

耿弇、景丹道："得令！"

刘秀道："吴汉、盖廷！"

吴汉、盖廷道："末将在！"

刘秀道："命尔等率渔阳骑兵即刻从西线攻击敌方侧翼。"

吴汉、盖廷道："是！"

刘秀道："诸位牢记，这次攻击的主要任务就是令敌方分心旁顾，给中央的主力兵团减轻压力，而不是让你们以一己之力扭转战局，所以我再次说明，一旦有危险就要马上撤回来。"

话毕，众人虽表面上答应得好好的，可实际上没有一个人放在心上，他们感觉，刘秀实在是太小看他们了。

此时，战场之中，刘秀所部兵马被压制得颇为狼狈，战阵正逐渐后移。

可就在这时，突然从汉军阵营的两侧冲出了五千多突骑。这些突骑以雷霆之速绕到战场两侧，然后像两把尖刀一般狠狠捅向刘子舆军队的东西两翼。

倪宏、刘奉虽在第一时间组织了两翼部分兵众防守这些来路不明的骑兵，可谁能想到这些骑兵都是天下最精锐的北方突骑。

只听轰的一声巨响，那些前来迎击这两翼骑兵的"农民"军在瞬时之间就被冲得七零八落。有的直接被一枪挑死，有的直接被强壮的北方战马撞飞。面对这些北方突骑，前来迎战的伪汉士兵好像一张薄薄的纸片一样不堪一击。

而冲散了这些前来迎击的伪汉士兵以后，耿弇、吴汉等人再无半点儿顾虑，他们率领的骑兵直接冲到了伪汉军的腹部并展开了新一轮的残杀。

北方突骑，为天下骑兵最精锐者，他们的勇气、锐气以及单兵作战能力根本就不是普通骑兵所能够比拟的。最要命的是，在场这些骑兵还是精锐中的精锐，所以面前这些业余士兵根本就不是这些职业士兵的对手，再加上他们完全没想到前去阻挡的士兵会溃败得这么快，所以全无准备，一个凶猛冲锋便将他们冲得大乱。

可这都不是最吓人的。最吓人的是，那耿弇见已经能看到敌方中军所处之地，为了能建立不世之功，这家伙竟然带领手下骑兵直接改变了方向，兵锋直指倪宏、刘奉。

吴汉、盖廷等人也都是骁勇善战的，一腔热血根本就不比耿弇少，见耿弇要独揽功劳，他们岂能同意？所以几乎是在同一时间，所有人都指向一个方向，那就是伪汉中军——倪宏、刘奉所处之地。

此时，汉军高地之上，刘秀见只五千骑兵便将敌中前军冲得七零八落，竟激动得浑身颤抖："我早就听说过北方突骑的彪悍战力，是天下的精锐，可怎么都没想到会强到这种程度，真是……真是让我惊喜得不知怎么表达才好。"（吾闻北突骑天下精兵，今见其战，乐可言邪！）

可就在刘秀正高兴的时候，眼前的一幕竟然让他惊呆了。就见他已经爱得不行的五千突骑突然改变了方向，兵锋直指伪汉中军大帐。这给刘秀吓得，一看耿弇这帮莽夫就是想要建立不世之功，直取敌首。可这千军万马之中取敌大将首级简直就是天方夜谭，怎么可能成功？

于是，刘秀赶紧下令全军拼死突击，另给骑兵旗帜指令，命令他们迅速回撤。

耿弇、吴汉等人虽然勇猛，但绝对是职业军人，对于军令还是看得非常重的。所以，哪怕是心有不甘，依然回军协同主力兵团进行作战。

此时，伪汉军已经是非常混乱了，再加上汉军在骑兵的协同作战下凶猛反扑，结果自是不必多说，只四个字足以概括——大败亏输。

这之后，刘秀再不限制耿弇和吴汉等人，准许他们追击敌人数十里。

本次战役的结果以刘秀汉军大胜而告终，虽然史料上没有记载刘秀汉军一共杀了多少人，但凭借北方突骑之速，耿弇、吴汉等辈之狠辣，相信伪汉军是剩不了多少人了。

这也就是说，现在正在邯郸的刘子舆已经成了一个"光杆儿司令"，没多少士兵可以调遣了。

然而，就在刘秀大胜，打算继续回巨鹿狂攻之时，耿纯却突然找到了刘秀，并献计道："明公难道还想回巨鹿不成？"

刘秀疑惑地道："当然，不然去哪儿？"

耿纯道："巨鹿，坚城也！守将凶悍，守兵执着，一时半会儿根本无法拿下，只会平白消耗我军士气而已。现在邯郸派过来的援军刚刚被我方大败，如末将所料不差，现在邯郸已经没有多少守兵了。明公如果这时候亲自率领精锐前往攻击邯郸，邯郸必在短时间内被攻破。而邯郸破，刘子舆必死无疑，到时候巨鹿还坚守得住吗？恐怕第一时间就会投降吧。"

话毕，刘秀连声称善，根本没有犹豫便命邓满率领部分疲惫之师留在巨鹿城外配合更始刘玄之汉军作战，自己则亲率主力部队向邯郸方向狂飙猛进。

因为之前的大败，邯郸方面再也派不出什么大军团进行阻击了，只能期待沿途的乡镇能成功抵挡刘秀一段时间。

可刘子舆的大集团军都不是刘秀的对手，只有几千、最少的甚至几百的县邑民兵怎么可能阻击刘秀？

果然，刘秀一路势如破竹，但凡到一地，不是瞬间平定便是该地立马投降，使得刘秀不到半个月便杀到了邯郸城下。

凭现在邯郸的兵力，刘子舆自知不敌，只能派杜威为使者向刘秀请降。

可就在杜威临走之前，刘子舆却语重心长地和杜威道："你记住，我刘子舆怎么说都是刘氏宗亲的后裔，所以哪怕是投降你也不能给我丢了面子，最差也要给我一个万户侯才行。"

杜威领命而去。

此时，刘秀中军大帐，刘秀正在和众将领布置攻城的事宜。

突然，一传令兵来报，说刘子舆的使者杜威前来请降。

说实话，刘子舆的投降并没有出乎刘秀的意料，毕竟他现在已经是穷途末路，不投降还能做些什么？可对于刘子舆这种神棍出身的野心家，刘秀是万分不喜的，他认为这种人没有所谓的忠心和尊严，有的只是无尽的野心。对于这种人，要不让他当一个老百姓，要不直接让他去见阎王。

基于此，对于杜威，刘秀并没有怎么礼遇，而是让士兵将杜威领进来，然后很不在意地继续和诸多将领们商议攻城之事。

见刘秀如此态度，杜威非常不满，当即便道："久闻巡察使大人礼贤下士之大名，可今日一见，呵，见面不如闻名啊。"

刘秀冷笑道："礼贤下士只对贤者，可对神棍和神棍的手下，我没兴趣礼让。"

杜威道："你……我们陛下是正经八百的成帝后裔，血脉不知道比你纯正多少，你怎么能说我们陛下是神棍呢？"

刘秀嗤笑道："呵，就凭现在他这局势，哪怕是成帝再活过来也没有用，更别说他刘子舆还是一个冒牌货。"

杜威道："你……"

这时候，刘秀也怒了，失去了耐心的他语气明显加重："不就是投降吗？哪儿来那么多废话！赶紧说重点！"

杜威道："哼！我们陛下是汉成帝之后，身份尊贵，所以哪怕是投降了也必须得到万户侯的爵位，不然就血……"

"哈哈哈哈哈……"

没等杜威话说完，刘秀哈哈大笑，他看都不看杜威，直接对身边的左右道："我从生下来到现在都没听说过这么可笑的话，他刘子舆，哦，不对，应该说王郎，他王郎是个算命的，竟然也敢堂而皇之地自称成帝后裔，还觍着脸要万户侯爵位，怎么想的？我饶他活命就已经是天大的恩赐了。"

"哈哈哈哈……"

刘秀说完，下面将领们一片嘲笑之声，杜威更是拂袖而去。

既然谈崩了，那就打吧。

刘秀汉军开始对邯郸城展开了激烈的攻击。

邯郸，战国时赵国国都，城高墙厚，虽然在秦末之时曾被章邯摧毁，但又被后人重建，虽然再没有战国时的雄伟，但也绝对算得上是一座坚城。按说，这么一座坚城想要拿下应该是非常费劲儿的，可无奈现在刘子舆的士兵实在是太少，所以根本就抵挡不住刘秀的攻击。

公元24年五月初一，邯郸城告破，刘子舆趁着夜色带着少数心腹突围而逃，可没逃多远便被追击而来的王霸所擒斩于马下。

差点儿要了刘秀性命的"刘子舆之乱"于此时宣告平定。

与此同时，已经进入了邯郸大殿的刘秀发现了一个非常有意思的东西。

2.7 决议

现在他面前有一个大箱子，箱子里面是各种文书，这些文书基本都是刘秀现在的部下秘密上奏给刘子舆的，其中有很多都是痛骂刘秀而给刘子舆歌功颂德的。

这些人是什么意思呢？难道是真的要背叛刘秀吗？并不是这样的。

这个世界上几乎所有的人都是怕死的。有很多人虽然是在刘秀的手下讨生活，但同时也想为自己留一条后路，这就给刘子舆写了投诚的信，希望以后刘秀如果败了，刘子舆能放过他们。

总的来说，这帮人其实就是想给自己留一条后路，仅此而已。

那刘秀是怎么做的呢？把他们全杀了？没有，刘秀没有这么干。

这一箱子文书，刘秀只是拿起一两封瞟了一眼，然后就将箱子封存，再也不去看了。

次日，刘秀在邯郸议事大厅召开议会。议会上，几乎有点儿身份的部下全在现场，好像知道要发生什么不好的事情一般，这些人一个个丝毫没有战胜以后的兴奋，反倒是战战兢兢，每个人都一言不发，整个现场针落可闻，气氛极其压抑诡诈。

不一会儿，两名卫兵合力抬着一个大箱子走进了会议场中，在场大部分人的心脏几乎是随着箱子的移动在哐哐哐地狂跳不止。

哐当！沉重的大箱子一落地，在场的几个官员差点昏倒在地。刘秀笑了笑和众人道："我相信，在场很多人都知道这个箱子里面装的是什么。别的我就不说了，我只告诉大家，这箱子里的文书我刘秀一封都没有看，并且，我以后也不打算再看。"

话毕，刘秀伸出手来，一名官员给刘秀递过来早已准备好的火把。刘秀拿着这个火把亲自将整个箱子点燃。

装满文书的大箱子被烧成了灰烬，众人悬着的心也随着这个大箱子的消失而逐渐安定、平稳。

刘秀此举可以说是相当明智了。因为他手下的官员大多为地方豪族及一方大吏，手下死忠之人极多，如果刘秀抓着这件事不放的话，那么，好不容易稍微稳定一点的河北将再燃战火，刘秀，不愧是心胸宽大的中兴之主。

刘子舆被灭了，邯郸以及半个河北都被刘秀收纳，他现在的士兵更是狂增至二十余万，声威所致，整个河北听到刘秀的大名都要抖上三抖。

与此同时，还有一个人对刘秀更加惧怕。这个人是谁呢？就是现在名义上还是刘秀顶头上司的更始皇帝刘玄。

那刘玄见刘秀现在势力如此强大，害怕得不行，每天晚上睡觉都会梦到当初是如何杀死了刘縯，几年以后再被刘秀所灭杀的情景。

所以，他在公元24年的五月，也就是刘秀刚刚灭掉刘子舆以后，派遣使者前往邯郸封了刘秀为萧王，并命令刘秀立即将所有的部队遣散，然后和手下那些有功的官员一起回到长安养老。

面对使者的质问，刘秀没有拒绝，只是微笑着和使者道："陛下的命令我刘秀收到了，还请使者先回长安，我不日便回。"

话毕，使者走了，可下面的这些官员没有一个走的，因为他们不相信刘秀就这么白白将辛苦打下来的江山奉送给更始皇帝。

可刘秀没有表态，一直都没有表态。

这时候，一位名叫朱祐的人终是忍不住了，他站出来和刘秀道："明公，更始，昏君也，自其入长安以来，整日不问政事，只知道埋头后宫、饮酒淫乐，他所谓的汉朝在他的带领下政令混乱，凡官皆贪，这天下哪怕是有一点儿抱负的人都不会投其麾下。可明公您自从起兵以来便有数之不尽的能人异士前来投奔，得天下之人心。所以明公，如您这种具有天子之相的人又何必服从于他人？足可自立矣！"

"放肆！谁叫你说此无父无君之言！"

朱祐这话刚刚说完，刘秀就暴怒而起，先是狂骂了朱祐一顿之后继续怒吼道："来人！"

"在！"

刘秀道："给我将这无父无君之奸邪小贼砍了！"

话毕，众人皆惊，几乎在座所有的人都同时给朱祐求情，刘秀这才顺着这个台阶下来了。

那么问题来了，刘秀就对这个和他有杀兄之仇的人这么忠心？或者说他就真的这么怕刘玄？

非也，刘秀既不对刘玄忠心，同时也不怕他，他怕的是现在的局势。

要知道，现在的河北虽然看上去是刘秀最大，可那是因为他沾了刘玄的光，如果他在这时候宣布和刘玄对立，那他就同样成了反贼，不但部队会有人反水，还有可能遭受来自四面八方的进攻。所以，现在刘秀最想做的就是拖，拖到他彻底将河北扫荡完毕，没有了后顾之忧再和刘玄彻底决裂。

可他刘秀万万没想到，刘玄对于危险的感知力这么强烈，他刚刚战胜刘子舆便前来接收成果，这简直就是逼着刘秀表态。

所以，刘秀在一时间陷入了进退两难的境地。

不过，人这一辈子总要有所抉择，上一次你刘秀被形势所迫打了退堂鼓，难道这一次你还要这样做吗？

公元24年五月中下旬，距离刘玄使者离开已经过了数日了，刘玄也在这数日之内接连派出了苗曾为幽州刺史，韦顺为上谷太守，蔡充为渔阳太守，其意图不言自明，那就是要彻底断了刘秀在北方的大援。

虽然耿况和彭宠在两郡经营多年，树大根深，但如果时间拖得太长，其权力也会被苗曾三人蚕食。

而这时候，刘秀还在犹豫，还在进退两难。

结果，又有一人忍不住了，并让刘秀彻底下定了决心。这个人是谁呢？就是耿弇。

一日，刘秀还在邯郸睡觉时，门口传来一声熟悉的怒吼："让开！我要见大王（萧王），大王说过，我见他不用通报。"

亲兵道："请将军不要为难我等，现在大王正在午休，任何人不得……"

刘秀道："让他进来。"

得令，亲兵不敢再拦，乖乖地放来人进屋。这人不是别人，正是耿弇了。

那耿弇来得气势汹汹，也不废话，直入主题道："大王！我要请假。"

刘秀道："你小子，这又演的是哪一出？"

耿弇道："前些日子征伐刘子舆损失不少骑兵，我要回上谷和渔阳再弄来一些骑兵，助大王继续横扫河北！"

刘秀道："呵，如今刘子舆已经被我消灭，黄河以北也已经稍稍太平，陛下又要我带你们回到长安，现在河北已经没我刘秀什么事儿了，据说前些时日陛下也派了新官员到幽州赴任，我还要什么援军，真是可……"

没等刘秀说完，耿弇一声怒吼打断了刘秀接下来的话："大王怎可说此丧气之言？"

这一声怒吼直接把刘秀惹怒了，对耿弇吼道："你小子是不是疯了？你到底要干什么？"

耿弇没管那个，继续道："刘子舆虽然被消灭，但这天下的战争却才刚刚开始，现在的河北还有很多割据势力，例如铜马、青犊等势力不计其数，大王怎么能说河北安定了呢？战争，还要继续，所以更始给您的命令绝对不能……"

没等耿弇说完，刘秀唰的一下抽出了腰中佩剑直指耿弇咽喉："大胆！是谁教你此等大逆不道之言，看来我今天只能先杀了你了。"

可耿弇没有半点儿惧色，反倒是顶着剑尖往前一步。

刘秀吓了一大跳，赶紧收剑，脸色阴沉地道："你到底要干什么？"

凭刘秀的动作耿弇就已经猜出他到底怎么想的了。

只见耿弇微笑着道："大王，您待我如同父亲一般，我耿弇也从来没想过会遇到一个像您这样值得我效忠的主人，所以，哪怕您杀了我，我也没有半点儿怨言，不过哪怕不为了您，就为了这天下的百姓，我有些话也必须要和您说！"

刘秀宝剑入鞘，脸色阴沉地道："说！"

耿弇道："这天下的百姓被王莽祸害的时间已经太长了，因此思念刘氏皇族，他刘玄就是因为这一点才能最终成功。可刘玄当了皇帝以后政令昏庸，他手下的那些强盗们又肆意抢夺凌辱百姓，所以现在的刘玄已失天下民心，更有的人甚至希望重新归回王莽新朝。所以，我耿弇断定，刘玄以后必定会失败！可大王您不一样，您有丰功伟业，仁义贤德也为天下歌颂，您现在可以乔装打扮出去溜达一圈，看看谁提到大王您的大名不是竖起大拇指的？这就是天下民心啊！大王，得民心者得天下，凭现在天下的民心，别说一个河北，哪怕是整个天下又有什么难的？”

哐当，说到这儿，耿弇给刘秀跪下且流着泪道：“陛下，我大汉百姓痛苦了太长时间了，我求求您，救救他们吧！我求求您，您自己来统治这个天下吧！”

此时的刘秀终于下定了决心。他快步上前，紧紧地握住耿弇的两臂，将他拉了起来，然后郑重地道：“你的心意我收到了，我答应你！”

耿弇笑了，刘秀也笑了，光武皇帝刘秀，从这时候已经彻底走上了一条不归路，而这条路不是走到顶峰就是掉进万丈深渊，毫无退路。

2.8　铜马帝

公元24年五月下旬，刘秀以河北未定不宜回京为由拒绝了刘玄的任命，从这时候开始，刘秀虽然在名义上还是刘玄的下属，实际上却和宣布独立没有区别了。

这之后，为避免遭受多方打击，刘秀遂决意和时间赛跑。他首先命耿弇、吴汉等北方悍将迅速返回幽州，想方设法将幽州十郡全都纳入掌中，然后迅速调遣整个幽州的骑兵前来支援。

至于自己这一边，则等幽州事定以后直接扫荡河北起义军，争取逐个而灭。

那么现在河北都有哪些起义军呢？当时之河北可以说是乱得很，铜马、大彤、高湖、重连、铁胫、大枪、尤来、上江、青犊、五校、五幡、富平、获索等不计其数，这些部队都是王莽时期趁着天下大乱而起义的势力。

这些势力的总人数加起来有数百万人之众（《资治通鉴》：“众合数百万

人。"），其中最强大的铜马拥兵数十万，据点为鄡（今河北省辛集市），大肜、青犊、上江、尤来、铁胫、五幡等十余万盘踞山阳（今河南省沁阳市以北）一带。

最要命的是谢躬所部现在也在邯郸城中，和刘秀分城而治，俨然就是一副对垒状态。

谢躬是谁？就是之前刘玄派来和刘秀合兵一处攻打巨鹿的汉军总帅了。刘秀消灭刘子舆以后，刘玄怕刘秀反叛他，这才一边遣使让刘秀回长安，一边命谢躬和刘秀一同镇守邯郸，意图监视牵制。

可一直到谢躬最后被刘秀消灭，谢躬也没有攻击过一次刘秀，反倒是被刘秀当枪使。

现在刘秀四周基本上全是敌人，而他现在的部队满打满算也就将近二十万（独立以后有一些士兵被遣散或者逃跑了），所以严格来说，现在刘秀所面对的局势是非常恶劣的，可以算是九死一生之局了，这种局面也不怪之前刘秀有诸多顾虑了。

好，我们继续正文。

公元24年秋季，天大的好消息，耿弇、吴汉等辈率领幽州十郡数万突骑成功和刘秀会师，进而兵锋直指鄡地铜马。

两个月以前……

吴汉和耿弇在进入幽州以后各率两千余骑兵分别而进。

先说耿弇，此时的韦顺和蔡充刚刚到达上谷，还没等蔡充启程至渔阳便被耿弇堵了个正着，耿弇懒得和二人说什么废话，直接将二人和其随从全部诛杀，免除了后患。

再看吴汉，他进入幽州以后并没有先去拜访苗曾，而是动用了所有的关系打探情报，终于得到了他想要的消息。

原来，苗曾这次前来幽州的主要目的便是奉刘玄之命牵制刘秀，所以他之前就暗示幽州十郡太守们，让他们无论如何都不能援助刘秀一个兵一粒粮。

有了这个证据，吴汉接下来的活儿就好干了。

这一天，吴汉来到了苗曾的治所无终县，将两千余骑兵留在了城外很远的地方，根本没有进入，只领二十余骑前来拜会苗曾。

苗曾见吴汉只有二十余骑，断定吴汉对他没有威胁，便只带百余名士兵前来迎接。

一百米，五十米，二十米。两人的距离已经到了二十米，可这时候吴汉依然没有要下马的意思，苗曾略感不妙，正要反应。可就在这时，吴汉怒吼一声"杀"，所有骑兵在吴汉的带领下如奔雷一般直冲苗曾。

苗曾大惊："吴汉！你要干什……"

噗！没等苗曾话毕，一颗人头飞上了天空。没等苗曾带来的那些士兵有什么动作，吴汉便大声吼道："贼人苗曾，暗阻萧王讨伐河北叛逆，今人证物证俱在，就地处决。本将奉萧王令，苗曾之前所部并不知情，所以不加以治罪，从即日起，收归本将军麾下。"

失了主心骨，苗曾手下那些大兵还管什么，爱谁领导就谁领导吧，反正不杀我们就行啊。

就这样，吴汉成功斩杀了苗曾，归并了他的士兵，然后四面遣使往幽州各郡，吩咐幽州各郡即刻派遣所有精锐骑兵前来无终会合。

幽州各郡被吴汉、耿弇的霸道以及刘秀的声威所震，哪有一个敢有半句啰唆，全部将精锐派出。

就这样，吴汉和耿弇顺利带着这些部队前去和刘秀会师了。而从出发到回来和刘秀会师，这一切仅用了两个月的时间。

这下好了，步兵将近二十万（这两个月时间刘秀没有少了这些士兵的练习，再加上之前的战争经验，说这二十万步兵现在是正规军级别也不夸张了），骑兵更是数万北方精锐突骑，主帅刘秀，将领没有一个不是当时的明星级别，现在只要不是合围，单对单作战还有哪个势力能挡得住刘秀？没有，哪怕是拥有数十万大军的铜马军也不敢硬撼其锋。

因为就在汉军进入鄡城的势力范围以后，铜马军并没有选择主动迎击，而是龟缩在城中打算以守城战的方式迎战刘秀。

见此，刘秀笑了，因为铜马军此举正中其下怀。

为什么？因为虽然刘秀的部队人数很多，但铜马军的人数却是远远高过刘秀的，拥有如此兵众还不敢主动出击，那就先行折了其锐气，而在野外消灭一支折了锐气的部队，那简直不要太简单。

可怎么才能将鄡城的铜马军引出来呢？对于刘秀来讲，这太简单了。

当刘秀听说铜马军坚壁清野的消息以后，他直接在距离鄡城数十里的野外架设极为坚固的防御壁垒，然后命令耿弇、吴汉等人率所有精锐骑兵绕到鄡城后方，断去了铜马军的粮道。

粮道失，久守之计泡汤，铜马军首领在无奈之下只能率领主力部队前往刘秀阵营叫阵，意图和刘秀决一死战。

可这回，轮到刘秀不搭理他们了，不管铜马军如何叫阵刘秀就是不出营决战。铜马军首领怒而攻之，可刘秀壁垒极为坚固，一轮攻击下来，非但壁垒纹丝不动，反倒自己损兵折将。

无奈之下，铜马军首领只能再回鄡城计较。

最后，铜马军首领干脆把心一横，分别派出多股部队前往四周县邑抢夺百姓粮食。可这些出去的部队没有一个活着回来的，因为耿弇和吴汉的北方骑兵早已分兵布置，几乎占据着附近所有县邑，只要有一个地方被抢，附近骑兵便会蜂拥而至，使得铜马军既丢了军心又丢了民心。

铜马军首领怕刘秀分而击之，还不敢出动大军团攻击耿弇、吴汉的北方骑兵，所以只能接受无法抢夺粮食的命运。

又是多日以后，随着粮食的逐渐减少，鄡城内的铜马军兵众已经逐渐恐惧起来。一股不安的气氛萦绕铜马全军。

不行！绝不能这样等死。不甘心束手就擒的铜马军首领命令士兵提前准备好，然后趁着一个夜晚突围向南逃窜，意图往河南方向混口饭吃。

这么大的动静想让警觉性极高的刘秀不发觉，这简直是不可能了。因为就在他们刚刚逃跑的时候刘秀就发现了他们的踪迹。

按说，这种时候就要出动全军对铜马军施以毁灭性打击。可刘秀没有，他只是戏谑地跟在铜马军身后，并让吴汉、耿弇各率一部轮番出现在逃亡铜马军的身后，给铜马军造成无与伦比的精神压力。

为什么这么做？因为他有更大的图谋。

通常人在精神高度紧张的情况下运动，身体会超水平发挥，但肉体所要承受的压力也是正常运动的两倍以上。

而刘秀正是精通此理者，所以他不间断地派出骑兵给逃跑的铜马军造成精神压力，让他们的体力成倍往下降。

那铜马军首领一开始还不明白刘秀玩儿的是什么把戏，直到部队逃到了馆陶（今河北省馆陶县一带），见部下士兵一个个都开始双腿抽搐了他才明白这是怎么回事儿。

铜马军首领知道，自己不能再逃了，如果继续逃下去，等待着他的只有死路一条。

于是，铜马军首领带领所有士兵绝地反扑，希望能够一鼓作气打败刘秀，进而创造奇迹。

可奇迹之所以是奇迹，其根本原因就是实在是太难创造了。而现在铜马军已疲惫至极，士气告负，根本就不是以逸待劳的汉军的对手，再加上那数万可怕的北方骑兵，他们如同黑暗中的闪电，经常在对手不注意的情况下从四面八方直插己方侧翼，使自己阵形大乱。

基于此，铜马军根本就不是刘秀的对手，只交战片刻便节节败退，有崩盘之态势。

可就在这时，貌似奇迹真的来了。因为铜马军首领害怕被刘秀追上全歼，便在逃亡的过程中派遣使者往高湖、重连等部请求援军。而这些人也深知唇亡齿寒之理，所以在接到铜马军首领的求援信以后，直接便派军前来迎接了。

在铜马军首领正节节败退之际，这些援军就来了。

现在正是战争的关键时刻，刘秀知道，如果这时候让铜马军和重连等部成功会师，必然会令已经失去士气的铜马军重新振作，到那时候自己再想战胜铜马军就不是那么容易的了。

所以，刘秀即刻命邓禹、冯异、耿弇等人率数万步兵及一万突骑前往阻击重连等部援军，自己则亲率大军加大力度对铜马军进行攻击。

邓禹等三将知道此一战的重要性，所以身先士卒指挥将士对重连等部展开搏杀。

重连等起义军都是由农民所组成的部队，组成军队的目的也只不过是想要填饱肚子，首领们也都是一群庄稼汉，没有什么野心，所以这些部队的士兵既没有受过系统训练也没有经历过什么大型战争，单兵作战能力就可想而知了。

就这些"民兵"他们什么时候见过北方骑兵？再加上士兵的人数也比汉军少太多，所以刚一交战便被汉军的两点阻击一点突击法给打得溃不成军。

结果交战还不到半天这些人就都跪在地上投降了。

再看刘秀那边的战场。

当铜马军首领听说重连援军已经全部投降刘秀的噩耗以后，直接丧失了继续抵抗的想法，遂和众人商议，也向刘秀投降了。

刘秀听到此事以后极为高兴，当即便收容了铜马军，并将铜马军的那些大大小小的首领们全都封了侯（现在刘秀只是一个萧王他就敢擅自封侯，由此可见，刘秀真正的小心思他的文臣武将们应该早就猜到了）。

铜马军，这个庞大的农民起义军就这么被搞定了吗？表面上看是这样的，但实际上根本没有。

因为现在的铜马军虽然是投降的败军，但手下士兵还剩下数十万这也是不争的事实。刘秀的将领们都十分害怕，害怕铜马军的这个"投降"只不过是一个缓兵之计，等他们缓过这段时间以后会继续抵抗刘秀。而到那个时候，想讨灭从内部发起的反叛就无比之难了。与其这样，还不如将这数十万人全部坑杀，如此便能彻底地除掉心腹大患。

而铜马军方面的那些首领呢？他们也有一样的忧患，虽然自己是真心投降，可毕竟手上还有数十万大军，谁知道刘秀是不是白起、项羽之流。所以，一股诡异的气氛蔓延了整个汉军。

可这一切，在刘秀的手段下轻轻松松便被搞定了。

那天，铜马军的一众首领还在大帐里愁眉苦脸。可就在这时，一名传令兵突然闯了进来，慌慌张张地道："报、报告大帅，萧、萧王来了！"

"什么？"

一听这话，一众首领立即进入了极度紧张的作战状态，大首领道："来了多少人？"

传令兵道："就、就萧王一个人，他说要看看我们的部队。"

众人道："啥？"

这帮人一听刘秀一个人来，当时就蒙了，这什么情况？如果真的是这样的话，那自己的这些担心可真是白担心了，人家刘秀都敢一个人来这里，那摆明了就是拿自己当自己人了。

于是，一众首领都跑出去迎接刘秀。

可等他们真的看到刘秀一个人的时候，还是觉得有些不真实，有的将领甚至流下了激动的眼泪。

过了一会儿，在场所有的人都给刘秀下跪请安，刘秀赶紧下马，将众人一一扶起。

整整一天，刘秀先是和这些原铜马军首领视察军队，之后和他们开怀畅饮，其间相处没有一点儿隔阂。

等刘秀走后，这些人激动的心情还是难以平复，大首领有感而发和众人道："萧王对我们如此推心置腹，我们还有什么理由怀疑他？面对一个有如此胸怀和胆魄的人，我们还有什么理由不相信他能称霸天下？还有什么理由不为他效死命呢？"

从此，铜马军真心效忠刘秀，接受整编，他们的部队分别被布置在各个将领麾下，其间没有出一点儿乱子。刘秀，战力原本就有二十余万，现在又平白多出了数十万，保守猜测，此时刘秀的军力绝对不下五十万了。

那些惊叹于刘秀实力的百姓们在私底下都不称呼刘秀为萧王或者巡察使了，他们都敬畏地称刘秀为"铜马帝"。

2.9 擒杀谢躬

还是公元24年秋季，受降铜马以后，汉军士气已经达到了巅峰，刘秀当然不会放过如此军势，乃乘胜兵下河南，兵锋直指山阳、射犬一带，意图消灭青犊、上江、大肜、铁胫、五幡等后顾之忧。

青犊首领听说刘秀大军南下的消息以后相当惊恐，当即派遣使者联系其他起义势力，打算合兵一处和刘秀决战。

其他势力的首领也没有二话，当即将部队带到了射犬，和青犊合兵十余万，打算和刘秀进行总决战。

来看看军事对比吧。

汉军主帅：刘秀。

统帅防守能力：90

统帅进攻能力：90

统率大军调配后勤等综合能力：93

战阵谋略：94

青犊等联军统帅：60

汉军将领：邓禹、吴汉、耿弇、寇恂、岑彭、冯异、朱祐、景丹、盖廷等，皆云台二十八将之上等将才。

青犊等联军将领皆是没什么大型战争经验的老农土豪。

汉军兵种、兵力：数万天下最精锐之北方突骑，近二十万经过训练的正规步兵，数十万新降之铜马大军。

青犊等联军兵种、兵力：民兵十余万。

综上所述，所谓的决战没进行多长时间青犊联军就被打崩了，进而南逃。

刘秀乘机南攻河内郡，河内太守不敢撼刘秀锋芒，遂投降刘秀，使得刘秀兵不血刃便得到了河内这个军事大郡。

与此同时，在河北的谢躬也被刘秀兵不血刃地搞掉了，使得刘秀彻底解除了河北中心的隐患。

那这是怎么回事儿呢？好好的谢躬怎么就被刘秀兵不血刃地消灭了呢？

数个月以前，刘秀集结大军，准备对铜马军进行讨伐，这期间，刘秀不止一次拜访谢躬，并极力称赞谢躬的贤德和能力。

当时，谢躬有着自己的小心思，心想如果刘秀能成功平定河北他便投降刘秀；如果刘秀失败了，他便补上一刀，以此向更始皇帝刘玄交差。

所以，他没有在刘秀向外征伐的时候在背后捅刀子，而是始终在等前线的消息。

谢躬的老婆见谢躬迟迟不对刘秀动手，便和谢躬道："你的小心思谁都知道，但你觉得你和刘秀的冤仇真能够化解得了吗？刘秀可能放你在河北的中心位置一直杵着吗？不能！你这个心腹大患一天不除，他刘秀就永无宁日。所以现在最好的出路就是趁刘秀还没平定河北赶紧在他背后来一刀，让他永世不得翻身。"

谢躬根本就没听他媳妇的话，人家不屑地回了自己夫人四个字："妇人之见。"

时间推移，多日以后，刘秀在战场上节节胜利，铜马之败已呈，谢躬便在这一时间将几乎所有的士兵都引到了邺城驻扎。

谢躬为什么要这样做呢？

第一，邺城，从战国开始就是河北经济、农业、军事三重重镇，只要占据这里，等刘秀获得胜利以后他谢躬就有资本和刘秀谈条件，如果刘秀无法满足他的要求，他也有后路。

第二，刘秀手下那些人的家属几乎全在邯郸，谢躬如此做就是向刘秀表态了，意思是不必担心后方，我绝对不会阴你。

可刘秀领了谢躬的情了吗？呵呵。

当刘秀受降了铜马军以后，当即便给身在邺城的谢躬写了一封信，信的内容是这样的："我接下来的目标是射犬一带的贼人，他们对我军没有半点儿优势，我必破之。其中，尤来军主力基本都在山阳一带，闻联军被我所败必惊走北上，如果将军能在那时候率军出击，必擒贼人，那便是大功一件。我刘秀必不会亏待于你。"

看过刘秀的信以后，谢躬高兴得不能自已。他认为，这封信就是刘秀对他的信任，不然不会给他一个这么大的"活"。

可事实真的是这样吗？只能说谢躬实在是太天真了。他不知道，这一切都是刘秀的计谋。

那刘秀在给谢躬写完信以后直接分给了吴汉、岑彭二将数万步骑，让他们不必参加接下来的战争，而是悄悄地靠近邺城，只等谢躬率领主力部队出城以后便将邺城拿下，等谢躬被尤来军击败以后再设计擒杀谢躬。

结果，后面的剧情和刘秀之前所料没有哪怕半点儿区别。

青犊等起义军被刘秀击败以后急速南逃。不知道当时的尤来军是怎么想的，有可能是要投奔赤眉军，抑或是要到齐地发展吧，反正他们没有像其他的部队一样南逃，而是选择了北逃。

身在邺城的谢躬一看所有的事都被刘秀给料中了，那还有什么说的，出击！

见谢躬真的出击了，吴汉、岑彭大喜，当即率兵包围了邺城，并劝当时留守邺城的陈康投降。

现在邺城的士兵基本上都被谢躬带走了，城中并没有足够的力量抵抗刘秀汉军，再加上刘秀的势头实在是太猛，没有人愿意得罪他。所以，陈康毫不犹豫就投降了刘秀汉军。

再看尤来方面，谢躬出击以后没多久便堵住了尤来军一众人马，经过激烈的厮杀以后，尤来军击退了谢躬汉军，让其狼狈地逃回了邺城。

当天，邺城城门大开，谢躬哪里想到此时的邺城已经易主，毫无怀疑便进入了城中。结果，刚刚率前部几百骑兵进入邺城的谢躬还没等反应过来便被四面而来的刘秀汉军直接擒杀。

相信一直到死，他都没猜到自己到底是被谁给杀死的。

杀死谢躬以后，吴汉拿着谢躬的人头站在城墙之上，让城下的人赶紧投降。这些人现在本就是士气全无的败军，很多家室也都在邯城之内，现在主帅也死了，刘秀还是天下闻名的贤者，所以没怎么想便投降了吴汉。

就这样，刘秀兵不血刃地消灭谢躬，又平白得来了最少数万的士兵。

按此次擒杀谢躬的战役来讲，刘秀用的便是经典的"调虎离山"之计，可和其他的调虎离山之计有所不同，刘秀是在攻击青犊联军以前提前两步进行的策划。这期间战胜不了联军，计划无法成功，尤来军不北逃，计划无法成功，如果阻击尤来军的不是谢躬本人，计划无法成功，如果谢躬不被尤来军打败，计划还是无法成功。

可最后，一切都被刘秀料中了，没有半点儿差距。

刘秀，光是在军事上的造诣在当代已是无人能及，不愧"光武"之称号！

2.10　争夺两京控制权

好了，暂时说完了刘秀那边的事儿后，我们再转过头来看看现在的刘玄吧，因为此时的刘玄已经是焦头烂额了。

现在，西北的隗嚣虽然表面上已经臣服了自己，但这人心里到底怎么想的谁都不知道，所以，刘玄并不放心（这事儿以后一起说）。

至于西南的公孙述，人家早已打败了自己派出去的讨伐军进而称王，根本就不理自己（这事儿也以后一起说），所以西南方向也无法放心。

还有北方刘秀，东方赤眉，这天下势力除了两京（洛阳、长安）一带的势力还听凭自己摆弄以外，没有一个是能让自己放心的。

所以，在公元24年冬季的某一天，刘玄派出中郎将刘飒、大司马护军陈遵出使了匈奴并返还了最早汉宣帝赐给呼韩邪的匈奴单于大印，希望现在的呼都单于也能像以前的呼韩邪单于一样臣服于汉朝的统治。

其实说白了就是给自己留一条后路，准备借匈奴的骑兵来对付这天下的反叛者。

可呼都单于的回复却让刘、陈二人冷汗直流。

只见他手拿着所谓的单于大印来回摆弄，然后像扔垃圾一样将这个之前视若珍宝的东西扔到一旁，之后以极为轻蔑的口气和下面的两个人道："我匈奴不幸，在之前曾经遭遇了内乱，所以分裂出了两个政权，幸得孝宣皇帝的帮助，这才有了南部势力。当时，因为感激孝宣皇帝的恩德，所以我匈奴呼韩邪单于宣布臣服于大汉皇朝。可如今的汉朝大乱，王莽篡夺了整个天下，我匈奴也在这个时候不断地攻击他北方的地盘使得新莽朝廷消耗不断，最终引起天下骚动，产生了'人心思汉'的效果，最终导致了王莽的失败。所以，对于你们那什么更始皇帝而言，我才是他的恩人。那么对于恩人应该怎么样呢？你们不觉得你们的更始皇帝应该臣服于我们匈奴吗？你们回去吧，告诉更始皇帝，只要他臣服于我们匈奴，要多少兵我都给你出了！"

就这样，二人将呼都单于的原话说给了刘玄。可别看刘玄能力一般，但他还有自尊，他不是石敬瑭，为了内战而将整个民族交到异族的手中，他做不到。

可不管他到底是怎么想的，他的对手却不会给他半点儿喘息的时间。因为就在刘玄的外交活动刚刚失败以后，东方的赤眉军开始行动了。

前情回顾：

话说樊崇从长安逃回领地以后便彻底和刘玄汉朝决裂，遂对刘玄展开了一系列的攻击。

赤眉，曾经是整个天下最为强大的起义军团，战斗力不必多说，所以逢战必胜，抢夺了无数的金银财宝。

可现在王莽已经被消灭了，赤眉军的这些战士们都不想再继续干抢劫的勾当了，他们想回家种田，所以军心开始涣散，有的人甚至生出了逃跑的心思。

对于此种情况，樊崇相当重视，便想将这些人带到关西，进而断绝了他们回家的念想，说不定还能成功消灭刘玄，进而一统天下呢。

于是，樊崇开始对手下的人做思想工作，说想要带他们再搏一把，如果这次不成功再回家乡种田也不迟。

他手下那群人想想也是，便答应了樊崇的提议，大生大死就在这一搏了！

樊崇不敢怠慢，于是整日带着队伍进行操练，整军备战。终于，在公元24年冬季，也就是刘玄外交活动刚刚失败以后，樊崇感觉部队的战斗力短时间内已无法再度提升，便带领着部队一路向西，准备推翻更始朝廷进而称霸天下。

长安，自西汉以来便是天朝之政治核心。

关中，自周秦以来即为东争中原之战略基地，关东无机可乘，则闭关息民，讲武强兵。一旦有机可乘，则进兵狂攻中原，进退攻守，得以自如。

洛阳，为天下之中心，周围关山河川，乃四塞之地，自周以来便是天下陪都，历来有"东都"之称，有近治天下群侯之便利。

当时长安更始王朝政治昏庸，群臣无道，三辅地区百业凋零。洛阳方面虽然有舞阴王李轶、大司马朱鲔坐镇，却和长安各自为政，简直是一盘散沙。

基于现在更始朝廷的昏庸、洛阳的衰弱以及两京的绝对重要性，刘秀断定，更始朝廷绝对不是战斗力超群的赤眉军的对手，而两京，更不能丢！

所以刘秀虽然还未彻底平定河北诸部，但对于两京，他也是绝对不能放手的。

基于此，当刘秀听说赤眉军已经全军开始西征的消息以后，当即命邓禹为前将军，率领麾下最精锐的两万士兵西征，和赤眉军一起争夺中原两京的控制权。

同时，刘秀也争分夺秒，他要在最短的时间内平定河北周边其他的起义势力，然后急速进攻中原，不然光凭借邓禹的那两万士兵很难有所作为。

可在出兵以前，有一件事刘秀必须要处理好他才能安然出征。什么事儿呢？要知道，但凡政权一把手御驾亲征，那大后方必须有一个完全信得过并且能力出众的人镇抚，这样才能让一把手毫无顾忌地出征，不然敌人还没被打败，大后方却出了乱子，那一切都完了。

当初高祖刘邦有萧何，他刘秀手下有这样的人才吗？答案当然是有。

那天，在刘秀刚刚任命邓禹为前锋将军以后便询问邓禹："河内郡地势险要，物产丰富充实，是我们后方最重要的地盘，也是前方能够打胜仗的后勤保障，可我纵观手下文臣武将，觉得没有一个人能让我放心的，不知道你有没有什么人推荐给我呢。"

邓禹道："当然有，寇恂文武全才，既能协调大众，使上下统一，还能统兵打仗，布置后勤更是行家里手。最重要的是，他是明公进入河北以后最早跟随您出生入死的人之一，对您忠心耿耿，所以没有任何一个人比他再合适的了，还请明公用他镇守大后方，我保管您万事无忧！"

话毕，刘秀思索片刻，感觉此举甚是有理，便将寇恂召来，并语重心长地道："从前，高祖把关中地区交给了萧何，使得汉军后方无忧。今日，我将河内郡交给你，希望你能保证前线军粮的供应；并为我训练兵马，阻挡其他人的部队，让他们不要渡过黄河。"

这是什么？这是刘秀对寇恂的无比信任，更是无上的荣耀，同时也是巨大的压力。

可寇恂面不改色心不跳，甚至连一些应该有的激动都没有便单膝对刘秀下跪道："请明公放心，此三命寇恂如有半点儿差错，请斩我头！"

就这样，汉军兵分两路，一路由邓禹率领的两万精锐向西争夺两京控制权，另一路由刘秀带领北上征伐其他参与势力，那么等待着他们的将会是什么呢？我们拭目以待。

2.11 平定河北

公元25年正月，刘秀大军北进，其速如雷霆，在极短的时间内便连破尤来、大枪、五幡等贼寇军队。贼寇节节败退，刘秀则连连追击。快！快！再快一点！

刘秀着急，很急！他想在最短的时间内解决敌人，然后腾出手进兵中原，抢夺两京。

这种心理，使得刘秀丧失了平时的冷静，只知道穷追猛打，只想赶紧结束河北的这些乱事儿。

一天，战场之上。数千骑兵正在风驰电掣，而这个小队的首领正是刘秀。这时，刘秀身边的一名副将道："禀报大王，前方有悬崖密林，适合埋伏兵马，我们现在突进太快，已经和后方主力脱节，是不是应该稍微歇息片刻，等后方主力兵马来到以后再行追击。"

话毕，刘秀哈哈大笑，以极为不屑的口吻道："呵，群贼无一能人，个个胆小如鼠，连战连败，试问这种百败之师还有什么胆量来面对我的精锐骑兵，还有什么胆量布置伏兵？现在我最缺的就是时间，越早全灭这些贼人越早进击中原，所以不要再想那么多了，马上和我追击群贼。"

刘秀就是这些武人心中的神明，只要他说的，哪怕是往火坑里面跳，这些大兵也不会皱一下眉头。

于是，这些人跟着刘秀的步伐一溜烟地冲进了密林。

可就在众人到了密林中心的时候，随着砰的一声爆响，无数的箭矢射向众人。

此时的汉军全无防备，这突如其来的一波箭雨一下就射死了好些精锐骑兵，甚至连冲在最前面的刘秀也中了一箭。

紧接着，这些伏兵不给汉军任何反应的时机，从四面向刘秀杀来。

此时，刘秀已陷入四围之地，九死一生。看着身边的战士一个个倒下，满眼凶光的贼人像疯了一样从四面八方向自己冲杀过来，刘秀先是绝望，觉得插翅难飞。可过了一会儿，刘秀同样眼冒凶光，挥舞着首环刀朝一个方向瞎冲了过去。

因为他哥哥刘縯的灵魂在期待着他，他那些将领和士兵在期待着他，这天下的百姓也在等待着刘秀给他们一个新的汉朝、新的生活。所以，刘秀哪怕是拼着最后的一丝力气，他也绝对不能放弃生命。

也许是极度求生的意志使得刘秀超越了人类的极限，他杀着杀着竟然冲破了贼军的包围。

当时刘秀已经杀疯了，满身是伤的他认准了一个方向就拼命地逃亡。结果，没注意前方悬崖的刘秀连人带马地跌了下去……

此时，刘秀后方的主力部队正在尽自己最大的力量快速行军，可就在这时候，一名传令兵急匆匆地跑了过来，对中军诸将与吴汉道："报、报告将军，大王在前方密林中了埋伏，所带骑兵全军覆没，无一生还，大、大王现在也生死未知。"

一听这话，吴汉吓得亡魂皆冒，他迅速布置全军所有骑兵分成好几个小队以地毯式搜索模式向前探索，并下了死命令，务必在天黑之前找到刘秀，活要见人，死要见尸。

因为下令紧急，骑兵出击也非常紧急，这么大的动静全军谁没看到？所以这消息根本瞒不住，没多长时间全军都知道了。

刘秀是谁？之前也说过了，那是这些士兵心中的战神，是他们的灵魂，猛的一下听说刘秀现在生死未知，死的概率还要占九成以上，几乎所有的人都蒙了，本来士气如虹的军队士气一下子降到了冰点。

见此，吴汉大恐！要知道，现在贼军还在前方，如果这时候他们前来攻打本军，那极有可能会造成兵溃于众的危险境地。所以吴汉立即派各营将领赶紧回营，让他们安慰士兵，就说："你们都不要着急，大王哥哥的儿子现在就在南阳，大王要是真的死了我们还能有新的主人。"（王兄子现在南阳，何忧无主。）

这话说了还不如不说，这些士兵们本来也是瞎操心，毕竟将领没有表态他们还是有些怀疑的。可吴汉这么一说，那就是说刘秀绝对已经死了。还何忧无主？这还用你来说？这天下主人那么多，想投奔谁不行？关键是刘秀只有一个啊！

就在大军已经从死气沉沉开始逐渐混乱，眼看就要出现逃兵的时候，一个一身是伤的人在一匹战马上缓缓地进入了大营。

顿时之间，大营欢声雷动，无数的士兵甚至流下了激动的泪水。这人是谁啊？没错，这便是刘秀了。

话说刘秀掉下了高高的悬崖以后也许是被大树挂住给缓冲了，也许是掉进了干草堆之中，抑或是身体素质太好，反正就是没摔死。

可一身是伤，剧痛难忍，刘秀直接昏死了过去。直到吴汉派出了搜索队搜索刘秀，这福大命大的刘秀才被一个叫王丰的突骑小队长给救了回来。

刘秀回军以后，全军士气瞬时间又回归到了顶点。

次日，好好休息了一夜的刘秀断定此时的叛军已经连夜逃跑，乃带伤命令部队以疾行之速绕道北上范阳，堵住贼军的北退之路。

因为刘秀断定，这些逃亡的贼军一定会北逃范阳，然后以此为据点休整备战。

又是提前的判断预测，又是打出提前量来堵住对手的后路。结果，用兵如神的刘秀再一次算中了所有。这些贼军败兵可不就往范阳方向而逃吗？可到了范阳附近以后，他们却惊异地发现刘秀大军已经入驻此地，遂紧急变向往东逃窜。

而刘秀大军现在已经到范阳几天了，属于以逸待劳之军，所以当刘秀听说贼军诸部向东逃窜的消息以后什么都没说，直接便领兵追击了。

结果，连追带打，汉军一路节节胜利。可这些造反军就是不投降，哪怕是现在士兵只剩下几万人了也不投降，就是拼了命地抵抗，拼了命地逃亡。

一个月以后，叛军已经逃到了渔阳郡内，他们的粮食也在这个时候吃光了。于是，这些叛军沿途抢劫村落，所过之处皆狼藉一片。刘秀也因为这一群打不死的叛军而头痛欲裂。

一日，正在刘秀愁眉不展之际，强弩将军陈俊突然进来拜见，并称有计破叛军诸部，刘秀闻言大喜，赶紧将陈俊请到帐中商讨。

陈俊开门见山地道："贼军现在没有粮草，所以沿途抢劫，速度变慢，这时候应该即刻命所有骑兵奔袭至贼军之前，然后修建防御壁垒堵住贼军前行之路，并另派斥候沿途统治各个县邑，让他们坚壁清野，无论如何都不能让贼军取走半粒粮食。如此，群贼必在旦夕之间崩溃，我军可一战而定！"

"好！"

陈俊的话刚说完，刘秀便批准了他的建议，并立即命耿弇率所有骑兵绕道疾奔至贼军前方百余里处，并急速修建防御壁垒，堵住了贼军的道路。

而沿途各县邑对刘秀的命令也坚决执行。他们招募民兵，构建防御工事，拼死抵抗贼军的掠夺。

数日以后，贼军前进不得，向一旁的县邑掠夺又都遭到了激烈的抵抗，所以士气一日不如一日。到现在，饿着肚子的他们已经开始出现了逃兵。

刘秀见时机已到，即刻令全军将士发动总攻击。耿弇的突骑战斗集团也在同一时间从背后向贼军发动了攻击。

本次战役，刘秀汉军共斩贼军首级一万三千余颗，其余全部投降。

公元25年四月，经过四个月的艰苦奋斗，河北及周边的反抗势力彻底被刘秀荡平，整个河北再无后顾之忧。

那时间已经过去这么久了，邓禹那边又发生了什么事呢？我们再将时间移到四个多月以前。

2.12　河东争夺战

公元25年正月，长安的更始皇帝刘玄闻听赤眉和刘秀同时出兵攻向两京，乃分兵两路拒之。

第一路由讨难将军苏茂率领，据函谷关以防赤眉。

第二路由比阳王王匡、淮阳王张卬共同率领，死守河东以据邓禹。

我们先来看邓禹那一路。

话说邓禹两万精锐出击以后先行攻击箕关，并在狂攻十日之后拿下，得刘玄汉军辎重一千余车。

二月，邓禹经过稍微休整以后便继续向东狂攻安邑。

可安邑守军众多，士气高昂，使得邓禹采用各种办法狂攻数月也没能攻下。

邓禹急得要死，东面刘秀这时候都已经快把河北给平定了，赤眉军也是节节胜利，他这边第二关都过不去，这以后可怎么向刘秀交差？

可就在邓禹满脸阴云之际，又一个噩耗传到了邓禹的耳中。

原来刘玄见邓禹迟迟拿不下安邑门户，断定可以在此地彻底挡住刘秀汉军，于是命大将军樊参率领数万援军南渡大阳河水急救安邑。

在敌人没有援军的情况下他邓禹都拿不下安邑，那数万援军如果到了安邑以后自己能拿下才怪！弄不好都容易被安邑内外的更始军两面夹击。

基于此，邓禹急令全军南下至解，以以逸待劳之势迎战敌军。

公元25年四月的某一日，樊参大军终于渡过了大阳河，可就在众人刚刚登岸立足未稳之际，突闻一声"杀"字怒吼。紧接着，两万汉军在邓禹的指挥下如狂魔一般冲向刘玄汉军。

这些刘玄汉军刚刚下船，还处于晕晕乎乎的状态，且邓禹麾下这两万刘秀汉军都是整个汉军中最精锐的存在，所以双方只是一接触，刘玄的大军就呈溃败之势向后急速逃跑。

这些刘玄汉军一个接一个地死命往刚下来的船上逃亡，人挨着人，人挤着人，一个个往大阳河里掉，那些来不及逃到船上的前部士兵更是直接跳到了大阳河里。

结果，只短短一个上午的时间，前来援助的樊参一部便被邓禹几乎全歼，大阳河水之中遍布刘玄汉军的尸体。

消灭樊参之后，邓禹军士气大盛，邓禹乘此大胜之威继续向北攻击安邑门户，势必在短期之内将这个难啃的骨头彻底拿下。

可这安邑好像是铁造的一般，在这种情况下，邓禹狂攻数日还是没能将它啃下来。而这时候又有噩耗传来。

原来，刘玄在派樊参支援安邑之后还是不放心，便又派出使者前往王匡处，让他也带领本部兵马前往营救安邑。结果，那边樊参刚败数日，这边王匡便带领全部近五万兵马前往安邑增援了（《后汉书》说王匡带了十多万兵马，《中国历代战争史》说王匡带了最多五万兵马，此说法与我的想法契合，所以此处采纳《中国历代战争史》所说）。

本次增援，王匡行动极为隐秘，并成功躲过了邓禹派出去侦察的斥候，所以，当他的部队出现在安邑一带的时候，邓禹竟然还在率领汉军攻击安邑。

轰隆隆，伴随着无尽的进攻鼓响，安邑西方沙尘滚滚，一看就是大集团军正往安邑狂奔。刘秀的大本营在东方，而这些人是从西方来的，所以众人一看就知道不是自己人，再加上此时的邓禹一部已经攻击安邑数日，早已疲惫不堪，所以一时之间士气全无。

邓禹，沙场宿将，跟随刘秀交战无数，当然知道这种时候绝对不能再行交战。于是，他立即鸣金收兵，向后方大本营狂退。

可这该死的安邑太守却在这时候带领城中大军杀出城来，其意图不言自明，那便是拖住邓禹，等援军到场以后将其全歼。

邓禹怎么会看不出他的意图，所以急令部将樊崇（此樊崇非赤眉樊崇）率领一小部分士兵前往断后。

最终，在损失樊崇和将近千人精锐的情况下，邓禹终于在王匡主力部队到来之前将所有的士兵引入了壁垒之中。

而此时已近黄昏，王匡不想在夜间对邓禹展开攻击，乃命将士养精蓄锐，等待着次日发动总攻击。

时间：当天夜里。

地点：邓禹的中军大帐。

这时候，几乎所有的将军都围在邓禹的身旁劝他赶紧撤兵。

就在这些将军一个个全都劝邓禹撤退的时候，邓禹一声怒吼将他们全都镇住，然后以极为阴沉可怕的声音道："你们给我听好了，大王派我过来是和赤眉军争夺主动权的，没有大王的命令，哪怕只有我一个人也要一路走下去！你们不用再劝了，我邓禹是绝对不会再退的，哪怕我军得不到整备的时间，哪怕你们都跑了，只剩我一个人！"

话毕，没有一个人再敢吱声，只能等次日迎接死神。

可就在众将和疲惫的士兵都心灰意冷之际，在次日清晨突然有传令兵来报，说野外的敌军全都撤回到安邑城中了。为什么？怎么可能这样？要知道，这时候的汉军已经疲惫不堪，说他们是强弩之末也不为过了，可这么个天赐良机他们为什么不进攻，反倒撤回到城中去了？邓禹这时候也是丈二和尚摸不着头脑，可当他想了一会儿后突然眼睛一亮，然后大声问左右："今儿个什么日子？"

部下道："今儿个是……今儿个是六月癸亥（六月二十六）！"

邓禹道："哈哈哈哈哈！王匡这个蠢货！来人！"

"在！"

邓禹道："给我传令下去！今日不必设防，各营杀猪宰羊，管吃管饱，等明日和敌军决一死战！"

"是！"

与此同时，安邑城中。这时候的安邑太守正在和王匡争吵着什么。

安邑太守道："大王！您这是为何？为什么这等天赐良机你不进攻敌人反倒撤回来了？"

王匡道："呵呵，外行了吧，今日是六月癸亥，乃六甲穷日，不宜出兵，出则不利！"

话毕，安邑太守先是一愣，然后怒吼道："大王怎可如此愚昧！六甲穷日，这都是多少年前的说法了，您见谁在这一日出兵失败了？现在敌军正是疲惫之时，正是一鼓作气消灭他们的最好时机，一旦过了今日，再想将其击败就难了！还请大王三思！"

三思？三什么思？当安邑太守说出了"愚昧"这两个字以后王匡就不再搭理他，转身离去了。

于是，王匡错过了唯一能将邓禹所部消灭的绝好时机。

次日，伴随着轰隆隆的行军声，王匡率领所有的主力部队直逼邓禹军营。可当他们到达军营数里外的时候，却见军营四面营门大开，整个军营也是静悄悄的一片，一点儿动静都没有。

正所谓"事出反常必有妖"，面对此种情况，王匡最应该做的便是先派斥候打探，然后再行进攻。

王匡，不管能力如何，也算得上是征战多年，富有一定经验的将领了。可当天不知道他中的什么邪，却认定了汉军是惧战，这才连夜逃跑的。为了给追击敌人节省出时间，王匡竟下令取消斥候探查，全军进入汉军营寨休息整顿后便直追敌人，这期间有很多人都劝王匡先派斥候探查再做决定，可王匡硬是不听，这让很多人都无可奈何。

就这样，王匡所部一点一点向邓禹营寨靠近。可就在距离邓禹大寨不到一里之时，突爆一阵鼓响。紧接着，东西两门瞬间杀出了数千北方突骑直奔王匡军两翼。

邓禹的步兵也在第一时间从正门冲出直攻敌军正面。

这一切来得太过突然，王匡及所辖将兵全无准备，所以王匡所部之两翼在第一时间便被冲破，这些恐怖的北方突骑，他们在冲破敌军两翼后没有丝毫停歇，继续狂飙突进，竟然硬生生将数倍于他们却全无准备的敌军截成了三段。

一时间，敌军指挥系统失灵，全军陷入短暂的混乱之中。

而就在这一时之间便足以决定大局了。因为此时的步兵也已经杀奔过来。这些士兵知道，这一次完全就是"背水一战"，除了胜利便只有战死沙场一条路可走。

基于此，他们奋勇拼杀，一个个如同不要命的恶鬼一般可怕。

鲜血弥漫着整个战场，嘶吼声、哭泣声、求饶声此起彼伏，不到一个时辰，被截击成三段的前段士兵被全部斩杀。已经丧失了士气的中段士兵和后段士兵见此更是惊恐至极，竟然不顾将领的命令四散奔逃，有的甚至干脆投降了邓禹所部。

兵败如山倒，这时候还有什么好说的，跑吧！

于是，王匡带了还能受他指挥的所有骑兵和亲信狼狈逃窜。而邓禹呢？在收拾完残局以后直接带着所有的骑兵前往追击，势必擒杀王匡。

可遗憾的是，最后王匡、张卬等还是逃脱了邓禹的追击。不过这不妨碍本次邓禹的辉煌战果。此次战役，邓禹擒杀王匡副将刘均、河东太守杨宝以及王匡的持节中郎将弸缰。

并且在本次战役以后，河东再无任何抵抗能力，遂被邓禹全定，且得到的战利品无以计数。

邓禹这边有惊无险地渡过了难关，那么赤眉那边现在战况又是如何呢？我们来了解一下。

2.13　更始的灭亡

公元24年冬季之时，樊崇在大军向西推进之时将部队分为两部同时进击。

一路为徐宣统领，自陆浑关（今河南省嵩县境内）向西攻略；另一路则由樊崇亲自带队，兵锋直指武关。

当邓禹刚刚开始攻略安邑之时，也就是公元25年二月的时候，徐宣大军已经攻破了更始的苏茂守军。

北方战线的胜利使得樊崇直接放弃了对武关的攻略，转而带领南军向北前进，意图和徐宣北军会师以后集全部兵力攻击函谷关。

为阻止两军成功会师，更始皇帝刘玄急令丞相李松和大司马朱鲔共同攻击樊崇所部，无论如何都要阻止两军成功会师。

可结果，这两支部队完全不是野战能力极其强大之赤眉的对手，交战没多长时间便被赤眉击溃，朱鲔和李松的部队仓皇而逃，不算投降和逃散的，光战死之兵便有三万多人。

之后，赤眉南北两路大军成功会师，樊崇乃将部队分为三十营，每营一万人。也就是说，现在的赤眉军最少也有三十万人了。

重新完成编组，赤眉军现在是不是就应该直入长安，进而夺得天下了呢？不！当然不是，因为樊崇知道，光靠自己绝对无法得到天下人心，哪怕自己用强硬的手段改朝换代也会被天下人赶下去，步王莽之后尘。

所以，在进入长安之前，他必须先拥立一个具有刘氏血脉的人为傀儡皇帝，这样才能堵住天下人的嘴，等时机成熟以后再来一出"禅让"戏码不就行了吗？

所以，在重新完成军事编制以后，樊崇并没有急着向东狂飙，而是立了一个叫刘盆子的小儿为皇帝以后才继续向西进军。

刘盆子，泰山郡式县人，为西汉远支皇族，十世祖刘邦、九世祖刘肥、八世祖刘章，之后依次是刘喜、刘延、刘义、刘武、刘顺、刘宪、刘萌。

刘盆子还有两个哥哥，分别是刘恭和刘茂。

刘盆子这一脉本来还算繁荣昌盛，可王莽篡夺天下以后，打压天下刘氏宗亲，于是刘盆子这一脉便开始没落了，直到刘盆子的时候，都已经沦落到放牛为生的地步。

公元23年，樊崇开始有了其他的企图，这便在路过式县的时候将拥有刘氏血脉的刘盆子三兄弟全抓到了军中。

刘盆子三兄弟中，论真本事还属刘恭，他从小便学习《尚书》，在大老粗聚集的赤眉军中绝对是文化人。

至于刘茂和刘盆子则没有半点儿能耐，文不能读书识字，武没有缚鸡之力，甚至连个合格的士兵都当不了，所以只能让这哥俩在军中放牛了。

本来，樊崇还想等以后有实力了立刘恭为皇帝，可计划赶不上变化快。昆阳之战以后汉军声势如日中天，刘玄更是利用这个有利的时机斩杀了刘縯，消灭了王莽，所以当时的天下只认刘玄一个汉皇，樊崇不但没有机会立刘恭为皇，反还要去投诚刘玄。

因为刘恭精通《尚书》，再加上那时候更始皇朝刚刚成立，手底下没有多少拿得出手的文化人，所以刘恭就被更始皇帝留在了长安做文职，转而对樊崇一行人则不理不睬。

结果，刘玄的短目嚣张令樊崇大为光火，乃叛刘玄反之。

直到公元25年，伴随着更始王朝的政治昏庸，赤眉军团的连战连胜使樊崇意识到，重新立皇帝的时机到了。

可不管是刘茂还是刘盆子都是窝囊废，到底立他们两个谁呢？

为了这件事，一众人想破脑袋都想不出个所以然来，最后干脆用最简单的办法——抓阄来决定皇帝人选。

最后，刘盆子抓到了写有帝字的纸条，这事儿就算这么定了。

刘盆子，不但没有能力，还没有半点儿野心，他最大的愿望就是老老实实放牛，安然度过这一辈子，所以当他成为皇帝以后每天都心惊胆战，见到大臣们叩拜都躲躲闪闪，所以樊崇代刘盆子履行职责，封赏百官。

至此，樊崇再无顾忌，乃令部队向西狂飙突进，连战连捷，而当赤眉军到达华阴之时，长安城内却乱成了一锅粥。

怎么回事呢？原来，当赤眉大军到达华阴之时，张卬等一众在长安城内有头有脸的大佬见大势已去，便想撤退回南阳，收了宛王刘赐和邓王王常的军队再图恢复，哪怕最后实在不行再做回强盗也没有什么不可以的。

此举得到了绝大多数人的赞同，毕竟之前多线溃败已经让更始王朝再无抵抗外敌之力。

可更始刘玄呢？之前我们也说过了，这个人虽然没有什么能力，甚至非常昏庸，但为人却是相当有骨气的。让他对匈奴俯首称臣他不会去干，让他不经过战斗便投降敌人他更是不会去干！所以，刘玄当即制止了他们的提议。非但如此，他还命令王匡、陈牧、成丹、赵萌等一众将军即刻带领长安城内所有的部队前往新丰（今陕西省西安市临潼区东北）阻挡赤眉军。

刘玄的一意孤行让张卬等人大为光火。于是，张卬、申屠建以及御史大夫隗嚣合谋，意图强将更始刘玄掠走，再实行之前的计划。

（注：隗嚣在夺得大西北以后没多久，更始皇帝也消灭了王莽，前途一片光明。消灭王莽以后，更始皇帝不可能留着隗嚣这个心腹大患在西北，便命令隗嚣、隗崔、隗义等西北主事人马上前来长安报到。当时所有人都不愿意让隗

嚣前往长安，说到了长安以后祸福难测。可当时的隗嚣认定刘玄以后一定会夺得天下，便没有和众人商议，直接来了个不辞而别。隗崔和隗义等人总不能看着隗嚣一个人前往长安，便无奈紧追他来到了长安。结果到长安以后，隗嚣便将事情的经过偷偷汇报给了更始刘玄，刘玄喜欢隗嚣的识时务，便封其为右将军。至于隗崔、隗义等人，不处罚就不错了，所以对他们没有半点儿赏赐。而对于为什么没有给自己赏赐，隗崔和隗义全然不知，还以为是更始皇帝不看重他们。于是，二人对刘玄的恨意一天比一天重。终于，在某一天，隗崔和隗义将隗嚣召唤到一间黑漆漆的小屋，并建议隗嚣几日以后和他们一起逃回西北，反了更始皇朝。隗嚣当时答应了二人的请求，可第二天便偷偷将这件事汇报给了刘玄。为什么要这样做呢？第一，隗嚣怕二人牵连他，阻挡了他的升迁之路。第二，这二人是除了自己在西北最有话语权的人物，如果能在此时机将二人弄死，那么哪怕是以后回到西北，自己也能真正地做到一家独大。最后，隗嚣成功了，当更始刘玄听了隗嚣的密报以后气得七窍生烟，当即让人将隗崔和隗义二人擒杀。并在擒杀二人以后封了隗嚣为御史大夫，以褒奖隗嚣之忠心。这就是隗嚣之前的升迁之路，我们再书归正传。）

可不知怎么回事儿，此事还没等实施便传到了刘玄的耳朵里。一听这群人要强掳自己，刘玄累积了数年的怨气一股脑地暴发出来，他再没整什么没用的，而是直接命张卬、申屠建和隗嚣前往宫中面见，意图擒而杀之。

张卬和申屠建根本没想到消息已经泄露，便前往宫中面见。只有隗嚣敏锐地感觉到了事情有些不对，便没去未央宫，而是称病在家。

当天，申屠建先张卬等人一步进入了未央宫，可当张卬等人到了未央宫外围之时，却发现在场每一个士兵的表情都充满了杀气，乃怀疑事情有变，便想出宫而回。

可门口士兵突然拦住了张卬，不让其撤离。此举使张卬更加断定事情已经泄露，便抽出宝剑杀死了侍卫，率领一众心腹夺路而走。

事情已经到了这种地步，刘玄也没有必要再装下去了。于是，他斩杀了申屠建以后立即命执金吾邓晔率全部士兵先行杀掉隗嚣，然后再灭了张卬等人。

隗嚣，这个谨慎至极的狐狸早就感觉到事情的反常，所以早在张卬等人进宫之前便已经谋定了退路。所以那边听说邓晔军队一来便急速撤离了长安，返回了西北大本营，并用原来的旧部重夺西北全境，从此以西州将军而自立。

再看长安，邓晔的部队扑了个空，转而奔向张卬府邸，意图擒杀之。

可更始小看了张卬，高看了自己。

原来，自从张卬进入长安以后便暗里收买死士，扩充自己的军事力量，之前赵萌、王匡等人的部队都在长安他不敢动。可是如今，这些人全都在新丰杵着，他还怕什么？所以直接动用了全部的力量反击。

邓晔手上那点儿士兵根本就不是张卬的对手，所以只交手没多一会儿便被消灭了。张卬则乘势向未央宫展开了进攻。

刘玄见如今长安的兵力根本就治不了张卬，乃率百余亲信突围出长安，前往新丰赵萌军营去了。

现在的刘玄又愤怒又多疑，此时的他除了赵萌谁都信不过，甚至王匡、成丹和陈牧都开始怀疑上了。那既然已经怀疑了怎么办？不行，绝对不能再留着他们。

已经处于半疯的刘玄决定一不做二不休，彻底将这些"反贼"全部斩杀，然后再带领主力部队重新夺回长安。

于是，刘玄派遣使者，命王匡、成丹和陈牧速来赵萌军中报到，意图斩杀三人且夺兵权。

当天，成丹和陈牧来得要比王匡更早。按说，刘玄是无论如何都要等王匡来了以后再行斩杀行动的。可史书没记载当时发生了什么，有可能长安的故事再次重演了吧，反正刘玄没等王匡到来便火急火燎地将成丹和陈牧全都杀了。

那边正在往赵萌军营中移动的王匡也不知道通过什么渠道得知两个同僚被杀了。反正当他听到这个消息以后便急急忙忙返回军中，并好像早有准备一般将所有部队全都带回长安投奔张卬了。

刘玄，这个登上了帝位还不到三年的小昏君彻底疯了，赤眉算个什么东西？邓禹又算个什么东西？不杀了你们这些反贼我誓不罢休！

于是，已经陷入疯狂的刘玄直接带着所有部队杀往长安，用不要命的方式狂攻这个天下第一坚城。

而这时长安城内的士兵都知道他们的统帅是带着他们来反抗大汉皇帝的，所以一个个士气非常低落，再加上长安城内的士兵也没有刘玄御驾亲征所带的士兵多，所以长安没多长时间就被更始刘玄攻陷了。

就这样，赤眉在全无阻力的情况下已经开到了高陵一带（今陕西省西安市高陵区），南临长安。

见此，张卬和王匡知道，哪怕是成功守住了刘玄的攻击结果也是一样，于是赶紧突围而走，前往高陵投奔樊崇去了。

而刘玄这个"硬汉"则没有投降，他进入长安以后立即布防，并登上城头准备亲自带领士兵守城作战，因为刘玄相信，只要成功熬过了这一关，他就会成为真正的皇帝，成为真正的万民之尊。

可历史，哪来那么多如果。

首先，两军士兵的单兵作战能力就不在一个等级上。

现在天下精兵中论野战凶狠程度，哪怕是刘秀的精锐步兵都不是赤眉军的对手。

其次，赤眉军连战连捷，士气如旭日东升，可再观长安的刘玄汉军呢？一个个东奔西跑，来回打自己人，现在已经累得如同霜打的茄子，还拿什么和赤眉军斗？

最后，也是最关键实惠的，兵力！现在赤眉军有多少兵力？三十多万！更始刘玄呢？鼎盛的时候应该不比赤眉少，可在之前对邓禹和赤眉便损失了十多万兵马，最近又因为内斗损失了许多，现在还能剩下多少？估计最多不会超过十万！就拿这十万士气低落之军硬拼三十多万虎狼，怎么拼？

结果，不出意料地，长安城没几天的工夫就被攻破了，刘玄和仅有的几个亲信混在百姓中成功逃脱，刘玄手下的文武百官和士兵则全部投降，只有刘玄的丞相曹竟拒绝投降，结果被赤眉士兵所杀。

话说刘玄逃走之后仓皇如丧家之犬，比当初之刘秀亦有过之而无不及，所以心灰意冷，便生出了投降之念。

可就在这时，从长安方向传来了刘盆子的诏令，那就是限刘玄在二十天之内立即回长安报到，只要在二十天之内回来，便封他为长沙王，一旦过了这二十天，擒之必杀！

刘玄这人虽然没什么大能耐，但有两点却是相当突出的。

第一，这人有骨气，面对外敌的时候不尿，起码不会出卖国家而换取个人利益。

第二，这人讲信用，只要答应别人的事情很少会反悔。而赤眉军那些领袖也都是叱咤风云多年的人物，所以刘玄天真地认为这些人也和自己一样，比较重视名声，是不会干那些言而无信的事的。于是，刘玄抱着从此以后做一个"富家王"安享余生的念头前往长安投奔了刘盆子。

那天，承明殿中，刘玄光着膀子跪到了刘盆子面前，向他献上了玉玺和绶带。可就在这时，樊崇一伙人直接冲上前来，拽着刘玄的衣服和头发就往外拖，就要将刘玄拖到殿外弄死。

这突然的一幕将刘玄弄蒙了，他哆哆嗦嗦连求饶的声音都发不出来，吓得失禁。

这时候，之前被刘玄重用的刘恭冲了出来，当众向弟弟刘盆子为刘玄说情，并阐明这样做对自己的名声会有什么样的坏处。

可此时的刘盆子已经被吓蒙了，那哆哆嗦嗦的德行和刘玄也差不了多少了。

刘恭一看还不知道怎么回事儿吗？于是他发疯似的冲到了樊崇等人面前，哐当一下给刘玄跪了下去，然后抽出宝剑顶在自己的脖子上，双眼血红地道："陛下，微臣已经尽力了，但依然救不了你，那就让我先你一步而死！这样黄泉路上你也不……"

没等刘恭说完，樊崇赶紧冲上前来将刘恭的宝剑夺走，然后向刘恭百般保证，说自己以后再也不会对刘玄下手了。

那樊崇为什么要这么激动呢？很简单，刘玄之所以这么轻易就被赤眉军杀入长安，主要原因就是刘玄这个"一把手"与手下的人不和所致。

如今，自己刚刚立了刘盆子就间接弄死了他的大哥，那刘玄、王匡、张卬等辈不就是自己以后的投影吗？所以，樊崇赶紧制止了刘恭，并取消了斩杀刘玄的行动。

刘玄也有惊无险地成为长沙王。那以后等待着他的是不是就是富裕的生活了呢？

很遗憾，不是。

三个月以后，也就是公元25年的十二月，因为赤眉军的暴虐，他们在关中越来越不得人心，所以很多老百姓都想要将刘玄解救出来重新立他为统治者，赤眉军听说了这个消息以后非常惧怕，便将其勒死了。

更始皇朝，从此消失在历史的长河之中。

2.14　荣登光武，光耀中原

好了，说完了邓禹、樊崇和刘玄，那刘秀大王现在在做什么呢？哦不，现在已经不能叫刘秀大王了，应该称呼他为陛下，或者光武帝才对，因为这时候的刘秀早就称帝了。让我们再将时间拖回公元25年的正月。

那时候，刘秀刚刚出兵前往平定河北没多久，寇恂自从奉命坚守河内以后，几乎每日命属下积极讲武练兵，充实军备，养马造箭，整税以充军粮，忙得不亦乐乎。

而冯异则据守孟津，统二郡之兵于河上，以正面抗拒洛阳之兵，防止刘秀在扫荡河北的时候后方被洛阳汉军偷袭。

而此时并州的鲍永虽然在名义上是更始刘玄的手下，可对刘秀没有半点儿敌意，故上党地区（今山西省晋城市以北）虽属鲍永，但寇恂和冯异却没感受到半点儿压力和危险。

至于洛阳方面，此时由舞阴王李轶、廪丘王田立、大司马朱鲔、白虎公陈侨及河南太守武勃等人共同把守。（注：《后汉书》《资治通鉴》等史料都说当时的洛阳号称有兵众三十余万，可《中国历代战争史》通过多方面分析得出的结论是，自从洛阳救助刘玄攻击赤眉失败以后，他们军队绝对不会超过七万之数。我觉得甚有道理，所以此处从《中国历代战争史》。）

话说刘秀出兵扫荡河北是逐渐向东北扫荡的，所以西北方面没有怎么顾忌。冯异知道，这时候的刘秀不仅是在和河北诸贼战斗，也是在和时间赛跑，越早全定河北，局势就越对刘秀有利。

那怎么样才能帮助刘秀尽快地平定河北呢？很简单，那就是在刘秀平定东北和正北诸贼的时候，他把西北的贼军也全部扫平！

可自己的正下方有洛阳将近十万大军顶着，怎么样才能做到自己北征的时候不让洛阳军队在背后捅自己一刀呢？

聪明的大树将军总是有办法的。

冯异知道，当初刘秀刚刚起义的时候李轶是一直跟随他的，最后因为利益这个最根本的问题才"不得不"背叛刘秀转而投奔更始刘玄。而这种人只要你有实力，便很容易将其再次拉入到自己的阵营中。

如今，刘秀在河北如日中天，邓禹和赤眉也争相向中原进发，再加上更始不得民心，所以其灭亡之日已不远矣。

这种时候，如果拉拢李轶，相信这个小人一定会在第一时间投到刘秀的怀抱。

于是，冯异秘密派遣使者致信李轶："明镜是用来照耀当下的，过去是用来警示今天的，不才冯异今日就和大王您谈谈过去和今日。古时微子离开纣王去投奔武王，项伯背叛霸王而归顺高祖，周勃废黜少帝而拥立文帝，霍光尊崇宣帝而罢黜昌邑，他们都是畏惧天命，看到了存亡的征兆，所以才让自己的功绩光耀千秋万代。说白了，就是他们懂得迎合时势。如果更始还有那么大的势力我绝对不会给您写这封信，可现在更始是什么情况？不管是我军的邓禹部还是赤眉军，他们都连战连捷，大军已逼近长安，更始还政令昏庸不得民心，致使人心思变，这样的势力您还要继续跟随吗？而我们萧王则不同，他声振寰宇，贤名天下，身边英雄云集，百姓望风归顺，相信哪怕是当初的古公亶父也没有得到如此的支持吧？所以，我希望您能够认清大势，成雪中送炭之举，不然等萧王成功平定河北以后，等待着您的就不是亲近的文书，而是凶猛的刀兵了。"

说实话，最近这一段时间李轶可是后悔死了，他是最早和刘秀起兵的亲密伙伴，可最后利欲熏心，硬是在刘玄最得势的时候投靠了刘玄，还帮助刘玄除掉了刘縯。如果当初自己没有那么利欲熏心的话，现在在刘秀身边最火的人除了自己还能是谁？

李轶这个后悔，几乎每天都要抽自己两巴掌，他还不知道现在刘秀是最有希望夺得天下的人吗？他不想投奔刘秀吗？想，当然想，可他不敢啊，他怕前脚投奔了刘秀，后脚就被刘秀给剁成肉酱。

可如今机会来了，冯异是谁？那可是刘秀手下最得宠的几大将军之一，现在有他推荐和作保，再凭借刘秀博大的胸怀，相信自己以后的出路绝对差不了。于是，他赶紧回信冯异："我本来就是最早和萧王合谋重建汉朝之人，所以本身对萧王没有半点儿抵触，你的意见我完全可以接受。现在我守洛阳，你守孟津，全都据于战略要地。这是千载难逢的良机，请转达萧王，我李轶甘愿为了他充当马前卒，宁死不悔。"

李轶这信写得动情，写得"真心"，可他猜错了刘秀所谓的"心胸"。

没错，刘秀这人心胸是很宽广的，那也要分跟谁，跟一个曾经背叛过他的人，刘秀就一个字：杀！可这是后话，我们一会儿再说。

那李轶自从回复了冯异以后果然再没有同冯异交兵，黄河渡口的兵力也相对应地减少了很多。

所以，冯异立即带领二郡兵马向北进击，这一路势如破竹，没有任何一个人能阻挡冯异的步伐，没过多长时间便夺取了天井关、上党以及成皋以东的十三个县，前后收服降军十余万人。

而这期间李轶没有任何救援和骚扰。此举令河南太守武勃大为不满，他当即质问李轶为什么不在冯异出击之时趁机进攻孟津。李轶顾左右而言他，扯东扯西，就是不往正事儿上说。

武勃是个实惠人，他也没时间和李轶磨叽了，直接就问："我现在就带所属士兵前往救援，我就问你一句话，你到底和不和我一起去？"

李轶："兄弟你先去，我这边整军备战，保准追上你合攻冯异。"

就这样，武勃带着一万来人前往攻击冯异了。结果刚到士乡就被已经提前得到消息的冯异大军伏击。

此战，武勃被当场斩杀，所带士兵死的死降的降，逃回洛阳只十之二三而已，而这期间，李轶没有动一兵一卒。

这段时间冯异在中原一带闹得鸡飞狗跳，消息很快传到了刘秀的耳朵里，刘秀虽然对冯异的战绩非常满意，但同时也表示很奇怪，这冯异怎么敢在自己没有批准的情况下便擅离职守地攻击其他地方呢？难道他就不怕洛阳的李轶在他攻击别人的时候往他背后捅上一刀吗？毕竟李轶最喜欢干的就是这种事情。

于是，刘秀直接派遣使者前往冯异处对其进行"质问"。

冯异为什么没有将自己的计划提前告诉刘秀？那是他知道，刘秀虽然是一个心胸博大的君王，但他最痛恨的就是曾经背叛过自己的叛徒，这种人在刘秀这里是绝对得不到一亩三分地的，所以他没敢将这件事告诉刘秀，就怕刘秀会坏事。

可现在自己的战略目的已经达成，哪怕刘秀坏事也没有关系了，所以将事情的经过一五一十地全都汇报给了刘秀。

而事实果然如冯异所料，当刘秀知道了事情的经过以后一边写信警告冯异："李轶这人诡诈多变，一般人根本就猜不透他的想法，所以不管怎样你都要对此人有所防范。"一边将李轶和冯异之间的信件交给了朱鲔，意图借刀杀人。

那朱鲔接到了刘秀的信件以后，再联想之前李轶的种种反常举动，便断定李轶是真的背叛他了，于是直接命人刺杀了李轶及其党羽。

自此，洛阳人心浮动乖离，战斗力大大降低。

冯异听说这件事以后也只能摇头苦笑。

斩杀了李轶之后，大概是为了弥补之前的战略损失，朱鲔命讨难将军苏茂、将军贾强率三万士兵，每人分散行军，且手持两面旗帜装作六七万大军的样子，经巩县渡黄河向东攻击温县。自己则亲率精锐大军从河阳暗渡黄河，企图一举拿下孟津这个重要据点。

这是什么教科书式的声东击西！可朱鲔这点儿伎俩在大树将军面前完全不好使。

冯异认为，孟津距离洛阳最近，战略地位要比温县更加重要（温县也很重要），洛阳方面要攻击自己的话一定是先攻击孟津，怎么可能舍近求远地去用全军之力攻击温县呢？难道他就不怕自己攻击温县的时候洛阳被袭击吗？

于是，冯异断定，本次朱鲔根本就不是什么攻击行动，而是一次声东击西的袭击行动！

于是，冯异迅速布置，他先是命校尉护军率五万降卒救温县，然后亲自率领所有精锐养精蓄锐，准备对付朱鲔。

这还不算，冯异还在布置的同时写信给寇恂（有大鱼，速来），让他赶紧派遣北方突骑前来建功。

对于冯异的战场判断能力，寇恂是拜服的，所以他没犹豫便急发所属突骑前往支援。

我们先来看东战线。

因为这次东战线的苏茂军完全是为了牵制冯异而制造的假象，所以虽然有众三万，但都不是什么精锐的正规军，而是用来充门面的。

至于冯异派过来的五万人虽然也不是什么精锐，但人数占据优势，所以交战没多长时间苏茂军便被击败，结果苏茂仓皇而逃，贾强更是被斩于阵中。

再看北面战线，当苏茂所部出兵数日之后，朱鲔感觉时机差不多了，便携所有精锐偷渡黄河向孟津方面发动了突然袭击。

可就在朱鲔所部刚刚到达平阴之时（还没到孟津），就听数声鼓响，紧接着烟尘弥漫，杀声震天，一群凶神恶煞，由数千北方突骑组成的部队正以奔雷一般的兵势朝他们的侧翼猛扑过来。

正面硬抗，侧翼突击，这是刘秀精锐军团最擅长的攻击战术，没有精锐的北方突骑是绝对无法完成的。这时候如果还不知道自己中计了朱鲔就枉称更始皇朝智将了。

朱鲔反应还算快，他当即命令一部士兵断后，自己则率领其他士兵向后疯狂逃跑，能逃几个算几个。

他快，可这些北方突骑更加迅捷，他们根本就不给朱鲔军队列阵的机会，瞬息之间便杀到了面前，紧接着便是一顿猛砍狂杀，只杀得朱鲔殿后军血雾弥漫、残肢漫天。

而这时候，冯异的正面部队也冲了上来，配合寇恂的突击军队很快便将这些可怜的殿后军全部包围。

就这样，这些可怜的殿后军没有一人逃亡，顿时就成了冯、寇联军的刀下亡魂。

不过这还没完，远远没有完结。

杀掉了这些殿后部队以后，冯寇联军继续追击，不杀掉朱鲔誓不罢休！结果一方追，一方逃，不断有朱鲔的殿后军冒死阻挡，可最后全部战死沙场。从平阴到洛阳这一路，到处都可以看到朱鲔士兵的尸体，怎一个惨字了得。

这一次追击，冯寇联军整整从平阴追击到了洛阳城下。

哐当！随着洛阳诸城门紧紧关闭，朱鲔终于是九死一生地逃回了城中。

朱鲔从来没有这么狼狈过，他满身是土，整个人蓬头垢面、气喘吁吁，可还没喝一口水，稍微缓过来一点儿的朱鲔便如疯似癫地吼道："快！快给我上城墙，一定要顶住他们的攻势。"

攻势？冯寇联军并没有继续对洛阳发起攻击，而是带领军队嚣张地绕洛阳走了三圈，然后留下一句狠话（没多久会再回来拜访，你们好好等着），便笑着离去了。

从此以后，洛阳方面再也没有兵力主动出击去攻击任何人了。

而此时，刘秀也已经彻底完成了对河北的扫荡，再无后顾之忧，数十万大军正向洛阳方面挺进。

而就在刘秀大军到达鄗县的时候，寇恂和冯异也率军前来拜见了。他们向刘秀说明了本次辉煌的胜利以后全军欢呼，南阳人马武更是借着这股欢快劲儿和刘秀道："大王！之前众人都劝您称帝，您却总是谦恭推让，如今您在河北已经彻底站稳脚跟，洛阳也如囊中之物，刘玄也已经要完蛋了，我们这么大的势力却没有一个合法的名号，试问汉室社稷怎么办？我们还要继续当贼吗？"

之前已经有两拨人劝刘秀称帝了，可一是那时候自己还没有完全平定河北；二是刘玄那时候还没有被赤眉逼迫到如此地步；三是当时除了刘玄之外还没有什么人称帝，所以刘秀一直都没有答应。

可如今，西南的公孙述已经称帝，赤眉的刘盆子已经称帝，最重要的是刘玄也已经快不行了，明眼人一看他就要完蛋。所以刘秀的那点儿小心思也开始活泛起来了。

可大概是想学习当初的汉文帝吧，刘秀虽然有所心动，但依然没有答应马武的请求，不等所有人"逼迫"他成为皇帝他是绝对不会干的。

果然，当马武退下以后耿纯又走出来和刘秀道："大王，普天之下的官吏、将士，他们背井离乡，舍弃亲属跟随您南征北战是为了什么？还不是为了成就您，成就自己的志向，成就自己的富贵。可现在都已经到了这种地步您还是不肯称帝，难道您就不怕众人对您失望吗？难道您认为失去这些人的人心后还能再将他们凝聚在一起吗？"

话毕，刘秀沉思了，并对众人说："嗯，还是让我先考虑一下吧。"

见刘秀的拒绝态度终于没有以往那么坚决了，冯异出手了。

只见他三步并作两步蹿到刘秀近前，郑重其事地道："大王！就末将所知，更始皇朝必败无疑！现在万众归心，正是成就帝业的绝佳时机，错过如此时机，再寻良机可就不是那么容易了！并且这也是天赐陛下之时，此时不取，更待何时！"

说到天赐，刘秀双目一亮："噢？何为天赐？"

冯异没有正面回答刘秀的问题，而是直接站到一旁，对众人吼道："宣儒生彊华！"

话毕，一个儒生双手捧着一个大箱子慢慢走了进来，对着刘秀便行下跪之礼，道："小民彊华，叩见陛下！"

一见来人是彊华，刘秀直接蒙了，他大跨步上前将彊华扶起，并一边扶一边说："彊华，你这是何意，我们是老同学，不必行此大……"

没等刘秀说完，硬跪着不起来的彊华瞪圆双目，手捧木箱对刘秀道："陛下！此《赤伏符》是我在梦中所得，他预示着何人将得到天下，天下在他的统治下又将是一片什么样的前景，还请陛下亲自过目！如果陛下还要继续违抗天意的话，小民就是跪死在这也坚决不起！"

图谶！这就是传说中的图谶！刘秀这一辈子不信鬼怪不信仙，就信这个所谓的图谶。所以当他听彊华说这箱子便是传说中的图谶之时，便小心翼翼将此木箱拿在手中打开观看。

只见此图谶中央正是一条象征着汉朝繁荣昌盛的巨龙，下面的字则写道："刘秀发兵捕不道，四夷云集龙斗野，四七之际火为主。"

这明显就是要让刘秀做皇帝啊！

行了，这回不但所有的手下都想让刘秀做皇帝，甚至连老天都看不下去了，那还有什么说的，登基！

公元25年六月二十二日，刘秀正式在鄗县登基为汉帝，改年号建武，大赦天下。这便是东汉皇朝的开国皇帝——光武帝刘秀！

继位之后要干什么呢？当然是重赏功臣了，可是在这之前，刘秀有更重要的事要做，那便是定一个国都，而这个国都刘秀早就心有所属，不是别的地方，便是这天下的正中心，从古至今都是天下陪都的洛阳了！

于是，在本年七月，刘秀带数十万大军逼向洛阳，他命建威大将军耿弇率数万精锐屯兵于五社津（巩县渡口），以防荥阳之刘永，保护汉军侧翼；命大司马吴汉率十余万大军四面围困洛阳，日日修建攻城器械，做好随时进攻洛阳的准备。

至于刘秀自己，则率领主力兵团坐镇河阳（孟县西三十五里），总统全局。

公元25年七月末，吴汉开始对洛阳发动总攻，连战连胜的汉军如不要命的丧尸一般从四面向洛阳疯狂进攻，可这摇摇欲坠的洛阳硬是在朱鲔的坚守下抗住了汉军一波又一波的攻势。

一天，两天，五天……一个月。

时间很快到了九月，此时的刘秀再也坐不住了。洛阳，他必须拿得快速！拿得漂亮！因为这是他要立为都城的地方，如果洛阳无法快速漂亮地拿下，结果恐怕会给大局造成一定的不确定性。所以，刘秀着急，很着急。

朱鲔是什么人？那是刘秀恨之入骨的人。当初，刘縯的死有他的影子，自己去河北的事情也因为他差点儿泡汤。所以，刘秀原本的意图是想攻破洛阳以后将朱鲔千刀万剐的，可现在的局势使刘秀不得不改变当初的计划。

于是，在这个月的某一天，刘秀召来了廷尉岑彭，并对其道："你原来当过朱鲔的校尉，我想让你招降他，不知道你有多大的把握。"

岑彭对刘秀拜了一拜，然后道："我有多大的把握主要是看陛下你了。"

刘秀道："这话怎么说？"

岑彭道："如果陛下一定要杀了朱鲔，那我没有半分把握。如果陛下只是饶朱鲔一命，那么我有三分把握。如果陛下答应朱鲔投降之后永享富贵，那我有十分把握！"

刘秀道："做大事之人，怎么可能为了点儿私人恩怨而放弃大局呢？你放心，我可以黄河立誓，只要他朱鲔能够向我投降，我保管他高官厚禄，富贵一生。"

话毕，岑彭对刘秀深深一拜，转身便带数人往洛阳去了。

次日，岑彭站在洛阳城墙下对上面的朱鲔吼道："大人，现在局势已经很明显了，更始皇朝是绝对不会再有半分希望了，我们陛下千古贤君谁人不知，良禽择木而栖，大人何不投降我们陛下？"

朱鲔道："君然说的我都懂！可之前我阴谋杀了刘縯！又意图阻止汉皇北巡！这之后一直都冲在抵抗汉皇的最前线上！如此深仇大恨，汉皇怎么可能会原谅我？"

岑彭道："大人放心，我们陛下已经以黄河立誓，只要您愿意投降，不但这一辈子有官有爵，您的手下也统统有赏！"

话毕，洛阳城上好一阵沉默，大概半炷香的时间以后，半信半疑的朱鲔这才回声道："如果你说的都是真的话，那你敢爬上来和我单说吗？"

话毕，朱鲔给了手下一个手势，手下立即向城下扔了一条绳子。岑彭根本没犹豫，拽着绳子就要往上爬。

一看岑彭这态度，朱鲔顿时相信了大半，他赶紧吼道："不要爬了，不要爬了，我相信你，君然你等着，我这就下去与你拜见陛下！"

话毕，朱鲔郑重将兵符交到了自己副将手中，并对其道："如果我没有活着回来，哪怕是顽抗到底，也一定不要向汉军投降，那样还有一线生机！切记切记！"

副将道："是！"

就这样，朱鲔将自己五花大绑，然后和岑彭共同来到河阳向刘秀谢罪。

刘秀见朱鲔如此模样，竟亲自跑上前去为其松绑，并语重心长地道："长舒何故如此，当初各为其主，较不得真儿，如今都是一家人，岂能为此如此糟蹋自己？快快请起！"

这之后刘秀亲自招待朱鲔，主仆二人相谈甚欢。

至此，朱鲔终是对刘秀放下了戒心，连夜便跑回了洛阳，并将四门大开，迎汉军入关。

洛阳，这个两京中的东京，终于被刘秀顺利拿下。

这之后，刘秀立即向天下宣布建都洛阳，并大封官爵，诸将皆得良田美县，以为封邑。

于是，"光武封事。乃差量功次轻重，国土远近，地势丰薄，不相逾越，莫不厌服"。

由于光武帝此项措施之得当，处封之公允，遂使诸将对光武帝更加拥戴，诸将之间也更加团结。此于光武帝以后开展基业，平定群雄，具有极大的促进作用。

现在，不管是光武帝还是赤眉樊崇都是顺风顺水，那么许久未提的邓禹所部进展又是如何呢？我们来看一看吧。

第三章

横扫天下

3.1 我不想当皇帝

公元25年七月，也就是赤眉军进至华阴，张卬等在长安阴谋劫持刘玄，光武帝开始对洛阳发动总攻之时，邓禹也率领所部兵马自汾阴（今山西省荣河镇北）入夏阳（今陕西省渭南市合阳县东），欲进窥长安。

时更始王朝之中郎将左辅都尉正驻军于此地附近，见邓禹正逐渐逼近长安，便率所有部队前往迎击。结果，此人所部被邓禹在野全歼，不但收降卒数万，还更加壮大了自己的声势。

周围郡县的更始士兵见此全部投降，甚至连各个县邑的青壮年也来参加邓禹的部队，使邓禹的部队竟然在短时间内蹿升至数十万人（号百万）！

而此时的赤眉军已经抵达高陵，樊崇怕邓禹和他们抢夺长安，便分十余万士兵堵住邓禹的前进之路，另一路则猛攻长安。

有的人大概会笑话樊崇："用十余万人堵数十万人，呵呵，樊崇是不是太异想天开了。"

是这样吗？从外表上看确实是这样，但实际上真的不是。

因为就在这时候，邓禹军营之内也发生了同样的争吵，而邓禹只是几句话就将他们全都说服了。

当时，几乎所有的武将都劝邓禹对赤眉发动总攻击，必须要先赤眉一步拿下长安。可邓禹始终眉头紧皱，一直没有答应这些将领的请求。

终于，在一众将领百般催促下，邓禹才说出了他心中的决定："各位，少安毋躁，今吾军虽众，可真正能战之士到底有多少你们应该清楚！那赤眉军从上到下无不是历经大小战斗无数的精锐之士。我可以很负责任地说，说到现今天下步兵作战之勇猛，没有一支军队是他们的对手。而现今的赤眉连战连捷，士气上更是无人能出其右，这时候和他们决战，别说我手上没有一百万军队，哪怕是有，也不顶他们十多万人祸害的。所以，我决定不和他们在这时候开战。"

众将道："那就眼睁睁地看着长安被这些贼人拿下？我们就杵在原地一动不动？"

邓禹微笑道："当然不是，你们都说了，这些人只不过是一群贼人而已，既为贼，便无终日之计，他们现在财物虽多，但能经得住他们耗多长时间？等现在的粮食被耗没了，他们就会去抢，进而在长安失尽民心！我可以断定，用不了多长时间，这些人便会自己撤出长安，我们只管趁此时机扩大地盘就好。"

众人道："地盘？什么地盘？"

邓禹道："在我们上方有上郡、北地、安定三郡！此三地土广人稀，马畜繁多，正是就粮养士的绝佳场所，我们可分兵三路同时攻略三地，然后等待时机，只要长安一有破绽，便可以雷霆之势夺取！"

话毕，众人陷入了久久的沉默，不多时，都赞同了邓禹的观点。

就这样，邓禹大军放弃了对长安的攻略，改分兵三路共同攻击北方三郡，并在十二月之前全部拿下，从此在三郡养精蓄锐，以待时机。

那么邓禹猜对了吗？答案是猜对了，可让邓禹万万没有想到的是，赤眉军要比邓禹想象得更加不堪。

话说赤眉自入三辅以来便开始沿途劫掠，使得百姓对他们百般愤恨。等进入长安以后这些人也本性难移，依然隔三岔五地抢劫老百姓的财物，使得长安的百姓甚至都开始想念起刘玄、王莽来了。

这还不算，这些人自己还相互斗殴。

公元25年十二月年尾，赤眉军高层在长安举行了一次大型宴会，一开始气氛还算融洽，可酒过三巡以后，这些人都喝高了，不知谁突然冒出一句骂人的话。

然后就听啪的一声，一名"赤眉文官"拿起手中的器皿就拍在一旁武官的脑袋上。

这武官当时就怒了，抢起拳头便揍了回去。

于是，这二人扭打在一起，越打越狠，周围这些人不知道是不是被二人弄得手痒痒，竟然也开始相互殴打起来。不一会儿，门外的那些赤眉士兵寻着打斗声也全都闯进了皇宫之中。

看着这些"大哥"都互殴，他们有的上去帮忙，有的直接冲到了桌子上狼吞虎咽起来。

这局面，比当初刘邦刚当皇帝的时候也是"强"过数倍了。

至于所谓的皇帝刘盆子则在皇位上瑟瑟发抖，一声都不敢吭。

直到几个时辰以后，这些互殴得鼻青脸肿的"朝廷大员"们打够了，扔下狠话走人了，刘盆子才敢从皇位上下来，进而回到自己的寝宫。

可就在刘盆子刚刚回宫打算睡觉的时候，刘恭却找到了他，并语重心长地和其道："弟弟，你觉得你在这个皇位上开心吗？你像一个皇帝吗？"

刘盆子赶紧摇头道："不开心！哥哥，自从成为这个皇帝以后，我整日担惊受怕，如果可以的话，我真的不想再做这个皇帝了，我怕，我怕早晚有一天我会不明不白就被这些人给砍死了。"

刘恭道："这也是我心中所想，赤眉，这些人都不是正道中人，天下不管是谁的都不可能是他们的，所以你我兄弟二人继续跟着他们早晚完蛋。这一年马上就要过去了，弟弟你一定要在明年年初大会的时候交出玉玺和绶带，说什么都不能再做这个皇帝了。到时候我们三兄弟一起跑，哪怕沦落天涯做一个平凡的百姓也比在这地方强上百倍。"

刘盆子激动地答应了。

时间：公元26年正月初一。

地点：长安未央宫承明殿。

此时，一众赤眉文武正簇拥着刘盆子举办年初大会。可无论下面的人如何说话刘盆子都是心不在焉。樊崇疑惑地道："陛下可是有什么心事？"

刘盆子一个激灵，然后又想了一下，紧接着好像是下定了什么决心一样，他拿出了绶带和玉玺，哆哆嗦嗦地道："樊、樊大将军，朕，啊不是，是我，我反复想了好久，我的能力实在是不能带领大家，所以还请大、大家……"

没等刘盆子说完，下面有一个满脸横肉的武将突然站出来吼道："陛下什么意思？莫不是不想当这个皇帝了？"

这突然的一幕一下给刘盆子接下来的话顶了回去，他哆哆嗦嗦、结结巴巴，硬是吓得一个字都说不出来了。

见弟弟如此，刘恭只能无奈地站出来道："各位将军，各位公卿大臣，你们共同拥立我弟弟为皇帝，这个恩情我们兄弟永远都不会忘记，可盆子登基已经有整整一年了，在他的带领下，这天下非但没有安定，反倒是越来越乱，所以我弟弟实在不能胜任各位的重托，所以还希望各位能让我弟弟做一名普通的老百姓，安度余生。"

好好的年初会议竟然会出现如此情景，这实在是大出樊崇之所料，只见樊崇皱着眉头道："式侯先不要把话说得这么绝，我想这都是之前酒宴闹出的误会所致吧。嗯，这确实是我们的错，我向陛下和式侯保证，这种事情以后不会再出现了，还请式侯和陛下给我们一次机会，不要这么武断便从皇位上退下来。"

刘恭道："不不不，大将军误会了，是我们兄弟实在……"

没等刘恭把话说完，又一个五大三粗的赤眉将领站出来怒吼道："刘恭，给你面子叫你一声式侯，不给你面子你是个什么东西！就你一个狗一样的东西还敢在这和我们大将军讨价还价？"

没等说完，唰的一下，这人抽出腰中大刀直指刘恭道："信不信我一刀砍死你！"

碰到这帮冲动的人，刘恭还能说什么？还敢说什么？只能叹息一声后退回去了。

可也不知道这时候刘盆子哪里来的勇气，见自己的哥哥被吓得退了回去，刘盆子砰的一下蹿出了王座，如同疯了一般跑到大殿中心给所有的文武百官下跪磕头，并连哭带号地道："各位爷，各位大爷，你们就饶了我吧，你们虽然拥护我当了这个皇帝，可大家还是像过去一样做强盗，碰到谁抢谁，一走一过就是杀人，四方百姓全都怨恨我们赤眉军，没有谁会信服我们，继续这样下去，我们赤眉军早晚都会完蛋，还谈什么统一天下？还谈什么理想？而事情为什么会到如今这个地步呢？那全都是因为立了我当皇帝，我刘盆子大字不识，无德无能，所以才将赤眉军带到了如今的地步。所以我求求各位，让我退下去吧，将这个位置让给更加贤德的人，我刘盆子，真的不适合这个位置！今天，我就把话扔到这，要不让我退位，要不你们直接弄死我！你！你刚才不是要剁了我哥吗？你先把我给剁了吧！"

看着刘盆子如疯似癫要往自己刀口上冲的模样，之前耍狠那人吓蒙了，他赶紧将刀收了起来，躲得远远的。

一旁樊崇等其他的官员见刘盆子这个样子也都羞愧地低下了头。是呀，我们这些人最近都作的个什么妖呢？一个朝廷哪有这么弄的？

于是，樊崇等一众人几乎在同一时间站起，然后给刘盆子下跪："造成如今的局面，和陛下您没有半点儿关系，都是我们不行善的缘故，还请陛下再给我们一次机会，我们保证，从今以后紧闭营门，再也不放那些士兵随便出去抢夺老百姓的财物了。"

这之后，赤眉军的各个军营确实是紧闭了，这些士兵也都没机会再出去抢夺老百姓的财物了。三辅地区很快恢复了秩序，人们都称赞刘盆子圣明贤德，都争先恐后地返回了长安，街市上很快便又热闹了起来。

可这种繁荣昌盛的景象只持续短短二十日便又烟消云散了。因为在正月二十日这一天，赤眉各个军营全部打开，这群赤眉士兵如同疯狗一般窜进了长安的大街小巷，那是逢人便抢，有敢反抗的直接杀之！整个长安在一时之间被哭爹喊娘之声笼罩，好一个人间地狱。

那这是怎么回事呢？很简单，赤眉军的粮食吃完了。这群蛀虫除了打仗和抢劫什么都不会，从上到下总想着不劳而获，且花钱吃饭大手大脚，从不知道节省。所以哪怕是有再多的粮食也不够他们祸害的。

就这样，长安被抢空了，街道上再无行人，樊崇等赤眉军大佬见长安已经没什么可抢的了，便和以后的董卓一样，一把大火将长安这个两百余年的都城烧了个干干净净（除了烧的地方不一样，其他的根本没什么区别了），然后带着所有的军队往西北而去了。

为什么上西北呢？因为大西北在隗嚣的治理下已经越发富裕，所以当然是赤眉军的首选。

那他们的西北之行会顺利吗？我们到时候再说吧，现在还是先把目光转向北方的邓禹吧。

那邓禹听说赤眉军已经撤出长安的消息以后极为兴奋，当即便命三郡之兵迅速向长安方向疾奔。

此时的长安已经成了一座空城，所以邓禹不费吹灰之力便将此地拿下。

但拿下是拿下了，可问题的关键是你能不能守住。要知道，窥伺长安这个文明古都的可不只有邓禹一家，还有一个人也在时刻注视着长安的局势。

那么这个人又是谁呢？这个问题我们也到时候再说，在这之前我们还是将主要目光都盯向刘秀吧，因为我们的光武帝已经忙得不可开交。

3.2　天下形势（二）

光武帝刘秀拿下了洛阳，平定了河北，好似整个天下都即将在他的掌控中一样，这一切看似很美，很真实。可谁又能想到，此时的光武帝非但距离统一天下还很远，甚至本身都危机四伏。

为什么这样说呢？来让我们看一眼如今的天下割据就能明白了。

第一个，割据在睢阳一带的刘永势力。

刘永，梁郡睢阳人，为西汉梁孝王刘武的第八代孙。刘永的父亲刘立便是第八代梁王，所以刘永的血统要比刘秀更加尊贵。

在王莽逐渐掌握政权那段时间，刘立因为和外戚卫氏家族（汉平帝生母的家族，和王莽是政敌关系）走得很近，所以被王莽杀死，刘永也在这一时刻失去了继承梁王的资格。

直到公元23年，王莽兵败被杀，刘玄威震天下，刘永便前往拜见刘玄，希望他能够恢复自己梁王的爵位。

刘玄当时正是需要刘氏宗亲支持他的时候，所以没有多想便封其为梁王，并以睢阳（今河南省商丘市）为其国都。

可刘玄迁都长安以后，其政治日渐腐败，远在睢阳的刘永听说以后，感觉更始皇朝迟早被灭，如此时机自己说不定还有夺得天下的机会，于是便凭借梁国的地盘拥兵独立，紧接着又招纳诸郡豪杰，扩充军事编制，然后趁着天下大乱的时机先后攻下济阴郡、山阳郡、沛郡、楚郡、淮阳郡、汝南郡等二十八座城池，大大地扩充了自己的势力。

这之后，刘永命占据东海郡的董宪为翼汉大将军，占据齐郡的张步为辅汉大将军，占据西防的佼彊为横行将军。通过如此种种封赏，刘永几乎将割据山东的各个势力全都网罗到了自己的麾下，组成了一个超大规模的联军盘踞于关东诸地。

公元25年，更始皇帝刘玄战败死亡。

十一月，刘永便自立为天子，而此时的刘秀也已经登基称帝，所以这天下便多出了两个汉宗室争夺正统的局面，彼此之间已剑拔弩张、战争一触即发。

第二个，割据郯城一带的董宪。

王莽末年，绿林、赤眉等一众起义军纷纷崛起，董宪也趁机拉起了一支队伍组织起义活动。因为当时赤眉军已经成了气候，董宪独木难支，所以便响应赤眉，成为赤眉的一支单独的别部队伍。

公元22年之时，见东方起义军规模已经越来越大，王莽终是无法再行忍耐，便派遣廉丹、王匡等率兵镇压。二人率领朝廷大军平定了无盐起义的时候，董宪正率领部队在这一带活动。王匡见状，便想直接将董宪也一锅端了。可谁想到董宪的部队作战能力竟然超强，王匡、廉丹等人在轻敌的情况下竟被董宪打得大败亏输。甚至连廉丹都被董宪所斩，只剩王匡一人独自逃亡。

这之后董宪之名威震山东，很多豪杰百姓全都闻名来投。于是，董宪在很短的时间内便发展出一个具有相当实力的势力。

再后来大家都知道了，那就是被刘永封为了翼汉大将军，和其结成了比较牢固的联盟。

第三个，割据齐地大片土地的张步。

张步，字文公，琅邪不其人。其人行侠仗义，好结交天下英雄好汉，在齐地拥有相当大的威望。

公元22年的时候，刘縯、刘秀起义，天下豪杰纷纷反抗王莽。张步也在此时聚集了几千号人马举旗造反，攻略附近城邑。

因为当时王莽的心思全在汉军以及赤眉军等几个比较大号的反叛军身上，所以对张步这种"小集团"也没心思搭理了，这就使得张步能够在全无阻力的情况下肆意发展。

于是，此人在很短的时间便攻下好几个城邑，进而独霸琅邪郡，自称五威将军。

公元23年，王莽败亡，刘玄遂四方派遣使者招降那些反叛军头目。

可刘玄实在是太过小气，他只给空头支票，不给任何实惠，所以大多反叛军头领都不理会刘玄那一壶，而张步便是其中之一了。

那一天，刘玄派出的新任琅邪郡太守王闳前来接收琅邪的地盘，甚至连一张空头支票都懒得给张步承诺。

刘玄此举让张步大怒异常，当即下令关闭琅邪所有城池的大门，不放王闳进入。

王闳岂能不知道张步的那点儿小心思？可他既然敢来就有绝对的依仗搞掉张步。那这个依仗是什么呢？当然就是刘玄给他的"合法身份"。

于是，王闳以汉朝巡察使的名义命令琅邪郡各个地方的县官投降。

那时候，正是刘玄最威风八面的时候，几乎天下所有人都认为刘玄即将得到整个天下，再加上汉室宗亲这个大光环在刘玄头上罩着，大部分人都不敢拒绝。所以只短短几日，王闳便收编了数千士卒。

也许这个叫王闳的根本没见过什么叫大军吧。当他收编了几千人以后便火急火燎地前往攻击张步了。认为这些人一定可以将张步彻底打败。

可张步是什么人？那是齐地的地头蛇，手下数万死忠是闹着玩儿的？所以不出意外地，王闳的部队瞬间便被张步击溃。

王闳无奈，只得逃往他处再行收兵备战。

此战打出了张步的威风，也让野心极大的刘永对其刮目相看，认为这是一个能牵制住刘玄，并在以后帮助自己夺取天下的宝剑。

于是，他以梁王的身份任命张步为辅汉大将军、忠节侯，总督青、徐二州，全权负责讨伐那些不听号令的郡县，以此和张步结了一个善缘。

有了合法身份，本来就占优势的张步转守为攻，没过多长时间便先后攻占了泰山郡、东莱郡、城阳郡、胶东郡、北海郡、济南郡和齐郡。

随着张步的地盘越来越大，兵力越来越多，使得王闳悲哀地发现，想要靠武力让张步屈服已经是不可能的了。

于是，王闳决定单刀赴会，用义理来劝服张步。

那天，张步听说王闳一个人来拜见他，直接陈兵列阵，让刀斧手分列左右，见到王闳便大声痛骂道："王闳！我张步有什么过错，为什么你来到齐地便对我武力相加？"

王闳道："我是朝廷任命的合法太守，理应到此地任职，可你张步却拥兵相拒，不让我进入州郡任职，所以我只能攻击贼人，试问，我这么做有什么错呢？"

话毕，张步沉默良久，本以为要斩杀王闳的张步却突然在众人惊异的表情下冲到王闳面前，然后跪地认错，以上宾之礼来接待王闳，又下令众人，凡是以后琅邪郡政事全都由王闳一人裁决。

好一个不打不相识，这一切看起来真的是太美了。可实际上是怎么回事儿呢？呵呵，我可以很负责任地说，张步从一开始就没想要杀王闳，因为王闳只不过是他逃过兵祸的一个棋子而已。

最开始，张步为什么不让王闳进入琅邪郡呢？因为那时候张步只有一个琅邪郡。可现在，他通过刘永给他的合法身份硬是夺取了七个大郡！再加上琅邪郡便是八个大郡。刘永那点儿小心思他张步岂能不知？当然是要利用他在东面来牵制刘玄了。可他张步不但不傻，相反还非常聪明，他才不会给别人当枪使。所以，他不但接受了刘永的册封，表面上选择臣服，还用王闳来管制琅邪郡（只给政权，不给兵权），这样就做到了两面谁都不得罪，避免和刘永及刘玄正面抗争的结果。

基于此，拥有强大地盘和兵力的张步从此坐拥三齐之地，用他那充满阴冷的眼光来审视这个天下，只要有机会，他便一飞冲天。

第四个，占据渔阳的彭宠。

彭宠就是和上谷太守耿况一起发兵援助刘秀的老人。自从投奔刘秀以后，彭宠便不断地派出骑兵和粮草往前线支援。

等刘秀拿下铜马，成为"铜马帝"以后，彭宠更是仗着自己的"赫赫战功"，以为刘秀一定会重重地赏赐自己。可最后刘秀的举动却让彭宠失望透顶。

为什么呢？因为刘秀根本就没有赏赐彭宠一分一毫。

彭宠从此便对刘秀心怀不满。

直到刘秀登基称帝以后，吴汉、王梁等彭宠曾经的旧部都成了三公级别的大臣，唯有彭宠没有受到光武帝的任何赏赐，这就使得彭宠更加不满，总是在别人面前唉声叹气道："唉，如果吴汉那三个兔崽子都被列为三公的话，那我最少也应该被封一个诸侯王才是，可现在来看，陛下早就将我给忘喽。"

那么事情真的是这个样子吗？当然不是，刘秀现在满脑子的工作重点都放在了前线上，哪有时间照顾后方那些人的心思，别说他彭宠了，甚至连耿弇他爹耿况也没封赏不是？

当然了，这一切只不过是彭宠没事儿发发牢骚而已，要是让他因为这事儿造反他也绝对不能。可接下来由一个人引发的一些事情却触碰到了彭宠最绷紧的那根神经，让他铤而走险，从此背叛了刘秀。

这个人便是朱浮了。

朱浮，字叔元，沛国萧人，从光武帝进入河北便以主簿的身份跟随他。后来，随着刘秀发展得越发顺利，朱浮的身份也水涨船高，从主簿慢慢变成了偏将军。光武帝平定河北以后更是封其为幽州牧，主管幽州诸事。

可不管打了多少仗，跟随光武帝参加了多少次战役，朱浮骨子里便是一个文人，所以河北刚刚平定他便想在幽州严格风俗教化，收拢优待读书人，将幽州变成一个天下文化之都。

可彭宠却对朱浮的行为嗤之以鼻。彭宠认为，现在河北虽然安定了，但距离统一天下还遥遥无期，军事方兴未艾，怎么能在这种时候从武转文呢？

再加上幽州一直都是天下骑兵的出产地之一，一旦将此武地变为文地，那么对骑兵的质量一定会造成不小的打击。

并且，供养那么多文人，对粮食又是一笔不小的消耗，对于经常在前线征战的光武帝绝对是有百害而无一利的。所以，彭宠直接拒绝了朱浮的提议，并不准渔阳郡聚集优待文人。

朱浮，急躁任性，不达目的誓不罢休。彭宠固执无比，认定了心中的信念就绝对不会转变。于是，二人越闹越僵，逐渐演变成火箭炮对大地雷那种有我没你的局面。

一段时间以后，朱浮先动手了，他将彭宠对好友说的那些不满的话都告诉了光武帝，并上密奏诬陷彭宠，说彭宠拥兵自重，即将造反。

大概是为了试探彭宠是不是有真要造反的企图吧，刘秀故意将朱浮诬陷彭宠的话泄露给了彭宠，并让其马上到洛阳相见。

彭宠本来没怎么害怕，去就去呗，不做亏心事，不怕鬼敲门。可你就让他一个人去他实在是不甘心，凭什么受诬陷的人要车马劳顿，而诬陷别人的人则什么事儿都没有呢？

所以，彭宠致信光武帝，希望朱浮能和他一起到洛阳申辩。

可不知道光武帝当时是怎么想的，竟然没有答应彭宠的要求，还再三催促他马上到洛阳相见。

彭宠当时恨得咬牙切齿，可又无可奈何。最后还是无奈准备往洛阳而去。

可就在这时候，又出事儿了。

那天，彭宠已经准备完毕，正要去洛阳向光武帝解释。可就在彭宠要走的时候，他媳妇把他叫住了，并义愤填膺地道："天下还没有平定，四方英雄各自称雄。咱渔阳是一个军事大郡，兵强马壮，为什么要因为一个小人的谗言而受此凌辱呢？"

这话将彭宠压抑多日的怒气彻底点燃，终于在有生之年最后强硬了一次。

公元26年二月，渔阳太守彭宠发兵攻打朱浮，拥兵自立。

河北，这个本来已经平定了的地方再一次陷入兵祸之中。

第五个，占据庐江一带的李宪。

李宪，颍川郡许昌县人，新莽时期曾担任庐江郡都尉。

新莽末年，天下起义军如燎原之火，庐江贼寇王州公等人也趁着这大火之势起兵作乱，部队没过多长时间便达到了十多万人。

王莽当时正忙着应付东方叛乱，没有士兵再支援庐江了，便命李宪为偏将军、庐江太守，并让他急速率领庐江军队讨伐叛乱。

经过了数年的努力和奋斗，拥有一定军事才华的李宪终是将王州公叛乱彻底铲除，并尽收王州公残部，使得自己的兵力接近十万大关。

可与此同时，汉军也攻破了长安，杀掉了王莽。从此，李宪便据庐江一带，并自称淮南王，开始攻城略地，登上了争夺帝位的舞台。

第六个，占据鄢郢一带的秦丰。

秦丰，南郡邔县（今湖北省宜城市北）人，年少时曾去过长安求学，学成以后在南郡担任县吏。

新莽末年，天下大乱，秦丰预感新莽必灭，于是也在这段时间于黎丘起兵造反，相继攻陷了邔县、宜城、邓县等十二县，有部众数万，更是在公元24年的时候自立为王，号楚黎王。

第七个，占据夷陵一带的田戎。

田戎，豫州汝南郡西平县人，新莽末年聚集人手起义。

公元23年，田戎攻陷了夷陵，自称扫地大将军。

有了根据地以后，田戎开始修整士兵，囤积粮草，然后疯狂攻击周边郡县，没过多长时间便有了相当的地盘，拥兵数万。

第八个，占据三水一带的卢芳。

卢芳，字君期，安定三水县（今宁夏回族自治区同心县）人，居住在三水县的左谷。

新莽末期，天下人都思念汉朝的好，卢芳便趁此天赐良机假称自己是汉武帝的曾孙刘文伯，将安定一带的老百姓骗得云里雾里。

当他感觉时机差不多成熟了，便勾结了一堆三水县附近的羌人、胡人和一群汉朝百姓共同起兵反莽。

等到王莽被灭以后，虽然卢芳并没有什么太大的作为，但因为他身为"汉室宗亲"，所以刘玄便征召卢芳为骑都尉，并让他安抚镇守安定以西的地区，卢芳从此发迹，身份也得到了全天下的认同。

公元25年，刘玄被赤眉所杀，三水县一众民族豪杰认为卢芳是汉室宗亲，应该继承宗庙，便共同拥立他为上将军、西平王。卢芳从此生出了靠匈奴统一天下的野心。

于是，他派遣使者前往匈奴，希望匈奴派兵协助他统一汉家天下。

之前，刘玄曾经派使者去求过呼都单于，可呼都单于说得很明白，你要想让我出兵帮助你，必须从今以后从属于我大匈奴，不然没得谈。

刘玄，纯爷们，所以他宁可死也没有答应呼都单于的要求。可卢芳就不一样了，他根本不在乎什么从不从属，只要能让他得到汉室天下，把所有献出去都不会有一丝犹豫。

于是，卢芳答应了呼都单于的要求，并将自己的亲属全都派到了匈奴作为人质。

见此，呼都单于高兴得不行，当即便承认卢芳汉帝的身份，并派遣匈奴轻骑兵前往三水县协助卢芳。

卢芳，从此在三水一带立足，无人能够撼动。

第九个，占据天水、陇西一带的西北王隗嚣（之前介绍过）。

第十个，占据巴、蜀、汉中一带的西南之帝公孙述。

话说公孙述称霸了西南以后并没有在第一时间率兵北上，而是积极扩张军事编制，积攒粮草备战。表面上的说辞是等待汉家明主出现，可实际上心里怎么想没几个人不知道的。

刘玄消灭王莽以后，曾派出使者让公孙述交换巴蜀之地，可公孙述呢？都没理刘玄。此举使刘玄大怒，当即便派出一万多精锐前往巴蜀，意图消灭公孙述。可此时的公孙述已经有精锐士兵数万之众，再加上巴蜀让人绝望的地形，所以公孙述根本没费多大劲便将刘玄汉军击得溃散奔逃。

经此一役，公孙述威震益州。而就在公孙述威名大振的时候，其手下有一个叫李熊的功曹便趁机建议公孙述："现在天下风云变幻，局势无法预测，将军您割据千里之地，势力胜过汤武（商之成汤、周之姬发）十倍，如果趁此时机奋发自己的威力和德行，趁着这天下大乱的绝佳时机来窥伺天下，那么帝王之事便指日可待了！所以为什么不更改名号来征服百姓呢？"

到了现在这个局势，手中有点儿权的都想当皇帝，就更别提公孙述这个整占西南的一方巨鳄了。所以他当即听从了李熊的建议，从此自称蜀王，建都成都。

这之后，公孙述奋力发展国内经济、农业、军事。巴、蜀、汉中之地在他的治理下蒸蒸日上，所以这天下的文人和百姓全都争相投奔，甚至连周围那些难以管教的少数民族都纷纷献上自己的贡品，祈求公孙述不要和他们发生武力冲突。

见巴蜀之地越来越富裕，李熊便趁机建议公孙述道："现在山东一带闹饥荒，人吃人，军队所攻占屠杀的城池、乡镇都变成了废墟。我蜀国沃野千里，盛产各种水果食品，哪怕是饥荒也不至于闹到那种地步。我们蜀国的织布行业也十分发达，蜀锦遍及全国。我们蜀地各种树木全都囊括在内，所以木材、竹箭以及各种器具兵械都取之不尽，用之不竭。我们还有非常丰富的鱼、盐、铜、银及方便的运输水路。我们北边占据汉中，把持着褒、斜险要，东边守卫巴郡，扼制着扞关入口。此种地形，见天下形势有利于自己便可出兵略地，无利可图足以固守务农。我们往东边顺汉水而下可以攻击老秦土地，往南顺长江而下可以让荆、扬震惊。而现在大王您的名号已经响彻天下，所以应该马上登基为帝，让这个天下的人都有归顺的地方。"

话毕，公孙述的小心脏一顿狂跳，可犹豫再三都下不了决心。见此，李熊疑惑地道："大王还在顾虑什么？"

公孙述："你说的这些很有道理，但现在天下的老百姓都只认刘姓汉室宗亲，我根本就没有天命啊！这样怎么可能服众呢？"

听罢，李熊哈哈一笑："大王多虑矣，老百姓为什么会思念汉朝呢？说白了，那就是汉朝能让他们吃饱饭而已。之前大王您也曾经攻击汉朝的军队，可您下面的百姓非但没有一个人逃走，反倒更加地拥护您，这说明什么呢？说明只要谁能让老百姓吃得饱穿得暖，他们就归顺谁！所以您大可不必担心，只管称帝！我敢保证，只要您称帝以后，将会有更多的人投奔您，而不是弃您而去！"

李熊的话彻底打动了公孙述，使得他仅剩的那点儿疑虑尽消。

公元25年四月（刘秀称帝前两月），公孙述制造了很多所谓"上天的提示"，然后在成都登基称帝，国号成家，以白为国色。

公孙述称帝以后，封李熊为大司徒，弟弟公孙光为大司马，公孙恢为大司空，然后趁着这绝世良机出兵攻城略地，向北攻占南郑，向东占据扞关，瞬间占据益州全境。

见公孙述前景如此之好，西南夷众多少数民族争相归附，周围各地的老百姓也纷纷前往益州，使得益州人口急速上涨，公孙述的兵力瞬间狂增至数十万人！

而此时，刘秀被诸多势力死死地拖在中原无法动弹，西北的隗嚣也正面对着赤眉的压力而无暇扩张（再扩张就直面刘秀了），至于荆、楚大地则尽为宵小所控。此时的公孙述若能北连隗嚣，东出略地，那以后天下是什么形势可就真不好说了。

可让人惊异的是，从这以后，公孙述就没动静了，彻底没动静了，只是在益州境内不停地积攒粮食、练兵讲武，没有一点儿要东出的念头。有可能是他想将自己所有的部队都训练成精锐再出兵，或者是他想要再看看天下形势再出兵，反正不管怎么样，他没有动，与光武帝这种和时间赛跑的帝王相比，公孙述这个皇帝真是相形见绌了。

不过不管怎么说，现在的公孙述绝对都是一个超强的势力了，哪怕是不如现在的光武帝也没有相差太多了，可排天下前三甲之列。

第十一个，占据河西一带的窦融。

窦融，字周公，扶风平陵人（今陕西省咸阳市西北），窦皇后之弟窦广国七世孙。

王莽执政时期，窦融曾在强弩将军王俊部下担任司马一职，参加过很多次镇压起义和兵变的战斗，拥有相当的军事经验和才华，因此被封为了建武男，其妹也嫁给了当时的大司空王邑为妾，从此全家徙居长安，出入贵戚，飞黄腾达。

新莽末年，天下起义者风起云涌，王莽遣太师王匡率兵前往镇压，王匡请军事经验丰富的窦融为助军，与赤眉军战于青、徐一带。

公元22年，窦融再从王邑征讨刘縯等一众势力，结果在昆阳被刘秀海扁，狼狈逃回长安。

等到新莽被灭，汉军入据长安以后，窦融第一时间投降了更始军，并在大司马赵萌的部下为校尉，后被推荐为巨鹿太守。

可当时谁在河北呢？刘秀！

虽然刘秀这时候还不是很强，但之前的昆阳之战窦融已经被刘秀打怕了，所以他无论如何都不想再到河北被刘秀狂虐。窦融的祖父曾为护羌校尉，从弟为武威太守，累世河西，所以窦家在河西有一定的声望，也熟悉河西诸事。窦融便花重金请求赵萌为其说情，让他帮自己辞去巨鹿太守，谋求镇守河西。

刘玄手下那帮人都是什么德行！所以赵萌根本没有半分犹豫便收钱办事了。

结果，刘玄封窦融为张掖属国都尉。窦融闻讯后极为高兴，赶紧携带家属就任，到河西以后立即结交群雄，安抚羌众，颇得河西民心。

可随着时间的推移，窦融发现更始政治越发昏庸，料定它早晚完蛋，所以第一时间联系酒泉太守梁统、金城太守库钧、张掖都尉史苞、酒泉都尉竺曾、敦煌都尉辛彤，想和他们结为一个联盟，也为以后谋一条出路，毕竟狡兔三窟嘛，这个道理没谁不懂的。

五人一想也是这个道理，便共推窦融为河西五郡大将军（实际上就是盟主），听从他的指挥。

这之后，窦融阴谋阳谋尽出，相继赶走了武威太守马期、张掖太守任仲，彻底控制了五郡权限。

那河西民俗朴素，窦融的为政也是相当宽和，所以五郡在窦融的治理下上下相亲，繁荣富庶（这也是隗嚣重回大西北以后搞不定窦融的头等因素）。

这还不算，窦融在取得河西五郡的绝对控制权后还练兵讲武，注意边防。那些羌人和匈奴人也因此无法趁汉家天下大乱之时从中渔利。

于是，安定、北地、上郡之流民、避凶饥者，归之不绝。

这之后，隗嚣逃回了西北，然后用当初的旧部横扫整个西北，重夺西北诸郡。可窦融这五郡的战斗力让他经营得太过强悍，五郡太守都尉也都对窦融非常忠心，所以隗嚣虽夺整个西北三分之二之地，但这三分之一他却是怎么都夺不回来了。所以现在西北的格局是两强各割据一方，虽然隗嚣的整体实力要强过窦融不少，但他也不敢轻易动武。

以上，便是现在天下大致的割据势力（还有一点儿到时候再说）。对于光武帝来说，此时的隗嚣、窦融、卢芳、公孙述等均与中原遥远，暂时对其还没有直接威胁，所以现在的攻击重点并不是他们，但若不与其缓和关系，则关中形势就要有所变动，而关中一旦不稳，中原也必将混乱，这绝对不是光武帝想要看到的。

所以，在攻伐其他人之前，光武帝必须要和关西诸雄处好关系。

基于此，光武帝不断派出使者前往关西诸地，和这些军阀建立了一定的外交关系，采取了先和后战、远交近攻的大战略。

而对于东方，刘秀则露出了他凶狠的獠牙。

宛、邓地区为光武帝和更始皇帝刘玄的故乡，乱源四伏，更始残余势力无数，如此地发生大型叛乱则两京危在旦夕，并从正面直接打击光武汉军之士气。

刘永据睢阳称帝，与光武之洛阳相对而立，此两帝均以复兴汉室为号召，且刘永之血脉较光武帝更加亲近于西汉皇室，所以光武帝若不在第一时间消灭这厮，将会产生许多变数。

东北方彭宠据渔阳叛变，张丰呼应于涿郡，又以渔阳突骑之精锐而闻名天下，故对河北威胁极大，若河北不守，则洛阳必呈动摇之局面，所以这三方面不管哪一方面都要在第一时间铲除，不然后患无穷！

基于此，光武帝分兵略地，分别令吴汉等人攻击宛王刘赐，邓王王常。贾复则攻击郾王尹遵。虎牙大将军盖延率四将军出击刘永、董宪等人。

我们下面先来看讨伐刘永这一路。

3.3　平定中原

公元26年三月，盖延兵进梁国，一路势如破竹，敖仓、酸枣、封丘等地皆被克于旦夕之间。

同年四月，盖延将十万大军兵分两路，从东西两个方向共同向睢阳进逼。

结果，西之襄邑，东之麻乡皆被光武汉军所克，遂会师睢阳而围之。

可那睢阳为古之重镇，历代统治者皆对此地格外看重，所以城墙厚实难破。外加刘永以睢阳为都，其统治期间更是在此地屯粮筑墙，所以盖延虽四面围攻，但睢阳依然牢不可破，短时间内根本无法攻破。

我们再来看吴汉那一路。

吴汉这一路要比盖延更加顺利，自进入宛地以后所向无敌，完全没有对手，宛王刘赐见吴汉如此凶猛，连守城都免了，直接带着自己的儿女妻子前往洛阳向光武帝投降了。

光武帝非常高兴，当即封刘赐为慎侯、赐绫罗绸缎无数。

那边邓王王常见刘赐投降以后得到了如此多的好处，外加自己实在没有能力和汉军叫板，便也亲自前往洛阳向光武帝投降。

光武帝非常高兴，依旧封王常为左曹、山桑侯。

宛、邓地区在这极短的时间内便宣告平定。

我们再来看贾复方面。

贾复，云台二十八将第三将，极擅突击作战，逢战必冲锋在前，一走一过就是杀人，单论武力在当时冠绝天下，所以在刘秀登基以后便封其为冠军侯！

那贾复领军作战果敢强悍，极似当初之项羽，所以正面对决无人能出其右，尹遵最开始还想在野战上歼灭贾复，但几场战役下来皆被贾复强大的正面突击打得落荒而逃，不到一个月便宣告投降。

可这期间，贾复却和寇恂闹得相当不愉快，差点儿一刀把寇恂捅死。

这是怎么回事呢？

想那贾复刚刚南下攻击尹遵之时，以雷霆一般的速度连下召陵、新息，勇不可当。可就在贾复所部路过颍川之时，他的一个部将却不知何故在颍川杀了人。

寇恂当时正是颍川太守，所以直接将这个部将给抓了。当时东汉刚立，所有的法律秩序都是刚刚订立，再加上天下尚未一统，所以但凡有军人触犯法律大家都是相互包容的。

可寇恂执法如山六亲不认！所以他也没惯着这个部将，直接将其给依法处死了。

贾复这人极其保护自己人，听说此事以后气得青筋暴起，当时就有要弄死寇恂的冲动，可这时候正是军队士气如虹、继续攻击尹遵的绝佳时机，在权衡后，贾复还是决定先搞掉尹遵以后再收拾寇恂。

一个月后，贾复成功平定了尹遵，班师便对左右说："告诉你们手下，回去路过颍川的时候都给我把招子放亮点！见到寇恂我就一刀捅死他！有谁敢反抗就一起给我弄死！"

周围将领见贾复要冲动，赶紧劝道："将军，寇恂是陛下钦定的一方大员，你这样直接斩杀便要大祸临头了！实在是不妥！还请禀明陛下以后再行处置才是良策。"

贾复道："那小子是无故杀人以后才被寇恂弄死的！人家占着理，告诉陛下又能怎么样，还不是不了了之！我不管那个，反正动我的人就是不行！大不了弄死他以后我去洛阳请死罢了！"

见贾复如此德行，这些人也不敢再劝，只能暂且答应，可心里却另有计较了。

反观寇恂，他也知道贾复什么德行，所以百般回避不和贾复见面，并且下令颍川各县，凡是贾复军队路过，必须杀鸡宰牛地好好款待，意图将仇怨消释于无形。

寇恂的小外甥，现为寇恂贴身侍卫的古崇见舅舅如此窝囊，实在是受不了了，便气鼓鼓地和寇恂道："舅舅！他贾复武力冠绝天下，我古崇手上的钢刀也不是摆设！他要是敢对舅舅不利，我一刀剁了他！何必怕到如此地步？"

寇恂道："怕？呵呵，我寇恂也是从死人堆里爬出来的，我怕过谁？但现在天下尚未安定，我和贾复又是陛下手中不可缺少的力量，所以这时候绝对不能内讧而让陛下难做，岂不闻蔺相如和廉颇的故事？"

话说到这一步，古崇也就没什么好说的了，走一步看一步吧。

就这样，颍川属官一路以最高的待遇来接待贾复的部队，贾复那些手下在这种级别的招待下面子早就赚足了，也放下了之前的一些仇恨。寇恂也以为这事儿到这应该就算了，所以当贾复一行人快出颍川之时列队迎接贾复，想要化干戈为玉帛。

可寇恂实在低估了贾复的心胸，贾复一路不发一语，可一看到前面迎接的寇恂就像疯了一样，抽出宝剑就要冲上去剁了寇恂。

贾复那些手下早就有所准备，所以一见贾复这个德行全都上去拉住了贾复，死活就是不让他动弹。

贾复瞪着眼睛对那些拉着他的手下怒吼道："撒手！你们是不是想造反？！"

可不管贾复怎么威胁，这些忠诚的手下就是死死拉着贾复不肯放手。

最后贾复也真是急了，对着后面的士兵狂吼道："你们是不是瞎，你们……"

正在贾复回头，想要直接命令士兵攻击寇恂之时，他却惊异地看到，后面所有的士兵都躺在地上装醉，呼呼大睡了起来。

一时间，贾复竟然蒙了，不知如何是好。

见此，寇恂哀叹一声，然后对贾复拱了拱手，以有病为由告退了。

不久，就听贾复在寇恂背后狂吼道："寇恂！你给老子记住！这事儿没完！别让老子逮住你！逮住你我一刀弄死你！"

这事儿在不久以后便传到了光武帝的耳朵里。结果就如贾复之前所料一样，光武帝一看手下两员文武闹掰了，差点儿没吓蒙了，遂第一时间急召寇恂和贾复双双进入洛阳。

当天，光武帝以最高规格接待了二人。然后，他屏退了所有下人，只他们三个关上大门不知道聊了些什么。

史书中唯一记载的是，当大门再次打开以后，寇恂和贾复这两人竟然是勾肩搭背、称兄道弟出来的，从此以后结为了生死之交。

好了，插曲就到这里，我们还是继续正文，再来看看盖廷方面的战况如何。

那盖廷自从围住睢阳以后接连猛攻，使得刘永危在旦夕。终于在本年八月之时攻克了睢阳（刘永率众突围而逃）。

可就在这时候却传来对光武汉军不利的消息。

原更始将领，随朱鲔一起镇守洛阳的苏茂在投降了光武帝以后并没有得到重用，所以心怀不满，竟然在这种时候杀掉了淮阳太守，并占据广乐投降了刘永。

刘永此时正仓皇如丧家之犬，所以听此消息马上派遣使者往苏茂处，封其为淮阳王，请苏茂马上率援兵前来救助。

苏茂也不含糊，立马带全部三万兵马前来援助刘永。

结果苏茂之兵正好在沛西和盖廷追兵相遇。于是，两军展开了惨烈的遭遇战。

可不管是在兵力上还是单兵作战能力上苏茂的士兵都不如盖廷，所以不出意料地，苏茂的部队被盖廷打退了。

此战以后，刘永率余众退守湖陵（今山东省济宁市鱼台县东南六十里），苏茂则还保广乐，以掎角之势骚扰防御盖廷的攻击。两军又陷入了长期的攻防战中。

如今，邓王王常、宛王刘赐、郾王尹遵皆被光武汉军平定，刘永方面虽有苏茂强援，但依然是被动局面，始终无法占据主动，一切都在向着刘秀方面发展，可这种局势会一直这样下去吗？答案当然是不。

同月，一个叫董訢的在南阳起兵反对刘秀，复阳县人许邯也起兵于杏聚，与董訢遥相呼应。

刘秀急命大司马吴汉为统帅，领十余万大军南下南阳。

董訢、许邯，这两个小人物不管是行军打仗能力还是手下士兵的单兵作战能力都不是吴汉的对手，所以吴汉一路大胜，连克宛城、涅阳、郦县、穰城、新野等地。董訢更是被逼撤出南阳，退往堵乡死守。

可就在吴汉一路势如破竹、所向无敌之时，一个叫邓奉的突然起兵反叛光武帝，给其接下来的军事行动造成了极大的麻烦。

邓奉，南阳新野人。

邓氏一族在新野属于豪强大户，邓奉的叔叔邓晨更是光武帝的二姐夫。

公元22年，邓晨随同刘縯、刘秀兄弟一起起兵反抗王莽，邓奉也在家乡联络四方豪杰伺机起兵呼应。

公元23年，王莽被杀，天下群雄伺机而动，邓奉更是借此良机占据了淯阳县（今河南省南阳市新野县），从此有了自己的根据地。

公元23年九月，光武帝为防止刘玄迫害他的家属，便让妻兄阴识带着阴丽华一行人回到了老家避难。

因为邓刘两家是姻亲，所以阴识就带着光武帝的家眷到淯阳县寻求庇护。

邓奉热情地招待了阴氏一家，对他们的照顾无微不至，这也是刘秀能在河北大施拳脚而又没什么后顾之忧的根本。

公元25年，刘秀称帝，派人到淯阳县将阴丽华等人接回，邓奉也率所部从此加入了汉军。

那邓奉的军事能力也不弱，随着一场场战斗的优异表现，便逐渐升到了破虏将军。

公元26年八月，吴汉所部连连获胜，可为了提高手下士兵的士气，同时也为了警告南阳一带的百姓不要再背叛光武汉军，吴汉竟纵容手下士兵掠夺百姓财物，弄得南阳一带民怨沸腾。

此时的邓奉正好从洛阳请假回新野探亲，见吴汉的军队将新野祸害成这个样子，直接怒了（一说主要是因为邓氏受到了严重的掠夺，邓奉才会如此激动），竟率领所部在新野直接发动了反叛。

那邓氏一族在新野本就有相当的声望，再加上光武汉军这一段时间的暴行，所以一呼百应，邓奉在极短的时间内便凑出了数万的士兵。

而此时，吴汉根本就不知道一场灾难即将发生。

凑足兵力以后，邓奉并没有立刻攻击吴汉的主力部队，因为他知道，自己临时凑的这些乌合之众根本无法和吴汉的正规军相抗衡，所以他以雷霆之势偷袭了吴汉囤积粮草的地方，尽获其粮，然后开始和吴汉打起了游击战。

粮草被邓奉一锅端了，吴汉大军的士气顿时降到了冰点。而邓奉兵力不弱，想要打败他根本不是一两天能成功的，所以吴汉在万般无奈下只能撤兵回到洛阳。

光武汉军主力撤退，整个南阳一带都处于一种真空状态，邓奉便趁此时机分兵略地，很快便将南阳一带全部攻陷。

这还不算，邓奉还和延岑的汉中流民军、董訢的南阳流民军、更始政权残部，以及楚黎王秦丰等结成了联盟，意图应对光武帝接下来的怒火。

当吴汉率众狼狈撤回洛阳以后，刘秀震怒，稍微惩罚一下吴汉便开始频繁地调动兵马，准备彻底消灭邓奉这个自以为是的白眼狼。

不过这事还要在三个月以后才会展开，我们到时候再说，现在还是来看看北方渔阳的情况吧。

公元26年八月，见光武帝主力全都陷于中原而无法自拔，渔阳彭宠便趁此时机发动突骑两万南击朱浮于蓟。

此时的光武帝正处于多战线同时作战之中，所以无暇北顾，只能派遣邓隆率万余人前往救援，并再三嘱咐邓隆和朱浮，一定不要进攻，必须采取守势，将局势稳住，等中原刘永等人被平定以后再前往河北转守为攻。

可朱浮根本不知兵，虽能利用潞江（北运河）地势采取守势，却令邓隆守潞南（今河北省三河市西南），自己率兵守雍奴（今天津市武清区东），两军虽然对敌军形成了掎角之势防守，但相距百里，无法在短时间内相互应援。

于是，悲剧来了。

吴汉、盖廷等一众军事名家全都是彭宠培养出来的，彭宠的军事才能就是再差也不会差到哪里去，所以他在第一时间便看出了朱浮排兵布阵方面的稚嫩，乃利用北方突骑超高的机动性集中火力全攻邓隆。

时间：公元26年八月×日。

地点：潞南战场。

此时的潞南喊杀声此起彼伏，彭宠的部队正不分昼夜地狂攻邓隆壁垒，邓隆虽抵抗得十分吃力，但由于壁垒架设坚固，所以也不是彭宠一时之间能攻下来的。

可就在双方激战正酣、僵持不下之时，邓隆壁垒后方突然冲出三千骑兵，这些骑兵就好像神兵天降一般突然杀出，使得邓隆军大乱，彭宠主力部队趁势加快进攻节奏，终于在短时间内将邓隆所部歼灭。

原来，彭宠早在交战之前便已经将潞南地形算计了进去。他精选三千精锐轻骑兵在大军出发前便命其运用超高的机动力迅速奔袭至潞南后方，并下死命令，让他们必须在某日，也就是主力大军攻击潞南之时从背后杀出协同作战。

结果，这三千轻骑兵完美地执行了彭宠的命令。至于朱浮方面，在听说彭宠全军攻击邓隆后便率全军前往支援，可两地相距较远，所以朱浮大军只行走了一半距离邓隆便已经被全歼。

朱浮无奈，只能率所部退往蓟城坚壁清野。至此，蓟城方面孤掌难鸣，已岌岌可危矣！

下面再看身在关中的邓禹方面。

话说邓禹在赤眉军粮尽而走以后于第一时间便占据了长安城，可邓禹在长安屁股还没坐热便被一个人打败逃走了。这个人便是延岑。

延岑，字叔牙，南阳筑阳（今湖北省谷城县）人，新莽末年也趁着天下大乱拉了一伙人起义造反，并攻下了冠军（今河南省邓州市张村乡一带），从此割据一地。

公元23年二月，刘玄登基，并开始着手平灭周围军阀。当时延岑的势力非常弱小，不是更始军的对手，所以在公元23年六月投降了前来攻打他的刘嘉所部。

公元24年二月，刘玄迁都长安，大封诸侯，刘嘉被封为了汉中王，降将延岑便跟着刘嘉来到了汉中，协助刘嘉镇守汉中各地。

公元26年，赤眉军开始大举进攻更始政权，延岑趁此良机发动叛乱，突然向刘嘉发动了攻击。

因为事发突然，刘嘉全无准备，所以被击败而走，延岑顺利地占据了汉中郡。

占据汉中以后，延岑野心大发，乃自立武安王，并趁势率兵向北攻击武都郡。

可就在行军途中，延岑和更始政权的大将军李宝、张忠遭遇，进而发生了一场惨烈的遭遇战。

结果底蕴不足的延岑大败，率余部狼狈逃窜至天水郡一带。

而就在这时，更加令人绝望的消息传到了延岑处。

那公孙述趁着延岑北伐之际，偷偷率兵攻击了汉中郡，并在延岑被李宝击败没多长时间全夺汉中全境，使得本就狼狈至极的延岑又丢了老巢。

而对于落水狗，李宝和刘嘉等人是绝对不会放过的。

于是，他们在延岑部队士气低落至冰点的时候对其追击，并发动了潮水一般的攻势。

延岑再败，只能无奈北逃，他取道大散关，翻越秦岭进入了关中陈仓（今陕西省宝鸡市）。

可立足未稳，刘嘉和李宝的军队便追击而至，延岑大惊，他实在没想到，刘嘉对他的恨意已经到了如此地步。

无奈，延岑只能带着部队硬着头皮迎上去了。

　　结果，不出意料地，延岑再次被刘嘉、李宝打败。

　　见此，已经没有任何办法的延岑只能像一条狗一样再次对刘嘉摇尾乞怜。而刘嘉为了壮大自己手中的力量便再次收编了延岑和他的士兵。

　　不久，长安被赤眉军攻破，更始皇朝宣告灭亡，樊崇第一时间派出了廖湛（原更始皇朝邓王）率领十八万大军攻击陈仓，意图全灭更始余党。

　　刘嘉、李宝等人率军拼死力战，这才打败了来犯之敌。

　　不久，赤眉粮尽，乃向西往隗嚣方向掠夺，刘嘉趁此时机命李宝、延岑率所部兵马往右在扶风、杜陵驻扎，意图夺取长安。

　　可他们却慢了一步，因为邓禹比他们更快地来到了长安。

　　见状，延岑率兵逐渐逼近长安，意图赶走邓禹占据长安。

　　坚壁清野的守城战永远都是下策中的下策，那样会让自己始终处于被动的局面，再加上现在光武帝在中原已深陷泥潭，所以邓禹想要彻底解决延岑所部，给光武帝在西方打下一个铁桶江山。

　　基于此，邓禹决定率军和延岑决战于野外。

　　按当时的情况来说，邓禹手中的士兵虽然不见得有多精锐，但经过他这么长时间的训练应该不是太差，并且部队的数量也要比延岑多，是不应该失败的，可结果恰恰就是邓禹败了，并且败得非常惨（史料没有记载战斗经过），便只能退出长安据守云阳（今陕西省咸阳市三原县西）以自保。

　　长安，得而复失。那么延岑就能稳坐长安吗？答案当然是不。

　　因为就在延岑夺取长安不到一个月以后，可怕的赤眉军又回来了。

　　话说自从赤眉军往大西北迁徙以后，受到了隗嚣的顽强阻击。因为当时西北正好经历了数年难得一遇的寒流，所以气候极为寒冷，而赤眉军的士兵虽然勇猛，但大多都是出自中原，所以对这种寒流相当没有抵抗力，于是士气日复一日地降低，再加上隗嚣极为难缠，布置防守如铁桶一般，所以樊崇决定再回三辅地区就食，以待时机。

　　此时，身在云阳的邓禹经过长安的失败以后急需一场胜利来稳固自己在光武帝心中的地位，见赤眉现在士气低落，认为这是一个天赐良机，便率军前往阻击，意图一战消灭这个最强大的流动战斗集团。

赤眉军，号称步兵攻击力最强的农民起义军，这称号不是白给的，就连兵精粮足的西北之王隗嚣都不敢和赤眉军正面作战，他邓禹哪里来的勇气就敢正面迎击赤眉军呢？

结果，邓禹被赤眉军打败，仓皇而退。

樊崇也没过多在乎这个蝼蚁，他现在的主要目的是重回长安。

基于此，邓禹得以侥幸逃脱。

而身在长安的延岑听说赤眉军大部队正往长安行进的消息以后大为惊恐，赶紧和李宝合兵一处往杜陵（今陕西省西安市长安区东北）布防，意图靠有利地形阻挡赤眉军的步伐。

可在赤眉军如同烈火一般的攻击下，什么防御都要土崩瓦解，于是延岑大败，数万士兵战死，延岑只能收拾残部退走，赤眉复占长安。

然而突围不成的李宝却和他的部众被赤眉活捉，李宝当即向赤眉军投降，希望主帅逄安能给他一条出路。

那李宝手下现在还有将近两万人，并且都是能征善战的正规军，所以逄安想都没想便答应了李宝，并全收其部。

可愚蠢的逄安根本没料到，李宝是醉翁之意不在酒。因为就在李宝刚刚投降赤眉还不到一个时辰，他便派出使者秘密往延岑残部，并告诉他，让他急速回军攻击赤眉军，他愿意充当延岑的内应，在延岑进攻赤眉军的时候策应他。

于是延岑回军再战，见到赤眉军以后便以全军之力突击之！

逄安暴怒！他实在不敢想象，一个蝼蚁般的东西怎么敢再回军攻击伟大的赤眉军，难道他们不知道"死"这个字是怎么写的吗？

于是，盛怒的逄安当即带领全军出击，意图全灭延岑所部，以平息他的怒火。

可两军交战没一会儿，延岑军苦苦支撑的时候，就听一声惊恐的吼声。然后，整个赤眉军大乱，指挥系统瞬间失灵。

原来李宝趁着逄安和延岑激战之际，带领部队瞬间占据了赤眉军大营，并在营地插满了白旗，然后于后方狠狠地攻杀赤眉军。

在全不知情的情况下营地被占，后方又突然杀出敌人，相信哪怕是当初的魏之武卒、秦之锐士也无法维持不乱了。

就这样，赤眉大乱，延岑和李宝趁着这个机会对赤眉军展开了疯狂的屠杀。

赤眉士气全无，四散逃亡，而延岑和李宝很明显不想放过他们，所以出动所有的部队展开追击歼灭战。

最后，从杜陵到长安的路上遍布赤眉军士兵的尸体。这些逃走的赤眉军整整有十多万人，他们要么被延岑、李宝士兵所杀，要么投降了他们，算上逄安余部，逃回长安的只有区区数千人而已。此战后，算上投降延岑的士兵，延岑的精锐战力已近十万！且军心大振！甚至连很多李宝的士兵都前往投奔了他。关中的各种势力也纷纷表示依附。

结果，翅膀硬了的延岑又不老实了。

在一个漆黑的夜晚，延岑以突袭的方式收编了李宝所有的部队，然后将他赶走。

这之后，他率领本部兵马入据蓝田，自立门户，并招兵封官，狂占三辅地区的各个县邑。

不久，关中饥荒严重，赤眉军感觉这地方也不能待了，便只能率军向东撤退，且此时的赤眉大众对樊崇已经失望透顶，所以部队且行且散，士气已降至冰点。赤眉，这支曾经天下最强大的流动盗贼集团，离消失在历史的长河中不远了。

我们再来看看邓禹。

话说赤眉和延岑激战于杜陵之时，邓禹感觉长安必定空虚，便带领所有的部队偷袭长安，结果邓禹被长安的守军打得大败亏输、狼狈而逃。

等延岑将赤眉军打败以后，又宣布独立。而这时候的刘嘉已经没有多少战力了，便派人去邓禹处请求归顺光武帝。

邓禹这段儿谁逮谁打，郁闷得不行，一见有立功的机会高兴死了，立即答应刘嘉的归顺请求并写信将此事汇报给洛阳的光武帝。光武帝也很高兴，让邓禹一定要把这件事给办成。

可邓禹左等右等，也没等来刘嘉的投靠，所以又向洛阳汇报了此事。不久，光武帝的回信来了，他对邓禹道："刘孝孙（刘嘉字）是我的族兄，我二人从小一起长大，为人我是知道的。他素来谨慎善良，和我情同手足，所以投奔我一定是出于真心，而到现在都不来投奔一定是军中有小人从中作梗，这才使得他迟迟下不了决心。所以，你务必拿出诚意来，这样刘孝孙一定会前来投奔。"

那么事情是不是如光武帝所料呢？答案是一点儿不差！

刘嘉本来得到邓禹的肯定便想要去投奔，可就在他准备动身的时候，李宝却出来道："大王！现在天下已乱成了一锅粥，以后大势会倾向于谁根本无法预料，大王现在就前往投奔刘秀不嫌太早了吗？"

刘嘉道："那你的意思是？"

李宝道："大王现在最应该做的便是拥兵自守，坐观成败！再者说，前去主动投靠也不如被动投靠来得有含金量！什么时候他刘秀用八抬大轿来请你再去也不迟，那样也能混个好爵位不是？"

刘嘉觉得李宝说得很有道理，便依言而行了，这才没有前往邓禹的驻扎地。

可没过多久，听从光武帝指令的邓禹还真就"八抬大轿"来请刘嘉了。

刘嘉见光武方面如此诚心，也不好再继续耗着了，再加上他也累了，投降了得了，便命李宝和来歙前往邓禹处拜见。

唉，刘嘉，怎么说他好呢，选人不过脑，那李宝就是一个好战派，怎么会心甘情愿地让刘嘉投靠光武帝呢？

果然，在和邓禹"谈判"的过程中，那李宝百般无礼阻挠，简直不把邓禹放在眼里。邓禹这段时间本来就心情不好，见李宝如此德行立马怒了，当即捅死了他，并将其身体剁成肉酱。

李宝的弟弟听说此事以后极为愤怒，也不请示刘嘉，便带着所部士兵前往攻击西征汉军。

结果，邓禹又被打得大败。投降光武帝这事儿也就不了了之了（等到一年以后在来歙的撺掇下，刘嘉才终于成功投奔了光武帝）。

败败败，输输输，这一段时间邓禹的连败和冲动使得刘秀对其大失所望，所以，在以后的战争中，光武帝不再用邓禹来独当一面了。

公元26年十一月，赤眉残部二十余万人正逐渐向洛阳方向靠近，光武帝一是不能让赤眉这个最难缠的强盗集团靠近洛阳，给中原造成动荡；二是现在赤眉军已经是战力最弱的时候，机会千载难逢，所以光武帝当机立断，直命大树将军冯异为征西大将军，代替邓禹率部征伐赤眉军（具体兵力未知，按刘秀总兵力数十万，刨除各县基本守军，以及正在讨伐刘永的盖廷和准备讨伐邓奉的岑彭以及都城必留的十五万正规军来算，刘秀派给冯异的士兵应该不会超过十万，而现在赤眉军的残余力量还有将近二十万，可士气低落，一顿饥一顿饱，冯异的汉军则以逸待劳、精力充沛，所以双方战力综合对比应该是差不多的）。

当天，刘秀亲自送冯异出征，他握着冯异的手语重心长地道：“这么多年来，三辅地区接连遭受王莽、更始二朝的迫害，遭到了赤眉、延岑的兵祸。那里的老百姓生灵涂炭，没有地方可以哭诉。所以将军你记住，这一次向西走我不要你夺取土地、宰杀人民，而是单纯地平息叛乱、安抚百姓。你要控制好手下的将领们，千万不要让他们为了自己的快活而去伤害三辅的老百姓。他们已经痛苦了太长时间了，不要再让他们面对灾祸了。”

话毕，冯异对光武帝深深一拜，然后重重地点了点头。

等冯异的大军离开以后，光武帝又在第一时间写信给邓禹道：“回来洛阳吧，不管结果如何，你都尽力了，剩下的事情就交给冯异去做吧，你不要再率领那些失败的士兵对抗赤眉了。”

当邓禹收到这封信以后，他的双手是哆嗦的。他不甘心，真的不甘心，在整个战争中自己从来没有犯过战略上的错误，每一次进攻也是挑在最佳的时机，可为什么，为什么自己总是打败仗，总是输？

邓禹不想撤军！他还想继续战争，让光武帝重新信任自己。可现在光武帝的调令已经来了，自己不撤退便是违抗圣命。这可怎么办？哎？

本来已经绝望的邓禹突然灵光一闪："赤眉，赤眉！对了！就这么办……"

公元26年十一月，冯异大军向西征讨赤眉，而邓禹的部队也在同一时间向洛阳方面而去，可他真的是去洛阳吗？这个除了邓禹没人知道……

公元26年十一月底，冯异所部和赤眉军在萧山一带相遇，两方士兵单兵作战能力相差不多，一方虽然士气低落，但人数占优，一方虽然人数比较少，但精力充沛、士气极高，所以两军见面以后直接开打！

六十天，仅仅六十天，双方便交手了数十次之多！可见战况有多么惨烈。

可就在两个月以后，也就是公元27年正月，双方士兵都疲惫无比之时（此时汉军已经占据了一定的优势，证据就是这两个月以来陆陆续续投降汉军的赤眉军战士已经超过了五千人），本来早该到洛阳的邓禹所部却突然出现在战场附近。

原来，熟悉冯异领兵打仗的邓禹料定，冯异一定会在崤山一带拖住赤眉军，为了战胜赤眉，重新得到光武帝的青睐，邓禹决定推迟数十天再往洛阳出发，这样正好能在赤眉军最为虚弱的时候给予其致命一击。

所以，冯异军和赤眉军已经交战了两个月以后邓禹才姗姗来迟。

到了战场一带后，邓禹立即派出使者联系冯异，称要和他从两个方向一起攻击赤眉军。

这是明显抢功，吃相要不要这么难看？可冯异没有发怒，他是一个为了大局可以不顾自身利益的厚重将军，可哪怕是不顾自身利益，还是不会答应邓禹的提议，主要的原因还是当初刘秀给他大战略上面的提议。

基于此大战略前提，冯异婉拒了邓禹的提议，并语重心长地派人和邓禹说："我现在已经和赤眉军对抗了数十天之多，虽然在局面上稍稍占据了主动，但赤眉军剩下的战力依然不可小觑，实在无法一战而定之。现在最好的办法就是继续耗着他们。他们的粮食已经不多了，士气越来越低落，我们可以用防守来进一步磨灭他们的士气，用仁德来削去他们对抗的决心。这样，相信用不了多长时间赤眉军就会自行瓦解！"

邓禹已经疯了，现在的他急需用一场漂亮的战役来重新夺回他在光武帝心中的地位，所以，冯异的好言相劝非但没起到什么正面的效果，反倒是适得其反。

那邓禹听得冯异的建议后气得破口大骂，认为冯异就是在拖延时间好让自己无功而返。

于是，愤怒的邓禹也不管冯异，直接命邓弘率一部兵马为前部攻击赤眉，而自己则亲率主力部队为中军于后跟随。

可以往攻无不克、战无不胜的赤眉军这次在邓弘前部的攻击下变成了胆小如鼠之辈，数倍于邓弘部队的赤眉军竟然一战而溃，落荒而逃，甚至将他们看作生命的粮食辎重都留在了后面。

不知何故，史料上也没有记载具体原因，总之邓禹的部队现在已经好长时间没能吃上东西了，所以一个个如同恶鬼一般冲到了这些辎重车辆面前。他们疯抢乱夺，阵形大乱，他们将那些还是生着的粮食就那么往嘴里面塞，邓弘拼命制止也无济于事。

于是，灾难来了。

樊崇等人见计谋已经得逞，乃迅速令"落荒而逃"的赤眉军"转逃为攻"。

此时的赤眉军哪里还有之前那副窝囊的样子？而是如恶鬼一般冲向邓弘所部，见人就砍，见活物就杀。

邓弘所部正在最混乱的时候，哪里想到这时候的赤眉军会突然杀一个回马枪，所以乱上加乱，有的甚至落荒而逃。

邓禹见状，急率全部兵马前来营救。

而就在这时，从后方传来一阵轰隆隆的巨响。

原来，一直观察战场局势的冯异见邓弘危机，也在第一时间率数万精锐前来营救。本来已岌岌可危的邓弘前部竟然在两军到来援救的时候恢复了生气，也开始拿起手中的钢刀反击起来。

逐渐地，占尽优势的赤眉军竟然被打得退回。这可是一个极好的现象，邓禹都快乐疯了，可冯异没有，非但没有，他还有一种极不协调的感觉，那就是感觉赤眉出来的人实在是太少了。

据他所知，现在赤眉军的纯战力再怎么低也绝不会低于十五万大军，可现在和自己正面决战的赤眉军怎么可能只有数万之众呢？不对劲，这实在是太不对劲！

想到这儿，冯异一个激灵，并赶紧拦住要率军继续追击的邓禹道："将军！现在的局面很不对劲，再加上我军征伐劳累，是不是……"

邓禹道："你不要和我说话！我知道你心里想的是什么！你逃你的，我打我的，爱来不来！"

话毕，邓禹直接率本部兵马前往追击了。

冯异哀叹一声，他倒是想不去，可关键是能不去吗？眼睁睁看着邓禹孤军追上前去？要是真这样的话哪怕邓禹以后不将责任推到他的身上，身在洛阳的光武帝也绝对不会放过他。

想到这儿，无奈的冯异只能率数万精锐前往冲杀。

大概半个时辰以后，拼了命逃跑的赤眉军冲到了一个四面高地的兵家"死地"。然后，他们不跑了，而是慢慢回头，眼神戏谑地看着追上来的汉军。

想立功已经想疯了的邓禹见此也知道自己中计了，可这时候明白已经晚了。就听天空嗖的一声哨箭响起，紧接着鼓声雷动，不计其数的赤眉军战士从高地之上从四面围攻汉军。

顿时，不管是邓禹的军队还是冯异的军队全都丧失了指挥系统，整个汉军被惊恐和无措的情绪所弥漫。紧接着便是残杀了。无数的汉军被残杀，能活着的只有那些跪地投降的汉军。

本次战役，邓禹的西征大军全军覆没，仅带二十四骑逃回洛阳。

回到洛阳以后，邓禹无颜再见光武帝，他赤身露背，蒙着自己的眼睛来见光武帝，并上交了大司徒、梁侯的印信绶带，请光武帝将其斩杀。

光武帝虽然生气，但见自己的老同学、老下属已经成了这个样子，心中也是心疼，便解开了蒙着他眼睛的布，并亲自将其扶起，还将梁侯的印信还给了他，只不过他的官职却从大司徒变成了右将军，而这，已经是光武帝能给予邓禹最大的优待了，毕竟因为他，将冯异好好的局面给破坏了。

那天，邓禹跪在光武帝面前，抱着他的双腿哭了好久好久，谁都不知道这两个老同学接下来又说了什么。

邓禹，一个卓越的大战略军事家，他的战略眼光极为毒辣，每每能在敌人行动前就判断出他们下一步的行动，进而制定具有针对性的战略措施。可他指挥战斗的能力实在是太差，这也是他总是失败的最主要原因。

张良为什么从来都不统率部队出征作战呢？原因大概就在此吧。

冯异方面，本次带来救援邓禹的数万军中精锐全部战死，只带数人狼狈逃回大本营固守，本来积累的优势已荡然无存，相反却陷入了无限被动之中。

可好在冯异手下还有数万战力，再加上防守战一向是汉军的优势，所以赤眉军虽然经过了多次攻坚战，却都被冯异给挡了下来。

于是，本来士气已跌至谷底的汉军又开始重新振作。反观赤眉方面，久攻不下，使得本来旺盛的士气逐渐回温。

见此，樊崇下令停止了对冯异的进攻，而是效仿当初之刘邦，不断派遣士兵至冯异大营下辱骂叫阵，声称要和冯异决一死战。

一连三日，冯异方面毫无动静，可就在第四天的时候，冯异终于答应了樊崇的要求。不过冯异也是有条件的，那就是再过几日，双方都养精蓄锐以后，每方约定一个场所，都派一万士兵决战，谁输谁投降。

看着冯异的回信，樊崇简直不敢相信自己的眼睛，这就是闻名天下的大树将军？他不知道什么叫作兵不厌诈？

想到这儿，面容阴冷的樊崇当即答应了冯异的要求，准备一口吃掉冯异。

几日以后，赤眉一万人，汉军一万人分两方列阵。

咚咚咚……随着一阵阵有节奏的鼓响，双方士兵疯狂地冲向对方，他们砍，他们杀，整个战场处处血肉残肢。可双方的将领皆各有所思，每个人脸上都平静无澜。

大概半个时辰以后，确定冯异没有什么阴谋诡计以后，樊崇冷冷一笑，然后冲一旁的传令兵打了一下手势。

呼呼呼，瞬时之间，几杆大旗迎风而起，然后杀声震天，如烈火一般的赤眉军从赤眉大营方向冲杀过来。很明显，樊崇爽约了。

而这时候，冯异绝不能退，因为交战正酣时退兵为兵家大忌。如果真的退兵了，这一万士兵绝对无法保全。对于现在的冯异来说，这一万士兵是万万不能扔下的。

樊崇便是看破了此点才毫无顾忌地答应和冯异决战，意图将小型战演变成全军性质的大型搏杀。

而冯异呢？好像真的中计一般，也对传令兵打了一个手势，紧接着，所有尚在营寨的汉军也都冲了出来，和赤眉军决战。

就这样，两军迅速地厮杀在一起。

时间一点一滴地过去了，樊崇满面笑容，冯异面无表情。眼看着人数上处于绝对劣势的汉军已逐渐不支，而赤眉军一众士兵的动作也开始懈怠之时，冯异突然站了起来，然后亲自将手中令旗向空中一划。

紧接着，咚咚咚的鼓声大作。随着鼓声的响起，战场两边突然出现数千身着赤眉服装的人，他们拿着首环刀直接冲到了赤眉军的侧翼，那是见人就杀，毫不含糊。

赤眉军一众人因为分不清哪个是敌人，哪个是自己人，所以一时之间相互砍杀，全军混乱崩溃。汉军也趁着这个机会拼死反扑，局势竟然在一瞬之间完成逆转。

见大势已去，樊崇急忙下令全军速往东南方向撤离，惹不起我还躲不起吗？打不过你我绕过去总行了吧。

此战，赤眉军损失数万正规战力，且算上随行家眷，投降冯异的竟然超过八万人！

经此大败，樊崇再不敢得罪刘秀，只能往东南，意图绕过洛阳再行计较。

本来，冯异是想继续追击的，可光武帝突然一封信使其再不动了。因为冯异知道，赤眉军完了。

那么光武帝给冯异这封信上说的是什么呢？请允许我先给大家讲一种动物。

狼，是一种群居动物，在每一个狼群里都会有一头最为凶狠强壮的狼王。而狼王不仅仅身体强壮，它的智慧同样是狼群里最为优越的。

在面对同样凶猛甚至胜过自己的动物面前，这个狼王总会先让手下群狼对其进行车轮式攻击，然后在这个本来凶猛的动物已经奄奄一息之时再给予致命一击，以此来彰显自己的强壮，进而继续巩固自己的王位。

而刘秀，便是狼中的狼王。他非但能一口咬死对手，还能通过自己的强壮来不战而屈人之兵。

当刘秀听说冯异用计谋大败樊崇以后，料定赤眉军的逃跑路线，于是给冯异写了一封信（在最开始的时候，你虽然被赤眉军折断了双翼，但在最后关头终于重新展开了翅膀，可以说在东边丢了东西，而在西边重新找回来了。对于你，朕是一定要赏赐的，现在，将军你就好好休息一下吧，至于赤眉，就交给朕来亲自处理），然后刘秀亲自组织带领洛阳所有的部队提前一步堵住了赤眉军的道路。

公元27年正月，赤眉军残部一行人呼呼啦啦地来到了宜阳附近。

可就在这时，一名斥候急急忙忙地跑到了樊崇的面前，近乎失魂地道："报，报将军，前方道路已被汉军所堵，我军无法通过。"

一听这话，樊崇的心咯噔一下，然后急切地道："汉军共有多少人马，是谁带的部队？"

那名斥候失魂落魄地道："人数多少不知道，我只看到方圆数十里全都是汉军兵马，根本数之不尽，带、带、带兵之人就是刘秀本人。"

"什么？"

听了这话，一向处事不惊的樊崇颓丧地跪坐于地，他已经没有任何取胜的希望了。

也不怪他这么想，看看双方的力量对比就知道樊崇为什么如此绝望了。

刘秀的统兵能力就不用多说了，比之樊崇绝对只高不低，咱只说他的兵力。

之前我也介绍过了，光武帝现在洛阳的士兵绝不下于十五万之数，并且这些士兵都是跟随光武帝常年南征北战的精锐之师，单兵作战能力绝对不次于赤眉。

而赤眉呢？经过之前的连番作战，现在士兵满打满算不过十万，且都是一些士气低落、疲惫至极的士兵，根本无法和刘秀的精锐之师相抗衡。

逃跑？那就更不可能了。要知道，赤眉军可不单单只有士兵，这些士兵的家眷也全都在其中，根本无法逃过汉军的追击。

基于以上，樊崇无奈地发现，除了投降光武帝再也没有任何一条路可走。

于是，他只能派遣同样拥有皇室血脉且能说会道的刘恭前往刘秀军营谈投降的条件。

那刘恭见到光武帝以后直接行了跪拜大礼。可光武帝看都不看他，只是冷淡地道："什么事？说吧。"

刘恭："我们主上刘盆子想率所有的部众投降陛下，不知道陛下会怎样安顿？"

刘秀漫不经心地道："呵呵，怎么安顿？告诉你们家刘盆子，朕能做到的只是饶他不死，仅此而已。实际上朕更希望你们赤眉军能和我打上一场！朕已经很久都没打仗了，手痒得很！"

是呀，这段时间中原大乱不断，刘永、邓奉等辈接连给他造成麻烦，他早就想发泄了，所以全都是杀气。

刘恭一个哆嗦，不敢再言其他，赶紧将光武帝的回复报告给了刘盆子。

当赤眉众人听了刘恭的回复以后全都默然了。他们服吗？不服，但是没有一个人敢说和光武帝拼一下。因为双方的实力差距实在是太大，大到根本无法产生什么反叛念头的程度。所以心中虽然有所不服，众人还是决定向刘秀投降了。

公元27年正月十九日，刘盆子携樊崇、逢安、徐宣等一众赤眉首脑袒胸露背投降光武帝，赤眉军所有士兵都如释重负一般将手上的兵器扔到了宜阳城西。

当天，宜阳城西的兵器堆成了一座大山，简直要比熊耳山还高（这个评价有点儿过了，要知道，熊耳山可是有两千多米那么高呢）。

可到了次日，穿戴整齐、准备彻底归入汉军的赤眉众人却被刘秀吓傻了。那刘秀在第二天竟命所属士卒陈兵列阵，并在马上以极为蔑视的姿态看着樊崇道："服吗？"

"……"

刘秀道："我知道你小子不服，我也不想逼迫你们赤眉投降。看到了吗？"

话毕，刘秀指着宜阳城西的那座兵器之山对樊崇道："那些兵器连动都没动，朕现在就陈兵列阵在这儿，朕不动，你樊崇马上带着你的部队重新捡起兵器，并摆开阵势和朕厮杀一场！等什么时候打服你了，你小子再投降朕也不迟。怎么样？朕是不是很仁义？"

樊崇的手在激烈地颤抖，这不是害怕，而是愤怒，而且是极度的愤怒。现在的樊崇是真想转身便带着后面的赤眉军和刘秀生死搏杀一场，宁可战死在沙场也不再受刘秀这等侮辱！

可同时，他也无奈地表示不能。

为什么呢？

因为现在的赤眉军已经完全丧失了斗志，他们想做的只是一个普普通通的老百姓，回家种田就好。

基于此，樊崇虽然怒得青筋暴起，但最终还是没动。

徐宣怕樊崇一时冲动而酿成大祸，所以赶紧跪在刘秀面前叩头道："陛下这是哪里话，我们既然来到这里，便已经决定将性命交到陛下手里，怎么还会有不臣之心呢？还请陛下不要再怀疑我等的忠心，请接纳我们吧。"

话毕，徐宣狠狠地扫了一眼剩下的人。

结果，刘盆子，连带樊崇、逢安等一行人全都给刘秀跪下叩头，并宣誓效忠。

就这样，刘秀接纳了赤眉连士兵带家眷三十余万人。赤眉军从此告别了历史的舞台。

回到洛阳以后，光武帝将樊崇、逢安等一众武派将军安置到了洛阳，并给他们土地和住宅，让他们安家落户。

可当了多年领导的樊崇、逢安实在受不了寄人篱下的生活，便在不久以后再次预备谋反独立，结果事泄，准备谋反的这些武派皆被光武帝诛杀。

杨音、徐宣等文派并没有什么威胁，刘秀给了他们一些财产让他们回家乡生活了。而这些文派的老实人最终安安稳稳地度过了一生，老死在自己的家乡。

至于刘盆子，光武帝可怜他的遭遇，便任其为赵王刘良的郎中。后来刘盆子患病，双目失明，光武帝便赐给了刘盆子一些食邑，让其安稳地度过了余生。

好了，我们还是再把时间跳回去，看看中原的情况。

话说自邓奉独立以后，力量以几何级数向上狂飙，光武帝断然不会留一个炸弹在自己身边埋着，所以从吴汉回到洛阳以后便聚集士兵，准备彻底消灭这个心腹大患。

公元26年十一月，光武帝命岑彭为征南大将军，率八将军领数万士兵前往南方平定邓奉。

岑彭南征军大举南下，这第一个目标便是身在堵乡的董訢。

董訢见汉南征军声势浩大，知道无法力敌，便第一时间派遣使者往邓奉处请求援军。

邓奉当然知道唇亡齿寒的道理，于是精挑细选精兵万余北上救援。

邓奉精锐到达堵乡一带后，以坚固之方城为主要根据地，占四方之险和岑彭狠斗游击防守战。

邓奉，绝对的将才，在他如鬼神一般的战术下，岑彭处处被动，始终无法占据主动，几个月也没有半点儿成效，反倒是有要被邓奉打跑的态势。

身在洛阳的光武帝着急了，这南征军在第一关便过不去了，以后还怎么打？于是准备亲自率军出征。

同时，就在光武帝头痛之时，一个个不好的消息接踵而至，使得光武帝越发头痛欲裂。

首先，刘永方面。

那刘永在盖廷的强力攻击下本来已经奄奄一息。可就在公元27年二月，青犊余部突然在轵西（今河南省济源市及今山西省运城市垣曲县之间）起义，祸害村邑，对洛阳造成了一定的威胁。

而此时的刘秀正准备集中力量对付那个让他头痛欲裂的邓奉，所以不想过多搭理青犊余部这只蝼蚁，乃在权衡利弊的情况下一面派太中大夫伏隆前往齐地劝降张步，将其拜为东莱太守，以孤刘永之势，一面调回盖廷所部与吴汉所部会师共击青犊余部。

但刘永却借着这个千载难逢的机会重新整兵振作，又封董宪为西海王，张步为齐王，意图争取他们的支持。

那张步见光武帝收复了赤眉军，气势正旺，本来已经答应了伏隆投降东汉，可架不住刘永给的爵位高，便杀掉了伏隆而依附刘永。

至于此，盖廷之前拼死拼活打下的优势已荡然无存。

再看北边彭宠方面。

话说彭宠自消灭邓隆以后便开始专心攻击蓟城。直到公元27年三月，彭宠终于攻下了蓟城，朱浮则落荒而逃，继而不知所踪。

拿下了蓟城，彭宠进一步动作，他先是自称燕王，并向北和匈奴结盟，然后又向南结盟张步。

这之后没多久，在彭宠暗地里的操作下，涿郡太守张丰又自称无上大将军，宣布从此独立，并与彭宠结盟。

因此，彭宠之声势大振，北州震动。

当此北忧渔阳，南事梁楚，张步雄视于齐的危难时刻，光武帝知道，如果这时候西北无冕之王隗嚣再出来攻击他，那他就真的危险了。

于是，光武帝叫来了外交专家来歙，并语重心长地和其道："现在正是大汉皇朝最危急的时刻，所以西北方面必须稳住！这一次朕派你出使隗嚣的地盘，不管你拿什么来承诺他，朕只要求一件事，那就是必须稳住他，千万不要在朕南征之时背后捅刀！"

来歙见光武帝如此郑重，也知道了现在局势的恶劣，所以深深对光武帝一拜，并立军令状。

隗嚣，为人阴狠果断，不知道来歙给了他什么承诺，反正他是答应了归顺刘秀，并确确实实在刘秀最危难的时刻没有攻击他，也不知道他以后会不会后悔。

公元27年三月，确认了隗嚣不会在西方动手以后，光武帝已全无顾忌，乃集结洛阳十余万大军亲自往堵乡攻击邓奉。

十余万洛阳精锐，还是光武帝亲自带队，邓奉想要胜利的可能微乎其微。但就是这样，邓奉依然没有放弃抵抗的希望。当光武帝和岑彭会师于叶（今河南省叶县）以后，他和董䜣率领全部精锐堵在了汉军的必经之路，一个山间口上，以谋当初李左车献计击韩信之故事。

光武帝熟读兵、史两书，岂能不知邓奉那点儿小伎俩？所以他并没有率兵马进入那要人命的山间小路，而是命大军屯军在山间路外观察形势另谋他计。

可邓奉此计就是明显的阳谋。你不进攻？好啊，那咱们就在这耗着，反正你光武帝的军队多，粮食消耗是我们的太多倍。

你派部分人来进攻？不好意思，我就堵在你山间小道的出口，占尽了优势，让你士兵根本无法发挥全部战力。

你所有的军队都来进攻？那更好了，等你进入山间以后我便出动两翼迂回到你的大后方，断绝你的粮道，封住你的退路，让你进退不得，最终死在这个恐怖的山间里。

所以从表面上看，光武帝现在劳师动众地绕道才能越过这个山间。

可岑彭不干！这么长时间以来，自己以雷霆之势出击邓奉却无尺寸之功，不管是为了自己争一口气还是重新夺回在光武帝心中的地位，岑彭都必须拼这么一把！

于是，他自告奋勇地请命从山间进攻邓奉、董䜣驻扎在山口的大营。

光武帝虽然心中对岑彭不报多大的信心，但见岑彭如此坚持，就试着让他打一次看看。

史料中没有记载这次战争的任何经过，但他确实率领本部兵马将这块当初韩信都不敢啃的骨头给硬啃下来了。

联军大营被破，光武帝再无顾忌，当即全军通过了山间。

至于邓奉、董訢方面，唯一能阻挡光武帝的地方被攻破了，就凭自己这点儿兵力根本就不够光武帝塞牙缝的。

于是，邓奉抛弃了董訢，仓皇从堵乡逃回了淯阳。而失去了邓奉这个强援，董訢再提不起对抗光武帝的勇气，乃投降于光武帝。

这之后，光武帝马不停蹄、兵不卸甲，再破邓奉于淯阳。

邓奉再败，逃入小长安继续抵抗光武帝的攻势，他现在只能祈求周边其他势力能趁着自己拖住光武帝的时候赶紧从四面八方向光武帝进攻，进而将光武帝吸引而去。

可他的如意算盘明显是打空了。周边的那些势力虽然都对东汉虎视眈眈，但谁都没勇气当这个出头鸟，所以在光武帝攻打小长安将近一个月后，实在抵挡不住东汉军进攻的邓奉只能赤身露背地前往光武帝军营投降。

光武帝怜悯他是自己姐夫的儿子，曾经又有保护阴丽华一家的功劳，同时爱惜他的军事才能，便想放他一条生路戴罪立功。可岑彭和耿弇却急劝道："陛下绝不可放过邓奉！邓奉的背叛，使得大汉军队整整拖延了一年多，差一点儿让陛下的军事计划破产！且邓奉击贾复、擒朱祐，连连挫败我汉军，使我大汉声威受到了严重的打击！这种人如果不杀，怎么显示陛下您的军纪法令严明？怎么使我大汉臣民心服？况且，陛下亲自前来征伐，他邓奉也没有投降，而是直到无力再战才无奈投降，这种白眼狼，陛下您敢用吗？您就不怕他以后再行背叛？"

光武帝仔细一想确实是这个道理，便斩杀了邓奉，却赦免了他麾下的将士和子民。

持续一年之久的邓奉之乱，彻底宣告平定。且在光武帝刚刚平定邓奉之乱以后，又从西面传来了好消息，让刘秀高兴得差点儿没蹦起来。

为什么呢？因为西面的延岑被冯异给打跑了，西线短时间内再无直接威胁。

当初赤眉军刚刚撤出关中的时候，除了延岑这个关中最大的势力，还有如下邽王歆、新丰劳丹、霸陵蒋震等很多的割据势力，他们都各自称将军，拥兵多者万余人，少的也有数千人。

在这种情况下，休整完毕的冯异稳稳向西且战且进，他不直接攻击延岑的势力，而是不断鲸吞那些周边的小"将军"们，将他们的兵力全都变成自己的。所以不出几个月，冯异的军队就达到了十余万之多。

公元27年四月，已经拥有绝对兵力优势的冯异突然兵进上林苑，兵锋直指长安。

延岑听闻消息，立即派遣部队前往上林苑阻击冯异（战役过程无所载）。可最终延岑却被冯异大败！

此次大败，使得延岑老本赔光，只得带着有限的残部自武关南走南阳。

击退延岑以后，冯异分兵略地，在极短的时间内击破了各个割据在关中的独立势力，使得关中地区得以重新一统。

而统一了关中以后，冯异并没有丝毫懈怠，他先是重赏了那些随军征战的战士，然后立下极为严苛的军令，命所有士兵将领不得掠夺百姓任何财物，不得对百姓施以任何形式上的暴行，一旦发现，定斩不饶！

一时间，关中安定，那些已经要被兵祸给祸害死的老百姓全都趴在地上痛哭流涕，感激冯异和光武帝的声音震彻云霄。关中的百姓确实是苦了太久太久了。

话说延岑到了南阳以后还不消停，竟然在不知不觉中又召集了很多同伙在南阳兴风作浪。

光武帝这时候刚刚平定邓奉，正准备向北攻击彭宠，一听南阳又出事儿了，气得不行，直接令大将耿弇率北方突骑往南阳讨伐延岑。

那延岑新招募之兵全都是没什么战阵经验的小兵，面对耿弇的凶猛攻击全无抵抗力，交战没多久便被耿弇冲得七零八落。

最终，延岑好不容易招集的部队死的死降的降，狼狈的延岑只能往南再投秦丰。

按说，似延岑这样接连背叛主人的人，统治者都不会用，可这时候岑彭大军已临近，秦丰正是需要延岑这种熟悉军事的人替他挡灾，所以秦丰非但没有对延岑有任何鄙视，反倒是对其信任有加，还将自己的女儿嫁给了他，给他士兵，放心让他前去抵挡岑彭的进攻。

那这又是怎么回事儿呢？岑彭是什么时候开始进攻的秦丰呢？我们再将时间移回到公元27年四月。

除掉邓奉这个心腹大患以后，刘秀率军回到洛阳，积极训练步兵防守骑兵的技巧，准备亲自向北讨伐彭宠。

与此同时，盖廷、吴汉也成功将青犊余部消灭，刘秀命两军稍作休整便立即向东讨伐刘永。

此外，刘秀还让征南将军岑彭继续向南攻击秦丰，意图一举消灭多个心腹大患！

我们先来看吴汉、盖廷这一路。

本次，吴汉、盖廷所部经过整编后共率十万人再击刘永。

本次作战，由吴汉全权主导，他经过再三思索，定下声东击西之战法，将全军分为两部，一部由盖廷率三万佯装六万的军队攻击睢阳刘永，意图拖住刘永让他无法救援苏茂，另一部主力则由自己亲自率领，急往广乐攻击苏茂。因为吴汉知道，只要广乐一下，刘永必独木难支！

可出乎吴汉意料的是，那刘永竟看破了吴汉的伎俩。此人根本没管盖廷的军队，而是命手下大将周建带领几乎全部家当（十余万）前往广乐和苏茂合兵一处共拒吴汉，自己则坚壁清野，死死顶着盖廷的攻势（防守战是刘永的强项）。

现在的吴汉，最多有士兵七万余人，可刘永的部队加上苏茂的部队最少不下十四万！于是，周建直接对吴汉展开了全方面进攻。

而吴汉，这个进攻的疯子，他从来都不知道什么叫防守，也不屑于去防守，哪怕对方的士兵是自己的两倍有余。

基于以上，吴汉带着七万人正面硬撼周建的十四万大军！两军交手以后互有胜负，双方士兵生死搏杀，却没有一个后退的。

最开始，吴汉以为凭借汉军的精锐，凭借自己在军中的声望地位（给士兵士气加成），哪怕对方有十四万大军，他也会在瞬间将这些门外汉消灭殆尽。

可随着交战时间的延长，吴汉发现事情不对了。因为敌军非但没有后退惨败的迹象，反倒是运用兵力优势慢慢向两翼延伸，逐渐有包围东汉军的架势。

吴汉行军打仗多年，当然知道绝不能让敌军包围。于是，他亲自率领三千军中最精锐的轻骑兵迂回至敌军侧翼，意图从侧翼击穿敌阵，给敌军造成混乱，之后让主力部队一鼓作气消灭敌人。

没错，吴汉是厉害，但这天下不仅他一个人会打仗，他明显小视了天下英雄。

那周建见西方尘烟滚滚，当即看穿了吴汉的意图。第一时间命令五千骑兵前往援助，并打旗示意侧翼士兵注意防御敌方骑兵突击。

得到周建的命令，侧翼便有了防备，于是立即停止行军并布下层层防骑之阵。

轰！伴随着一声惊天巨响，吴汉所率骑兵冲入敌军大阵，整个侧翼顿时人仰马翻！

那吴汉虽突破层层防线，却惊奇地发现，本次突击再没有了以往的顺畅，因为面前这些敌人并没有怎么慌乱，而是在有条不紊地进行防御，并有逐渐将其合围的架势。

且在此时，大后方又尘烟漫天，轰隆隆的马蹄声由远及近。前突突不进，后退敌军又至，吴汉知道，这次行动失败了。

为避免被敌军彻底包围，吴汉迅速下令所有骑兵急速撤退。他手下的骑兵皆是跟随吴汉行军打仗多年的军中精锐，所以令行禁止，厮杀一瞬便打出空当急速后撤。

可就在这时，周建军中的一名将领眼看追击不上，便抽出弓箭，瞄着吴汉便砰地一击！

嗖，随着箭矢的破空之声，本来正在马上飞奔的吴汉差点儿掉下战马。

为什么？因为那支箭矢直接扎进了吴汉的大腿！

吴汉忍着撕心裂肺的剧痛，硬是带着部队成功逃回去了。

就这样，一天的大战结束了，两方虽然谁都没有占据绝对的优势，但周建毕竟人多，如果继续这样下去，吴汉的部队早晚会被吃得渣都不剩。再加上军中谣传吴汉失利受伤，现在已经岌岌可危，所以士兵们更是开始恐慌，士气正急剧下降。

针对于此，吴汉当即命令手下将士杀猪宰羊，在今夜吃一顿饱的，然后让这些将领将自己的话传给军中的那些士兵："贼兵虽众，但都是一些抢劫平民百姓的盗贼，他们胜不能互相谦让，败不能相互救助，所以耐力极差。现在之所以能和我汉军僵持不下，主要原因就是认为自己人数多进而强撑而已！所以只要坚持住，我们汉军必能胜利！你们不是说我吴汉受伤快死了吗？好哇！那本将军明天就亲为前锋，带你们上阵杀敌！想要我不死，那你们就快点跟上来，别让我被包围。"

次日，伴随着咚咚咚的鼓声擂响，周建大军逐渐向东汉军的方向行进，可吴汉的东汉军只是列好了阵形，却没有动弹。

不一会儿，一个斥候急速冲到吴汉面前。他对吴汉单膝一跪，然后干脆利索地道："启禀将军！敌军已至，所行之阵和昨日并无两样。"

一听这话，吴汉哈哈大笑，然后亲率早已准备好的四部精锐及三千极为强壮的乌桓突骑为前锋直奔周建本军而去。

咚咚咚咚……鼓声未毕，吴汉已率前部急速向前冲杀了过去！

见本军主帅真的杀了过去，后面的那些东汉军全都疯了！他们在各自将领的带领下如恶鬼一般杀向周建正面的主力部队。

周建什么时候见过这种不要命的打法，什么时候见过拥有这种兵势的疯子！所以一时之间竟不知如何布置。

可就在这一晃的工夫，吴汉的三千乌桓突骑已经杀到了近前，周建如同疯了一般对身边的传令兵吼道："快！快让两翼加速合围，让中心战士布防……"

砰！没等说完，就听一声巨响，中军第一层防线被那些可怕的乌桓突骑轻松地突破了，那些士兵被这些可怕的突击骑兵突得血肉横飞、支离破碎！

紧接着，后面的四部精锐在吴汉的带领下顺着这个缺口直接杀进了中军大阵。他们都是东汉军中最为精锐的，手中首环刀上下翻飞，人头漫天飞舞，一瞬间便将主动权牢牢地"打"在了手里。

后面跟随的东汉军见前部如此勇猛，便更加奋勇争先，疯魔一般向前狂奔！只在左右后方各留五千人结阵防守断后而已。

当这些士兵也冲进了周建中军以后，吴汉再次怒吼一声"杀"！一旁传令立即对着高地战鼓群举起旗帜。

咚咚咚咚……无尽的战鼓声响彻云霄，吴汉前部兵马立即放弃本地搏杀，转而突至后方周建所在本部。

此时，周建大部队全都分散在左右两翼，所以后军根本就没有多少兵马，再加上这时候的周建早就被吴汉前部强悍的战斗力给吓破胆了，所以根本不敢接招，转而就往后撤！

吴汉岂能放过这天赐良机，急令前部不要命地向前追击！

越来越远！见主帅的军旗已经距离自己逐渐远去，周建的那些士兵就是再笨也知道主帅被吴汉给打跑了，顿时便没有了继续争斗的心思，于是大军退散，四处逃窜。

而此种战局早就在吴汉的预料之中，所以汉军反应极为迅速，部队瞬时之间分成多股追击敌人，只有万余人死跟吴汉追向周建。

于是，本次战斗以吴汉不要命的战法大胜而告终。这可真是狭路相逢勇者胜！

可这还没有完，那周建拼了死命地往回逃，终于逃到了附近的一处村邑。正准备布防死守，不料已经陷入了疯狂模式的吴汉已如奔雷一般杀到，没等周建布防完毕便冲进了此村邑。

此时的周建也是被吴汉杀出了真火，他也不管不顾了，就这么率领残余的部队和吴汉的追兵展开了惨烈的街巷战。

一时间，整个村邑到处喊打喊杀，鲜血残肢遍布村邑，可吴汉部队的战斗力实在太彪悍，周建所部虽已下必死之决心，但还是无法抵挡这些人的进攻，没多长时间便陷入了颓势。

周建无奈，只能率领数十名还活着的心腹狼狈往睢阳而逃。

到这儿，吴汉不再追击周建了，他必须趁着刘永主力大军被打散，没有重新凝聚的绝佳时机迅速拿下睢阳。

于是，重新整合了部队以后，吴汉马不停蹄地杀向睢阳，并成功和盖延完成了会师。

此时之睢阳主力尽失，之前出征的周建也带走了绝大部分的粮食，所以睢阳守军一见周建大败，早就失去了战斗的信心。如今见吴汉这么快便和盖延会师，士气更是降到了冰点，哪里还有再战的心思。

刘永见军心已经涣散到了如此地步，哪里还有信心再战，只能率少数心腹突围而走，意图东山再起。

可盖延和吴汉却不想放过这个光武帝的心腹大患，所以奋起直追，不杀刘永誓不罢休。

最终，刘永手下一个叫庆吾的心腹将领受不了了，他偷偷杀死了刘永，并将刘永的首级献给了吴汉投降汉军。

刘永已死，主心骨没了，残余势力逐渐衰竭，虽然后来周建和苏茂共立刘永之子刘纡为帝，但大势已去，再没有了东山再起的机会。

光武帝也懒得再搭理这只残缺的蝼蚁，便命吴汉和盖延撤回洛阳，准备对付北方的彭宠，只留马武一个人率领少数部队攻击刘纡。

直到公元29年，马武彻底击破这个刘永的残余势力，周建战死，苏茂、刘纡则狼狈逃窜，投奔了董宪。

再看岑彭的南征军。

那岑彭自得了刘秀的命令以后不敢有丝毫耽搁，在刘秀北上后便率军一路向南，兵锋直指黎丘之秦丰。

秦丰不敢怠慢，命手下大将迎战岑彭，但岑彭指挥得当，士兵骁勇，使得秦丰前往阻击的部队接连失败。

秦丰见岑彭势不可当，再让他继续这样肆无忌惮地前进下去自己就将永远地失去主动。于是，为了抢夺主动权，不让岑彭再这样肆无忌惮地走下去，秦丰乃亲自携全部精锐提前驻扎在邓县，并利用地形布置超长防御壁垒堵住了岑彭的去路。

岑彭虽狂攻不断，但自始至终都无法突破秦丰的防守，使得大军数月而不得进。

当光武帝听闻此消息以后真是气得不行，直接写信给岑彭大骂其无能，并直言实在不行就给朕滚回来，朕另派人去南征。

当时，岑彭之军虽然精锐，但只有区区三万人而已。而秦丰的部队呢？最保守估计也有八九万人，所以看似刘秀不近人情。可刘秀是真的不近人情吗？我感觉未必。

在我看来，刘秀并不是不近人情，而是因为他太了解岑彭这个人了，知道岑彭只有给他压力才能让他前进。

而事实也确实如此，岑彭在此前有狼后有"虎"的情况下还真被逼迫出了一条绝妙之计。

一天夜里，岑彭突然下令全体将士，告诉他们自己要改变行军路线，改向西攻打山都以后绕道攻击黎丘。并让他们立即跟随自己撤退。

在撤退的过程中，岑彭命俘虏营的守卫故意放松对秦丰俘虏的警戒，让他们能够成功逃走。

那些俘虏逃回秦丰处以后将岑彭所部的情况一五一十地汇报了上去。秦丰听罢一个哆嗦，赶紧率领主力部队往西阻击岑彭去了。

可岑彭真的是去了西面吗？当然没有。

当所有的俘虏全都成功逃走以后，岑彭突然改变了行军的路线，秘密渡过沔水，于当夜突袭了阿头山。

阿头山将领张杨之前已听说岑彭西去之事，于是放松了警惕，却没想到岑彭之部神兵天降，所以阵营大乱，只一晚便被岑彭全歼。

干掉了阿头山的敌军以后，整个大防线就等于是被突破了。岑彭马不停蹄，从山间伐木开路，在极短的时间内便从这个隐秘的近道杀到了黎丘城下。

可到了黎丘以后，岑彭并没有在第一时间进攻，而是靠东山扎营，布置十分奇怪。

黎丘守将可不管岑彭布的什么奇形怪状的营寨，他只知道汉军杀过来了，便赶紧派快马前往秦丰处汇报情况。

直到这个时候，秦丰才知道自己中计了。黎丘可是他老家，是他的大本营，黎丘要是丢了，别说本军的士气会受到毁灭性打击，就是黎丘城内的粮饷资源也够他受的了。黎丘绝不能丢！

所以，秦丰当即下令，命所有士兵往黎丘方向疾奔。

秦丰虽蠢，但他也属于战阵经验丰富的老将了，所以进入黎丘境内以后并没有急于对岑彭开战，而是等到一个漆黑的夜里将部队分成两部，从两个方向一起对岑彭的大营发动夜袭，意图一举而定之。

可当秦丰率军进入了营寨以后，却见整个营寨空无一人，秦丰大叫不好，正要率军急往后退，却听咚咚咚的鼓声雷动，在他面前的东山在鼓响之后轰隆隆来回晃动，无数的汉军士兵借着东山这个高地优势向下急冲而来。

秦丰军全无防备，外加汉军以逸待劳、以高打低，悍勇无比，所以只一会儿的工夫便将秦丰打得狼狈而逃。

最终，秦丰的这些主力部队死的死降的降，只有秦丰带着少数亲信九死一生地逃进了黎丘。

按说，你秦丰现在被打成了这个德行，要兵没兵要粮没粮，那就赶紧投降得了呗。可人家秦丰不愧是一个硬汉，哪怕手上只有一个兵了人家也不投降，就这样守着一个黎丘和岑彭硬抗！硬是死死抗了岑彭数个月的进攻而保黎丘陷而不落。

公元28年二月，延岑围魏救赵，攻顺阳以救秦丰。

岑彭那边刚要有所动作，光武帝便制止了岑彭，让他只专心攻击黎丘。至于顺阳方面，光武帝则派出了邓禹领一部前往救援。

这次，邓禹没有让光武帝失望，以绝对的兵力优势打跑了延岑，也算是报了之前的一箭之仇。

延岑战败以后无法再援秦丰，且见秦丰早晚被攻陷，便前往投奔公孙述去了。

而此时的公孙述也感觉到了光武帝巨大的威胁，乃冒险收了延岑，并封其为大司马、汝宁王，让其据汉中，从而充当自己的马前卒和坚实的盾牌以防范关中冯异。

寄予厚望的延岑也跑了，现在的秦丰真的已经成了光杆儿司令，那么是不是就可以顺利拿下他了呢？

没那么容易。

因为就在岑彭即将拿下秦丰之时，夷陵一带的田戎又冒出来了。

一个月以前……

此时，身在夷陵的田戎见汉军地盘越来越大，岑彭的军威也越来越强势，便想要率本部兵马投降汉朝，以此换取后半辈子的荣华富贵。

可当田戎的妻兄辛臣听到此事以后却急劝田戎："老弟！这可不行啊！彭宠、张步、董宪、公孙述、隗嚣等辈才是天下的主人，刘秀所谓的'汉'只不过占据了天下巴掌大的一块儿地方，是没有前途的，不如静观天下大事，伺机而……"

田戎生气地插话道："大哥！你会看地图吗？看看！看看！现在整个河北两京及中原大片土地全都被刘秀给拿下了！这叫巴掌大的一块儿地方？汉朝征南大将军岑彭连克秦丰，收其旧部，现在大军已经达到数万之众，你还让我静观？再观我就被岑彭给吃了！到时候别说荣华富贵，就是想活都活不了了！"

辛臣道："我……"

田戎道："行了行了！别我我我的了，我意已决，绝对不会再有变动，你就老实地给我守着夷陵，等我成功归顺了汉朝以后必不会亏待于你。"

就这样，田戎带着几乎全部的兵马顺江而上，取道沔水前往黎丘投奔岑彭去了。

可他田戎万万没想到，就一个辛臣便将他的计划全都整破产了，还顺手将他推进了万劫不复的深渊。

那辛臣在田戎走了以后竟然立即叛变，带着自己的数百心腹将田戎的金银财宝洗劫一空，然后立即从小道提前到达了汉军军营投降，并诬陷田戎，说他现在正带领大军前来支援秦丰，并提议凭自己的关系写信给田戎劝降他。

岑彭从来没有想过这天下会有如此无耻之人，所以对辛臣的说辞没有半点儿怀疑，当即便准了他的要求。

而且，岑彭怕辛臣的信件不管用，还亲自带领主力部队堵住了田戎前进的道路。

那田戎收到了辛臣的信件以后气得差点儿没吐血，又气岑彭听信小人之言，竟在一怒之下真的宣布是前来支援秦丰的。

见田戎率领全部精锐来投，已经处于绝望边缘的秦丰大喜过望，当即将自己的小女儿许配给了田戎，以表示自己对田戎的重视。

岑彭方面，见辛臣的信件没起到什么作用，当即率领主力部队狂攻田戎大营。

双方激烈交战几个月。最终，田戎大败，率领残部慌忙逃回夷陵。而岑彭很明显不会放过这个痛打落水狗的机会，便携主力大军追击田戎至夷陵继续猛攻，且在同时命令围困秦丰的朱祐死死围住黎丘，不要给秦丰任何出逃的机会，就是饿也要饿死他！

见汉军不见兔子不撒鹰，已经被逼疯了的田戎决心孤注一掷，遂率全军在津乡和岑彭展开决战。

结果，田戎的残兵败将根本就不是岑彭的对手，交战没多久便全部向岑彭投了降。

无奈的田戎只能带着仅剩数十人的心腹前往投奔了公孙述。公孙述为了抵抗以后要面对的光武帝，乃封擅长水战的田戎为翼江王，据江以抗汉军。

岑彭方面，则令威虏将军冯骏驻守江州（今湖北省武昌市），都尉田鸿驻守夷陵，领军李玄驻守夷道（今湖北省宜都市西北），时刻准备对公孙述发动全面战争。

至于岑彭自己，则亲自驻扎津乡，四面八方派遣使者招降江南各地的割据政权及附近诸蛮夷。

现在，正是岑彭兵锋最盛之时，还有谁敢挡其锋芒？所以，江夏太守侯登、武陵太守王堂、长沙相韩福、桂阳太守张隆、零陵太守田翕、苍梧太守杜穆、交趾太守锡光，及周围的少数民族全都前往岑彭处投降了汉朝。并且没过多久，死守黎丘的秦丰也在粮绝的情况下向汉朝投降了，于是南方皆被汉朝所定，岑彭实居功至伟。

如今，干掉了刘永，平定了南方，西方也暂时没有什么危险，光武帝终于可以空出手来攻击彭宠了。

按照他最开始的想法，实际上是想亲自带领部队征伐彭宠的。可光武帝的手下都劝他不要这样做，因为现在南方虽然被搞定，但东边的张步和董宪一直都对汉朝虎视眈眈，西边的隗嚣也是不稳定因素，之所以现在都没敢怎么动弹，主要原因就是光武帝坐镇洛阳。可一旦光武帝离开洛阳，这些势力必定骚动，到时候难免会出现预计不到的状况，甚至有可能内外皆患。

光武帝纳其言，放弃了御驾亲征的想法，乃遣建义大将军朱祐、建威大将军耿弇、征虏将军祭遵、骁骑将军刘喜率数万部队前往讨伐彭宠。

四位将军一致认为，彭宠之所以能在北州这么嚣张，和涿郡的张丰是脱不开关系的。再加上涿郡处于渔阳东南，南方的部队如果想要讨伐彭宠的话必须先攻下涿郡才能继续前进（绕道先攻击彭宠会被夹击），所以北伐大军兵锋直指张丰。

彭宠听说汉北伐大军到来的消息以后大为惊恐，几乎第一时间便亲自带领士兵前往涿郡支援了。

但他千算万算没算到张丰这么废物，一会儿都没能撑下去，别说撑到自己到来了，甚至连朱祐、耿弇等主力大军还未到涿郡，便让前锋祭遵给攻下来了。

这还不算，汉军拿下涿郡以后急速分兵布置，由祭遵屯皇乡、刘喜屯阳乡，对彭宠形成夹击之势，耿弇则率精锐骑兵于侧翼游走观察，一有机会便会插进敌军侧翼，给其造成毁灭性打击。

彭宠，沙场老将，战阵经验丰富，汉军的招牌性战术他当然了然于胸。所以彭宠同样将部队分为两部，共同抵抗汉军的正面进攻，然后命其弟彭纯统率两千匈奴精锐采用帕提亚射击战术死死拖住耿弇，让其无法轻易对本军侧翼造成损伤。

彭宠的这个战术可以说是死死地克制住了汉军，起码不会让汉军占据优势。可他完全低估了耿弇在谋略方面的能力。因为耿弇在开始作战前便猜到常规的战斗模式很难彻底击败彭宠这种沙场老将，所以在出征以前便命其弟耿舒率领数百精锐骑兵于战场左侧翼埋伏，只等战阵一展开便从中杀出突击敌军，意图造成混乱。

结果，一切如耿弇所料，两军短兵相接以后，耿舒立即率所部杀出，瞬时击穿了彭宠所部的右后方，使得彭宠所带的部队前后指挥失灵，进而大乱。

彭宠千算万算没算到耿弇还有这么一手，见败势已成，他不敢再勉强作战，只能率部仓皇逃回蓟城。

汉军顺势而进，一路攻城略地，势如破竹！一直打到了蓟城以后双方才僵持起来。

可现在的彭宠已外无援军，彻底成孤立之势，汉军还占据主动，所以彭宠的失败已经是时间的问题了。

公元29年春，抵挡汉军已经大半年的彭宠军已奄奄一息，士气低落，可彭宠依然不肯放弃，坚持要和汉军顽抗到底。可他想顽抗，他身边的人却不想因为他丢了性命。

于是，一日夜里，正在彭宠睡觉之时，他的一个贴身奴仆砍下了他的脑袋，并携带前往洛阳奉献给了光武帝。

彭宠之死，使得整个北州军队陷入了恐慌，本来就士气低落的他们更是想要投降汉军了。

可以说现在的投降已经是大势所趋。可有些人偏偏不肯罢休，彭宠的尚书韩立等人竟在彭宠死去第二日便立其子彭午为新任统帅，意图继续抵抗汉军的侵攻。

可彭宠势力的失败已经是大势所趋，根本不是一两个人能够阻挡的。

果然，彭午韩立没多长时间便被其他官员所斩首，然后携其首级向汉军投降。

至此，彭宠势力已全部归降，北州又重新掌控在了光武帝的手中。

可光武帝并没有让耿弇等人休息，而是让他们在第一时间赶回洛阳，增强洛阳的军事力量，准备对三齐之地的张步下手。

不过在说张步之前我们还是先来看看光武帝是怎么收拾董宪的吧。

公元28年七月，也就是耿弇等四将军刚刚出兵北伐彭宠之际，从东方突然传出了一个极好的消息。

原来，董宪的大将——驻守兰陵的贲休见汉朝的势头越来越猛，大有统一天下之势，便偷偷遣人往洛阳投降，希望光武帝能够接纳他。

不过消息提前泄露，没等光武帝派人接收便被董宪提前知晓。

兰陵是什么地方？那是自己都城郯城的北门户，一旦兰陵归属汉朝，从此将永远被动，毫无反攻的可能。

所以董宪听闻此消息以后大惊失色，赶紧率领几乎全部兵马前往兰陵攻击。

当时，盖廷的部队正在彭城一带，距离兰陵比较近，所以请光武帝将救援兰陵的任务交给他。

对于盖廷，光武帝还是很放心的，不过在盖廷出击之时，身在洛阳的光武帝也写了一封信提出了自己的建议。

光武帝认为，本次攻击兰陵，董宪必定是倾巢而出，所以首都郯城必定空虚。如果在这时候绕道奇袭郯城，不但兰陵之围可解，还能用围城打援的方式击破董宪的疲惫之师，进而一举平定董宪的势力。

可盖廷却不这么认为，因为他不怎么擅长防守战，所以天真地认为别人也和他一样，认为贲休也顶不了那么长时间的进攻，便没有采纳光武帝的"围魏救赵"之策，而是直接率军前往兰陵救援，意图在野战上消灭董宪。

可让盖廷万万没想到的是，当他的部队进入兰陵以后，董宪的大军竟然在没有交手的情况下便畏战而退了。

"我的威望有那么高吗？"

抱着此疑问，盖廷遂率所部进入了兰陵城。呵，他还有一些小得意。

可就在第二天一早，轰隆隆的马蹄声震撼大地，之前退走的那些董宪兵马全都回来了。不仅如此，人数还要比之前多出一倍有余。

见此，盖廷在第一时间便知道自己中计了。自己本来就不擅长守城战，再加上敌军如此之多，这要被他们四面围住，那自己不就成了瓮中之鳖了吗？

于是，盖廷立即整顿兵马突出兰陵，意图在野外和兰陵士兵里应外合来对付董宪的军队。

可董宪怕的就是盖廷的野战能力，做了这么多戏就是想把盖廷憋死在兰陵，怎么可能给他重新布阵的机会？

于是，董宪急令全军冲向刚出城门的盖廷所部，根本就不给盖廷布阵的机会。

盖廷无奈，只能率军突击出去再作计较。

最终，盖廷终是率部突出了重围，可他的士兵在突围的过程中却死伤了十之四五，根本没有能力再和董宪决战。

直到这个时候，他才想到当初光武帝给他的建议，乃出击郯城，意图围魏救赵。

身在洛阳的光武帝听闻此事以后气得大骂："盖廷这个蠢货！朕之前让他攻郯救兰陵是因为出其不意！现在军队经第一场大败士气已失，敌军还有所准备，这种情况下怎么可能拿得下兰陵！"

事实果然如光武帝所料，留守郯城的守将在得知盖廷前来援救兰陵的时候便在第一时间于郯城强征士兵，练兵讲武，每天的警戒模式都是红色等级。

所以，当盖廷的部队开始攻击郯城的时候，这些守军没有一丝慌乱，而是有条不紊地对盖廷的进攻进行抵抗。

而董宪方面呢？经之前的大胜，他现在已有绝对的信心，必能在盖廷之前攻下兰陵。

而事实也确实如此，那边盖廷还没有一丁点儿突破性的进展，这边董宪就已经将兰陵给攻破了，并斩首了叛将贲休。

见大势已去，盖廷也不敢再攻这个坚挺的郯城了（等董宪回军包抄他就是想走也走不了了），只能向西回走彭城。

可董宪很明显不会这样轻易放过盖廷。当他听闻盖廷往彭城方向撤退的消息以后急速转而向西，追着盖廷狂殴之！

盖廷不敢力敌，只能且战且退，等他到达彭城的时候，原本士兵已经十不存四。至此，攻守之势互换，战局发生了根本性改变。

不过，这还不是最让盖廷崩溃的，最让他崩溃的是，和他一起防守彭城的庞萌竟然背叛了光武帝，像打狗一样把自己给打跑了。

至于原因，如果不是《后汉书》和《资治通鉴》等正史书籍明明白白地写着，我都怀疑这到底是不是真的。

公元29年二月，已经抵抗了董宪四个多月的盖廷终于慢慢找回了节奏，军队的士气也不像之前那么不堪了。并且就在这时候，马武消灭了刘纡（刘永之子）的势力，使得刘永的残余势力全部被灭。苏茂和刘纡不敢投降汉军，只能率一部残军狼狈投奔董宪。

士兵平白无故地又多出不少，董宪更是加快了进攻的节奏。

按说，盖廷想要防住董宪的进攻也不是什么不可能的事情，毕竟现在士兵的士气已经慢慢回温。可让盖廷没想到的是，就在这关键的时候，光武帝极其信任的庞萌竟然反叛了。

庞萌，山阳昌邑人，为人谦和有礼，文武双全，极得光武帝宠爱。一直认为自己是最得光武帝信任的几个人之一。

可前一段时间光武帝竟然派盖廷为主帅出击董宪，只让自己当一个副将而已，这让庞萌极为不爽，一颗造反的种子便从此在庞萌心中发芽了（史书记载）。

最开始，他自我检讨，总是在想是不是自己哪里做错了，甚至在逃亡的时候也在不停地思考。

可后来，他怎么想自己怎么好，从来都没犯过任何过错，反倒是这个盖廷刚愎自用，平白让汉军遭遇如此失败。

所以，庞萌认定是盖廷给光武帝写信说了自己的坏话，光武帝这才开始冷落自己。

于是他就在最关键的时候反了（史书载）。

盖廷从来没想过如此得光武帝器重的庞萌竟然会反，所以一点儿准备都没有，当时就被打蒙了。等他反应过来确认庞萌已反的消息以后大军已经混乱不堪，再无半点儿获胜的可能。

见此，盖廷也不打了，仅率少数心腹狼狈逃回洛阳。

打跑了盖廷以后，庞萌与董宪联合，并自称东平王，率军直攻桃乡（今山东省泰安市宁阳县），意图和董宪形成掎角之势，以防守过后要来的光武帝的军队。

此时，洛阳方面，东方形势突然遭到自己最信任将领的破坏，使得光武帝又惊又怒，不得不再次率军亲往东征。

本次出征，光武帝齐集东京（洛阳）之兵，并下令吴汉、王常、王梁、马武、王霸等各路地方兵马必须在短时间内集结于任城，然后迅速对围攻桃乡的庞萌发动攻击。

公元29年五月，刘秀的主力大军先一步到达了亢父，距离任城已经不远了。可就在这时，董宪率刘纡、苏茂等人突然来援庞萌，助其攻桃乡。而庞萌自己则亲率大军往东南而去，意图不明。

往东南而去？这庞萌想要干什么？不好！

深知兵法要义的刘秀一眼便看出了庞萌的意图，他百分之百是要绕过自己先一步拿下任城。因为任城正好堵在光武帝的后面，只要先一步拿下任城，光武帝便会陷入被两面夹击之窘境！且任城易守难攻，地理位置极为重要，只要将此地占领，那么不但会堵住光武帝，还会让光武帝的各路大军无法完成集结，还能挡住他们的攻势，此为一箭双雕，也是现在兵力远远不及光武帝的庞萌和董宪的唯一有希望的作战方式。

洞悉了庞萌作战意图的刘秀绝对不允许庞萌成功占据任城。可庞萌已经先一步前往任城，这时候刘秀再带全军往任城而去就太晚了，等他到达任城以后人家早就将此地占领了。

和时间赛跑的光武帝最后把心一横，竟只带少数精锐骑兵疾奔任城，并在出发以前让其余步兵不得妄动支援，以防董宪军趁势占据亢父，给他光武帝来一个关门打狗。

就这样，光武帝带着这些精锐骑兵毫不停歇，在极短的时间内便占据了任城，并加速建造防御壁垒，终于在庞萌到达任城之前完成了军事布防。

次日，当庞萌到达任城以后见汉朝皇帝亲征的庞大军旗插在任城城上之后惊得不行，当时便有要撤退的想法。可一想事情有可能并没有他想象的那么糟糕，因为在出发以前他确实得到任城并没有汉军驻防的消息，这才出发奔袭的。可就这么短的时间内，他刘秀是怎么过来的呢？答案只有一个，那就是刘秀带领少数轻装骑兵奔袭而来的。

想到这儿，庞萌当即放弃了撤退的想法，而是遣人往任城城下叫阵，希望光武帝能和他在野外决一死战。

可在城墙上的光武帝呢？就是那么冷冷地看着庞萌，一言不发。

此时的庞萌被光武帝看得浑身发冷，他一点儿都不怀疑，一旦自己兵败被擒，等待他的必将是被千刀万剐的结局。

所以，确定光武帝不会出击决战以后，庞萌当即下令全军对任城发动连绵不绝的总攻击。

可别看庞萌的人数占据绝对优势，但两方的战力却完全不对等。为什么这么说呢？

第一，庞萌手下士兵虽然都是正规军，但他们的前身可都是汉朝的大兵，不是他庞萌的。而光武帝在汉朝大兵心中的形象又如同战神一般，所以见光武帝亲自来抵御他们，这些前汉朝大兵在交战之前士气便已经落了下风。

第二，正好和庞萌军相反，光武帝的士兵虽然很少，但都是其麾下最精锐的，并且光武帝这次御驾亲征是抱着城亡人亡的决心来的，所以这帮本来就战力极高的大兵在这种情况下士气更是高得吓人，如此便将两方的兵力差距拉得近了不少。

第三，汉朝人最厉害的就是守城战，在没有极高端攻城器具的情况下，想要短时间拿下刘秀亲自镇守的任城，那实在是太难了。而想要造出高端的攻城器械，没有一两个月是绝对不可能的，现在庞萌缺的就是时间，怕的就是汉军完成集结和光武帝给他来一个两面夹击，所以根本不会去建造什么攻城器械，便直接对任城发动了攻击。

基于以上条件，两军的战力便被无限拉近了，而在这种情况下，庞萌在短期内是无法拿下光武帝的。

果然，二十天过去了，庞萌的攻击虽从未停止，但任城这座不起眼的小城却纹丝不动。而随着时间一点一点地过去，本来便士气低落的庞萌军更加厌战了。

到了第二十一天，战局突然发生了根本性逆转。因为在这一天，吴汉、王常、王梁、马武、王霸等各路人马竟然在同一时间抵达了任城，并在第一时间从四面八方对庞萌发动了攻击。

为什么这么巧呢？原来，光武帝在抵挡庞萌的进攻只一天以后便看出了这小子根本不可能攻破任城，乃命数名使者于当夜偷偷地潜了出去，并告诉吴汉这些人，让他们不要着急前来营救，要在距离任城比较近又不会被发现的地方偷偷集合，等集合完毕以后休整养精蓄锐，二十日以后再从数个方向一齐向庞萌发动攻击。

吴汉等人对于光武帝的命令是绝对服从并信任的。所以这些人完成集结以后并没有进攻，而是不断休整保养，等正好二十日以后才从数个方向一齐突击猛进，见到庞萌的围城部队以后便发动了突然进攻。

见援军已到，光武帝再无顾忌，也在同一时间率领全军出任城攻击庞萌。

此时庞萌军已疲惫至极，早就没有了精神，如今见汉军如此多的兵马前来攻击，他们更是不愿再战，所以只一触即溃，当即便向汉军投了降。

而庞萌呢？早就带着少数的心腹向西撤退，前往昌虑与董宪会合了。

原来，在庞萌攻任城多日不下以后，董宪便料定庞萌必定失败，乃一面率主力大军往昌虑（今山东省藤县东南）撤退，一面派人往庞萌方向劝他急速撤退。可那时候的庞萌已经疯了，根本没有半点儿理智，所以并没有听取董宪的安排，依然狂攻任城不止，结果自然是失败了。

而当庞萌那边失败以后，这边的董宪也已经完成了布防。当他到达昌虑以后，立即在枣庄之北的丘陵高地上布置防线，准备以地利之势抵御汉军的攻势。

同时，为避免侧翼受袭，董宪还诱招五校之兵守建阳（今山东省藤县西）

及如今的藤县，建成了横亘东西的大型防线。

可这能抵挡住光武帝的进攻吗？答案当然是不能。

公元29年七月，光武帝经过再三分析后认为，想要彻底攻破董宪就必须先破五校之壁垒。但就这样从正面攻击五校的话自己也会损失一定的兵力，所以光武帝意图从湖陵乘船向五校侧翼发动攻势。

可五校军那不知名的首领和光武帝打交道已有多年，很惧怕光武帝神出鬼没的兵法，便派出斥候四周打探消息，不错过一丝一毫的情报，所以光武帝的意图在第一时间便被此首领知晓。

于是，这个首领立即布置大量兵力死守泗水东岸，因此光武帝的水军根本无法登岸，他的图谋也就泡汤了。

那怎么办呢？只有硬攻了吗？从表面上看好像是这样的，但结果却不是这样。那汉军动都没动，甚至连一次像样的进攻都没有，守护董宪侧翼的五校军就在几天之内撤军了。

史料上说五校军之所以撤军完全是因为粮尽了，不过我对此说法抱怀疑态度。五校军没有粮食，可他董宪有啊，五校军现在可是董宪的命根子，他怎么可能看着五校军挨饿而不给予补给支援呢？就算是董宪不给他们支援，但周围有那么多的村邑，他五校军随随便便抢劫一趟也够吃了吧？所以粮尽而退这个说法根本不能成立。

那么究竟是为什么撤退呢？因为自从这以后，五校军再也没有任何一个人出现在历史的长河中，就这样无缘无故地消失了，所以笔者大胆粗浅地猜测，光武帝见五校军难以被攻灭，所以答应了他们一些不为人知的事情（承诺的等级应该是相当高的），基于此，五校军非常高兴地撤退了。

可等到平定中原以后，光武帝根本不想完成这些承诺，便将这些五校军通过某些手段全部诛杀了。而因为帝王一言九鼎，所以光武帝不允许史官记录有关此事的任何蛛丝马迹。

好了，这毕竟只是我个人的猜测，根本就没有证据。我们还是继续往下说吧。

五校军撤退以后，董宪之侧翼立马处于真空状态之下。光武帝抓住这个天赐良机立即对董宪展开了疯狂的围攻。而董宪不管是军队数量抑或士兵的单兵作战能力都无法和汉军相提并论，所以不过三天的时间便被打得大败亏输。

本次战役，董宪的主力部队全军覆没，不是被杀便是投降，苏茂奔逃投奔张步，董宪、庞萌和刘纡三人只能率领少数亲随逃进郯城，做困兽之斗。

可现在董宪要粮没有，要兵更少，还都是一些士气极为低落的士兵，拿什么和汉军斗？

结果，不到一个月的时间郯城便被攻破，董宪和庞萌退走朐城。

此时董宪的情形还不如一条丧家之犬，光武帝也懒得搭理，直接命吴汉率兵追击，自己则带兵回到洛阳，还让其他将士也各回各家了。

而最后的战局也没有出乎光武帝的意料，没过多长时间朐城便被吴汉所攻破，董宪和庞萌皆被其斩杀。

至此，东海一带全部被平定，而光武帝下一个目标便是张步了。

张步这个悲催之人，虽然占有三齐之地，但一无野心二无实力。因贪图官爵而反叛光武帝，但在光武帝四面皆敌的时候又"画地为牢"，完全没有半点儿进取心，只想守住自己的一亩三分地。

结果，当周围的势力一点一点被消灭的时候，他距离灭亡也就不远了。

公元29年十月，也就是董宪被灭以后没多久，光武帝命耿弇携骑都尉刘歆、泰山太守陈牧率步骑混编八万士卒向东攻击张步（这八万士兵有一半都是降卒，所以耿弇的兵力并不怎么精锐）。

张步听闻耿弇军团即将到来，立即命大将军费邑屯守历下城（今山东省济南市历城区），又命很多将领在如今的济阳、济南及长清沿河南岸线路列营扎阵，修建防御壁垒，意图阻挡汉军的步伐。

耿弇率汉军到达河北岸之后，立即对张步发动了攻击。他将部队分为两路，一路由他亲自率领攻击祝阿，另一路则由二将率领攻击朝阳，意图从两点齐攻张步的侧翼，进而形成包围。

那耿弇率军渡过黄河，当即便对祝阿展开了疯狂攻击，张步本来想救但根本就来不及。因为耿弇从早晨开始攻击祝阿城，竟不到中午便将这个城池攻破了。

这还不算，耿弇为了接下来的战争更加顺利，在即将攻破祝阿的时候将包围圈打开了一个缺口，让祝阿城中那些已经没有斗志的士兵可以趁机逃走。

结果，那些成功逃出来的士兵全都逃到了钟城，他们在钟城惊恐地和自己的战友们诉说着汉军强大的战斗力。那些士兵们一听祝阿在旦夕之间便被攻破，又听闻汉军的战斗力如此强大，一个个便惊恐得不行，士气急速下滑。

钟城太守更是害怕，所以在耿弇率军来攻之前便带着所有的士兵向后撤退了。

钟城在瞬间成了一座空城。

兵不血刃便拿下钟城，使得费邑之沿河防线彻底崩溃，而在此时又传来巨里（今山东省济南市历城区东）危及的消息，所以费邑赶紧收拾士兵前往巨里救援了。

可让费邑没有想到的是，他这一走，更加快了自己和张步灭亡的脚步，因为这都是耿弇策划的诡计。

原来，耿弇在到达钟城以后兵不解甲、马不停蹄，直接杀到了巨里城下，并要求全军立即准备攻城工具，他要在三天后对巨里城发动总攻击。

而这一天夜里，看守俘虏的汉军大兵在上司的暗示下放松了看守的警惕，让这些俘虏成功逃走。

这些俘虏逃到了费邑所处以后立即将情报全都告诉了费邑。费邑大惊失色，可不一会儿，他又露出了阴险的笑容。为什么呢？因为地理的原因。

那巨里城易守难攻，还死死地挡在汉军前进的路线之上，所以此城绝不能丢，丢了大后方便再无地利可用。这是费邑惊恐的原因。可同时，那耿弇自不量力，竟然让士兵在没有充分休息的情况下不断奔袭、不断进攻，这不是找死吗？基于此判断，费邑立即收拾士兵急速向巨里挺近，意图在耿弇所部最为疲劳的时候给他们致命一击。这便是费邑冷笑的原因。

可事情真像他所想象的那么美好吗？当然不是这样。这其实都是耿弇的计谋。

当那些俘虏成功逃走以后，耿弇只留三千精锐看着巨里城，自己则率领其余主力部队提前埋伏在费邑的必经之路上以逸待劳。

结果，费邑所部累死累活地跑到以后，耿弇率本部兵马从高地突然杀出，无数股北方突骑小队在瞬时之间就将费邑的部队撕得粉碎，后面的步兵则如同恶鬼一般在后疯狂收割。

费邑根本就没料到耿弇会在半路埋伏他，再加上经过长途不断的行军，使得士兵极为疲劳，所以这些士兵被汉军撕碎了阵形以后连抵抗都不敢抵抗便全军投降了，费邑也死在了汉军大兵的刀下。

费邑全军覆没的消息很快便传到了巨里城中，太守费敢（费邑的弟弟）不敢抵抗强大的汉军，便率全城兵马继续向后撤退投奔张步去了。

再次以兵不血刃的方式夺下巨里，耿弇只命麾下士兵休整一日便继续出击。不过他这一次没有狂飙突进，而是带领着士兵扫荡济南那些还未归附的营寨。

结果，只短短几日的工夫，分布济南的四十多座营寨皆被耿弇扫荡得干干净净，整个济南在瞬间被耿弇平定。耿弇，真绝代攻击型将领，能力甚至可以和霍去病相提并论。

当时，张步正在都城剧（今山东省寿光市东南），听闻巨里被攻下以后立即命弟弟张蓝率两万精锐驻守西安（今山东省淄博市临淄区西三十里），另派各地太守联合一万余人守卫距西安四十余里的临淄，意图以掎角之势防守，挡住耿弇前进的脚步。

而当耿弇听闻此消息以后却没有立即展开进攻，而是率军屯驻画中（今山东省淄博市临淄区西北），并亲自带人侦察两城实力。

按照正常的行军路线来说，西安处于临淄之前，耿弇是应该先拿下西安再攻临淄的。可通过侦察，耿弇发现西安虽然小却很坚固，并且里面的士兵皆为张步精锐之士，想要拿下并不是那么容易。

可临淄则不一样，这个千年古都虽然名气极大，但临淄实在太大，没有绝对的兵力不好防守，外加现在临淄城内的士兵都不是什么精锐，所以相较之下，临淄更好攻取。

于是，耿弇下定决心先攻临淄。

可就这样硬邦邦地直接前往攻击临淄并不是耿弇的作风。为了能更加顺利地拿下临淄，耿弇特意设计了一出他最擅长的"声东击西"的戏码。

就在耿弇决定攻击临淄以后，他却在当天夜里下令全军做好准备，说五天以后要对西安发动总攻。

身在西安的张蓝听闻此消息以后相当紧张，下令整个西安即日起开启红色警戒模式，不给耿弇任何机会。

而耿弇呢，也确实没有偷袭西安，整整四天都在部队中杀猪宰羊地慰劳麾下士兵，给他们提升士气和战斗力。

通过这一切外在表象，谁都不会再怀疑耿弇即将对西安发动总攻。可就在第四天夜里的时候，耿弇突然下令全军转向，以疾奔之速向临淄方向挺近。

众将一听耿弇临时改变进军路线大为恐慌，护军荀梁更是反驳道："将军绝对不能如此，如果我们攻打临淄的话，西安必定救援，攻打西安，凭临淄那点儿兵力是不可能来救援的，所以只有先攻西安才是制胜之理，也合乎兵法。"

耿弇："非也！西安方面知道我们要攻打他们，所以日夜防备，全无破绽，哪怕最后强攻下来我们也定损失惨重。可临淄则不同，此城过于庞大，极难防守全面，城内守兵还都是一些杂兵，我有信心在一日之内拿下此城！而临淄一旦被攻破，西安的后路便会被掐断，孤立无援的他们是不可能再在此地抵抗了，到时候必定弃城而逃。这便是兵法中所讲的'击一而得二'之法，哪里不合乎兵法了？"

这话说完，下面众将领再也没有一个人出言反对。于是，汉军在当天夜里狂飙突进，两个时辰不到便杀到了临淄城下。

次日凌晨一点左右，零星的火把在临淄城墙上若隐若现，数名警戒的士兵靠在城墙上早已进入了梦乡。可就在这个寂静的夜里，突然传来了无数的破空之声，噗噗噗……在城墙上的士兵几乎在同一时间被城墙之下的弓箭手射死。

然后，无数的火把突然在临淄的四面八方点亮，喊杀声震天撼地。整个临淄连太守带士兵，任谁都没能想到汉军会突然出现，所以一时间临淄大乱，根本无法组织起一丁点儿像样的抵抗。

于是，四个时辰以后，拥有一万多人守护的临淄城便被耿弇攻破。

次日，当张蓝听说临淄在一夜之间便被耿弇攻破的消息以后气得大骂。可骂完以后，无限的惊恐又遍布他的心神。被断绝了后路，耿弇想怎么对付他就怎么对付他，此时的张蓝已经没有半点儿资本能够和耿弇叫嚣。

于是，张蓝果断放弃了西安，带领全城的部队绕道而去张步所处了。

至此，耿弇再一次兵不血刃便夺下了西安城。

而此时，耿弇的军队距离张步的都城剧只有一百余里了。

这时候的张步也知道不能再保留实力了。于是，他率领全部家当（近十万，号称二十万）向临淄方面挺近，意图和耿弇进行决战。

洛阳方面，当光武帝听说张步率领二十万兵力攻打耿弇的消息以后惊得不行，赶紧派人询问耿弇如何抵挡，需不需要他的援军。可耿弇的回答只有短短的十一个字，差点儿让光武帝崩溃。

"十日之内，将张步首级献上。"

光武帝早就知道耿弇有吹牛的毛病，六七万人对二十万，就连自己也不敢说必胜，那耿弇竟然说十天之内就能把张步的首级给砍下来，真是无稽之谈。

基于此，光武帝没管耿弇的狂言妄语，依然整备部队，准备前往救援耿弇。

而此时东线战场，张步的军团已经抵达了淄水一带，耿弇手下的将领全都请战迎击，可耿弇却舔了舔猩红的舌头，然后冷笑着道："别急，别急，让他们再往里走点儿，如果这时候就给他们打怕了，他们就不敢再往里走了。"

看着耿弇如同变态一般的表情，一众将领直打哆嗦，也就不敢再提了。因为他们都看出来了，这个用兵神出鬼没的将军又有更大的图谋了。

几个时辰以后，张步大军已经到达了临淄小城，耿弇知道时机到了。于是，他命令刘歆和陈俊各率一部兵马往城下列阵，自己则率领所有北方突骑占据高地观察。

咚咚咚，随着进军鼓声响起，张步率先对刘歆所部发动了总攻击，另命一将牵制住陈俊所部，意图各个击破。

双方短兵相接，厮杀声此起彼伏，尸体残骸遍地都是。

最开始，刘歆还能和张步抵挡一阵，但随着时间的推移，张步兵力上的优势就逐渐显现出来了，因为刘歆所部已经有了后退的趋势，而一旦阵形后移，那就距离溃散不远了。

可就在不远的耿弇会眼睁睁看着刘歆崩溃吗？当然不会！

就在刘歆所部局势逐渐处于劣势之时，伴随着咚咚咚的几声鼓响，耿弇亲率所有北方突骑从周围高地杀出，然后兵锋直插张步大军侧翼。

那张步深知汉军突骑的恐怖，所以早就防着耿弇这一手了。所以，还没等耿弇的北方突骑冲到步军正前，步军侧翼突然冲出数千的弓箭手，对着耿弇这一批北方突骑便是一个齐射！

伴随着无尽的破空之声，百名北方突骑瞬时之间被射落马下，最要命的是，一支箭矢正好射进了冲在最前面的耿弇的大腿里，一股鲜血从耿弇的大腿上喷涌而出。

周围士兵见此大惊失色，可那耿弇却连眉头都没皱一下，他手起刀落，直接将箭杆砍断，然后像没事儿人一般继续向前猛冲。

周围士兵见主帅如此勇猛，更是士气大振，大喊着向前奔袭而去。

结果，没等第二波箭矢准备完毕，这些凶悍的突骑便已经杀到了近前。

伴随着轰的一声巨响，侧翼那些慌张上箭的士兵皆被突得血肉横飞，整个侧翼都被耿弇突得凹陷，以至于张步的大阵都变了形。

但变形并不意味着崩溃，张步手下的这些士兵也都是经过他长年累月锻炼的，并不是那么容易崩溃的。

于是，张步迅速布置，赶紧让中军前往支援侧翼。如此，刘歆压力大减，进而奋起直上，没多久便将劣势扳回。

而耿弇见刘歆的劣势已经被扳回，立即率骑兵团突围而出，然后不停游走于张步侧翼见缝插针。

此战从早晨一直打到晚上，中间没有一刻休息的时间，见双方士兵都已经疲惫，张步和耿弇各自鸣金收兵。接下来几天，双方都在养精蓄锐，谁都没有率先发动攻击。

可当张步听说光武帝大军已经聚集完毕，准备向三齐之地前进的消息以后害怕了，所以犒赏三军，整顿士兵，准备在次日和耿弇决一死战。

经过之前的战役，使得张步更加重视汉军的突骑，于是在进攻以前对本军的阵形进行了重新布置。他将最精锐的长枪兵和弩兵都安排在了侧翼，时刻防备耿弇见缝插针的游击战术，其他主力则在正面硬杠汉军，意图彻底将其击溃。

而张步这么大的动作当然逃不过耿弇的侦察，耿弇断定张步一定是要在次日和自己决战，便也重组了阵形。

耿弇认为，经过上一次的战役以后，张步一定会对他的骑兵有所防备，进而在侧翼安排重兵防御，所以这一次耿弇孤注一掷，将所有的骑兵和主力作战兵团全都安排在了正前方，意图打张步一个出其不意，从而占据主动将其一举而败！

可耿弇的计划刚刚提出，下面的将领们便开始反对，陈俊站出来对耿弇道："将军！陛下援军现在正在路上，敌军士气也还算强盛，这时候不应该主动和敌军决战，等到陛下前来以后再行决战才是正……"

陈俊话还没说完，耿弇立即跳将起来愤怒地道："笑话！我们做臣子的，只能将胜利带给陛下，怎么能给陛下留下贼寇？再者说，如若将决战的时间拖延到陛下来到，张步必定会后撤进而严防死守，到那时候，这场战斗就不是一天两天能拿得下来的了。现在天下未定，四面皆敌，陛下理应坐镇洛阳，怎么能够耽误在东方战线？"

陈俊道："可……"

耿弇道："不必再说！我意已决！明日便和张步决一死战！"

众将道："诺！"

次日清晨，伴随着轰隆隆的鼓声雷动，张步亲率大军结成巨大方阵缓缓向耿弇阵中走去。

耿弇军则结成斜阵同时向张步军逼近。

可就在两军即将相交之时，耿弇军中又是三声鼓响，紧接着临淄城上军旗晃动。然后，汉军斜阵的正中央突然打开了一个通道。轰隆隆的马蹄声响起，耿弇率全部北方突骑突然从通道中杀出，冰冷的突击长枪直指张步中军。

然后，斜阵中部的精锐汉军跟着耿弇的骑兵团便向上冲杀，东、西斜阵汉军则迅速变阵，从东西两个方向包围张步大军。

原来，那耿弇料定张步本次一定会将精兵布置于两翼防止自己的骑兵横叉，所以战前便将所有的北方突骑和精锐步兵布置在中军之处。至于两翼步兵，只需要完成合围，进而成功牵制住敌方精锐便好。

结果，耿弇的战术成功了。张步千算万算没算到耿弇会和他玩儿这个"野猪式冲锋"。要知道，自战国中后期以后就很少有人用骑兵做正面突击了，基本上全都是外围策应牵制之用。

等到秦汉时期，就更没有人用骑兵来做正面突击，所以张步料定耿弇一定不会用这些突骑正面攻击自己，所以正面的士兵大部分都是擅长近战肉搏的短兵器士兵，而不是擅长防骑的长枪大兵。

所以，张步悲剧了。

伴随着轰的一声巨响，耿弇亲率的骑兵团直接冲进了张步中军千米之地。一千米以内残肢遍地，整个中军前部都被耿弇这突然的袭击冲得鬼哭狼嚎。

更吓人的是，后面的汉军步兵也在这时候借着缺口杀了进来。一时间，整个中军前部被汉军杀得人仰马翻，只一瞬间便有要溃败的趋势。

可张步这个"三齐之王"也不是好对付的。虽然已经失了先机，但他并没有太过慌乱，而是紧急命中军前部士兵迅速后撤至后军处修整重编，中部士兵结阵抵抗，然后让后军伺机而动。张步相信，凭借着兵力上的优势，自己一定能抵挡住耿弇的攻击，然后将劣势一点一点地拉回来。

张步的战意是绝对的，是爆裂的。可他完全低估了耿弇这个疯子的战意。如果说张步的战意是爆裂的，那么耿弇的战意便是如同火山爆发一般。

耿弇自从带队冲进了敌军中军以后，便带领着这些精锐的北方突骑下马搏杀，始终冲锋在最前线上，一步都未曾后退（秦汉有法："统帅于前作战，兵不得退，将退兵方得退，弃将而退者，族诛"）。

从汉朝的军法上讲也好，从个人感情上讲也罢，主将都冲在最前面一步不退地死战，做士兵的还有什么可怕的？基于此，汉军跟着耿弇那雄伟强大的背影后面奋勇冲杀，寸步不让。

两翼汉军虽然并没有占到什么优势，但依然士气如虹，就这样将敌方两翼的精兵死死拖住，使其根本没有半点儿空闲回救中军。

两方就这样不停地战斗不停地厮杀，从早晨杀到黄昏，直到双方尸体填满了水沟和战壕（《资治通鉴》："自旦及昏，杀伤无数，沟堑皆满"），张步实在是撑不住了，因为自己的中军已经出现了溃败的势头。反观那汉军，虽然也疲惫万分，但双眼却是猩红一片，看那样子再弄他三四个时辰也不是不可能的。

于是，无奈的张步只能鸣金收兵。

叮叮叮叮……退兵声响，张步军如听天籁，疯狂往后逃跑，他们实在是撑不下去了。

汉军那边刚想追击，可一向极度好战的耿弇却在这种绝好时机下也鸣金收兵了。

汉军将士虽大为不解，但军令如山，也只能愤怒地撤退回营。

当众人回营以后，几乎全都抱着不满的态度询问耿弇为什么撤兵，耿弇只是冷冷一笑，然后道："为什么撤兵？因为本将军马上就能砍下张步的狗头了，为什么还要另外损失士兵呢？兔子急了还咬人呢，更何况是人。"

下面的将领一个个大眼瞪小眼不明所以，一位将领实在不甘心，便站出来道："将军，请恕末将无知，就末将看，我军虽然取得了胜利，但并不是绝对的，张步的有生力量还没有被完全歼灭，为什么不趁着他们撤退的时候再猛杀一把呢？还请将军为我解惑。"

耿弇道："呵，据我所知，陛下的援军现在已经开拔，过不了多长时间便会来到临淄，而经过今日一败，你们认为，他张步还有勇气继续和我纠缠吗？"

将领道："将军的意思是……"

耿弇道："如果本将军没猜错的话，那张步经过今日一败必定撤军。那么什么时候撤退好呢？白天他不敢撤，因为怕我军追击。所以只能晚上撤退。那么哪天晚上撤呢？今日大战刚刚完毕，双方士兵皆疲惫至极，张步必定认为我会放松警惕，所以必在今日撤兵！陈俊！"

陈俊道："末将在！"

耿弇道："本将军今夜会带骑兵埋伏于张步军营后方二十里处，等他撤军之时便会从两翼杀出，命你统率临淄守军时刻做好准备，一旦见火光便给我杀出来两面夹击之！"

陈俊道："是！"

就这样，虽然劳累，但汉军没有一个人休息，骑兵皆迂回埋伏于张步大营后方，临淄守军则身披轻甲，始终做着出击的准备。

而事情果然如同耿弇所料。那张步经此役之败，已完全绝了在光武帝到来之前灭掉耿弇的心思，便整备全军，于次日三更之时悄悄地撤出了大营。

可就在大军刚刚行进还不到三十里之时，周围两侧突然冒出无数火把，然后杀声震天，两翼骑兵在瞬时之间便将张步的部队撕成了三片，使其指挥系统全部崩溃。

临淄城内的陈俊见远方火光已起，当即率领全城部队杀出城去，以疾奔之速往战场疯狂挺进。

前有耿弇精骑后有汉军杀声四起，本来便已经面临崩溃的张步军先是全军混乱，紧接着溃逃投降，死者更是不可胜数。

张步见大势已去，只能率几名亲随逃往剧城。

次日清晨，从张步大营后方二十里处一直到钜昧水上，前后八九十里遍布张步士兵的尸体，耿弇缴获张步的辎重车辆更是达到了两千多辆。

至此，张步全军覆没，彻底成了光杆儿司令，再也没有任何本钱和光武帝进行抵抗了。

数日以后，光武帝的援军顺利抵达临淄，当他听闻耿弇的辉煌战绩以后极为振奋，当着在场文武的面和耿弇道："过去的韩信攻下三齐之地，开创了大业的基础。如今耿将军同样攻下了此地，助我大汉扫平了东方大患。有人说，将军的功绩和能力可以和韩信相提并论！可我刘秀却不这么看！当初，韩信拿下三齐之地乃是使用诡诈之术消灭了已经投降的人！而如今，耿将军凭借微弱的兵力却打败了比自己强大数倍的敌人，这难道不能说明耿将军更加强大吗？最开始，耿将军对朕立下了军令状，说十天之内便能大败敌军，取下张步人头！一开始朕还不相信，可现在来看，这天下大事，没有什么是能人办不成的！"

这时，耿弇快步走出，对光武帝单膝跪拜，满脸杀气地道："陛下！末将无能，未能在那一晚将张步的人头砍下，还请陛下再让末将出击剧城，末将必在三日之内斩下张步人头，进而呈献陛下！"

光武帝微笑道："耿将军，这一段时间你也辛苦了，至于张步，朕不费一兵一卒便可以成功收服了。"

次日，光武帝秘密派遣使者私见张步，承诺只要张步肯斩杀苏茂后投降自己，自己将不会再因为他言而无信的事情追究，并且给他一定的官爵。

此时的张步哪里还敢有半点儿讨价还价的心思，只要能不让他死，他什么都愿意干。所以张步当即答应了光武帝的请求，并带心腹秘密斩杀了苏茂并投降光武帝（后，光武帝封张步为安丘侯并将其一家软禁在洛阳。虽说是软禁，但怎么说张步都算是捡回了一条命）。

至此，整个三齐之地皆被光武帝平定。而就在光武帝准备班师回朝的时候，又一个天大的好消息传到了光武帝的耳中，那就是割据在庐江一带的李宪也被马成给成功消灭了。

原来，在汉军消灭刘永以后，光武帝不但对彭宠等一众势力出兵，还命马成率军（兵力数量未知，粗略估计应该是五万到十万之间）攻击庐江方面的李宪。

公元28年九月，李宪前往舒城鼓动老百姓抵抗马成的进攻，意图以坚壁清野的方式将汉军士气拖延殆尽。

最开始，马成集中一点对舒城展开了凶猛的攻势。可舒城军民一心，防守协力，使得马成数战而无寸功。

最后，马成直接放弃了强攻的战略，而是在舒城四周架设超长防御壁垒，将整个舒城团团围住，不留一点空隙，意图断绝其粮道，将舒城的敌军饿死。

李宪看出了马成的意图，可这时候说什么都晚了，他已经将所有的主力都带到了舒城，周围大大小小的势力又皆为汉军所灭，所以自己根本就没有半点儿援军。如果继续和汉军拖延下去，整个舒城的军民势必会被饿死。

所以，无奈之下，李宪只能率军出城挑战马成，意图和其在野外决战。

可这时候马成却不出来了，任凭李宪如何挑战辱骂，他就是稳坐壁垒，死活不出。

无奈，李宪只能率军反攻汉军壁垒，可根本没有半点儿作用，汉军将壁垒守得如铁桶一般，根本不是他李宪能够拿得下的。

于是，李宪只得率军回城，就这样和汉军僵持了起来。

直到一年以后，舒城城中粮尽，全城军民饿得四肢无力，甚至连头都抬不起来。马成遂于此时机对舒城发动了总攻击，并一日而破。

攻破舒城以后，马成愤恨这些死守不降的士兵和百姓，乃下令全军对舒城展开屠城，不管士兵还是百姓，不管大人还是孩子，一个不留。

舒城，一日之内变成了一座血染的城市。

周围李宪的那些残余据点慑于马成的血腥手段，当即放弃了抵抗，包括庐江在内，全都向汉军投了降。

于是，庐江一带又被平定。

至此，赤眉、刘永、彭宠、李宪、秦丰、张步、董宪、延岑、青犊、五校等众多势力皆被光武帝平定，中原略定。

此时的光武帝已尽得天下大半地盘，能够勉强称之为光武帝对手的人也只剩下巴蜀公孙述、西北隗嚣，以及那和匈奴勾结的卢芳而已。

统一天下，看似已经不远了。

3.4 西北拉锯战

公元29年，随着光武帝平定中原，版图已占据天下大半，一个又一个独立的势力向汉朝屈服。

同年十一月，西域诸国甚至都想再次和汉朝建立联系。尤其是莎车的国王，曾不止一次想要拜访东汉朝廷。西汉元帝时代，莎车王延曾经在长安为人质，在长安生活了很长时间。那些年里，莎车王延见识到了汉朝的繁华和强大，对于汉朝的文化也爱到了骨子里。

后来，他回到莎车成为莎车王，不管汉朝是强大还是衰弱，依然对汉朝极为友好。而且在他即将死去的时候也百般告诉自己的儿子康，让他无论如何都要自始至终地侍奉汉朝，一定不要让自己失望。

可等到王莽篡权以后，新朝和匈奴展开了全面战争，使得西域诸国和中原断了联系。匈奴趁机出兵西域，不断收服西域国家。到最后，整个西域除了少数几个国家以外，几乎全都臣服于匈奴的铁骑之下。而莎车，正是那几个少数不臣服于匈奴的国家之一。

莎车王康认为，汉朝是伟大的，这么伟大的国家不可能消失在历史的长河之中，它早晚还会崛起复兴。基于此，莎车王康不但坚决抵抗匈奴，更是一边保护身在莎车的都护官和汉人一千余人免遭涂炭，一边不断派遣使者前往中原打听情况。

可当时的中原实在是太乱，所以莎车使者根本就进不去，只能在西北打探消息之后再回国报告。

当时处于大西北的窦融对莎车王康这种忠心十分感动，便总是无偿招待莎车使者，并将中原的消息及时汇总给莎车王康。

而且自从光武帝的东汉政权建立以后，莎车王康就一直关注东汉的动向。

直到公元29年十二月，刘秀平定中原以后，莎车王康再派使者前来窦融处询问中原信息，并希望窦融能够将自己的善意带到洛阳方面去。

而这时候窦融也有向光武帝投诚的心思，所以便派使者到洛阳去了。

听了使者的话以后，光武帝被两代莎车王的精神所感动，所以当即接受了莎车国的好意，并让窦融代为宣旨，封莎车王康为莎车建功怀德王、西域大都尉，代理汉朝暂管西域诸国（由此命令可以看出，现在的光武帝并没有想要重新管理西域的想法）。

可消息并不一定都是好的，总是有一些矛盾人种，他们的能力相当突出，可大局观烂得让人崩溃。西汉韩信，在最应该反抗刘邦的时候他没有翻盘，反倒是对刘邦表忠心，而在最应该对刘邦表忠心的时候他却没有这样做，而是不停地威胁刘邦，逼其"就范"。结果，他死了，死得很凄惨！

而当初的隗嚣，在光武帝四面皆敌、最为紧张危机的时候，他没有发兵攻击光武帝，而是老老实实地蹲在西北。可如今，光武帝已经定鼎中原，几乎天下无敌的时候，他那小心思却开始活泛起来了。

公元28年十月，见一个又一个势力被光武帝讨平，隗嚣那颗本来安定的心开始蠢蠢欲动了（我隗嚣也有能力，我隗嚣也有兵力，为什么我只能看着别人一步一步地统一天下，自己却蹲在老窝当缩头乌龟呢）。可他并没有立即采取行动，而是想进一步了解光武帝的为人，然后再伺机而动，毕竟知己知彼，百战不殆。

于是，隗嚣派遣马援前往蜀地和洛阳，分别拜访了公孙述和光武帝。

马援，字文渊，扶风茂陵人，祖先为战国时赵国的名将赵奢，因为赵惠文王曾封赵奢为马服君，所以其后人都以马为其姓。

汉武帝时期，马氏以两千石官吏的身份从邯郸迁居到扶风茂陵。本来，马氏一族是有很好的政治前景的，可因为受马何罗谋反牵连（就是刺杀汉武帝那厮），马氏一族从此绝了为官的前途，一直到西汉灭亡，新朝崛起以后，马援的三个哥哥（马况、马余、马员）才陆续做了官。

马援十二岁的时候，父母去世，可因为马援从小便有大志，所以他的三个哥哥都非常看重他，大哥马况更是主动收留抚养马援，供他学习《齐诗》等学问，可马援天生就不是学习什么文化的料，他学习这些之乎者也根本无法集中精神，于是便向大哥告辞，希望能到边境地区去历练，学习一些骑兵作战的技巧，增加一些实战的经历。

大哥马况认为马援早晚能成大器，便答应了他，并准备通过关系让马援到边境军中历练。

可还没等马援出发，马况便不知得了一种什么病，突然归西了。

因此，马援没能前往边境，反倒是主动为大哥服丧一年之久。

在这一年之中，马援从来没离开过墓地小屋一步，哪怕吃饭都是别人送到墓地。

后来，马援在本地做了一名督邮。

一次，马援押送一名犯了重罪的囚犯，后来，这个囚犯不知用什么原因说服了马援，马援竟然将这个囚犯给放了。

私自释放重罪囚犯，这在当时绝对是杀头的罪名，马援不敢再在本地多待，遂逃亡北地郡，从此过上了逃亡的生活。

所幸没过多久，王莽天下大赦，马援便开始在北地从事放牧生意。

那马援相当强悍，没过多长时间便将放牧事业做得有模有样，竟有牛马羊数千头（只），谷子数万斛。并且随着规模越做越大，周围不断有人前来投奔，马援手下没多久就达到了数百户人家，竟然成为当地一股不弱的势力。

在一次和手下心腹喝酒的时候，马援醉醺醺地和在场的人道："你们认为一个人有了钱以后还应该做什么？"

有的人说应该继续扩大牧场规模，有的人说应该再多聘请能人，可马援却哈哈大笑地道："你们说的都不对，致富以后的人，他们最应该做的便是支援那些比他穷的人，让身边每一个人都富起来，不然不就变成了守财奴了吗？"

大家听罢都哈哈笑着点头称是，这些人本来以为马援就是随便说说，可事实却不是如此，因为就在第二天，马援就将所有的财产全都分给了手下，自己分文不留！只留一身皮衣皮裤！

此举使得马援的那些手下对其大为叹服，从此愿为马援赴死疆场。

新莽末年，全国大范围爆发农民起义，王莽征召马援率其势力奔赴战场。后因表现突出以及马援其他两个兄弟在朝中的运作，马援迅速成为新城郡的太守。

后来新朝覆灭，马援便前往凉州一带避难，隗嚣早就听说过马援的大名，所以马援一到凉州便被隗嚣收为手下，并相当器重，有什么大的决策都要和马援商量以后才作计较。

我们书归正传，那马援先行拜访的正是公孙述。

公孙述虽然在蜀地称帝，却是马援曾经极为要好的朋友。马援认为，凭公孙述的为人，听到自己要拜访的消息以后一定会握着自己的手热情相迎。

可马援错了，那公孙述非但没有亲自出迎，反倒摆足了皇帝的气势。马援刚一进入成都，便有近千名精锐的近卫队立于两侧，然后恭敬而又不失威风地邀请马援进入皇宫。

公孙述这样做看似热情迎接，可实际上却是在马援面前炫耀自己的威势，并不是真心相迎。

进了皇宫以后，公孙述并没有和马援共叙当初的情谊，而是让马援走了很多过场的礼仪，这才将马援安排进了客舍。

次日，公孙述准备在宗庙之中大会百官，专门召来马援，并为他设了一个"旧交"的位置（距离公孙述的车驾不远），以显示自己对于马援这个"下属"的"看中"。

然后，公孙述用皇帝才能拥有的仪仗和骑兵警戒清理道路后上车，弯腰进入了宗庙之中。

之后，公孙述很隆重地依礼招待百官，并当众说要授予马援大将军的职位，并封马援为侯。

众人都以为马援会忙不迭地同意，可马援并没有，他婉拒了公孙述的册封，并在本次宗庙活动结束后便带着自己的门客告辞而往洛阳而去了。

他的那些门客都不懂马援为什么要拒绝公孙述的好意，毕竟大将军这个官职可算得上是军界第一人了。

马援却是不屑地道："现在天下还未平定，汉皇势力强横。那公孙述不谋称霸天下，在汉皇最危险的时候攻击他，反倒是故步自封，自我修饰边幅，没有一点儿进取之心。看看他那个排场和做派吧，明明没有皇帝血统，却硬是装作前朝皇室的做派，好像木偶一样。这种人，以后怎么可能统一天下？早晚会被灭掉。你觉得，我投奔他有前途吗？不如向东而去，好好看看汉皇是一个什么样的人吧。"

就这样，一行人离开巴蜀之地，转而向洛阳而去。

到了洛阳，一行人被引入宣德殿。光武帝刘秀并没有公孙述那种排场，也没有百官陪在一旁，他就那样坐在主座之上微笑着看着马援等人，可马援却好像被一种无形的气场所慑服一般，哐当一下便跪在了地上："臣，马援，拜见陛下。"

光武帝微笑着道："起来吧。你这家伙，在两个皇帝之间来去自如，好不逍遥啊。"

刚刚站起来的马援一听这话，慌忙之下再给光武帝跪下致歉，然后慢慢道："现今这个乱世，不仅仅是君主选择臣子，臣子也要挑选君主，所以还请陛下原谅我的谨慎。不过小臣有一事不明，还请陛下为小臣解惑。"

光武帝道："呵呵，好一个谨慎，好，我原谅你们，说说吧，有什么事情需要朕来解惑。"

马援道："小臣和公孙述是旧交，关系曾非常好，可这次小臣前往蜀中，公孙述却在殿前交戟防备，这才放心让小臣进殿。可小臣之前并未和陛下有过任何接触，如今觐见，陛下为什么一点儿都不防备小臣呢？难道陛下不怕小臣是一个刺客吗？"

听罢，光武帝哈哈大笑道："你这家伙，想的倒是不少，可朕并没有那些习惯，见谁都是这个样子，况且你也不是一个刺客，而是一个说客。"

二人相视一笑。

这之后，光武帝和马援聊了很多，越聊越投机，有的时候甚至能从黑夜聊到第二天天明。

几天以后，马援申请告辞，可光武帝并没有放过他，又带着他往黎丘、东海等地晃悠一圈，让马援看到了自己治理下百姓的生活环境后才让马援回到西北。

回到西北以后，隗嚣亲自迎接了马援，并在宴席之上询问道："拜访了两位皇帝，不知文渊对公孙述有什么评价。"

马援道："呵呵，井底之蛙，狂妄自大，不可能有什么作为。"

隗嚣一笑，然后道："噢？那文渊对汉皇又有什么评价呢？"

马援紧皱眉头，组织了好一会儿语言才对隗嚣道："前一段时间去了洛阳，汉皇单独召见我就有十几次之多，并且每次都可以从天黑聊到次日天明。恕末将大言，汉皇陛下的才能、英明、武勇、谋略，当今这天下没有一个人能比得上。最重要的是，汉皇这人开诚推心，做什么都不遮遮掩掩，豁达而讲求大节，从心胸这方面，甚至能和高祖相提并论。至于经学修养、博览群书，处理政事和写文章辩论的能力，包括曾经的那些帝王，没有一个人能出其右。真是一个完美的皇帝，亘古未见。"

话毕，隗嚣本来很灿烂的脸有些黑了，他实在没想到马援这个眼光颇高的人能给光武帝这么高的评价，面对一个如此完美的皇帝，自己还有统一天下的希望吗？

不甘心的隗嚣接着道："你觉得汉皇和当初的高祖相比谁的能力更加突出？"

马援道："这个，高祖已经不在，实在不好相比，不过汉皇陛下喜欢自己处理政事，一举一动都符合规矩，还不喜欢喝酒作乐。"

点到即止，马援不再说话了。可他的意思谁都明白，那就是光武帝的能力甚至比高祖刘邦更高一等，同时好像也在提醒着隗嚣什么一般。

隗嚣的脸黑得已经不能再黑了，宴会就这样不欢而散。

通过和隗嚣对话时候的察言观色，马援预感隗嚣早晚要自己作乱。于是，在一段时间以后，马援悄悄带着自己的家人离开了西北，转而到了洛阳，投奔了光武帝。

可到了洛阳以后，不知出于什么原因，光武帝根本就不给马援任何官职

（一说之前光武帝之所以对马援那么热情，最重要的原因便是要稳住隗嚣，如今，马援背叛隗嚣而投奔光武帝，光武帝认为马援的利用价值已经没有了，害怕重用马援后触怒隗嚣，这才没重用他。还有一说认为，光武帝这一辈子最讨厌的便是叛徒，隗嚣对马援那么好，马援还背叛隗嚣，所以光武帝厌恶马援，不想重用他），就那样晾着他。

虽然没有被光武帝重用，但马援并没有太过灰心，而是写了一封信交给光武帝，说自己手下的门客实在太多，光武帝你哪怕不给自己官职，也希望能让自己在上林苑划出一块地方来种田，这样也能养活自己的门客了。

看了此信，光武帝还是没有封马援的官（甚至都没有召见），不过答应了他的请求，将上林苑一块不错的地方赏赐给了马援，好长一段时间内二人都没再有交集。

马援就这么荒废了吗？当然没有，不过还没到时候，我们到时再说，现在还是先将目光瞄向隗嚣吧。

话说自马援对隗嚣说了光武帝的强大以后，隗嚣虽然在心中不服，但还是相信马援的说法，于是宣布臣服于光武帝，并将自己的长子隗恂派往洛阳做人质。

可自从马援出走以后，这隗嚣好像是疯了一般，常常在众人面前将自己比喻成周文王用以试探。

一次，隗嚣更是在大宴群臣时公开试探道："各位觉得我这个人如何呀？"

一官员走出来道："大人文武双全，比较古之圣君也无不及也。"

隗嚣道："哈哈哈哈，说得好，我爱听，既如此，那不如就在西北称王吧。"

这话一说，下面顿时惊恐一片。称王？这不就是要背叛光武帝而独立吗？郑兴（两汉儒学大师，郑贾之学鼻祖之一，曾为更始手下的丞相长史，更始被灭后投奔隗嚣）站出来道："大人！过去周文王占有天下三分之二的土地还要向商朝称臣。周武王和八百诸侯同时集结在一起也要退兵而等待时机。高祖连年征战却依然用'沛公'之名来指挥军队。如今，大人您的恩德虽然传遍四方，但并没有达到封王的程度。您的威望虽然也很高，但距离当初的高祖依然有不小的差距。您虽然在西北有不小的势力，但距离称王所需要的土地还是远远不及。想要勉强做不可能做到的事，您距离灭亡就不远了，希望大人您三思而后行啊。"

隗嚣对郑兴的劝谏虽然非常不满，但见手下没多少人支持自己的行为便只能作罢，可心已经越发躁动，并不是某个人的劝谏就能阻止得了的。

公元30年二月，身在巴蜀的公孙述屡屡向中原地区发布文书，宣称自己有上天给予的信物，更适合统领天下万民。光武帝闻讯同样向天下发布文书，不但以种种佐证证明公孙述这个所谓的证据是人伪造的，还在末尾加上一句让人深思的话："皇帝的神圣之位，不是凭一个老人努力就能做成的，你要三思而后行啊。"

而对于光武帝的文书，公孙述没有做任何正面的回答抑或辩论。可两国的关系却已经进入了战争状态。

基于此，公孙述的骑都尉荆邯建议公孙述在光武帝还没有彻底使隗嚣心服的情况下从南北两路攻击汉朝国境。因为南边刚刚投降光武帝还没过多长时间，归属心并没有那么强烈，所以只要在南边打赢几仗势必会让整个南方再次混乱起来。而北面隗嚣虽然在表面上臣服光武帝，但实际上两方却龃龉不断，如果北征军能在三辅地区取得几场胜利的话，隗嚣一定会在第一时间独立，进而出兵协助北征军攻击汉朝。

公孙述觉得荆邯说得很有道理，便准备征发北军屯田士兵及山东人组成的客籍军队。于是命令延岑、田戎各率一部从两路出发，和汉中诸将合并，共同进击汉朝。

可就在大军即将开拔之际，公孙述的弟弟公孙光却火急火燎地找到了公孙述。公孙光认为，蜀地的兵力远远不及汉朝，单兵作战能力也不比汉朝强，所以对付汉朝只能用蜀中的地利严防死守，主动出击则必败无疑。如今公孙述竟然要用举国之兵来主动出击汉朝，这便是自寻死路，因为一旦这些士兵被消灭在汉朝境内，汉朝必定大举反攻，到时候本国之内没有足够的士兵，必被汉朝一举而下。

公孙光的话说完，公孙述一个激灵，赶紧取消了这次军事计划。延岑、田戎虽百般求战，但公孙述这回却坚决不出兵攻击了。

同年三月，摇摆不定的公孙述终于是命田戎只率几百名士兵出江关，企图让田戎召集旧部，以零成本夺取荆州。

可此举还没等实行便被警戒心极强的征南将军岑彭所发现。那岑彭在第一时间便命人率数千人前去捉拿田戎。

田戎吓蒙了，仓皇逃回巴蜀。

一而再再而三的小动作不断，光武帝脾气再好也不能忍了。可欲征公孙述就必须从西北和正南方向同时进攻，如果这时候西北的隗嚣要是突然叛变的话，那西北征伐军可就危急了。

基于此，光武帝下诏给隗嚣，让他先行出兵攻击公孙述，自己的主力大军会随行跟进。此举表面上看是要合力进攻公孙述，可未尝不是光武帝试探隗嚣的一种手段。

可隗嚣的回答却是让光武帝冷笑连连："臣隗嚣启禀陛下，白水关险要，难以通过，入蜀栈道残破腐朽，无法利用。公孙述性情残暴，上下防患严谨，无法建功。不如再等等，等到他的罪行完全暴露以后再行攻击，如此便能造成一呼百应的声势。"

隗嚣这是什么意思？拖延、婉拒而已。通过此拖延之词，光武帝断定隗嚣早晚必反，为免除后顾之忧，光武帝遂于讨伐公孙述之前决意先行消灭隗嚣。

公元30年四月，光武帝移驾长安督战，遣耿弇、盖延率十万正规军驻扎在陇西一带，表面上声称要从此南下讨伐公孙述，可实际上要做什么谁都知道。

但在出兵之前，光武帝还是给了隗嚣最后一次机会，派来歙为使者前往隗嚣处劝他亲自带所辖全部士兵和自己会师，共同讨伐公孙述。

结果呢，隗嚣拖拖拉拉模棱两可，就是不答应出兵攻击公孙述。

来歙岂能看不出隗嚣是想拖延时间，可他没那么多时间和隗嚣磨叽，而是当众指着隗嚣大声吼道："隗嚣！皇上认为你懂得善恶得失，这才一而再再而三地忍让于你，你却听信小人的蛊惑之言始终不肯对汉朝尽忠，难道你想死不成？"

说罢，不等隗嚣说话，竟拔起宝剑直奔隗嚣而去。

隗嚣被这突然发生的一幕吓坏了，一个打滚躲开了来歙的袭击，然后嘶吼着让护卫保护他。

这些护卫抽出宝剑，将来歙一行人团团围住，眼看就要将其杀死。可那来歙不慌不忙，只拿起光武帝的符节高高举在头顶，那些气势汹汹的人就不敢再往前进一步了。

无他，这可是汉朝光武帝的符节，如果没有隗嚣的命令而擅自杀了来歙，没准儿后面隗嚣就会拿自己出来顶罪。

所以，一时之间，这些士兵你看看我，我看看你，没有一个人敢动弹。

来歙冷笑一声，看向隗嚣的眼中满满都是鄙视。然后，这厮竟然推开众多士兵，转身就要离开。

面对如此的蔑视，隗嚣终是忍无可忍，只见他瞪着已经血红的双眼对周围卫士嘶吼道："杀！给我杀了这个无法无天的狂妄之徒！"

众多士兵闻言一拥而上，可来歙却依然没有半点儿慌张，脸上笑容反倒更盛，甚至张开双臂等着这些士兵来砍。

眼看来歙就要被分尸，可就在这千钧一发之时，隗嚣的心腹爱将王遵突然对一众吼道："都给我住手！"

众人闻言愕然，但都知道王遵在隗嚣心中的地位，所以确实停下了手中的动作。

见此，隗嚣不满地喝道："王遵，你干什么？"

王遵对隗嚣深深一拜，然后语重心长地道："大人，难道您还没看出来，来歙这人他是在寻死？"

隗嚣一惊："你是说……"

王遵道："没错，自从大人您拒绝为刘秀出兵巴蜀以后，刘秀就已经将您视为眼中钉肉中刺，只不过没有绝对的口实他也不好对你直接动手。如今，汉朝大军已经压境，只等口实便可大举进攻。而这个来歙既是汉朝的使者又是刘秀的表哥，大人要是杀了他，那刘秀就会占了大义，那样对我方便会产生不利的局面。你没看见来歙这厮的表情吗，就等大人您去杀他呢。"

话毕，隗嚣倒吸一口凉气，要不是王遵，他实在没有想到事情会到这种地步，于是，哪怕是心中不愿，隗嚣还是放了来歙，没有杀他。可不管怎么说，这一次下来隗嚣算是彻底和刘秀撕破脸了。他自己也知道，如果刘秀不将自己消灭的话，他一定不敢全力攻击巴蜀。

于是，自来歙走后，隗嚣便宣布了独立，并伐木塞道，构建防御壁垒，准备和光武帝展开生死攻防战。

而光武帝也在同年五月二十一日命耿弇率领大军对西北隗嚣进行扫荡战。

至此，光武帝与隗嚣的全面战争正式拉开序幕。

由于光武帝和隗嚣的战争都是在西北进行，所以有必要对有关战争的西北各郡做一个简单的介绍。

陇西郡，郡治为现今甘肃省陇西县，春秋时为羌戎所居地，秦时为天朝所统。此地为边塞要地，位置控扼羌戎。这里的百姓崇尚武力，喜欢游牧打猎，性格却十分憨厚，实乃自古征强兵精锐之地也！

天水郡，为古时西戎之地，伟大的秦朝最开始便是在此地发展起来的，其地为关陇地区交会之地，实乃西北交通运输的兵家必争之地。

北地郡，周之先祖不窋所居之地，春秋时为义渠戎国。直到秦灭义渠，此地便为天朝所有。北地郡南卫关辅，北御羌戎，秦汉时更是抵挡匈奴铁骑的重要军事据点之一，所以作用不言而喻。

安定郡，春秋时便已属秦，及秦并天下，属北地郡，汉朝时候单置安定郡。此地山川极多，地形险要，为控扼边陲、易守难攻之地。

固原，即高平第一城，为现今之宁夏回族自治区固原市原州区。此地左控五原，右带兰会，居于黄河之南，崆峒之北，实为交通运输的重要地点。《读史方舆纪要》载："固原有警，则关险震惊。"由此可见固原的重要性。

陇山，这是一条非常广阔的山脉，北从今甘肃豫旺起，一直延绵到渭水，中间位置便是六盘山。隗嚣防守光武帝的主要据点高平、瓦亭、笄头山等处皆为入陇西之要地，而这些地方全都属于陇山范围之内。可以说，接下来隗嚣和光武帝之间的战争，大部分都是为争夺陇山山脉而进行的。

好了，地理大致介绍到这里，我们继续步入正题。

耿弇得到光武帝的命令以后，立即向陇山的王元发动了猛烈进攻。

耿弇行军打仗向来诡计多端，从跟随光武帝到现在从来没打过一次败仗，是诡谋和进攻同样强悍的超级统帅，可这一次，他败了，并且败得相当难看。

因为耿弇料定王元兵力不如自己，一定会严防死守，不敢分兵奇袭，所以并没有对四周进行警戒，而是全力攻击王元，说白了，就是耿弇轻敌了。

而王元却像耿弇肚子里的蛔虫一般，他猜到了耿弇的想法，在开战之前便已将大部分士兵派出去从四面八方形成合围的态势，并将耿弇的后路全都断了去，只等耿弇攻击便从四面而攻之。

但凡野战，只要被四面合围便是犯了兵家大忌，哪怕突击能力绝强的项羽被围住也是凶多吉少，更何况耿弇。

于是，被四面围攻的耿弇军大乱，只交战不多时便有崩溃之险。

耿弇的反应也是极快，他见溃势已成，便急速带领突骑团向东方冲杀，终是在冲杀出一个缺口以后成功突围逃脱。

但王元并没打算放过耿弇，他亲自统率全部兵马穷追猛打，不全歼汉军取下耿弇的首级誓不罢休。

耿弇就这样仓皇地逃着，而后面的汉军则是几千几千地死。最后跑出数十里以后，耿弇受不了了，都是因为自己，都是因为自己的轻敌才会让这么多兄弟丧命，才会让这么多的兄弟家破人亡。

于是，已经气红了双眼的耿弇突然将马绳勒住，然后如同嘶吼一般道："来人！"

"在！"

耿弇道："给我点上全部突骑，我要亲自率军殿后！"

正当耿弇要冒死殿后的时候，他手下的将军马武却突然站出来道："将军不可！"

看着出言阻止的马武，双眼已猩红的耿弇满是杀气地问道："你要阻止我？"

马武道："将军！您乃三军统帅，全军数万人的身家性命全都在您身上，您活着，那一切都有希望，可您要是死了，这全军数万将士的性命便全都不保了！如果将军您信得过我马武，我马武便带着这些骑兵殿后；如若失败，将军可将我千刀万剐！"

说罢，马武拿起一杆大铁枪哐当一下砸到了地上，那气势简直如天神下凡一般。

看着马武如此决绝的表情，耿弇长舒了一口气，他下马对马武深深一拜，然后语重心长地道："既如此，那就全交给马将军了！"

就这样，马武带领着所有的北方突骑急转向后，直面王元追兵前部。

此时，王元追兵的前部兵马正肆无忌惮地挥刀猛砍那些逃亡的汉军步兵，他们全身布满了鲜血，腰间挂满了人头，却依然不满足，狞笑着不停挥刀、不停砍杀。

可就在他们杀得过瘾之时，突闻前方马蹄声阵阵。紧接着，数千北方突骑在一个雄壮男子的带领下杀到了他们近前，那冰冷的突击长枪刺入了他们的身体，使他们知道，原来死亡距离自己竟然如此之近。

这雄壮的男子不是别人，正是带兵前来救援的马武。那马武和一众突骑到了后方以后，见王元追兵正不断残杀汉军士兵，便立即冲杀了过去。马武一马当先，立于一众骑兵之前，手上钢枪上下翻飞，凡被扫中之人非死即残。后面那些骑兵在马武的带领下无不奋勇冲杀，以一当十。

他们不断地冲杀游动，只一炷香的时间便将追兵前部撕得粉碎，光死亡人数便有好几千。

这些追兵见马武骑兵团如此强悍，早就没有了对战的勇气，所以慌忙逃窜。最终，在马武的掩护之下，汉军将士终是成功逃回了三辅地区。

　　此役之大败，实为光武帝自平定关东群雄以来第一次遭受严重挫折。并且光武帝知道，更严重的事情还在后面。他对隗嚣这个人非常了解，这是个得胜不饶人的狠角色，此次王元大胜，隗嚣必会乘胜而攻关中地区。如果关中再被隗嚣拿下，那么天下人必对光武帝的统治力产生怀疑。

　　而产生怀疑之后又会怎么样呢？要知道，光武帝现在虽然占据天下大半领土，但从公元24年进入河北一直到现在也只不过有短短六年而已。六年时间便占据了天下大部分领土，不得不说，光武帝的能力是超群的，但同时也能看出光武帝的根基不稳。因为时间太短，所以这些地方对光武帝还不是从里到外的忠诚，一旦西方战线失败，关中地区丢失，这些势力很有可能会死灰复燃，使得光武帝辛辛苦苦打下的江山毁于一旦。

　　为避免这种事情的发生，光武帝在耿弇败退回三辅的第一时间便命耿弇急速屯守漆（今陕西省彬州市），冯异守栒邑，祭遵守汧（今陕西省陇县南），吴汉则率本部兵马于长安，形成一条超级稳固的防线。

　　结果，这一切再次被光武帝猜中了，可就是稍微晚了那么一些。刘秀认为，隗嚣要想平定关中地区，那就必须集全军之力，而集合整个西北之兵，最快也要一个月才能办到。可隗嚣不按常理出牌，只求一个速度。所以在汉军撤退以后，隗嚣便一边组织士兵，一边命王元率本部兵马攻击关中地区。如果王元行动顺利，那么他就会亲自带领全部西北兵马拿下关中，甚至将整个三辅地区全部攻下。可如果王元行动受阻，他便继续坐镇西北，以免再次受挫，给汉军灭掉自己的机会。

　　那王元得到隗嚣的命令以后立即带领两万精锐直奔栒邑，意图以最快的速度将此地攻破，然后直指长安。

　　这要是一个普通的将领，相信一定会被王元的突然袭击打得措手不及。不过很可惜，他王元遇到的是汉朝屈指可数的优秀将领——冯异。

　　此时的冯异正率军往栒邑方向而去，当他听说王元的部队也在向栒邑方向前进的时候竟号令全军，以疾奔之速往栒邑挺近，意图在王元之前抢先占据栒邑。

　　冯异手下的将领见一向稳重的冯异竟要行如此"草率"之事，一个个赶紧劝谏道："将军不可！如今敌人刚刚大胜，士气正锐，我军绝不是他们的对手。更何况现在王元的距离要比我们更加靠近枸邑，所以一定会比我们先一步到达枸邑。到时候他们只需要以逸待劳，便足以拖死我们。末将认为，我军现在应该立即停止行军，并在高地安营扎寨，慢慢图谋划策。"

　　冯异微笑着道："非也，你们都只看到了眼前的利益，而没有看到天下大势。枸邑，为直面长安的重要据点，枸邑一旦丢失，敌军的兵锋便可直指长安。到时候整个关中地区都将陷入动荡之中，我军同时也会陷入被动的局面。而关中一旦动荡，整个天下的局势便会不稳。天下局势不稳，那些本来已经被陛下讨灭的势力便会一个接一个地跳出来。所以枸邑看似不怎么重要，却是陛下能否巩固天下的一个重要棋子，绝不能丢！"

　　就这样，冯异带着全军以极快的速度往枸邑方向疾奔而去，竟然还真就在王元到达以前占据了此地。

　　可到了此地以后，冯异再次下达了一个令全军都不解的命令。

　　因为到达枸邑以后，冯异立即下令紧闭枸邑大门，不准一个百姓走出去，封锁了他们已经到达枸邑的消息，还命令全体士兵偃旗息鼓，甚至在吃饭的时候都要士兵数十个人聚在一个灶下面，以免发出大量烟火泄露了他们已经进入枸邑的情报。

　　众将不解询问，冯异却笑着道："你们让士兵全都休息好，如果本将军没有料错的话，王元明日便会到达此地，到时候你们只需要如此这般……"

　　话毕，众将军恍然大悟，全都对冯异佩服得五体投地。

　　次日，轰隆隆的行军声响彻大地，王元的两万精锐已经抵达至枸邑郊外。一名斥候兴冲冲地跑到王元面前道："启禀大将军，枸邑城上并未发现冯异旗帜，也没见有汉军士兵驻守，看情况应该是见援军未到，不敢抗拒大将军神威而逃了。"

　　王元微微一笑，不疑有他，直接命令全军入城。

　　可就在前军刚刚入城之时，突然枸邑城中杀声四起，无数的汉军从四面八方杀向王元前军。

这些进入城内的士兵根本没想到会有这么多士兵埋伏他们，所以全无准备，顿时之间陷入大乱。

这些汉军士兵怎会放过如此良机，于是一个个拿起首环刀，对着这些人的脑袋便是一顿猛砍。

没多长时间，整个前军便被全部歼灭。

与此同时，见枸邑城喊杀声震天，王元就知道事情不对，可还没等他弄明白发生了什么事，枸邑东西两个侧门突然打开，然后无数骑兵从两翼迂回杀了过来，目标直指王元侧翼。

见此，王元终于知道自己中计了，可就在他要仓促布防之时，无数的汉军又从正门杀了出来。这说明什么？说明之前进入枸邑的前部士兵已经全军覆没了。因为之前王元已经下令全军进城，所以此时的士兵全无阵形，再加上汉军突然从三面杀出，使得王元的士兵们顿时大乱。王元见败势已成，也是果断率众向西突围而去。

可就在这时，枸邑城中鼓声震天，城墙之上战旗来回飘荡。两翼骑兵竟然在此时完全放弃了砍杀，进而向前疾奔，一直冲到了王元后军处，将整个后军拦腰截断。

汉军已经将王元的退路全都给锁死了。

一时间，王元士兵逃，逃不出去，退，又有虎狼相逼。有的士兵在绝望之下直接跪到了地上请求汉军受降。

于是，一个、两个、百个、千个……

本次战役，以汉军完美大胜而告终，王元所部全军覆没，只有王元带着几百心腹狼狈逃回陇山。并且，由于本次王元败得太过彻底，使得西北豪强对隗嚣失望透顶。所以，这些豪强首领公开背叛隗嚣转而投奔汉朝。

一时间，整个北地动荡不安，一切都在朝汉军有利的方向发展。

这次的反败为胜，使得汉军前景一片大好。光武帝遂趁此绝佳时机命令冯异马不停蹄，立即向西北进击。

结果，在当地豪强的里应外合下，冯异逢战皆胜，不到一个月的时间便相继拿下了北地、上、安定三个大郡。

从主动突然之间陷入了绝对的被动，万分无奈的隗嚣只能亲自统率全军严防死守陇山诸要塞，意图拖住汉军的步伐，将他们的锐气磨灭。

可就在这时，又一个令隗嚣惊恐的消息传到了他的耳中。

窦融见隗嚣大势已去，光武帝统一天下的步伐已势不可当，便派使者往洛阳方向表示臣服于光武帝，并请求和光武帝一起对隗嚣发动攻击。

光武帝对于窦融的"醒悟"大为赞赏，乃接受窦融的投诚，并和其约定共同攻击隗嚣的日期。

那边窦融受到光武帝的肯定之后立即行动了起来，先派使者告诉隗嚣，说自己已经归顺了光武帝，希望隗嚣不要再逆天而行，不如和他一起归顺了光武帝。

隗嚣当然不干，所以拒绝了窦融的使者。那窦融先礼后兵，被隗嚣拒绝以后立即出手，竟亲自率五郡之兵攻击支持隗嚣的那些羌族首领，并大破羌族，得到他们不再帮助隗嚣的承诺以后才率军于黄河边上驻守，同时等待光武帝的到来以共同夹击隗嚣。

可一段时间以后，窦融却并没有见光武帝大军来到，便只能暂且率军返回，等待光武帝主力大军到来再配合共击隗嚣。

如此，隗嚣外围势力被连根拔起，光武帝已大占优势。

同时，光武帝方面，这时候的光武帝正拿着一封信细细琢磨着。

"小民马援，在东方叩拜陛下。小民马援和隗嚣本是至交好友，当初隗嚣派我来到东方面见陛下时曾对我说：'我本意便是服从汉朝，希望你好好考察一下刘秀的为人，如果你认为他能够依靠，那我就一心一意地归顺汉朝了。'小民回去以后，将陛下的好和隗嚣说得明明白白，甚至还拿陛下和高祖来做比较。本以为小民这番说法能让隗嚣顺利地投奔陛下，可谁都没料到这隗嚣竟暗藏奸猾之心，非但不诚心实意地投靠陛下，反倒将怨恨都集中到了我的身上。如果我要是再不谋出路的话，等待着小民的便是死路一条啊，所以根本不是小民要背叛隗嚣，而是他逼着我背叛的。现如今，小民心中有一消灭隗嚣的办法，如果陛下能让小民当着陛下的面说出这个办法，哪怕是陛下不用此计，小民也甘心做一辈子的农夫了。"

看着这封信，光武帝心中冷笑，根本就不相信马援是这样被迫而来投奔自己的。不过对于马援的能力，光武帝还是非常信赖的。现在隗嚣虽然已成瓮中之鳖，但手中力量还很强大，外加占尽地利，想要啃掉这么一块硬骨头还是很费劲的，弄不好还会被反攻倒算。所以，光武帝同意了马援的愿望，将他从洛阳召至长安，虚心向他请教。

而马援的办法非常简单，那就是利用自己曾是隗嚣心腹，和隗嚣那些手下都有旧交的优势来离间隗嚣和他手下的君臣关系，尽可能让隗嚣的战斗力降低。

光武帝认为此提议不错，便给了马援五千骑兵，让他带着这五千骑兵来往规劝隗嚣的重要将领高峻、任禹，以及那些已经答应不帮隗嚣的羌族首领，希望他们能够反戈一击，在最需要他们的时候攻击隗嚣。

这就奇怪了，按说这种招揽之事都应该秘密地进行，为什么光武帝要给马援五千骑兵，让他用这么大的声势去招揽人呢？

实际上，这都是马援的诡计。马援在隗嚣手底下待过，他了解隗嚣的为人，知道他对自己的手下非常贴心大方，所以料定这些人都不会背叛隗嚣。于是便声势浩大地前往劝说，实际上却是让隗嚣也知道这码子事，进而在这些君臣的心中种下一颗不安的种子，让他们相互防范，无法真正地上下一心。

那么马援这招好不好用呢？史料上没有什么记载，唯一有记载的便是，经过马援这一番离间，隗嚣彻底慌了。于是，他遣使往巴蜀之地向公孙述称臣，希望公孙述能够支援他。

公孙述也不笨，知道和光武帝早晚会有一战，所以接纳了隗嚣，封隗嚣为朔宁王，并派士兵北上"声援"隗嚣，为隗嚣造势（是声援，而不是支援。公孙述的想法很简单，如果隗嚣能够化被动为主动，那么公孙述不介意锦上添花，帮你消灭光武帝。可如果你隗嚣一直都是这种被动的局面，那对不起了，我只能精神上支持你了）。

不过隗嚣现在最需要的就是有人给他造势，以此提升他在西北的威望和君臣之间的凝聚力。因为就在公孙述大军前来声援隗嚣之时，北地郡和安定郡的那些土豪首领们竟然背叛了汉朝，再次投入了隗嚣的怀抱。

隗嚣见此，欲化被动为主动，使公孙述的援军"真正"地帮助自己，遂亲率步骑精锐三万攻阴槃，另遣别将攻击汧。

可最后的结果却让隗嚣崩溃，因为他自己这一路碰到的正是大树将军冯异，而别将那一路碰到的则是祭遵。而不管冯异还是祭遵，他们的防守都是滴水不漏，使得隗嚣两路大军数日攻伐而无尺寸之功。

见短时间内无法攻破二人防守，隗嚣不敢再打下去了，便只能率军退回陇山一带。

本以为这一次的出击会迎来光武帝汹涌的怒火，可谁料到光武帝在一次出击未成后便不做反应（光武帝本想出击报复，可天降大雨，道路不通，遂取消攻击），两方便陷入了无战事状态，整个关西地区一片宁静，甚至宁静得吓人。

直到次年，这个宁静终于被打破了。

公元32年正月，光武帝建武八年，身在义渠的来歙不知道是奉了谁的命令，只带两千精锐之士便向西北而上。他饶过笄头关以后抵达了陇山的东北边境，然后竟然率众直接进入了陇山。

来歙带领两千精锐冒险进袭，在陇山之中伐山开道，竟然仅用不到一个月的时间便向南成功推进一百多公里，突然出现在略阳城外（今甘肃省泰安县东北九十里）。

略阳，处于天水以北，为隗嚣势力的中心位置，东北防线的大后方。如果略阳被占，隗嚣便再也无险可守。

最吓人的是，略阳就在隗嚣势力的中心位置，如果汉军的士兵足够，不到半个月的时间便能占据隗嚣所有的地盘。这就好像在你身边睡觉的人每天晚上都拿着一把明晃晃的匕首在你脸上晃悠，你能睡得着吗？并且因为现在几乎所有的士兵都被隗嚣带到了东北防线，后方根本无兵防守（包括略阳），外加来歙来得突然，所以略阳大乱一团，根本无法组织防守。

基于此，来歙不费吹灰之力便占据了这块战略要地。

此时，东北防线隗嚣阵营。

本来安静的大帐突然传出隗嚣惊恐的吼声："你说什么？你再说一遍！"

传令兵道："启、启禀主公，来歙带两千汉军从陇山东北伐山开道突袭略阳，现、现在略阳已经被来歙攻破了。"

话毕，隗嚣哐当一下跪坐在座位上道："这怎么可能？怎么可能？在陇山伐山开道，岂是人力所能为之！不行，不能再让来歙活着，绝对不能！来人！"

"在！"

隗嚣道："速速给我传令下去，命王元代替我的位置，总统东北防线。命王孟守笄头关，牛邯守瓦亭。另外，除去必要守备的兵力以外，给我将所有可用之兵都集结起来，我要亲自带他们夺回略阳！"

"是！"

隗嚣道："回来！还有，给我再三警告众将，我走的这段时间，他刘秀必率军来攻，我军本来便不占优势，我走以后人数将更少，所以不管敌军如何挑战辱骂都不准出兵和敌方野战，违令者必斩！"

"是！"

就这样，隗嚣亲自带领主力军团往略阳而去了。而身在巴蜀的公孙述也知道略阳的丢失对隗嚣意味着什么，乃速命声援隗嚣的部队立即前往助隗嚣重新夺回略阳。

就这样，隗嚣和公孙述的数万大军浩浩荡荡地朝略阳杀奔而去。而略阳，只有两千精锐，他们能守得住吗？我们稍后再说，现在还是先来看看刘秀方面吧。

此时，身在洛阳的刘秀听说略阳被拿下以后高兴得手舞足蹈，哈哈大笑对手下道："略阳就好像是隗嚣这小子的心脏一样重要，心脏给敲下来了，那么再肢解他们的四肢就简单得很了。"

就在这时，一名侍卫快步走进宣德殿，对光武帝跪拜之后便将一封信交给了光武帝道："启禀陛下，长安吴汉有军情来报。"

一听这话，光武帝顿时感觉有些不太妙，结果当他看过吴汉的信件以后果然气得大骂："吴汉这个莽夫！他着什么急？你！速给朕以八百里加急之速把这个莽夫给我拽回来！"

等侍卫听命离去之后，光武帝下面的大臣们都呆住了。光武帝，这可是在九死一生的时候都能从容不迫的人，究竟是什么事能让他如此激动。

看着众人疑惑的表情，光武帝命一名随从将此信递了下去。众人看过信件以后也没觉得什么不妥，就是吴汉见略阳被来歙拿下以后在第一时间便组织手下兵马准备前往攻击陇山的几个关卡。

因为现在隗嚣的主力大军已经离开这些关卡，正是防守最为薄弱的时候。如果能以最快的速度拿下这些关卡，那么不但可以打开通往西北的通道，还能救下来歙，这不是一举两得的好事吗？唯一稍微欠妥当的便是吴汉在出发的同时才请示的光武帝。不过这种事情也不是没有出现过，以前光武帝也没说什么，毕竟将在外有些事情是可以先行动后请示的。怎么这一次光武帝发了这么大的火呢？

见下面的文武大臣表情各有疑惑，光武帝无奈地道："你们不懂。就像你们想的，这一次略阳被我方攻陷，隗嚣一定会率领主力兵团前往夺回，但隗嚣素来谨慎，陇山一带关卡他一定布置得非常妥当，根本不是一两天能够夺的回来的。最后只能得不偿失，所以去了也没有用，反倒会激起各关守将的殊死抵抗。而反观略阳，这是一座小城，并且城墙坚实，建于高地之上，极适合小兵团防守作战。来歙带去的两千人还是我汉军的至精之士，所以哪怕敌军数倍于来歙，他也一定能够成功抵挡很长时间。到时长时间攻不下略阳，不但隗嚣的主力部队会锐气尽失，整个东北防线也会动荡不安。等到那时候，我大军进犯，陇山诸关卡哪里还有什么信心抵抗我等？不投降就不错了！"

光武帝虽信誓旦旦，可众人依然不相信来歙能凭借两千士兵抵抗敌军数万人的进攻。但人家光武帝的军事预料从来没出过错，所以大家也不好再说什么，只能听光武帝之命从事。甚至暴脾气的吴汉虽然心中不服，但也乖乖地撤回了部队。

那么光武帝猜想的对吗？答案是完全正确。

那隗嚣和巴蜀联军至略阳近郊以后，将略阳团团围住，紧接着便如同潮水一般不间断地对略阳发动了狂攻。可就像光武帝说的，略阳城小，所以每个角落都有汉军把守，并无空隙。

略阳城墙厚，所以任凭隗嚣如何攻击都固若金汤。

略阳建于高地之上，所以攻城之兵极为耗费体力，却为守城汉军的箭矢、滚石、圆木等提供了加成效果。

来歙这两千士卒都是汉军的至精之士，所以战斗力超强，在来歙的亲自指挥下以一当十，隗嚣和巴蜀的士兵几乎刚刚登上城墙便被砍翻下去。

一个月后，隗嚣虽然从未停止过攻击，但略阳城依然坚如磐石。

两个月后，略阳城依然没被攻下，隗嚣和巴蜀士兵的士气已经开始滑落。

与此同时，守城汉军的箭矢也射完了。要知道，弓弩乃是守城的第一利器，如果没有它的远程火力，那么守城军的战力将会大打折扣。

见此，来歙一边带领守城士兵抵抗隗嚣的进攻，一边命数百士兵拆掉略阳的房屋，以断木来做箭矢之用。

直到公元32年四月，来歙已经抵挡了隗嚣的猛攻整整三个月之久。而这时候，身在洛阳的刘秀料想隗嚣士卒已疲。所以，他出动了。

他亲自集结十余万大军向西挺近，并在出发之前致信窦融，让他率领五郡之兵与其会师固原（今宁夏回族自治区固原市）。

窦融得到消息以后在第一时间行动起来，他不仅率五郡之兵前来会师，还携周边羌人及小月氏步骑总共数万人前来会师。

等两军成功会师以后，光武帝的大军人数直达二十万之众。

这之后，光武帝将二十万大军分成数路攻击陇山诸关卡。

瓦亭守将牛邯见汉军人数众多，隗嚣方面又迟迟拿不下略阳，所以对隗嚣绝望，直接献关投降。

瓦亭关的丢失，使得整个陇山防线彻底崩溃。其他防线的将领不敢再死守关卡，只能后退同隗嚣会师。

二十万汉军得以长驱直入，兵锋直指略阳方向。

此时的略阳，当隗嚣闻听光武帝大军已经突破陇山防线的消息以后彻底绝望，当即带领着手下这些疲惫之师撤到西城（今甘肃省天水市西南），略阳之围得以解除。

这还不算完，就凭隗嚣现在的局面，整个天下的人都认为隗嚣必定灭亡了，所以整个西北，原属隗嚣的十三名大将，十六个县，十万军队全都投降了光武帝。所以现在西北还效忠隗嚣的也只有一个西城和上邽（今甘肃省天水市西南）了。

光武帝不想再因为隗嚣而死伤自己的士兵，所以派遣使者往西城，劝隗嚣立即投降，这样还能给他一条生路。

可哪怕局势已经到了如此地步，隗嚣依然不选择向光武帝投降，他不但拒绝了光武帝的劝降，还命王元速往成都，请公孙述给他援兵继续和光武帝奋战。

隗嚣这种态度使得光武帝大为光火，他懒得再搭理这个不知死活的东西，直接杀掉了身为人质的隗恂（隗嚣之子），并兵分两路，命吴汉围攻西城，耿弇围攻上邽，窦融回五郡镇守边陲，自己则亲率主力大军坐镇略阳，坐等生擒隗嚣。

可就在光武帝即将彻底消灭隗嚣势力的时候，东方颍川方面突然群雄突起，这一带的盗贼土豪见刘秀长时间不在中原，竟然起兵造反，攻城略地。

而河东方面的一些士兵也不知道因为什么，竟然配合这些盗贼土豪起兵作乱。一时间，中原大乱，洛阳震动。

因为本次出击作战，光武帝几乎将防守洛阳所有的正规军都派出来了，所以洛阳空虚，光武帝惧怕洛阳被攻陷，进而导致整个天下重新陷入动乱，所以慌忙率主力部队撤回了洛阳。只留吴汉、耿弇继续攻击西城和上邽。

光武帝认为，现在的隗嚣已经是强弩之末，手上也没有多少兵了，光吴汉和耿弇所部就足够消灭他了。

很明显，光武帝轻敌了，而轻敌的后果很严重。

公元32年九月，光武帝顺利抵达洛阳，紧接着对这些反叛势力进行血腥屠杀，不到一个月的时间便将这些反叛势力屠杀殆尽。

而这时候，光武帝再返回西北还来得及，事实上，都不用他回西北，只要他派遣冯异率一部至西北坐镇就什么问题都没有了。可光武帝没有，他认为有吴汉和耿弇就足够了。

基于此，他非但没给西北一兵一卒的增援，还派使者告诉南边的岑彭，让他时刻准备好攻击公孙述，只要隗嚣那边一被灭，岑彭这边便开始猛攻。

可时间一直到十一月，这两个城池都没能被汉军攻下。为什么呢，因为不管上邽还是西城的将兵，他们对于隗嚣的忠诚都是绝对的，都是可以为隗嚣去死的。所以抵抗的决心异常激烈，有的将领为了提升守城军的士气，竟然在城头上带着家人自杀，以表对隗嚣的忠诚之意。

这一切皆使隗嚣守城军士气大增。而吴汉和耿弇见敌军抵抗意志如此坚固，便也改变了打法。他们不再一味地猛攻，而是将两城团团围住，断绝了他们的粮道，堵住了他们的水源，意图活活饿死、渴死守城的士兵。

如果继续照着这种态势发展下去，隗嚣必败无疑，因为他的兵力已经不足以支撑他在野外和汉军决战了。

可只要不放弃，一切都有希望。而隗嚣的希望，正在王元身上。

话说王元到成都以后，急求公孙述亲率举国之兵救援隗嚣，并大述唇亡齿寒之种种道理。可公孙述素无大志，就是一个故步自封的短视之人。他见隗嚣的灭亡只在旦夕之间，便不打算再救援他，可他隗嚣怎么说都是投降了自己的附属势力，要是一点儿援助都没有那也说不过去。

于是，公孙述只给王元五千士卒，让他随意调度，象征性地增援了一下。

王元心中虽然非常不满，但自己是有求于人，还能说什么。

所以，无奈的王元只能带着这五千人北上西城救援隗嚣。

本来王元对于这次的救援根本不抱什么希望，就是想战死以报效隗嚣。可当他快到西城的时候都没有见到汉军的一个侦察兵，这可就大大出乎王元的意料了。

情报，不管是古代还是现代都是军事上至关重要的一环，正所谓知己知彼，百战不殆，这可不是说说而已。就像现在，如果吴汉的侦察兵在这一带的话便能及早发现王元的兵马，进而有所防范。

可是吴汉没有。他认为现在的隗嚣已经是瓮中之鳖，马上就会完蛋。而公孙述绝不可能在明知没有希望的情况下还派兵救援隗嚣，因为他根本就没有这个魄力。简单来说就是吴汉也轻敌了。而他即将付出的代价比之当初的耿弇也是有过之而无不及。

那王元见没有汉军侦察兵在附近游动侦察，断定吴汉轻敌了，所以立即命全军将士悄悄向战场行进，不准弄出半点儿响动。

就这样，这支五千人的队伍静悄悄地走到了距离汉军一里之外的高地之上，而直到这时候，汉军还是没能发现王元的动静。

就在这时，汉军后方的高地上突然鼓声雷动，五千人马在王元的授意下齐声大吼道："成皇（公孙述）百万大军来援，汉军受死！"

话毕，也不待汉军反应便从高地上俯冲而下。

汉军此时已攻西城多月，早已经士气低迷，思家心切，如今又面临这"百万"大军突然的袭击，顿时乱作一团，疯狂逃亡。

而就在这时，西城城门大开，全城士兵在隗嚣的亲自带领下冲杀出来，并配合王元疯狂嘶吼："成皇百万大军来援，汉军受死！"

在此两面夹击之下，吴汉的大军乱上加乱。吴汉见败局已定，只能一边安排殿后军，一边带领部队仓皇撤退。

而此时围攻上邽的耿弇听说成皇"百万"援军来到，又见吴汉已经被打得仓皇撤退，也不敢再攻上邽，只得迅速撤退。

那隗嚣也真是厉害，硬是用这些士兵追着吴汉一顿穷追猛打，直到一脚把他踹出大西北才算结束。

并且，隗嚣只用几天的工夫便将之前西北的失地全都收了回来。

汉军，功亏一篑！

然而这还不算完，紧接着，一个又一个坏消息陆续传到光武帝的耳朵里。

公元33年正月，大将祭遵病死在汧城之中。

汧城，为防御西北隗嚣侵攻的两大重要据点之一，不容有失，所以光武帝在第一时间将冯异安排到这里代替祭遵。

与此同时，西北隗嚣方面。遥记得战国时期，齐国差一点儿被乐毅灭了国，虽然最后在田单等人的努力下重新复国，但经此一役，曾经强大的田齐彻底完蛋，变成了偏安一隅的等死国家。

而现在的隗嚣较当初之田齐也有过之而无不及，因为之前的兵祸，使得此时隗嚣"国库"空虚，粮食匮乏。更要命的是，之前那些投降汉朝的将领、太守们现在虽然又重新投入了隗嚣的怀抱，但双方心中都有了疙瘩，各自防范，再也无法达到上下齐心。

这种经济，这种人心，以后该如何面对汉朝的攻击。隗嚣整日绞尽脑汁，整日愁眉苦脸，可就是这样，依然想不出任何办法来抵御汉朝。

终于，隗嚣抑郁成疾，在同年同月离开了这个世界。（《后汉书》《资治通鉴》载："隗嚣病且饿，餐糗糒，恚愤而卒。"）

隗嚣死后，王元、周宗等人立其小儿子隗纯为王，继续隗嚣的事业。与此同时，公孙述见隗嚣死，怕光武帝会在这一段时间趁势平定西北，乃动大军兵分两路共进，一路以赵匡、田弇为主帅，率数万兵马北上援助隗纯，意图在防御光武帝的同时将西北势力彻底吞掉。一路以翼江王田戎、大司徒任满、南郡太守程汎率数万水军出江关攻击汉军在南方的势力。

我们先来看北边战线。

当光武帝听说成军北进支援隗纯的消息以后，立即命冯异率军前往截击，并下死命令，无论如何都不能让成军顺利进入西北。

冯异得令以后第一时间便率军前往截击成军。本次战役，冯异将成军的必经之路堵得死死的，并且没有耍一丁点儿的计谋，那是完完全全的只守不攻，任凭成军如何叫骂挑战都不出击作战。

结果双方就这样僵持起来，不过因为成军是异地作战，还是进攻方，所以士气随着时间的流逝也在一点一滴地消散。而相比北路军，南方的田戎军可算得上是功勋卓著了。

那田戎出了江关以后一路攻略，竟在岑彭的眼皮子底下连连攻陷巫县、夷道、夷陵、荆门山、虎牙山，并在攻陷这些地点以后于长江架设浮桥，建筑碉堡，把树木聚集起来竖在大江中间，阻断了汉南征军进击巴蜀的水路。

同时，田戎还跨山造连接型防御壁垒，用于堵塞汉南征军进攻巴蜀的陆军，可以说已经占据了主动权。

公孙述这一连串的举动使得光武帝大为光火，便打算加快灭掉隗纯，之后动用举国之力来灭掉公孙述。可就在光武帝打算对公孙述大打出手的时候，北方又传来了相当坏的消息。

卢芳那条匈奴狗竟然在公孙述进攻光武帝，而光武帝又将攻击重心都集中在隗纯的时候意图勾结匈奴南下掠夺侵占。

光武帝听闻此消息以后极为震怒，暂缓攻击隗纯的打算，转而命吴汉率领五万多正规军攻打高柳（卢芳的势力范围），意图给卢芳一点颜色，让他老老实实地待着。

可卢芳根本就不怕光武帝，因为他后面站着匈奴这尊大佛。

果然，当呼都单于听说吴汉大军开始征伐卢芳的消息以后，迅速调动数万轻骑兵前来援救。

而结果呢？吴汉这个野战专家在野战中被匈奴打得全无还手之力，从开战之初便一直陷入被动，只十余日便落荒而逃了。

想想也是，如果匈奴骑兵真的那么好打的话，当初西汉就不会一直等到汉武帝的时候才开始反击了。要知道，那时候西汉已经集数代财富于一身，战马全都是培养了多年马种的彪悍战马，士兵全都是训练多年的精悍之士，甚至身上的皮甲、手上的首环刀，哪怕是箭矢的箭头都是当时最精致的，而这些东西需要什么？需要钱啊！

反观现在汉军的质量如何呢？虽然和公孙述等人相比是很精锐的，但和西汉巅峰时的士兵是根本无法相提并论的，更别提还是在野外和匈奴人作战了，那简直就是找死的行为。光武帝再次轻敌了。

而经过这一次的失败，光武帝真正地认识到了匈奴人的恐怖，遂绝了和匈奴人野外作战的心思。可匈奴人不会惯着你光武帝，你敢打我的狗，那我就狠狠地打你的脸。

此役大胜后，呼都单于连月派遣骑兵侵袭汉朝边境，使得汉朝损失巨大！

匈奴人狠狠地抽了光武帝的耳光，按光武帝的脾气是必须要抽回去的，可真正见识了匈奴人强大的野战实力以后，光武帝很明智地选择了隐忍，因为他知道，现在最重要的并不是对付匈奴人，而是尽快将这个分崩离析的天下重新统一。

于是，在公元33年六月，光武帝命朱祐驻守常山郡、王常驻守涿郡、破奸将军侯进驻守渔阳郡、讨虏将军王霸驻守上谷郡，并建造烽火台，完全复制文、景对匈之政策（实为无奈之举）。

这之后，光武帝加速了统一天下的步伐，因为匈奴的关系，他懂得了要走的路还很长并且要加快脚步才行。

所以同年八月，光武帝动手了。这个月，光武帝兵分两路，一路以耿弇为主将，率兵两万余攻击固原，意图给安定和天水方面造成军事压力。一路命来歙、盖廷、马成率七万大军前往支援正在抵抗成军的冯异。

援军到来以后，冯异方面立即转守为攻。

按说，此时的成军已经攻击了冯异这么长时间，士气应该已经很低了，可面对多于自己的汉军，成军将士竟然丝毫不退，就这样和汉军对拼起来。经过了大大小小十余场战斗，冯异、来歙等人惊异地发现，自己竟然奈何不了成军。

于是这场会战逐渐发展成拉锯战，歇歇打打，打打歇歇，整整打了将近一年，直到公元34年七月，汉军才终于击败了成军，并斩赵匡、田弇之首级。

消灭了成军以后，汉军马不停蹄，立即向西继续进击洛门（今甘肃省陇西县东南），意图一举消灭隗纯势力。

而耿弇那边同样不轻松，那耿弇率领两万多大军攻击固原也快一年了，这期间他挖地道、火攻、制造攻城器械拿人堆等，反正耿弇是什么办法都用上了，但最后固原依然是悍然不动。因为成家的援军还在，他们认为自己还有希望。

直到这一年七月，成军终于被冯异等人大败，固原士兵士气大跌，太守高峻也开始动摇了。而光武帝就借着这天赐良机派遣寇恂前往固原招降高峻。

成军一败，高峻就想投降了，所以一听寇恂前来便想亲自出城迎接，以表自己的诚信。可就在这时，高峻手下的第一谋士皇甫文阻止了高峻，并信誓旦旦地道："大人，您此番投降以后是想在汉朝做一个大官呢，还是想只要活命，而做一名碌碌无为的平民百姓呢？"

高峻道："能做大官当然是想做大官，但现在这局势，你看谁还能挡得住汉朝的进攻，就连成家皇帝的精锐军都失败了。所以与其严防死守，还不如借坡下驴降了，这样还能活命。"

皇甫文道："非也！汉朝现在看似光鲜，可北边有匈奴寇掠，南边有成家皇帝时刻威胁。所以汉朝皇帝是急切想要统一这个天下的。我固原城乃是西北重地，易守难攻，他耿弇号称是天下有数的名将，不照样拿我们无可奈何吗？所以，我的意思是，不如将姿态放得高一些，好好和这些汉朝人谈谈条件，让他们知道，我们并不是受到压力而投降，而是相互交易而已。价码不到，休想让我们投降。"

高峻道："这，不会弄巧成拙吧？"

皇甫文道："大人只管将任务交给我皇甫文，保证给你办得妥妥当当。"

就这样，皇甫文带着高峻的期望来到了寇恂的军营之中。

那天，寇恂听闻高峻派出了手下第一参谋皇甫文前来拜见，非常高兴，竟亲自迎接皇甫文。

可当寇恂看到皇甫文态度的时候，脸色当时便黑了。只见那皇甫文下巴抬得比天还高，看到寇恂以后只是瞥了一眼，并象征性地一摆手便越过寇恂，直奔大帐中去。

看着皇甫文嚣张的背影，寇恂什么也没说，只是冷笑一声，然后跟着进了中军大帐。

入账以后，双方就座，可寇恂此时已经没有了什么笑模样，只是一脸冷淡，自顾自地喝着几案上的茶水。

见寇恂如此态度，皇甫文不乐意了，于是冷冷地道："这位寇大人是吧，这就是你的待客之道吗？"

寇恂冷笑："呵，你只不过是高峻手下的一条狗而已，对你，我用得着招待吗？"

话毕，皇甫文腾的一下站了起来，指着寇恂怒道："你！好，很好，那我们就战场上见吧！"

话毕，转身就要走。可就在这时候，寇恂一声怒吼道："放肆！这是你想来就来想走就走的地方吗？来人呀！"

"在！"

寇恂道："给我把这不知死活的东西捆起来！"

一众大兵闻讯而来，当即便将皇甫文五花大绑。

可皇甫文直到这时候还不知死期将近，大声怒吼道："寇恂！你知不知道这样做的后果是什么？你要是误了大事，你们家皇帝是不会饶了你的！"

寇恂怒极而笑，也不解释什么，拔出首环刀便直奔皇甫文而去。

可就在这时候一名部将拉住了寇恂，并小声对寇恂道："大人不可冲动啊，固原尚有精锐万人，都是弓弩强手，况且此地乃易守难攻之地。我们这次来的主要目的便是招降高峻，如今还未和高峻接触便斩其使节，这怕是不妥吧。"

话毕，寇恂只是微笑，依然不解释什么，而是走到了皇甫文的身前半蹲下来，用手啪啪地拍着皇甫文的脸："挺横呗？"

皇甫文什么时候受到过如此羞辱，当即大骂道："寇恂，你这……"

噗！

没等皇甫文说完，森冷的刀光闪烁，皇甫文的人头直接掉在了地上，整个人的表情都充满了惊异。

寇恂弯腰捡起了皇甫文的人头，然后扔到了皇甫文随从官员的脚下，不耐烦地和他们道："回去告诉你们太守，要投降，赶紧的，爷没有那么多时间等他，如果到明日之前我还没看到他，他就再也没有机会了。"

话毕，寇恂直接将这些随从官员赶出了大帐。

寇恂身边的那些人见寇恂如此轻率，无不唉声叹气，同时都大为不解，怎么一向稳重的寇恂如今这么容易冲动呢。

可短短的一个时辰以后，他们的唉声就变成了惊异。为什么这么说呢？因为高峻投降了，并且降得特别彻底。

众人在为寇恂庆祝的同时不禁奇怪地问道："大人，我们都想请教您，为什么您杀了高峻的使节他还要向您投降呢？"

寇恂微笑着道："皇甫文这个人我是知道的，他是高峻的心腹、智囊，专门为高峻出谋划策，甚至可以左右高峻的思想。这种聪明人如果真想投降的话态度一定会特别恭敬。可今天我看皇甫文十分傲慢，好像要刻意惹怒我，以阻碍受降一般，所以我断定，这个皇甫文一定是一个好战派，这种人是一定不会向我汉朝投降的。如果勉强留着他，他后面势必还会想出更多的办法来阻止这次受降，可如果杀了他，呵呵。现在我大汉统一天下的步伐已无人能阻，隗纯早晚会被消灭，只不过是时间问题。他高峻就是再傻也能看得明白。所以皇甫文一死，便再没有人左右他的思想，再加上我的威胁，他为了能够活命，当然要在第一时间向我投降喽。"

话毕，在场官员无不对寇恂心悦诚服。

而在固原投降以后，继续向西攻略落门的来歙、冯异等部又受到了激烈的抵抗。

为什么呢？因为现在隗纯势力还能依仗的地利便只有落门一地了，如果落门被灭，那么隗纯将再无地利可守，于是，隗纯几乎将所有的士兵都集中在了落门，用以抵御汉军的侵袭。

可现在隗纯内部粮食短缺，西北本年又闹了大大的饥荒，所以这些士兵一个个饿得面黄肌瘦，根本就没有什么士气可言。但就是这样，这些西北勇士依然抵挡了汉军三个月的进攻。

直到十月，这些饿着肚皮的勇士们再也挡不住了。落门终于被汉军攻破。

落门被破，隗纯已呈裸奔之势，再没有和汉朝抗衡的资本，乃携王元等心腹往南投奔公孙述去了。

隗纯逃跑以后，其势力全部向汉朝投降。西北，正式宣告平定。

自光武帝于公元30年对隗嚣侵攻开始一直到现在，也就是公元34年，双方来来回回整整打了四年的仗，实为一场艰苦卓绝的大型战役。

3.5 巴蜀攻略战

光武帝平定了西北以后，便准备开始对付公孙述。可就在这时，西北方面又传来了一个小小的插曲。

其实也不算什么大事儿，西北边境的先零羌部众见汉朝刚刚平定西北，认为这时候的西北是防御最弱的时候，所以先零羌的首领便带着众多羌族部众，意图在这时候好好抢劫一把。

他们认为这不算什么大事儿，汉朝一定不会因为这么一次稍微大一点儿的抢劫对付他们，毕竟北有匈奴，南有公孙述嘛，相信汉朝这种时候一定不想再树立敌人。

可他们想错了，与其说他们想错了还不如说他们想得不够深远。现在的西北是什么情况？这地方的老百姓已经受兵祸太长时间了，他们真的禁不起折腾了，现在光武帝刚刚占据西北，如果不能将这些强盗赶走，便百分之百得不到西北的民心，甚至还会因此生出更大的乱子。所以光武帝对这次的寇掠事件相当重视，当即便想命冯异为主帅消灭他们。

可光武帝的任命状还没等发出去，一个令光武帝崩溃的消息便传到了他的耳中。

冯异，数次力挽狂澜助光武帝称霸天下的冯异竟然在军中病死了。

其实在冯异攻击落门的时候便已经患上很严重的疾病。可冯异怕他生病的消息传出去以后影响军心，所以一直隐瞒下来。直到彻底平定西北以后，冯异的病情终于全面恶化，殁于西北。

光武帝听闻此事以后悲痛万分（冯异自从光武帝以来，以少胜多、以多胜少等大大小小的战役打了好几十场，但没有一场败绩。更重要的是光武帝总是在危难之时让冯异去当"救火队长"，可见冯异这辈子打了多少硬仗。同时，冯异从不争功，有什么功劳都想着让给别人，所以在军中威望极高，光武帝失去了冯异，等于在军中失去了臂膀一般），为了纪念冯异，同时也为了表示自己对冯异的尊重，光武帝在冯异死去以后给他的子孙后代封了爵位，让冯异的这些后代们数世富贵。

我们再说正文。冯异死了，光武帝虽然悲痛，但羌族之患必须在第一时间解除。于是，光武帝改命来歙为统帅，率西北几乎所有战力主动出击先零羌。

冯异，他在汉军中的威望绝对可排第一，甚至吴汉和耿弇都无法与他相提并论。所以冯异的死，使得汉军将士都非常悲痛。而这时候羌族人不要命地来入侵，正好给了这些汉卒们发泄的机会。

他们在来歙的带领下如一群疯魔一般攻击羌人。这些羌人都是一群野蛮人，他们力气很大，心黑手狠，可当他们和这些愤怒的汉军交手以后才真正地知道了什么叫作野蛮，什么叫作心黑手狠。

这帮汉军不怕死不说，关键是下手极狠。那来歙和他们交战之前就已经派骑兵迂回到了这些羌人的大后方，意图将他们后路断绝，全部屠尽，用以祭奠天上的冯异。

先零羌等诸羌见汉军如此血拼的架势，还没交战就先尿了（我们是来抢劫的，不是来送命的）。见诸羌部众如此德行，先零羌的首领也知道，这场战斗八成是要败了。

基于此，他果断放弃了这次侵攻汉朝西北的打算，转而带着诸部众向后撤退。

可汉军合围之势已成，来歙怎么可能放过这些人，想来就来想走就走？你拿我们汉人当什么？遂在诸羌撤退的同时便下令全军进行总攻击。

本次战役，羌族诸部大败，一路上全都是羌人的尸体，西北的百姓在短时间内终于不必再被兵祸所牵连了。

公元35年三月，已经休息了好几个月的汉军在光武帝的命令下再次行动了起来，而他们这一次的目标便是公孙述了。

这个月，光武帝命吴汉征青州水军六万人，北方骑兵五千人和岑彭会师于荆门（山名，今宜都西北五十里大江南岸，与北虎牙山相对），成家国与东汉皇朝的全面战争，正式开始。

老规矩，叙述战争经过之前先带各位了解一下相关战场的地理情况。

公孙述占据的蜀地大家都不会陌生，便是秦朝时汉中、巴、蜀三郡之地，也是如今的四川大部。并且这还不是公孙述完全的势力，通过这些年来的蚕食扩张，公孙述的势力甚至扩张到了陕西、贵州、甘肃等地。所以在东汉之初，虽然天下群雄并起，但最有实力的，除了光武帝以外，便是这个成家皇帝公孙述了。

成家国的中心地带便是现今的四川盆地，土地肥沃，物产丰富，所以后世的诸葛亮才称此地为沃野千里的天府之国。

最可怕的是，成家国有境外六大险塞。有这六大险塞在，成都可保不失，所以之前公孙述那种偏安一隅的做法也是建立在绝对的地利之上的。

此六大险塞便是汉中、徽、武都、剑阁、江陵、江州。

汉中，位于汉水上游流域，地据秦岭山脉以南，大巴山北面，其地"北瞰关中，南蔽巴蜀，东达襄邓，西控秦陇"。可以说汉中便是公孙述北战线的主动权，如果汉中丢失，公孙述将从此陷入被动，再想在北边翻盘就不是那么简单的事了。

徽，秦时属陇西，西汉时属武都，处于太白山脉和祁山山脉之间，乃嘉陵江上游的要冲之地，所谓"接壤秦陇，俯瞰梁益，襟带东西称为要地，陇蜀有事，河池其必争之所矣"便是说徽地了。

武都，便是汉武帝时期所置的武都郡了，这地方在祁山山脉之南，白水中游，接壤羌族，路通陇蜀，山川险要极多，一直都是阻挡异族，抑或攻击陇西、蜀地的用武之地。所以《读史方舆纪要》载："若其制两川之命，为入蜀径路者，则曰阴平道。阴平道为入蜀之间道，汉武开西南夷，置阴平道，属广汉郡，设北部都尉治焉。以其地隔碍雍梁，实为险塞也。"

剑阁，秦时属蜀郡，西汉时属广汉郡，大概位置在嘉陵江西边。《读史方舆纪要》载其"凭高据险，界山为门，蜀境之巨防也"。（巨防二字《读史方舆纪要》极少用到，由此可见，这剑阁难攻到了一种什么地步）宋郭忱更是说剑阁"前瞰巨涧，后倚层峦。边山而立，一径陂陀，中贯大溪；平山内外，居民悉在山上，形势之险固亘古少有，实乃御敌之绝极要道"。

江陵，便是春秋战国时楚国的都城郢都，秦汉时属南郡。此地为南方绝对的交通要道，向西控制着入巴蜀之要道，向北可威胁中原，向南则威逼荆南地区，向东指臂吴越。著名的夷陵亦归江陵管辖，实为荆蜀之间最为重要的交通要道。

江州，便是秦时巴郡，春秋时巴族的聚居地，此地汇聚川蜀众水，地形极其险要，是易守难攻的宝贵要塞。

以上便是本次战争的地理情况，我们再来看看光武帝和公孙述两方的战略总方针。

本次，双方的战略方针都非常简单粗暴。

汉朝方面，光武帝因为已经占据了正南和西北，所以本次战役决定从这两个方向一起向公孙述进攻，并且两路部队都以成都为终极目标。

至于公孙述，较光武帝更加简单，那就是利用六大要塞死守。等将汉军的锐气磨灭了，那便是大举反击之时。

公元35年三月，汉朝南征军集合完毕，可就在岑彭打算率数千艘战舰攻击夷陵水道的时候，丝毫不懂水战的吴汉却提出了异议。

他认为岑彭准备的划桨手实在太多，这么多的划桨手要浪费国家多少粮食啊，所以建议岑彭将这些划桨手全都遣散了。不就是一个桨嘛，谁不会划呀，随便找一些士兵上来划不也一样吗？这样还能最大限度地增强水军的战力。

这话一说岑彭都蒙了，他早就知道吴汉不懂得水战，可怎么也没想到吴汉在水战方面已经不懂到了这种程度。要知道，一个合格的划桨手可不是一天两天能练出来的。

大概是基于这种情况吧，岑彭坚决反对吴汉的提议，绝不撤掉任何的划桨手。两个人因为这事闹得相当不愉快，拖延多日也没向公孙述发动进攻。

最后这两人一看这么闹也实在不像话，于是直接将自己的意见以文书的形式送到了洛阳，让光武帝裁决。

可那光武帝也是一只旱鸭子，对于水战方面的事情也是所知有限。不过光武帝却知道，岑彭常年在南方驻守，哪怕是再不熟悉水战，那也百分百比生长在北方的吴汉强。所以光武帝直接致信吴汉道："你懂水战吗你就在这儿瞎掺和？告诉你，只要在水上，你就是岑彭的部将，什么意见你都不要提，等什么时候到了陆地上你才可以提出自己的意见。"

吴汉虽然心中憋屈，但光武帝已经发话，还能怎么办？闭嘴吧。

于是，岑彭带领着汉朝水军准备开始进攻夷陵水道。

不过现在有一个问题摆在了自己的面前，那就是田戎这厮在开战以前便已经沿江布置了巨型浮桥，并在浮桥下面竖起了大型木桩，完全阻断了前进的道路，所以想要从水路进攻巴蜀，必先打通夷陵。而想要打通夷陵，必先破此浮桥。

为此，岑彭在进攻以前于军中发布告示，寻找敢于强攻浮桥的敢死之兵与将，并承诺，只要将此浮桥攻下，活着的人授上等战功，死了的人家属也由国家奉养。

正所谓"重赏之下，必有勇夫"。在岑彭重赏的告示下，还真组成了一支千人敢死队，而率领这千人敢死队的敢死之将是一名叫鲁奇的偏将军。

一天夜里，天黑得伸手不见五指，可浮桥之上的守备兵依然不敢有半点儿松懈，始终拿着火把来回巡逻。

可就在这时，突闻下方传来一阵破空之声。噗噗噗……因为全无防备，所以浮桥之上很多士兵都被射死。

当……伴随着锣声响起，后方成军水寨顿时响声四起，无数的成军士兵正划船冲向浮桥意图守住这个阻挡汉军的重要设施。

可一切都晚了。因为就在浮桥上的守兵敲响金锣的时候，已经有百余名身背石漆桶、薪柴、膏油桶等可燃物的士兵冲上了浮桥。

他们冲上浮桥以后第一时间做的并不是杀人，而是迅速将这些可燃物或铺或撒在浮桥之上。

等一切布置结束以后，这些士兵直接从浮桥上跳入了江中。

见计划已成功一半，鲁奇嘶吼着对下面船上的士兵道："行动！"

呼……无数的火把在瞬时之间冲浮桥扔了上去，浮桥顿时成了一座火桥。而后方早已准备完毕的岑彭见计划已成，立即率全部战舰向前猛冲过去。

浮桥连带江中的竖木在一时间全被销毁，所以汉军再无所阻，外加此时风向正是顺风，汉军还属于早有准备的突然袭击，所以汉军所向无敌，摧毁了一座又一座成军水寨，数之不尽的成军将士葬身鱼腹。成家国大司马任满被斩，南郡太守程汜被生擒，成军再无反败为胜的机会。

翼江王田戎见败势已成，无法挽回，立即带残余势力退保江州，意图在此抵挡汉军攻势。

至此，夷陵诸塞皆为汉军所破。

攻下夷陵以后，岑彭第一时间上奏洛阳，希望能让诛虏将军刘隆为南郡太守，并批准自己带领三万水军长驱进入江关收复失地，进而从南方攻向成家。至于吴汉，岑彭不想再和他合作下去了，因为吴汉不但帮不上自己一点儿忙，还净添乱。

看了岑彭的奏请，光武帝不但完全批准，还封岑彭为益州牧，授其主管益州军政，并拥有自行任命官员的大权。

这等于给了岑彭一地之王的大权，还得是汉景帝以前的诸侯王。

得到光武帝的承诺以后，岑彭再无顾忌，带着三万水军进了江关以后一路收复失地，并下令所有汉军将士，不管收复了哪里，都不可以掳掠百姓财物，但凡被发现者，定斩不饶。

于是，汉南征军所过之地秋毫无犯，这在古代军事史上不说是奇迹也是极少的了。所以汉军受到了沿途百姓的热烈欢迎，他们拿出自家牛肉美酒来犒劳汉军将士。

可哪怕是这样，岑彭依然拒绝了这些百姓的请求。在岑彭他这里只认一个道理，那便是不管是不是百姓自愿的，汉军都绝不可以从百姓那里收取半点儿好处。于是，岑彭更得人心，一些失地的百姓甚至私自联系岑彭，和汉军里应外合，悄悄打开城门投降。基于此，岑彭只用一个多月的时间便将当初所有失地全部收复。

之后，岑彭继续向西进攻，兵锋直抵江州重地。

可当岑彭到了江州以后，他却放弃了攻打江州的想法。为什么呢？之前已经介绍了江州地理的优势，所以这地方易守难攻是肯定的了。

且因是成家国东面抵御岑彭的要塞，所以公孙述把这个地方看得非常重，安置了很多的守军和粮草。因此，想要攻破江州这个坚城，不付出相当的代价是想都别想的。

于是，岑彭直接放弃了江州城，只命冯骏率一万多人屯驻江州郊外监视江州城，以免被江州守军在后方偷袭。自己则亲率主力及之前一路打过来的降卒共五万人向北进军，意图北进至垫江，然后向西迂回，直达成都。

可岑彭小看了巴蜀之道的艰难，在这鬼地方，他的部队每行军一步都异常困难，等他到距离自己不远的垫江的时候，时间已经过去十多天了。

岑彭知道，再这样下去，不等自己到成都粮草就要告竭了。

于是，他率军向北攻取了平曲，并在此地抢夺军民粮食十万石，这才向西继续前往成都方向。

与此同时，见岑彭一路顺畅的光武帝为配合岑彭，削弱公孙述的防守力量，乃命正在陇西的来歙率西北军向南攻击公孙述。

来歙得令以后立即行动了起来，大军即刻向南征伐。

然而，就在西北军向南走后没几天，之前被打得够呛的先零羌又蹿出来了。

先零羌的首领觉得现在陇西一带是真空状态，汉朝皇帝的重心也全都偏移到了公孙述身上，并且北方还有匈奴这个大敌，在这种情况下汉朝皇帝一定不想再增加敌人，所以自己在这时候抢夺陇西光武帝一定会睁一只眼，闭一只眼，乃率全部先零羌的青壮年战力突袭陇西，一顿烧杀掠夺。

先零羌的首领本以为光武帝不会管这档子事，可他错了。陇西现在是什么情况？那是刚刚经历了兵祸和天灾，老百姓最为困苦的时候。同时也是刚刚被光武帝占领，是局势最不稳的时候。如果这时候此地的百姓被异族烧杀抢夺而汉朝不管的话，那么陇西的百姓一定会对朝廷伤心失望。而一旦陇西百姓对朝廷伤心失望，那么陇西的局势就会变幻莫测，甚至有超过五成的概率百姓们会再次独立造反。

基于以上，光武帝绝不允许这种情况发生，乃致信正在西北一带的马援，让他即刻带领所辖五千骑兵袭击先零羌的这些侵略者。

而光武帝此举正中马援下怀。要知道，光武帝最痛恨的就是那些卖主求荣的人，他可不管什么劳什子的"良禽择木而栖"，在光武帝心中，但凡背叛主子的人都是垃圾。

而马援正是卖主求荣的典型，虽然最后他靠着自己的能力在光武帝面前争夺了一官半职，但光武帝依然不肯让他独当一面。这些马援都知道。

而这一次的先零羌袭击事件，因为陇西再无驻兵，光武帝便只能派马援前往迎击，所以马援知道，他的机会来了，只要这一次自己胜得漂亮，那么以后绝对有机会走到汉朝的政治舞台上。

于是，马援迅速行动起来，他以疾奔之速奔向先零羌的主力兵团，可就在即将见到先零羌的时候，他却让自己的部队分散开来，呈包围圈的形状慢慢向先零羌收拢。

羌族人是真的不会打仗，起码在这时候和这之前都是这个德行。当初赵充国就评价过羌族人军事上的低劣才能，结果多年过去了，这些羌族人依然没有什么长进，一点儿侦察兵都不派。人家马援的包围圈已经缩小到不到五十里了他们还是不知道。

结果，当这些先零羌人看到马援部队的时候一切都晚了。因为这时候马援已经带着他们从四面八方冲杀过来。

四面被围乃兵家大忌，如若不能在瞬间突破中军，取敌将领首级的话便必死无疑。

结果很遗憾，先零羌并没有突破中军直取马援首级的能力，所以，等待着他们的只有死路一条。

那马援要的是战功，要的是成绩！所以堵住这些先零羌人以后直接下令屠杀，一个不留。那些先零羌人被关门打狗，本来就没有什么阵形的"阵形"也被骑兵冲得七零八落，所以早已没有了战斗之心，一心只想活命而已。

结果，一个又一个先零羌人跪下向汉军投降，希望汉军可以饶他们一命。可迎接他们的并不是汉军的笑脸，而是一把又一把冰冷的首环刀。

这一战，马援以五千骑兵将所有先零羌人全部屠杀，致使先零羌伤大筋动大骨，好几十年都没敢再在汉朝的边境上从事抢劫活动。

好了，马援就先说到这，我们再回归主线。

那来歙率西北军南征以后，直奔河池、下辨。

这一带的守军主帅名叫王元。他认为汉朝兵力强大，被动防守早晚会被汉军攻破，不如出动奇袭军主动迎击汉军，重复当初大破吴汉的故事。

可来歙不是吴汉，他从来都不会轻敌，所以王元的奇袭之策无法奏效，反倒被来歙反攻，导致王元大败，损失惨重。

而汉北伐军则趁此大胜之机一路攻伐，连下河池、下辨，兵锋直指武都。

这眼看西北军就要打到自己的"北大门"了，蜀中百姓十分恐慌，甚至就连公孙述都惧怕来歙的威势。那怎么办？打不过，也没有其他什么太好的办法。

最后，在万般无奈之下，公孙述只能用一种在军界为人所不齿的招数来对付来歙，那便是找蜀中刺客刺杀来歙！

一天夜里，汉西北军大营，中军大帐附近。此时已夜半三更，来歙也进入了梦乡。也许是太累了，大帐守卫竟站着睡着了。

可就在这时，一名"汉军士兵"却鬼鬼祟祟地来到了中军大帐。他偷偷地摸到了士兵的身后，一手捂住那士兵的嘴巴，一手拿着锋利的匕首，照这个士兵的脖子上便是一抹。

哐当，好像是这个士兵倒下的声音惊动了旁边的守卫，那守卫刚要大喊，一把匕首便顺着这个守卫的嘴巴扎了过去，直接穿透了后脑。

可就在这时，中军大帐里面突然传出一声怒吼："什么人？"

没说的，不乏警觉性的来歙被惊醒了，但这一切都晚了。这名刺客见来歙已醒，于是一不做二不休，直接冲进了大帐，对着来歙就是一匕首下去。

噗！匕首直插进了来歙的要害。刺客本来还想再捅几刀，不过此时喊杀声已近，匕首还正中来歙要害，料想无法再活，于是刺客甚至连匕首都没有拔出来便落荒而逃了。

等一众大兵进入大帐以后，映入眼帘的便是满嘴喷血的来歙。这可给这些大兵吓坏了，他们有的在原地手足无措，有的吵着要去找随军大夫。可就在这时，强忍着伤痛的来歙指着一名士兵让他过来。那名士兵赶紧走到来歙身旁，半跪道："将、将军有何吩咐？"

来歙道："不、不要找什么大夫了，快、快去把盖廷给我叫、叫来！"

士兵道："是、是！"

不一会儿，只见盖廷慌慌张张地闯进了中军大帐，他看了看匕首插着的位置，又看了看马上就要归西的来歙，竟直接趴在来歙身边号啕痛哭了起来。

这一幕将来歙气得够呛，他勉强举起手，照着盖廷的脑袋便是弱弱地一下，然后指着盖廷痛骂："盖廷！你怎么敢这个样子！现在我被刺客刺中要害，自知难以活命，这才把你叫过来打算委托重任与你，可你却像小孩一样哭个没完没了，你再这样信不信我直接让人杀了你！"

话毕，盖廷赶紧擦了擦眼中泪水，正襟危坐，一副聆听教诲的样子。

来歙道："你听好，现在南路的岑彭势如破竹，我军接下来一切行动都要以吸引敌方主力，配合岑彭作战为要务，切不可冒进夺功，扰乱陛下的整体部署，知道了吗？"

盖廷哽咽地道："知、知道了。"

话毕，来歙又对旁边的一个文吏道："我说，你写。"

文吏："是。"

来歙："臣，来歙，启奏陛下，臣于夜深之时不知被何人所刺，现今已中要害，料想是活不成了。臣不为自己的生命可惜，只恨没有尽到自己的职责，辜负了陛下的信任。当陛下看到这封奏书的时候臣大概已经死了，臣在死前已经将西北军的大权交给了盖廷，并嘱咐完毕，相信凭盖廷的能力一定能完成陛下的嘱咐，还请陛下放心。最后，臣想和陛下说一下臣的家里人。臣家中的那些兄弟们什么德行臣知道，他们都不争气，臣猜想他们以后一定会犯罪吧，臣不求别的，只求到时候陛下能念及臣对陛下的忠心来教导他们。"

写完这封奏书，来歙长舒了一口气，好像所有的心事都已经了结一般。

之后，在所有人都没有防备的情况下，来歙突然拔掉了插在自己要害处的匕首。

噗！一时间血流如注，一代良将来歙魂归西天。

时间：数日以后。

地点：洛阳宣德殿。

此时的光武帝拿着来歙的奏章一边看一边落泪，当即便命人将来歙的尸首从西边取回，并要亲自为来歙吊丧送葬。

可就在来歙的尸体刚刚从西北送往洛阳的时候，现任西北军主帅盖廷却因为来歙的死而整日伤心，不久便悲愤成疾，根本无法率兵打仗了。

光武帝郁闷至极，但没办法，这种情况你也不能埋怨盖廷，毕竟这俩人的私交实在是太好了。

基于此，光武帝另遣马成代替来歙为西北军总帅，继续向南挺进。

我们再来看岑彭的南征军方面。

就在西北军来歙被刺杀，马成接替来歙这段时间，南路的岑彭可一直都没闲着。

自从攻略平曲以后，岑彭一路向西开山凿路，兵锋直抵成都，整个巴蜀为之震动。公孙述惧怕岑彭大军侵犯，赶紧派王元携延岑、吕鲔、公孙恢等人起成都之兵在广汉与资中之间构建临时防线阻击岑彭。

同时，公孙述还命大将侯丹率两万成军守黄石（今重庆市璧山区与四川省泸县之间），以确保大防线南翼的安全。

此时，岑彭之军已有十万之众，较成军大防线也是有过之而无不及，但岑彭知道，蜀道之难，难于上青天，在蜀地构建的防线哪怕是临时防线也不是那么容易被攻破的。

于是，岑彭命臧宫和护军杨翕率五万降卒留守原地以为疑兵拖住成军，自己则亲率汉军五万趁夜色掩护悄悄东退。

他先是退到江州，然后溯都江而上，靠水路急袭黄石。因为现在汉南征军都在北面，所以黄石主帅侯丹根本没想到岑彭会突然出现在黄石。

于是，整个黄石顿时陷入大乱之中，岑彭速命全军出击，大破黄石守军，斩杀成军无数。

不过黄石守军成功逃走的也不少，为了能在这些逃兵将信息带到成都之前攻略成都一带，岑彭命令全军不得休息，脱了铠甲继续以疾奔之速往成都方向奔袭。

结果，日夜奔袭的岑彭果然在公孙述全无防备的情况下绕到了成都的南边，并发动奇袭。

因为所有人都没有得到消息，也没有人会相信岑彭能用这么快的速度绕这么一个大圈子奇袭成都南部，所以大家都没有防备。汉南征军于是势如破竹，先是攻破武阳（今四川省眉山市彭山区，距离成都不过六十里），然后岑彭命步兵原地休整，自领骑兵以疾风之速奇袭广都（广都便是如今的四川省成都市双流区）。兵锋所至，毫无防备的广都守军四散奔逃，广都告破。

至此，成都已在汉南征军眼前，整个蜀中震动，百姓恐慌至极。而到这时候公孙述才知道岑彭的部队已经杀到了自己的眼皮子底下，他拄着拐杖在众多人面前如同发疯一般，不停地用拐杖敲击着地面，一边敲额头上一边冒着冷汗。他现在想杀人，非常想杀人，怎么能让岑彭这厮肆无忌惮地杀到自己眼皮底下，这是绝对不能容忍的！

可敲击了好一会儿，公孙述这才惊异地发现，不管他怎么鸡蛋里挑骨头都怪不上别人，因为岑彭的部队实在是太快了，甚至比自己的斥候更快。基于此，公孙述只能停止了敲击，当着众人的面无奈地叹道："怎么可能这么快，这难道是神灵带领的队伍吗？"

可这还没完，远远没有。

就在公孙述想办法要对岑彭进行抵抗之时，又一个卫士急急忙忙地跑了进来，单膝跪下就对公孙述道："启禀陛下，东、东防线被汉军大破，全军覆没，王元已投降汉军，只延岑将军独自逃回。"

哐当，公孙述直接晕倒在地。

原来，自岑彭走后，臧宫一直都在和王元的成军对峙，也不攻击壁垒，就在原地这么耗着。可耗着耗着，臧宫发现了一个极为严峻的问题，那就是自己的粮食不够了。

之前岑彭虽然从平曲抢夺了十万石粮食，可架不住汉军人数太多，外加之前岑彭走了以后也带走了不少的粮食，所以这时候臧宫的汉军缺粮也不是什么不可能的事情了。

要知道，臧宫手下的这五万士兵可全都是岑彭一路降服的降卒。这种士兵最不可靠，大军顺风顺水的时候他们还算是勇猛，可一旦打了逆风仗，他们便有可能在第一时间背叛，从而坏了大事。这也是当初的白起和项羽杀掉降卒的主要原因之一。

如今，汉南征"二军"粮草即将告竭，臧宫毫不怀疑，再过一段时间，等粮草彻底没有以后，这些士兵将会在第一时间背叛或逃亡。

那怎么办？反正岑彭已经率军向南迁回这么多天了，自己疑兵的任务也算是完成了。不如向后退，等重新补充兵粮以后再行进攻。

可臧宫无奈地发现，这也不行。为什么？因为现在直面臧宫的延岑正死死地盯着自己。一旦延岑发现臧宫所部向后撤退以后必会全力追击围歼。而手下这些士兵都是什么德行臧宫当然知道，指望着他们打逆风仗是不可能的。

可就在臧宫进退皆不能时，突然传来了天大的好消息。光武帝竟然在这关键的时候派了七百多骑兵，数千正规军护送好几千辆粮食的牛车来到了臧宫军中。

原来，岑彭在出发之前就料想到臧宫以后有可能出现这种问题，所以在出发的同时也派人到了洛阳，希望光武帝能给臧宫所部送去粮食。

光武帝得到岑彭的奏请以后立即命距离臧宫战场最近的地方官员凑集粮食给臧宫送去。同时，因为臧宫手下的这些士兵全都是降卒，光武帝怕臧宫军心不稳，于是在原有的基础上又送去了七百精锐突骑和数千正规步卒。有了粮食，又有了援军的帮助，还是从中央派过来的。这下好了，驻守的这些降卒不但消除了恐惧的心理，反倒是有了上战场建功的心思。

于是臧宫手下将领连连请战。一时间，整个南征军二部士气空前高涨。

针对此种高涨士气，臧宫决定奋力一搏，遂不分昼夜从水路共同向延岑进击，且沿途多插旗帜，造成汉军有兵数十万的声势。

延岑早就听说光武帝的援军已到，但他不知道对方一共有多少士兵，于是登高望向远处，只见汉军旗帜漫山遍野，鼓声、嘶喊声震动天际，于是无论延岑还是其手下的士兵都充满了畏战的情绪，士气在瞬间便落了下乘。

臧宫当然不会放过这种机会，乃命全军对延岑发起了狠命的攻击。延岑无法抵挡，率军急退。而汉军紧追不舍，使得延岑军被斩杀及跳江而亡的士兵人数高达一万多人。

其他人眼见逃不出汉军的追杀，也都投降了汉军。

臧宫趁热打铁，率全军绕后总攻成军东防线。那汉军"数十万"大军来援的消息可不仅是延岑知道。现在几乎所有防线的士兵都以为光武帝已出动举国之兵讨伐成家，所以根本不敢抵抗，能逃的跟着王元逃往绵竹，无路可逃的直接投降汉军，臧宫所部陆续收降了近十万的成军。

可这还没完，臧宫得势不饶人，并没有直接率军攻击成都，而是带着全军北上攻击绵竹，意图将成都以北对自己有威胁的势力扫荡一空再全力攻击成都。

那王元现在只有几万的残部在绵竹驻守，根本就不是汉朝"数十万"大军的对手，于是献城投降，成都北部至剑阁以南至此全归汉军所掌控。如今的公孙述则和当初的隗嚣基本差不多，全都成了瓮中之鳖。唯一不同的是，那时候隗嚣手中的士兵只有一两万，可现在驻守在成都的士兵还有十余万之多。

所以，虽然光武帝写信给公孙述，让他赶紧投降，公孙述还是坚持抵抗汉军的进攻。

但就这样被动抵抗不是公孙述的性格。要说现在的公孙述最怕谁？不是光武帝，而是那个进兵神速的岑彭。公孙述相信，只要能将岑彭弄死，那南路军便可不攻自破。

可正面对战自己又没有信心能弄得过岑彭。那怎么办呢？好办，复制来歙故事，再派巴蜀刺客刺杀岑彭（注：此时汉西北军在马成的带领下也攻破了武都，兵向剑阁。可剑阁太过难攻，所以整个西北军全都被堵在了剑阁以北）。

按说，有了来歙的前车之鉴，汉军的这些统帅不可能不对巴蜀刺客有所防备，可不知道是岑彭太过自大，还是巴蜀的刺客武艺太过高超，反正这一次的刺杀行动又成功了。并且这次更加彻底，岑彭直接死在了睡梦之中，甚至连遗言都没来得及留下。

岑彭之死，使得整个南征军一部指挥系统失灵，士气大跌。监军太中大夫郑兴临危受命，代替岑彭成为全军主帅。可郑兴知道自己的斤两，又见一部大军士气降得厉害，遂领部队向南撤出了武阳，并遣使加急往洛阳方向汇报，希望光武帝赶紧派遣新的将领带领南征军一部。

见此奏折，光武帝立即命正在夷陵一带的吴汉携本部兵马急速往武阳方向行进，以代岑彭之职。

吴汉得令以后迅速行动，带本部三万兵马溯江而上，两个月不到便成功到达了武阳一带，顺利接管了岑彭的部队。

之后再次北进，向成都方向发起了猛烈的攻击。

公元36年正月，吴汉大军包围武阳，并对此地展开了潮水一般的攻势。

武阳，成都南部门户，之前因为岑彭实在太快大意而失。如今不能再丢！所以公孙述早在郑兴退出武阳以后便复占此地，并安排了大量的士兵驻守。

可公孙述也知道，凭借武阳现在的力量根本抵挡不住吴汉的进攻。于是，在吴汉攻击武阳的同时，公孙述又派魏党、公孙永率军绕到吴汉的背后，意图和武阳城中的士兵内外夹击，大破汉军。

可公孙述实在太小看吴汉了。

没错，吴汉当初攻击西城的时候确实是因为大意轻敌而被王元偷袭了背后，可不管怎么样吴汉都是一个久经战阵的沙场老将，怎么可能还犯同样的错误呢？

那吴汉不但没犯同样的错误，还在西城那次大败以后更加谨慎，凡出击作战必先安排一大堆斥候将周围百里之地的情报都打探得一清二楚。

所以公孙述的两支奇袭军没走多长时间便被吴汉知晓了。

于是，吴汉定下围城打援之计略，暂缓了攻击武阳的步伐，而是亲率主力部队率先占据了成家奇袭军的必经之路鱼涪津（今四川省眉山市岷江渡口），然后在此地埋伏以逸待劳。

等两支奇袭军全部到达鱼涪津之时，吴汉突然出击，伏兵从四面八方向成军袭来。那奇袭军的兵力本来就和汉军有云泥之别，如今更是被埋伏打了一个措手不及，哪里还是汉军的对手？

于是，吴汉大破成军，回到武阳近郊继续围攻。

公孙述不甘心眼看着武阳陷落，乃再出五千精锐驰援武阳，意图顺利进入武阳，让武阳的守备能力更上一层楼。这也是公孙述现在唯一能做到的了。

可吴汉却连这一点希望都不想给公孙述，因为就在这五千援军刚刚出发之时，吴汉的斥候再次将消息传递给吴汉。于是，吴汉再领主力兵团提前埋伏，并全歼了这五千部众。

这回，公孙述再也没有半点儿办法了，只能眼睁睁地看着吴汉攻击武阳。他现在只希望武阳的守军能够多顶汉军一段时间，将汉军的士气多拖下去一点，仅此而已。

这些武阳的守军还真是争气，吴汉强攻了好几个月都没能啃下这块硬骨头，反倒是士兵的士气越来越低。如果这样下去的话，别说攻略武阳，吴汉极有可能会被这块难啃的骨头给拖死。

可就在吴汉不知如何是好之际，洛阳方面突然来了一名使者，并将光武帝的最新指示交给了吴汉。

原来，光武帝见吴汉被拖在了武阳久久不能动弹，怕吴汉被硬生生地拖死，所以立即遥控吴汉，让他留两万士卒监视武阳，然后率全部主力越过武阳攻击广都。因为广都位处于成都和武阳的中心点，更是整个犍为地区的中枢，只要攻下广都，成都和武阳之间的联系就会被掐断，犍为地区更会陷入恐慌之中，那时候，成都必陷入孤立之中，便可一举而下了。

见此命令，吴汉连连叫好，对光武帝佩服得五体投地，便立即率主力兵团出击攻打广都去了。

因为现在公孙述的主力部队全都在成都和武阳两城之中，所以广都并没有多少士兵驻防，再加上谁都没想到吴汉会越过武阳而直攻广都，所以不管广都还是成都都没有什么准备，所以广都很顺利地便被吴汉拿下。

广都陷落，使得整个犍为地区震恐，于是犍为地区除了武阳以外，很多小城的守将全都向汉军投了降，成都彻底陷入孤立无援的窘境之中。

见公孙述的局面已全面被动，光武帝再次致信公孙述，让他赶紧投降，不要因为来歙和岑彭的事情有所怀疑，只要他肯投降，光武帝就会保他全族的安全。

可公孙述是个硬汉，用他的话来讲就是"身为一国之帝，只有战死的，没有投降的"。所以光武帝的第二次劝降亦以失败告终。

事已至此，还有什么说的？按照吴汉等将领的说法，就一个字儿，打（此时江州在外无援兵，成都又被孤立，所以也向汉军投降了）！

可光武帝却赶紧写信，意图阻止吴汉。"我汉军现在虽占据优势，但成都城内依然有近十万的守军，绝不是那么容易拿下的，所以将军不能轻敌。现在这种情况，将军应该固守广都，等着公孙述来攻，如果公孙述不来攻击的话，将军也要用一切办法迫使他出击，进而消耗他的力量，再行攻击成都。如果这样公孙述也不肯出城，那么将军大可从外围断去公孙述的粮道。成都城内虽然粮食丰厚，但成都的士兵和百姓也多，所以消耗非常巨大，相信过不了多长时间成都就会水尽粮绝，到那时，成都可不攻而破。"

吴汉收到光武帝的命令以后很不痛快（现在成都已经成为一座孤城，老大为什么还要费那么大的劲呢？还耍什么阴谋诡计？直接攻下来就得了。再者说，我一个军中宿将，如果什么都听老大的，那我还有什么脸面面对中军众人？还有什么脸面指挥士兵？当一个木偶不就完事儿了？）。所以，他根本没听光武帝的指示，而是趁着大军士气正旺，只率两万精锐进逼成都。

到距离成都十余里的地方以后，吴汉隔江在北岸扎营，架设浮桥，并命副将五威将军刘尚率一万兵马在江南屯兵，两营相隔二十余里，准备等士兵休整完毕以后从两点同时向成都发动进攻。

可当此布置传到洛阳以后，光武帝气得暴跳如雷，他直接对周边的文官吼道："我说，你写，快！"

文官道："是、是！"

光武帝道："吴汉！朕之前对你千叮咛万嘱咐，让你不要大意，只固守广都便可成事，可你为什么不听，反倒用仅仅两万士兵乱来！那公孙述不傻，他更不怕死，不然朕两次劝降他也不会拒绝，他不是不敢主动出击，而是我军还没有露出破绽而已！你和刘尚距离二十里分兵扎营，此破绽极大！朕问你，如果公孙述出动一万士兵专门牵制你，另率主力军团攻击刘尚，到时候你怎么救？一旦刘尚主力兵团被歼灭，那时候士兵士气将会跌落谷底，你还能活吗？所幸现在公孙述还没有发现什么破绽，你赶快给我撤回广都，不然朕砍掉你的头！"

就这样，洛阳使者以八百里加急之速往成都方向而去。可还没等使者到达成都，事情果然坏了。

就像光武帝所说的那样，公孙述见汉军两营距离太远，破绽极大，当即便将城中十万守军分成二十营，其中两营攻击刘尚，将其牵制住，其他十余营的士兵全攻吴汉，意图将吴汉这个主将歼灭。

由此布置可见，公孙述用兵的能力确实较光武帝相差十万八千里，要知道，吴汉身处北岸，刘尚身处南岸，并且刘尚营地的战斗力要较吴汉弱不少，因为吴汉在野战方面是非常强悍的。所以一旦消灭南岸的刘尚，吴汉的归路便会被彻底断去，到时候他除非长了翅膀，不然百分之百会被公孙述所擒，这也是光武帝为什么说公孙述会主攻刘尚的原因，可最后公孙述却反其道而行之，那就给了吴汉一点希望，一点创造奇迹的希望。

公元36年九月的一天，成都四个城门突然大开，南城门涌出一万多士卒攻向刘尚汉军，并死死将其拖住，东、西、北三个城门则涌出七八万士兵，他们从三个方向一同杀向吴汉军营。

吴汉见大军前来攻击他，非但没有死守营寨，反倒第一时间带兵冲向北门杀出来的成家军。这一下给北门的成家军打了一个措手不及，在最初的时候反倒是汉军占据了绝对的优势。

可没过多长时间，东门和西门出击的成家军陆续到来。吴汉见即将被三面围攻，遂率全军急退进营寨之中死守。

成家军虽然是吴汉军的数倍，还从三个方向同时向汉军营寨发动进攻。但吴汉不愧上将之名，这一万汉军也不愧是军中精锐，在吴汉的指挥下，他们竟然顶住了成家军整整一天的狂攻。

最恐怖的是，这些汉军不但顶住了，还显得游刃有余，一点都不狼狈。可在兵力差距绝对的情况下，久守必失是一定的，所以在当天夜里，吴汉将军中所有将领全都召集在了一起并和他们道："自讨公孙述以来，我和各位历经了千辛万苦，转战千里，这才深入敌境，进逼至成都城下。可因为我的轻敌，致使我方和刘尚的大营分困两地，无法相互救援。如果继续这样下去而不采取措施，大祸早晚都会临头。所以，我打算在一个适当的时机率领全军突围去和刘尚的部队会合，共同抵挡敌人，这样的话，我军还有一搏之力，不然必死无疑。而具体行动时间大概就在这几天，今天召集大家过来主要就是和你们说一下，另外希望你们回到各自的营地后鼓励士兵，让他们的士气始终保持在一种高昂的状态。"

众将道："谨遵将军吩咐！"

第二天、第三天、第四天。整整三天，吴汉都闭门不出，白天抵抗成军"三门"进攻，晚上则杀猪宰羊犒赏全军，完全不计较粮食的消耗，要的就是士兵们高昂的斗志。

时间很快到了第五天夜里。

这时，成军狂攻吴汉大营已经四天了，每个士兵都筋疲力尽，所以这一天晚上他们睡得特别香甜。

可就在这时候，汉军紧闭的大门却悄悄打开了。汉军将士人衔枚马裹蹄，就这样不发一点声音从大营南去。

这要是成军精力充沛的时候，哪怕汉军做得再隐蔽，相信他们也能发现一些蛛丝马迹。可无奈现在的成军经过连日对汉军的攻击已经太累了，累得都已经对汉军放松了警惕，所以吴汉才能有惊无险地逃到刘尚的大营之中。

到了刘尚大营，吴汉和刘尚紧紧地相拥在一起，吴汉对刘尚连表歉意："这次都是因为我的关系才会让我军陷入如此被动的局面，但未必不是一件好事。"

刘尚道："何以见得？"

吴汉道："当初在广都，我们最希望公孙述干什么？"

刘尚道："当然是希望他来攻击我们，你是说……"

吴汉道："没错，这一次我虽然犯下了大错，但现在已兵临城下，并且兵力不占优势，所以公孙述一定会不断对我方进攻。明日我便回去广都聚集士兵。而你，就继续给我死守住这个大营，一定不要让公孙述攻破，我会分批给你送来援军，但你有一个心理准备，我每次送来的援军都不会很多，因为士兵多了公孙述就会龟缩在城中不敢进兵了，所以只要你能给我守住大营，必能大幅度削弱敌军的战力！你能不能做到？"

刘尚直接对吴汉行了一个军礼，然后坚定地道："营在人在，营灭人亡！还请将军速去，这边一切有我。"

吴汉微微一笑道："别着急，在走之前，我还要送公孙述一个小礼物，你我这样这样……"

次日天明，成都"三门"部队正要再对吴汉大营发动攻击，可传令兵慌忙来报，说汉军已经趁夜色逃跑了，据地上残留脚印等线索来看，吴汉一定是去和刘尚会合了。

三门统帅大怒，进而率全军奔往刘尚营地，竟还天真地认为自己有一定的希望追上吴汉。

可当士兵气喘吁吁地来到刘尚大营的时候，他们却看到了让自己惊异的一幕。

那吴汉竟带领本部人马陈兵列阵，在大营之外等着自己呢。

这怎么可能？怎么可能？要知道，自己的士兵可是吴汉的数倍之多，他怎么敢就带这么点儿士兵和自己拼命？

可还没等三门统帅弄明白怎么回事儿，吴汉便亲自带领这些人马向成军杀了过来。

吴汉的队伍本来便精锐，又休整了一夜，所以人人精力充沛。可三门统帅手下的兵马就不是这样了。他们拼了命地攻击吴汉整整四天之久，早已人困马乏，现在又狂奔二十多里追击吴汉，早就累得上气不接下气了，所以面对这突然的一幕他们根本应付不来，好几万的部队竟然被一万不到的吴汉军逼得连连后退。

三门统帅见此怒极，速令部队分散开来，意图将吴汉的部队包围歼灭。

包围？可现在汉军已经占尽先机，士气大振，反观成军却疲惫不堪，士气尽失。这种时候要么你就撤退，等重新整备部队以后再行决战。要么你就继续和吴汉死拼，反正你人多，虽然一时陷入被动，但士兵轮番作战，早晚耗死吴汉。可包围就不一样了，包围就意味着要分散士兵，而士兵分散以后中军的防御力必然大减，这要是士兵精力充沛也就算了，可问题的关键是现在成军的士兵已疲惫不堪，如果这时候敌军不管不顾直突中军，那中军拿什么来挡？更何况吴汉的率军突击能力在整个汉军中也是名列三甲的。

果然，当吴汉见三门统帅分兵布置以后非但没有半点儿恐慌，反倒是哈哈大笑，遂亲自带领全军兵马直突成军中军，至于两翼，他理都不理。

三门统帅何曾想到吴汉如此果断，中军兵马更是始料未及。面对疯狂的吴汉，这些疲惫之兵根本没有半点儿抵抗能力，防御被一层又一层攻破。

最后，吴汉竟然杀到了中军将帅之前，连斩谢丰、袁吉这两门之将。三门统帅瞬间被斩其二，使得成军大乱，而南门部队此时也被刘尚拖住，根本无法来援，只能眼睁睁地看着自己的同僚被汉军一个又一个杀死。

见大军已乱，身在后方仅存的一门统帅代替谢丰和袁吉，接管三门兵马，并命令大军迅速后撤，等重新整备以后再行复仇。

而这时候的吴汉军已经斩杀了五千多个成军士兵。他们已经杀红了眼，见成军撤退便想追击。可吴汉及时地制止了他们，看着成军撤退的方向冷笑一声便带所部撤往广都了。

不过回到广都的吴汉还没等开始集结士兵，光武帝的使者也在这时候到达了。

看到光武帝的话，吴汉吓得灵魂打战，他赶紧回信对光武帝表示歉意，并将自己准备的军事行动汇报给了光武帝，请光武帝定夺。

不过这次光武帝看到吴汉的信以后非常满意，他回复道："你回到广都是最正确的选择，你接下来的计划也非常完美，看来朕不需要再提示你什么了，公孙述必败无疑。"

得到光武帝的回复，吴汉那颗紧绷的心终于放松下来。于是，吴汉开始行动起来，不断派骑兵往返援助刘尚，使得公孙述八次猛攻都没有丝毫进展。

这还不算，因为八次进攻都失败了，公孙述伤亡惨重，士气也下降得很厉害。公孙述这才反应过来，遂停止了对刘尚的攻击，紧闭成都大门再也不出来了。

可这一切都晚了，当吴汉听说公孙述的举动以后，立即率所有兵马前来成都和刘尚会师，然后疯狂进攻成都南门。

此时的成都守军疲惫至极，士气低落，根本没有能力抵抗吴汉的进攻。公孙述在万般无奈之下只能放弃外城的防守，命士兵死守内城，将防御圈无限缩小。

可让公孙述崩溃的是，此时的臧宫军也相继攻破了涪城、繁城和郫城，进而到达成都和吴汉成功会师，吴汉军队的战力在原本就强大的基础上更上一层楼。

见此，公孙述大急，忙将众将召集到一起询问应对之法。可面对此绝对劣势，众人也没有什么太好的办法，只有延岑欲言又止。

公孙述见此赶紧道："延爱卿！有话你就直说，不要有所顾忌。"

延岑对公孙述深深一拜，然后道："陛下，真正的男人在最困难的时候也不能放弃希望，而是应该在夹缝里谋求生存，绝不能坐着等死。所谓的财物，对于皇帝来讲没有任何用处，只不过是身外之物罢了。现在陛下的私府还有很多金银财宝，如果陛下能将这些财宝拿出来赏给士兵，士兵的士气一定能得到最大的提升！进而战斗力大增，给陛下多赢得一丝机会。"

公孙述道："说得很好，朕现在就将这些财宝全都给你发配，你想怎么用便怎么用吧！"

话毕，公孙述直接命人将所有的财宝都交给了延岑，而延岑则将这些财宝都赏给了麾下最精锐的五千个战士，并将这些战士组成一支敢死部队，命其中一千人在成都市桥布下疑阵，擂鼓呐喊以吸引汉前军的注意力（此时前军正由吴汉亲自带领）。自己则亲率四千人绕到了吴汉的背后，突然对其两面夹攻。

汉前军遭受突然袭击，不知敌军底细，以为公孙述已全军出动，所以大乱，被延岑杀得溃不成军，甚至吴汉都在慌忙之下连人带马掉进了护城河中。

吴汉老哥不懂水，在水中一阵扑腾，眼看就要被淹死。幸好这时候跟随吴汉多年的那匹忠心老马游到了吴汉的身边，并将马尾对准了吴汉。

吴汉迅速抓住马的尾巴，这才被老马拖到了岸上，得以捡回一命。

与此同时，见前军被击溃的中军急速来援，掩护收编了吴汉的前军，并将吴汉也救回到大阵之中。

延岑虽不甘心，但见吴汉已重整声势，只得撤退回内城。

这之后，吴汉愤怒了，他将所有的部队分成两部，由臧宫带领一部攻击成都内城的咸门，自己则另率一部攻击内城北门。

公元36年十一月十八日，伴随着喧当一声巨响，咸门被攻破，臧宫所部汉军一窝蜂地往里猛冲。

可延岑根本不惧，没等汉军大范围进入内城便携本部兵马狂冲上去，将汉军堵在城门口疯狂厮杀，使得汉军三次冲击都以失败告终，直到整个咸门都被尸体堆满了，臧宫这才暂时停止攻势。

可就在臧宫那边刚刚停止攻击的同一时刻，又是喧当一声巨响，北门亦被吴汉的护军高午和唐邯攻破。

公孙述现在虽然也是身披战甲在军中指挥，可他没有延岑那么快的反应速度，竟然没在第一时间阻挡汉军，导致汉军直接冲入了内城。

公孙述也是条汉子，虽然被汉军冲入内城，却没有慌张，而是亲率部队冲了上去，和汉军进行血腥的白刃战。

有皇帝亲自督战，成军士气当然极高，但汉军见公孙述来了也是士气大振。为什么呢？那可是身份和地位啊，是拜爵封侯啊。如果能将那个身穿黄色铠甲的人弄死，那自己一辈子都不用愁了。

所以这些汉军见公孙述后双眼血红，直奔其狂涌而去。

打着打着，公孙述的阵形就被打乱了，高午趁势冲入阵中，直杀到公孙述面前一枪下去。

公孙述，这位可怜的成家皇帝被刺穿了胸口。

这之后公孙述掉落马下，在地上狂癫不止。就在高午要下马再补一刀的时候，公孙述一旁的护卫都冲杀了过来，侧翼也喊杀声震天。

无他，刚将臧宫打出咸门的延岑前来支援公孙述了。

高午见延岑大军勇猛，怕再纠缠一会儿自己就得死在这儿，于是赶紧率军回撤，掩护后面的汉军进入内城。

可延岑所部太过凶猛，硬是将吴汉的部队生生打出了内城。这场战斗整整持续了一天，成军虽然损失惨重，但好歹算是守住内城了。

当天夜里，几乎内城所有的将领都集中到皇宫内殿，他们都在等一个消息。

一个时辰以后，一名郎中满头大汗地出现在内殿，一众人全都冲上去向这个郎中询问结果。

可那郎中却无奈地摇了摇头道："不行了，陛下绝对活不过今晚，还请各位赶紧去见陛下最后一面吧。"

众人一听这话，连跑带哭地冲进了公孙述的卧室。

见一众人如此样子，脸上已经没有半点儿血色的公孙述微微一笑，然后道："众人不必如此，人早晚都有一死，我公孙述这一辈子，值了。我死后，尔等都要听从延岑的调遣，不要扶立我那几个废物儿子，他们是成不了什么气候的。"

话毕，公孙述含笑离开了这个世界。

所有将领全都看着延岑，等待着他如何布置。众人都以为延岑会拼死奋战到最后一刻，可延岑接下来的话却让他们如同掉进万丈深渊："我们投降吧。"

所有人都愣住了，有些人还想和延岑抗争一下，但细想谁都没有作声。是呀，现在已经到了这种地步，甚至连公孙述都已经死了，这些人还拿什么来抵抗实力强大的汉军呢？他们是替公孙述卖命没错，但现在公孙述已经死了，他们也算尽忠了，实在没有必要白白送死。

次日，就在吴汉要继续攻击成都内城的时候，内城却城门大开，延岑率所有士兵和官员出来向吴汉投降。

可这时候的吴汉却瞪着血红的双眼看着众人，这一次的巴蜀之行他败的次数太多了，他愤怒，他羞愧，他想杀人，他想杀光这些让他蒙羞的人。

于是，吴汉冷冷地道："来人。"

"在！"

吴汉："进内城，不论老少，给我杀光公孙述和延岑所有的血脉！另外通告全军，成都所有的东西都是你们的，你们想拿什么就拿什么，你们想整谁就整谁。"

一听这话，传令兵整个身体一抖，然后激动地道："是！"

见吴汉如此，已经缴械了的延岑指着吴汉大骂道："吴汉！你就不怕……"

噗！没等延岑说完，吴汉抽出腰中宝剑将其一剑封喉。

当天，不管是公孙述还是延岑的家人，不分男女老少皆被汉军屠杀殆尽。

当天，这些汉军变身成了地狱中的恶鬼，他们在成都城中烧杀抢夺，他们在成都城中奸淫掳掠，整个成都哀鸿遍野，一片地狱景象。

时间：公元36年十二月。

地点：洛阳宣德殿。

噼里啪啦！

此时的光武帝正在宣德殿不断地摔打着器具，如疯似癫，殿中一众文武从未见过光武帝气成如此样子，所以一个个都如坐针毡，一点儿声音都不敢发出。

半炷香以后，光武帝摔够了，紧接着痛声臭骂吴汉，甚至扬言要杀了他。

话说到这个地步，下面的大臣可就坐不住了。一名大臣赶紧站出来道："陛下，吴汉乃是我大汉军界重臣，这一次他的行动确实是欠考虑了，但罪不至死，陛下可功过相抵，象征性地惩罚一下也就好了，千万不要把事情做绝。"

话毕，光武帝气喘吁吁地跪坐下来，阴着脸考虑半天，这才拿出了竹简，在上面一顿写，然后命令有关官员将竹简之内容传遍天下。又命几名官员亲自前往巴蜀安抚人心，并破格起用一些巴蜀人才，这才气呼呼地离去了。

十多天以后，各种告示张贴于巴蜀之内，尤其是成都城中，大街小巷基本上全都是刘秀的告示。

"吴汉，你纵兵掳掠成都可曾问过朕的意思？你全诛公孙述一族可曾问过朕的意思？巴蜀久经兵祸，百姓苦不堪言，现在正是需要安抚怀柔的时候，可你却做此丧尽天良之事，你还有什么脸面来面对天下众人？你还有什么脸面继续留在巴蜀境内。你现在就给朕滚回洛阳看守皇家陵墓，这次平定巴蜀你没有半分功劳。刘尚，你一直都是一个冷静的人，可这一次你的表现太让朕失望了。成都投降以后，整个城内的官民全都对汉朝表示臣服，这时候他们就是我大汉的子民，是需要保护和善待的。可你做了什么？你非但没有阻止吴汉的暴行，反倒协助他在成都干尽坏事，让成都一万余口良民百姓家破人亡。你刘尚也是汉室宗亲，怎么忍心协助吴汉做这种丧尽天良之事？你们的所作所为，早就让你们失去了斩杀敌将、拯救百姓的道义和功劳。所以你也别在巴蜀待着了，随吴汉一起给我滚回洛阳吧！"

这一封封告示，使得巴蜀百姓愤怒的内心终于得到了一定的缓解，并让他们知道了光武帝真的是一个仁慈的皇帝。

这还不算，光武帝在此基础上又动用了后招，连续起用了数个在巴蜀名声极盛并在当初不肯服从公孙述的圣贤来做巴蜀的地方官，这才让巴蜀百姓的愤怒完全平息，使得巴蜀之地彻彻底底地归汉朝所有。

至此，除了一个偏僻之地的卢芳以外，天下所有势力已被光武帝所除。可让光武帝万万没想到的是，那卢芳根本就不用攻击，自己便献出宝地逃了。

3.6　此时汉朝

这些年，在光武帝四面出击平定各种势力的时候，卢芳勾结匈奴在北方兴风作浪，好不嚣张。

可自从公孙述被光武帝消灭之后，卢芳的那些部下深知汉朝统一天下已是大势所趋，根本不是人力所能阻挡，而凭借这些年来卢芳造下的孽，早晚都会被光武帝清算。所以卢芳手下的士兵一个个叛出了他的阵营，全都逃往他处了。

卢芳见此，虽不甘心，但也只能放弃自己的地盘，只身逃到匈奴去了。

至此，光武帝终于统一了天下，让汉朝重新屹立于天地之间。

下面简单地介绍光武帝的内政措施。

公元26年，也就是光武帝称帝的第二年，光武帝开始祭祀祖宗，定东汉为火德，以红色为东汉国色。

同年三月，光武帝大赦天下，并修改西汉末期和新莽时期的法律，尽最大的努力将东汉法律向柔和方向靠拢，欲复演文帝故事。

同年五月，因为自新莽王朝建立以来，天下困苦，人祸不断，所以很多人家破人亡。他们为了能吃一口饭，不惜将自己的孩子卖给别人，反正孩子继续跟着自己也是受罪的命，不如去别人家当奴仆，这样还能吃得一口饱饭。

如今，光武帝登基称帝了，为了向天下人表示自己有能力让这个天下重新安定、富裕，乃下诏："在这之前，民间凡有嫁妻卖子想要回到生身父母身边的都应该被允许。如果有人胆敢不让他们回去的，直接依法治罪！"

同年六月，光武帝增加郎官、谒者、从官的俸禄各一等。

同月，光武帝立经学博士十四家，设祭酒一人总领太学，在学问上大做文章。

公元27年二月，赤眉军向光武帝宣布投降，刘盆子亲手将传国玉玺奉上。

当初的传国玉玺，都是一块完整的和氏璧，并没有夹杂什么其他的东西，可当初王老太后在怒极之下将传国玉玺狠狠地摔在地上，导致传国玉玺一个角被摔掉。王莽曾试图将传国玉玺的一角重新接上，但怎么接都恢复不到原来的样子。最后有人建议让王莽用黄金给传国玉玺那缺失的一角补上。别说，补上黄金的传国玉玺不但比原来更加好看，还平添一丝霸者之气，使王莽大喜。

而传国玉玺可并不仅仅是好看而已，当时全国人民可都是认这个东西的。它是一个国家皇权的象征，一个皇帝身份的证明。古时候要是哪个皇帝没有传国玉玺在手，天下人都会嘲笑他是个白板皇帝。

所以，当光武帝得到传国玉玺以后非常开心，立即祭祀高祖刘邦，并在高祖祠堂正式接受传国玉玺。

公元29年十月，光武帝亲自来到太学，并赏太学博士及其弟子很多财物，以此向天下人表明自己对于教育的重视。

同月，光武帝下诏天下，广招有能力的隐贤学者。一些学者仗着自己有才华，在光武帝面前拒不下跪，甚至连行动说话都非常傲慢，可谓无礼至极了。

可光武帝依然容忍善待他们。还有一些学者只想在家里研究学问，不想去掺和什么劳什子的政治。对于这些学究，光武帝不断派人去请，一次不行就去两次，两次不行就去三次。

于是，在无数次"三顾茅庐"之下，一位又一位在本地十分有名的学究都前往洛阳为光武帝效力。

一时间，光武帝贤明广传天下，所有书生学者争相前往洛阳报效，使得洛阳在瞬时间变成了一座文化之都。

公元30年，光武帝亲至长安，依次祭拜西汉皇帝。

六月，光武帝大力提高全国官员待遇和其手中权力，并将所有无用的官职全部取消，真正做到了"吏职减损十置其一"的程度，给国家省去了相当大的一笔开支，还减少了很多官员之间的龌龊之事。

十一月，光武帝下诏，凡是在新莽时代为奴隶的人，在本朝一律免除奴隶身份，恢复平民身份。有敢不遵从而强留奴隶者，依法治罪。

十二月，光武帝恢复西汉三十税一的旧制，大力提高百姓的生活水平。

公元31年正月，因为汉朝人一向在葬礼方面都非常大方，但凡给父母举行葬礼都极尽奢华，有的家庭为了隆重的葬礼甚至倾家荡产都在所不惜。为什么会这样？因为如果不这样的话便会被周围的人唾弃。

针对于此，光武帝强制天下葬礼由"厚葬"变为"薄葬"。下面的那些百姓虽然在表面上对这个政策不怎么支持的样子，但心中着实乐开了花。

八月，光武帝裁掉关都尉官职，重新设置了护羌校尉一职，从此时便开始着手防御羌人。

同月，南阳太守杜诗发明了水排法，此法以水鼓风，用以冶铁铸器，用的人力少，而收到的实惠却要比当初很多人的功效还大，所以得到了广泛运用。

公元32年十二月，随着东汉皇朝的势力越来越大，当初在边境不停和王莽斗争的高句丽王派遣使者至洛阳，表示愿意重新接受汉朝的统治，只希望光武帝能重新恢复他们的王号。

光武帝同意了高句丽王的请求，恢复了他的王号，使得高句丽再一次归入了汉朝的掌控，东北边境重归和平。

公元34年八月，阳武县令上疏："启禀陛下，黄河、汴水的堤坝在汉平帝时期便已经决口，那时候王莽忙着篡夺天下，根本就没去管这件事情。后来，天下大乱，每个人都忙着用钱粮来争霸天下，也没有人管这个地方，致使周围几十个县邑经常遭受水灾。如今，隗嚣残余势力已经被彻底平定，关中再无战事，天下一统已是大势所趋，而修缮堤坝也花不了多少钱，所以小臣希望陛下能尽快修复，以造福百姓。"

光武帝觉得此奏疏很有道理，便打算调集民工准备修缮河堤。

可就在这时，浚仪县的县令又上奏疏阻止道："启禀陛下，前朝时期，黄河两岸人口众多，沿途开垦种植的农作物也数不胜数，那时候瓠子地段的黄河决口二十多年也没有修好，那也没见对百姓造成了多大的伤害。如今，黄河沿岸的住户非常稀少，田地宽广，即使不修缮河堤，相信也造不成多大的灾害。而我们汉朝现在正在经历战争，正是用钱的时候，如果这时候修缮河堤，恐怕国家会负担不起啊。所以微臣建议，等国家统一以后，百姓的心安定以后，再考虑修缮河堤的事情。"

修河堤这个事确实费钱，除去前半段话，浚仪县令后半段说的也不是没有道理，所以光武帝便暂缓了修此河堤的计划。

可这堤坝到光武帝死了都没修，以至于汴水向东扩散，面积一天比一天大，淹没了很多良田和建筑。当地百姓都因为这件事埋怨光武帝，说他并不是一个十全十美的明君。

估计这也是光武帝这一生少有被百姓诟病的事吧。

公元35年八月，光武帝下诏，禁止任何人无故虐待奴隶，但凡发现，直接依法治罪。

十月，光武帝下诏，废除奴隶伤人便弃市斩杀的法律，将奴隶的社会保障进一步提高。

同月，光武帝裁掉了朔方州，将其并入并州，首次停止了州牧每年年终亲自上朝汇报工作的惯例。

公元36年，蜀地平定，光武帝下诏将本地所有的奴隶改为平民，一切政策和中原接轨。

好了，到这里，就是光武帝之前的一些内政措施了。而一朝天子一朝臣，一个新朝代的建立也代表着制度将有所不同，所以在继续进入正题之前，我们还需要全方面地了解一下东汉的各种制度。

一、东汉的政治体系

1.中央仍以三公九卿为政治核心

所谓东汉三公便是指大司马（掌全国军事）、大司徒（掌全国民政）、大司空（掌全国水土）。

此三公权力平均分配，再也没有西汉初期时丞相一家独大的局面。

西汉末及新莽时期，在三公之上还设置了上公之职（养老院），分别是太师、太傅、太保。而在东汉，光武帝则取消了太师和太保，仅设太傅而已。

至于九卿，和西汉一样，设有太常（掌神鬼祭祀的最高长官）、光禄勋（负责保卫宫殿门户的宿卫之臣）、卫尉（宫廷守卫总长）、太仆（主管宫廷马匹、御车及天下战马的培育问题）、廷尉（掌刑狱）、大鸿胪（掌诸侯、藩国事物）、宗正（掌皇族及外戚的相关事宜）、大司农（国家财政总长）、少府（皇帝私人大管家）。

其中太常、光禄勋、卫尉三卿由大司马管辖。太仆、廷尉、大鸿胪三卿由大司徒管辖。宗正、大司农、少府三卿则由大司空管辖。

2.设置尚书台，大权集皇帝于一身

光武帝有鉴于西汉末年帝权旁落，致使王莽成功篡权，为了使大权都集于皇帝一身，乃设置尚书台，总掌中央大权。所以《后汉书》说尚书台设置以后，三公的权势被大大地削弱了，只不过备员而已。

尚书这个官职在秦朝的时候为少府管辖，其职能仅仅是传达皇帝的命令而已。到汉武帝的时候，他更是改尚书为中书，任用的全是宫中宦官。所以尚书这个职位没几个人是真正喜欢的。

汉成帝时，又恢复尚书旧名，也不再任用宦官为尚书，可尚书的地位依然没有提升，还是老样子。

可到光武帝设置尚书台以后，这尚书的含金量可就不一样喽。

尚书台，分有尚书令一人，尚书仆射一人。台内有六曹，分别为三公曹（掌管年终对州郡官吏的考绩）、吏曹（掌管选举和祭祀）、民曹（掌管一切和修建有关的事宜）、两千石曹（掌管司法诉讼等诸多事宜）、南主客曹（掌管羌胡朝贺、皇帝出行护驾等事宜）、北主客曹（职同南主客曹）。每曹各设尚书一人，左右丞各一人，侍郎六人，令吏三人。其实际大权远远凌驾于三公之上。

《通考·职官考》载："至后汉尚书台尤重，出纳王命，敷奏万机，盖政令之所由宣，选举之所由定，罪赏之所由正，斯乃文昌六府，众务渊薮，内外所折衷，远近所禀仰。"

说白了，尚书台就是朝廷以外的另一个三公九卿，并且是皇帝的私人机构，此机构人员皆为东汉皇帝之鹰犬，大大地削弱了三公九卿的职能，将天下大权总揽到皇帝身上（所有机密重大之事皆报送尚书台）。

这还不算，因为之前光武帝大大提高了地方官员的职能，为了不让地方官员坐大，他还对地方官员频繁调动，不让他们彻底掌权。

同时，光武帝还从中央选取一国太傅和一国之相前往各个诸侯国，并给他们大权，让他们死死地看着那些个皇亲国戚们。所以《后汉书・百官志》言："王国之傅，同于太守，侯国之相，同于县令。"

以此来看，东汉的王侯只不过有个虚名，坐领封地赋税而已。

3.各个将军的职能划分

至于将军的编制，东汉和西汉并没有什么太大的区别，最大的依然是大将军，依次为骠骑将军、车骑将军、卫将军、前后左右四将军。

可自东汉中期以后，大将军的地位向上急速蹿升，合三公、太傅共称为五府。

4.东汉的地方政府

东汉的地方政府最开始也实行的是郡县二级制度，和西汉一模一样。可到建武十八年以后，光武帝裁掉了州牧之职而设州刺史。至于首都一带则不设刺史而置司隶校尉一人。首都所在之郡，郡守也不称太守，而叫尹。

西汉时期，所谓的州牧不过是中央派过去监察地方的检察官而已，手中并没有什么实权。可自从光武帝将州牧改为刺史以后，给了刺史大大的实权，让他从此有了自己的衙门，并可以在很大程度上管制地方郡县。

于是，自公元42年以后，汉朝传承二百余年的郡县二级制遂改为州、郡、县三级制度。

5.东汉地方官员的权力

东汉地方官员的权力要比西汉地方官员大很多，《后汉书・百官志》载："省诸郡都尉，并职太守。"

西汉创立以后，高祖刘邦为了将地方叛乱的危险降到最低，乃设都尉一职，将太守的权力削弱。这样太守主政，都尉主军，各司其职，谁想叛乱都需要经过另外一人的允许，这就大大降低了反叛的成功性。

可光武帝改革之后却将都尉这个职位并入到了太守的职能之下。这就是说太守从此以后军政大权一把抓，再也没有任何一个人能分他的军权了。

而刺史则更是强大，有的时候甚至可以左右整个一州的军事调动。所以东汉末期州郡强横，军阀遍布天下。不得不说，这和光武帝增强州郡刺史、太守的职能是分不开的。

6.东汉土地的重新分配问题

我国自商朝开始便一直都是井田制度，到了战国时期才因为商鞅的变法而废弃，从此土地私有化。以后我国两千余年的社会经济问题均以土地问题为中心不断演变。而此问题至汉朝，大致可以分为三个阶段。

高祖刘邦统一天下的时候，国家土地问题并不严重，很多地主为了躲避战乱，甚至放弃了自己的土地逃亡山林之中。后来为了避免地主豪强做大，西汉更是制定了迁富豪、均田地的基本国策。所以西汉初期、中期的土地问题根本不叫问题。这就是汉朝土地问题的第一阶段。

可后来到汉元帝时代，皇帝为了捞取天下土豪的人心，竟然废除了这个基本国策，所以到后来竟逐渐演变成"富者田连阡陌，贫者无立锥之地"。所以到了新莽时期，王莽才弄出了一个"井田圣制"，意图将全国土地重新回归国有。

但当时那些土豪地主们的势力已经成形，所以"井田圣制"这个制度一下便引起了整个天下的强烈反弹，进而宣告失败。这是汉朝土地问题的第二个阶段。

直到光武帝统一天下以后，他弄出了一个"度田运动"。

此运动简单说便是洛阳方面派出专门的官员检查全国各地的官员、土豪，看看他们报给国家的私人田地数目到底是不是真的，进而没收，或者制定一定的惩罚机制。

但这和西汉的"迁富豪，均田地"政策根本无法相提并论。那么光武帝为什么这样呢？难道他不知道迁富豪、均田地的好处吗？

他当然知道，但是他不能这么干。

当初和高祖打天下的那都是什么人？那基本都是农民出身的猛人！后来倒是有几个强向高祖要地的，可最后的结果怎么样？全都让高祖给杀了！而光武帝不是高祖，跟随光武帝打天下的大部分都是土豪出身，都有自己的土地和产业，所以光武帝是无论如何都不能迁徙他们的。

于是，这个迁富豪的政策再次被光武帝废除了。

结果，到了后世，地方土豪随着时间的积累更加强大（并且这些人和中央的官员还有着千丝万缕的关系），东汉皇帝也没有办法再实行什么迁富豪、均田地的政策，始终用的这个所谓的度田政策。于是，国家只能开垦新田给那些没有田地的百姓耕种。其中汉和帝时期开垦田地七百多万顷。汉安帝时期垦田六百多万顷。汉顺帝时垦田六十多万顷。汉冲帝时期垦田六十多万顷。汉质帝时期垦田六百多万顷。此种开辟土地的办法虽然可以暂时解决一些问题，但治标不治本，东汉的土地问题在这种前提下就像一颗肿瘤一样越积越大。所以到了桓、灵二帝时，已经再也没有土地可以开垦，甚至有人重提恢复井田之旧制。由此可见，那时候的东汉已经到了一种什么地步。而这一切都是因为一个人的不作为，那就是光武帝刘秀。

以上，便是东汉一个大概的政治情况。下面再了解一下东汉的土地和官员。

先说东汉的土地。

东汉共分为一个司隶部和十二个州，它们分别是：

1.司隶校尉部，治所为洛阳，范围为河南、陕西一部，山西小部。管辖郡国为河南尹、河内郡、河东郡、弘农郡、京兆尹、左冯翊、右扶风。

2.豫州刺史部，治所为谯县，州的范围为河南一部，江苏、安徽、山东小部。管辖郡国为颍川郡、汝南郡、梁国、沛国、陈国、鲁国。

3.冀州刺史部，治所为高邑，州的范围为河北大部。管辖郡国为魏郡、巨鹿郡、常山国、中山国、安平国、河间国、清河国、渤海郡、赵国。

4.兖州刺史部，治所为昌邑，州的范围为山东一部，河南、河北小部。管辖郡国为陈留郡、东郡、东平国、任城国、泰山郡、济北国、山阳郡、济阴郡。

5.徐州刺史部，治所郯，州的范围为山东、江苏一部。所辖郡国为东海郡、琅邪国、彭城国、广陵郡、下邳国。

6.青州刺史部，州的范围为山东大部，所辖郡国为济南郡、平原郡、乐安国、北海国、东莱郡、齐国。

7.荆州刺史部，治所为汉寿，州的范围为湖北、湖南大部，河南小部。所辖郡国南阳郡、南郡、江夏郡、零陵郡、桂阳郡、武陵郡、长沙郡。

8.扬州刺史部，治所为历阳，州的范围为安徽、江苏一部，浙江小部。所辖郡国为九江郡、丹阳郡、庐江郡、会稽郡、吴郡、豫章郡。

9.益州刺史部，治所为雒，州的范围为四川、云南大部，陕西、贵州小部。所辖郡国为汉中郡、巴郡、广汉郡、蜀郡、犍为郡、牂牁郡、越巂郡、益州郡、永昌郡、广汉属国、蜀属国、犍为属国。

10.凉州刺史部，治所陇州，州的范围为甘肃大部、宁夏小部。所辖郡国为陇西郡、汉阳郡、武都郡、金城郡、安定郡、北地郡、武威郡、张掖郡、酒泉郡、敦煌郡、张掖属国、居延属国。

11.并州刺史部，郡治晋阳，州的范围为山西大部，内蒙古自治区一部，宁夏、陕西小部。所辖郡国为上党郡、太原郡、上郡、西河郡、五原郡、云中郡、定襄郡、雁门郡、朔方郡。

12.幽州刺史部，郡治蓟，州的范围为辽宁、河北一部，山西小部以及朝鲜大部分土地。所辖郡国为涿郡、广阳郡、代郡、上谷郡、渔阳郡、右北平郡、辽西郡、辽东郡、玄菟郡、乐浪郡、辽东属国。

13.交州刺史部。郡治广信，州的范围为两广及越南大部土地。所辖郡国为南海郡、苍梧郡、郁林郡、合浦郡、交趾郡、九真郡、日南郡。

以上便是东汉一司隶十二州的土地分配。下面我们再来看东汉大概的官职体系。

东汉的官职体系分为十七级，他们分别是。

一级，万石官员，月俸三百五十斛，所属官员有太傅、大司马、大司徒、大司空、大将军。

二级，中两千石官员，月俸一百八十斛，实际得米七十二斛，钱九千。所属官员有太常、光禄勋、卫尉、太仆、廷尉、大鸿胪、宗正、大司农、少府、骠骑将军、车骑将军、卫将军、前后左右四将军、执金吾、太子太傅、河南尹。

三级，真两千石官员，月俸一百二十斛，实际得米三十六斛，钱六千五。所属官员有将作大将（掌宫室修建）、各将军、太子少傅、大长秋（皇后的太监总管）、各郡太守、各王国相、京兆尹、左冯翊太守、右扶风太守。

四级，比两千石官员，月俸一百斛，实际得米三十四斛，钱五千。所属官员有各中郎将、光禄大夫（掌顾问应对）、侍中（直接供皇帝差遣的宫中散职）、增秩中常侍。

五级，千石官员，月俸八十斛，实际得米三十斛，钱四千。所属官员有三公府长史、大将军府长史、城门司马、太中大夫、尚书令、中宫仆（宫中高级太监，归大长秋管辖）、太子率更令（太子属官，掌计算时间）、太子家令（太子府大管家）、中常侍、各司马、太子仆、北军各司马、大县县令。

六级，比千石官员，月俸七十五斛，所属官员有各个中两千石官员的丞、谒者仆射、宫掖门司马、军司马、军假司马、便将千石县令之尉或长史。

七级，六百石官员，月俸七十斛，实际得米数二十一斛，钱三千五，所属官员有九卿及将作大将与执金吾所辖之各令、太子少傅下各令、中侯、各门门侯、中散大夫、谏议大夫、议郎、尚书仆射、尚书、博士祭酒、中宫尚书、侍御史、太子中庶子、诸公主、家令、部丞、廷尉府左右监、廷尉府左平、秘书监、都侯、大将军府从事中郎将、各州刺史、边郡长史、县令、真两千石太丞与长史。

八级，比六百石官员，月俸五十斛，所属官员有博士、中郎、虎贲左右仆射、虎贲陛长、虎贲中郎、五官中郎、中署郎、左右署郎、常侍谒者、太子洗马、比两千石之丞与长史各军侯。

九级，四百石官员，月俸四十五斛，实际得米数十五斛，钱两千五。所属官员有侍郎、给事谒者，太子庶子、太子中盾、太子卫率、黄门画室各署长、各监、中言谒者、尚书左右丞、尚书事郎、中宫乐长、太子厩长、千石令相之丞尉、县长。

十级，比四百石官员，月俸四十斛，所属官员有三公府东西曹掾、三署侍郎、五官侍郎、虎贲侍郎、九卿府曹掾、军侯、假军侯。

十一级，三百石官员，月俸四十斛，实际得米数十二斛，钱两千。所属官员有各六百石令之丞、郎、官苑大者之丞、三公曹掾、刺史别驾从事、各郡诸曹掾、县长。

十二级，比三百石官员，月俸三十七斛，所属官员有三署郎中、虎贲郎中、苣谒者郎中、羽林郎、三公九卿诸郡县诸曹掾、增秩中黄门、别屯屯长、三百石县尉。

十三级，两百石官员，月俸三十斛，实际得米数九斛，钱一千。所属官员有三公府令史、尚书令史、九卿各令之高级官吏、宫苑各丞、四百石令之丞、三百石令之丞、符节令史、诸陵之尉、诸苑林校长、边郡县各障塞之尉、太子舍人、洛阳市丞、刺史从事。

十四级，比两百石官员，所属官员有三公府掾属、九卿各令各县令掾佐、军各屯屯长。

十五级，百石官员，月俸十六斛，实际得米数四斛八斗，钱八百。所属官员有各令史、掾吏、各令员吏、刺史从事假佐员吏、军中卒伯、卒吏、各郡员吏、乡三老。

十六级，比百石官员，月俸十四斛。所属官员有三公府御属、中黄门、诸公主家丞、军卒正、什长、九卿府书吏佐、各佐属之吏。

十七级，斗食官员，月俸十一斛，所属官员有各御属、佐干、书佐、军伍长、乡啬夫、乡游徼、乡佐属。

以上便是东汉一个大概的政治情况了。我们接下来再看看东汉的国防军备。

东汉的国防军备比较西汉差的不是一点儿，这里面有政治的影响，有人民大量南移的原因，但最重要的，还是光武帝郡国兵政策的失败，在这儿分别阐述。

还记得光武帝最早时候是想怎么起兵反叛的吗？没错，那便是打算和李通劫持郡国兵来举事。

后来，天下群雄并起，虽然他们手下最初都是那些农民兵，但这些群雄手中真正的战力还是以后投降他们的郡国兵！

所以，光武帝对于这些郡国兵是非常忌惮的。

为了剪除这些"祸害"，同时也给国家省去一笔相当大的开支，光武帝决定取消整个天下的郡国兵，让地方无兵可调，将军事大权都掌握在中央手中。

于是，东汉战斗力，尤其是对外族，较西汉根本无法相提并论。

并且因为光武帝将所有的军事力量都集中在了中央，所以东汉中叶以后，母后擅权，外戚和宦官当位，更有所谓"跋扈将军"的肆无忌惮。

他们为什么敢这么肆无忌惮？还不是因为掌握了中央军就等于掌握了天下军权。而当初的吕后为什么不敢将刘氏汉朝变为吕氏汉朝？还不是因为有地方军的制衡吗？

而这些，光武帝都看不到。

这种制度产生以后所谓汉朝边防军的战斗力到底下降到了什么地步？

因为郡国兵制度取消的关系，边境经常遭到骚扰，汉朝不可能每次被骚扰都将中央军派出去，所以北胡有警则设度辽营（汉明帝时）；南蛮告变则设象林营（汉和帝时）；羌犯三辅则设长安、雍二尉（汉安帝时）；鲜卑寇居庸则设渔阳营（汉安帝时）。

后内地盗贼作乱则于魏郡、赵国、常山、中山设六百一十六坞；河内冲要建三十三坞；扶风汉阳陇道立三百坞，每坞皆置屯兵。并且这些营地所谓的士兵大多都是什么人呢？他们大部分是死刑犯，小部分是从没训练过的兵，这种部队让他们怎么打胜仗？不临阵脱逃就不错了！

所以自光武帝取消郡国兵制以后，东汉就已经陷入了"头痛医头，脚痛医脚"的狼狈状态。

汉明帝与汉和帝时期，因为光武帝的那些老将和他们的子弟很优秀，使得东汉还能威风一阵。

但汉和帝以后，东汉内部纷争不断，外部守备更是荒废，所以每到有军事的时候，东汉皇帝都要乞于临时招募的那些兵，用那些"儒将""衰兵"来防御外敌，以至于东汉军备最后崩溃。不然，试问一个小小的羌族，他们有什么资格和强大的汉朝叫嚣？

第四章

太平盛世

4.1 度田事件

公元37年五月，匈奴再一次寇掠河东地区，光武帝："我忍！"

七月，因为汉朝已经重新统一了天下，所以白马羌的酋长率领本部人民请求伟大的汉朝皇帝能够统治他们，能够给他们庇护。光武帝非常高兴地答应了。

九月，南方一众蛮夷来朝，向光武帝贡献白色的野鸡，以求和汉朝结一个善缘。光武帝高兴地接受了。

秋季，莎车王贤和鄯善王安都亲自前来上供，请求汉朝能在西域重新设置都护一职，帮助西域稳定而又繁荣地发展。可这时候东汉朝廷刚刚建立，国家百废待兴，光武帝正致力于整顿汉朝内部经济、政治，所以并不想将工作重心转移。最重要的是，自从西域和汉朝脱离了关系以后，匈奴乘虚而入，如果这个时候汉朝在西域再设置都护的话，势必要和本就水火不容的匈奴再起刀兵，这可不是现在光武帝想要干的事情。所以光武帝婉拒了两个国王的请求，并没有在西域设置都护。

公元39年正月，匈奴再次寇掠汉朝边境。因为光武帝取消了天下郡县之兵，所以边境空荡，无人防备，于是匈奴一次又一次地寇掠成功。光武帝实在无法再容忍这些匈奴人的寇掠，乃募集一批退伍士兵重新披上铠甲，随将军马成于常山以北设营屯军以防守北边。

同月，大司徒韩歆被光武帝间接杀死，使得光武帝在天下人心中声望大跌。

韩歆，曾为更始皇帝刘玄的河内太守，光武帝攻略河内的时候数次对其进行招降都以失败告终。后来，更始皇朝内忧外患频发，毁灭只在旦夕之间，韩歆这才向光武帝投降了。

光武帝喜欢忠义之人，所以韩歆投降他以后也乐于任用他。等光武帝统一天下以后，致力于发展汉朝文化，韩歆更是被光武帝调到了洛阳任大司徒。

韩歆到任以后，不但能够完成本身的政务，还设立《费氏易》《左氏春秋》博士，积极投身文化建设，给光武帝帮了很大的忙。

可别看韩歆如此勤于奉公，却得不到光武帝的赏识，反而随着时间的流逝，光武帝还越来越讨厌他。为什么呢？因为这个韩歆的肠子实在是太直了。

他认为，但凡一个伟大的君王，他们的心胸都能容得下三层楼船，而光武帝正是他心中最理想的君王，所以韩歆和光武帝说话也不怎么忌讳，有什么便说什么，反正自己是一心为了国家，相信光武帝不会因此怎么样。

可他错了，光武帝实际上并不像他心中想的那样心胸宽大。

最开始，光武帝确实能忍受韩歆的"无理"，可随着次数的增加，忍无可忍的光武帝最终还是爆发了。

在一次朝会上，光武帝当着满朝文武的面笑道："前几天看了公孙述和隗嚣的文章，发现他们两个还是有些才华的，就这样死了朕还真觉得有些可惜了。"

一众官员还没等出声应承，韩歆便在一旁不冷不热地道："亡国之君都有才，夏桀和商纣不都很有才吗？"

这话什么意思？实际上韩歆这话的意思是在提醒光武帝，告诉他一个皇帝只需要把国家治理好就可以了，不要去研究其他的东西，这样便容易给小人以可乘之机，这也是《韩非子》一书中再三提到的。只不过这个韩歆的用词实在是太过于激进了一些，而光武帝忍耐韩歆也不是一天两天了，所以他当即大怒，转身离去，本次朝会也是不欢而散。

直到公元39年正月这一天，先是匈奴寇掠边境，紧接着汉朝又出现了饥荒。针对于此，韩歆对于光武帝的种种政策产生了质疑，希望光武帝能够重新回归西汉的政治体系。

可这时候光武帝是怎么看韩歆怎么不舒服，再加上他根本不认为现在朝廷的政策有什么错误，所以当即拒绝了韩歆的提议。

之后，韩歆和光武帝据理力争，阐述了西汉种种政策的好处和现在朝廷政策的弊端。可还没等他说完，光武帝直接怒了。（拿当今朝廷和过去的朝廷来做对比，你韩歆拿我当什么？你是说我刘秀建立的朝廷还不如已经被灭亡的朝廷？你是说我刘秀还不如之前汉朝的皇帝？）

他先是如同疯了一般训斥韩歆，然后直接下诏，将韩歆贬为平民。可就是这样，光武帝仍然不解气。所以，他又下了一道诏书，打算派遣使者追上韩歆再污辱他一顿。

可就在这时，司隶校尉鲍永却劝光武帝道："陛下不可如此，按照前汉的潜规则，对于有罪而遭贬谪的官员，如果皇帝再派人进行辱骂，那就是逼其自杀。韩歆性如烈火，到时候他一定会羞愤自杀，还请陛下三思啊。"

话毕，鲍永再对光武帝深深一拜。可光武帝连搭理都没有搭理他，转身便走了。

而最后的结果果然如鲍永所说，韩歆不愿受辱，直接选择了自杀。

在洛阳，韩歆拥有极大的贤名，他不贪污、不受贿、敢于直谏，简直是廉洁之臣的表率，所以洛阳的清流，尤其是洛阳的书生都对韩歆极为推崇。

可如今，韩歆硬是让光武帝给逼死了，这让洛阳的清流和读书人对光武帝极为不满。光武帝的名声一时间呈直线下滑。

事情到了这一步，光武帝也有些后悔了，为了挽回他的名声，他直接下诏给韩家追赠金钱、粮食，并且以大司徒之礼安葬了韩歆。

可这一切并没有什么太大的用处，天下人已然看清了光武帝的真正心胸，所以以后再也没有一个人敢对光武帝制定的政策提出一点儿意见。天下土豪将随着时间的推移越来越强，而汉朝的军事力量也将随着时间的推移越来越弱。

同月，光武帝以汝南太守欧阳歙代替韩歆为大司徒。

姓名：欧阳歙

性别：男

家世：八代博士

才能：学富五车，治理地方有一定的能力。

经历：新莽朝廷的县丞—更始皇帝的县令—东汉河南尉—河南太守—河南尹—阳侯—贪赃入狱—汝南太守—大司徒。

因为光武帝取消了郡国兵的关系，整个北方骚乱不断，匈奴人一次又一次地对汉朝北边界进行寇掠，雁门、代郡、上谷此三处被掠夺得格外厉害，光武帝之前虽然派马成前往北方屯军，但匈奴人迅如疾风，抢完就跑，让马成根本无处攻击，只能听之任之，让北方战线陷入完全被动的状态。

光武帝竟然让吴汉带领一些中央军前往北方和马成会师，然后并不是对匈奴人发动攻击，而是一起到北方，将雁门、代、上谷这三个郡的官民全都向南迁徙，安置到居庸关、常山的东面定居了。

这不就是将三郡之地全都献给了匈奴，向匈奴示弱的表现吗？

可示弱又有什么用呢？这世界上大部分人都是这样想的，你越是示弱我越是欺负你，直到你什么时候把我打痛了、打怕了，这样我才会收手，转而对你笑脸相迎。

很明显，匈奴就是这个风格的。

果然，见光武帝将三郡之地的百姓都撤走以后，呼都单于不但没有停止对汉朝的寇掠，反倒将三郡之地全部占据，然后以三郡为据点，不停对汉朝发动攻势。

光武帝无奈，只能于北方屯多个部队，每一个部队都有数千人。美其名曰屯军部队，实则就是郡国兵制度的简化版，这简直就是不知所谓。

公元39年六月，实在顶不住匈奴压力的光武帝再设声射、长水、屯骑三校尉，又改青巾左校尉为越骑校尉，意图提高汉朝精锐士兵的数量，可这根本就不是问题的关键。

那么问题来了。光武帝难道就这么怕郡国兵？西汉是郡国兵灭亡的吗？不是。非但不是，有郡国兵势力的存在，还可以有效地遏制住一些中央政客逐渐膨胀的野心。

同年六月，光武帝发现全国各地方报上来的各户耕地面积多不能确定，而且各地方户口每季都有大范围的增减。这种情况很明显是不对劲儿的，所以光武帝在六月下诏，让全国各郡政府对地方住户挨家挨户进行核实，看有没有人侵占百姓田地。

　　而事实也如光武帝所料。那些地方土豪和地方官员相互勾结，向下侵占百姓田地，向上欺骗光武皇帝。所以，当光武帝命令下来以后，这些官员直接作假。对于各地土豪，他们少报了很多土地。而对于老百姓，他们不但丈量田地，甚至连百姓的房屋也一起丈量，进而算到他们的田地里面，并让他们按手印确认。

　　这些老百姓当然不愿意这样，所以都拦在道路上对这些官老爷痛哭流涕，他们不求这些官老爷能为自己平冤做主，起码要做到实事求是吧。

　　结果，等待着这些百姓的并不是官老爷温柔的笑脸，而是一大堆官府士兵强将他们抓起来按了手印。

　　于是本月，全国上下的百姓哭声一片。

　　八月，全国度田审核完毕，各地使者纷纷来到洛阳上报他们的成果。本来光武帝并没有看出什么不妥，还以为是自己多疑了。可当他看到陈留太守的报告以后彻底怒了。

　　为什么呢？因为在陈留报告的竹简后面竟然刻有几个非常细小的字，甚至不认真看都看不到"颍川、弘农可以问，河南、南阳不可以问"。

　　刘秀虽然不知道这几个字到底是什么意思，但凭直觉他可以肯定，这次的度田一定有问题。于是刘秀指着这几个字责问陈留的使者："这话什么意思？"

　　陈留使者千算万算没算到刘秀眼睛那么好使，能看到那几个字，于是慌忙地道："下官也不知道这是什么意思。"

　　光武帝怒道："不知道什么意思？你们家太守把这个东西交给你的，你不知道什么意思？"

　　陈留使者道："这……这……啊对！这不是太守给我的，是我在长寿街上捡的！"

　　这话一说，在场所有人都蒙了，骗人也不带这么骗的吧，这简直是拿光武帝当白痴看啊。听了这话，光武帝的愤怒可想而知了。可就在光武帝想要再次发火的时候，大殿帷帐后面却突然传出了很奇怪的声音："扑哧！扑哧！父皇，父皇。"

一听这声音，光武帝一激灵，转头一看，一个十二岁的孩子正在帷帐后冲自己摆手，让自己赶紧过去。

光武帝这个尴尬，可也不好发火，只能尴尬地咳嗽一声，然后转身到帷帐之后去了。

不明所以的人们愣在当场，不知道当朝皇帝怎么就被一个孩子不明不白地叫走了。而明白怎么回事的人则窃笑，完全理解光武帝的行为。

原来，那个叫走光武帝的孩子是光武帝的第四个儿子刘阳（后改名刘庄，为东汉第二个皇帝汉明帝）。

这刘阳从小便极为聪明，才能冠绝刘秀诸多皇子，十岁的时候更是精通《春秋》，让满朝文武惊叹。

最重要的是，刘阳的母亲还是光武帝的挚爱阴丽华。现在的皇后虽然是郭圣通，但通过最近的表现来看，谁都不怀疑以后阴丽华有进位皇后的可能，这也就是说，刘阳以后有极大的可能会成为太子。所以光武帝极为宠爱这个四儿子，每次朝会都会让他在帷幕后面偷听，借此学一些东西。

这刘阳也很守规矩，从来都没有在光武帝议事的时候发出过这种声音，这一次怎么坏了规矩呢？

此时，走到帷帐后面的光武帝满脸黢黑，他拽着刘阳走到了偏殿，然后愤怒地道："小子，谁让你……"

刘阳插嘴道："父皇不是不知道竹简上的字是什么意思吗？嘿嘿，儿臣知道。"

光武帝来了兴致道："哦？你说。"

刘阳道："其实那是陈留太守给这个使者的任务，让他在拜见您后询问一下颍川和弘农丈量田地的情况，他好进行比较。"

光武帝恍然，可不一会儿又疑惑地道："哦，原来是这个意思，可他为什么又说河南和南阳不可以问呢？"

刘阳道："父皇，您是气昏头了吧，河南可是京都大地，这里有很多父皇的亲近臣僚。南阳是父皇的家乡，那里有很多的皇亲国戚。他们的田地都是父皇赏赐的，所以超过规格也是合法的，问了也是白问，所以不能作为标准喽。"

光武帝一个激灵，然后道："那你的意思是……"

刘阳道："陈留、弘农、颍川这些地方肯定有问题。这还不止，如果儿臣没有猜错的话，不仅这些地方，全国大半地方应该都有问题。"

光武帝默然，然后回到了大殿之中，命虎贲中郎将直接给那使者大刑伺候。

最终这个使者在严刑拷打之下终于将事实说了出来，竟然和刘阳所猜测的一模一样。这使得光武帝更加喜欢这个四儿子了。

可与此同时，光武帝的脸也完全黑了下来。他实在没想到，自己才刚刚统一天下没多长时间，国家的土地问题已经恶劣到了这种程度。那些地方大臣竟然敢联起手来欺骗他。如果任由这种"欺君"情况继续发展下去的话还了得？

于是，在本月，光武帝开启了第二次全国度田。

他在洛阳挑选了很多心腹下派到地方监察核实，并在出发之前再三嘱咐，一定要按最真实的情况汇报。

结果等这些人回来以后还真让光武帝大吃一惊。全国竟然有十多个郡的太守欺骗了自己，谎报本郡的田地丈量结果。甚至连新上任的大司徒欧阳歙都有参与其中。

光武帝怒不可遏，当即下令，将全国所有参与度田作假问题的官员全部下狱处死！

那欧阳歙八代博士，世代教授《尚书》，学生遍布天下。所以一听欧阳歙即将被光武帝下狱处死，那些欧阳门徒全都跑到洛阳向光武帝求情。前后竟然有一千多人！

可这一次光武帝明显是动了真火，为了表示自己度田的决心，他直接拒绝了这一千多人的请求。

于是，所有查到的在度田问题上弄虚作假的人全死在了牢狱里。

光武帝又在各郡重新安排上了新的官员，并且让他们以最快的速度从土豪手中没收那些多余的田地。

这些土豪可就不答应了。为了守护自己的"私人财产"，他们竟然敢联合在一起以武力反抗朝廷。由此可见，没有郡国兵驻守的朝廷威信力已经低到了一种什么程度。

可再怎么说东汉也是一个庞大的朝廷，并不是谁都能叫板的，所以光武帝当然不会惯着这些人，当即出动中央军给这些"盗贼"以雷霆之势的打击。

中间的过程史料并没有记载，这些地方土豪就是再厉害也不可能是中央军那些精锐的对手，所以只短短一个月，所有的反叛势力便都被汉朝政府血腥讨平。

这以后，在很长一段时间内，各个地方的土豪们都不敢随便侵占百姓的田地了。

4.2　交趾之乱

公元39年十二月，光武帝任命关内侯戴涉代替欧阳歙为大司徒主管天下民事。

姓名：戴涉

政绩：治理一郡比较出色，平定地方盗贼有功。

同月，骠骑大将军杜茂指示士兵随意杀人被免职，光武帝命马成代替其成为骠骑大将军。

随后，光武帝命令马成修缮要塞，每隔十里便设烽火台，以防备匈奴的寇掠。而且在马成修建烽火台的同时，光武帝还命令骑都尉张堪率中央骑兵突袭高柳一带的匈奴人，并在打败他们以后立即任命张堪为渔阳太守，务必守住这个正北抗匈四郡的最后一郡，并允许他在本地招募士兵。

因此，匈奴八年不敢进犯渔阳。这里面当然有张堪的功劳，但也因此可以看到，郡国兵制是多么的有用。可光武帝最终还是没有恢复郡国兵这个制度。

就在汉朝北方传来好消息的时候，南方的交趾郡又出大事了。

此时，交趾郡郡治议事大厅中，一名官员对交趾太守苏定道："大人，这样改不太好吧，咱们交趾郡（越南北部）处于国家最南面，很多地方都没有被开发，本地的这些人说好听点儿是咱们汉朝的百姓，可说难听点就是一些蛮夷，他们根本就不懂我们汉朝的法律，所以历代交趾太守都没有用汉朝的法律来约束他们，而是一直都采用当年赵佗那一套。给国都那边上一些土特产和资源也就行了。如今，太守你想在全交趾搬用汉朝法令，这不会有什么不妥吧？"

苏定道："什么不妥？普天之下，莫非王土；率土之滨，莫非王臣！我问你，交趾郡是不是我大汉的领土？"

官员道："是，我也没说不是，可……"

苏定道："没有什么可是，既然是我们汉朝的领土，那么在这儿生活的百姓就是我们汉朝的臣民！既然是我们汉朝的臣民，那就必须要向政府上缴种种赋税，必须要向政府提供徭役！不然和反贼有什么区别？你家能让别人白住？"

官员道："大人，这是两码……"

苏定道："不要再说了，我意已决，即日起，在整个交趾颁行汉法！"

交趾，虽然经过当初赵佗的统治，但依然是蛮荒之地，以部落的形式存在。他们可以给汉朝提供一些资源，但如果让他们服徭役他们可就不干了。毕竟没经历过，谁想背井离乡去北方给什么劳什子的皇帝干活啊？

所以，交趾有很多地方的土民都不愿意前往北方充当徭役。苏定这次也是下狠手了，不愿意是吗？不愿意我就打，打到你愿意。

于是，这些官员用绝对强迫的手段对这些交趾土民拳打脚踢。这些土民虽然愤怒至极，但畏惧汉朝的威望，还是没敢还手，而是憋屈地跟着这些官吏往北方去服徭役了。

可就在这些汉朝官员们到达麊泠（今越南安朗）的时候，一个叫诗索的人却拒不服从郡政府的官员，还带头闹事。

这事可不得了，如果任由这种事情闹大，那后面的事情更无法顺利进行了。于是，这些官吏对诗索和他下面的土著们是一顿暴揍，然后将已经被打得浑身是血的诗索给拖了起来，准备押往郡政府定罪。

可就在这时，一声暴怒吼声传来："你们找死！"

众土民一见来人，当即兴奋地吼道："徵侧来了！你们死定了！"

徵侧，为麊泠县雒越族首领的女儿。这女人可了不得，不但力大无穷，还武艺高超，据说十几个大汉都近不了她的身。

本来徵侧也是不想管汉朝这事儿的，毕竟也没强征自家丈夫，她还不想管这事儿呢。可今日回家以后不见丈夫（诗索），又听见外面乱成一团，徵侧便出去看看，看能不能找到自家丈夫。这不看还好，一看吓一跳。只见自家丈夫这时候已经被打成了一个血人，让汉朝的官兵拖着走呢。

本来脾气就不怎么好的徵侧直接炸了，她怒吼一声，抽出腰中佩刀便冲了上去，噗噗噗噗噗，那几个汉朝官吏根本没人是徵侧的对手，只短短不到半炷香的时间便全被徵侧削掉了脑袋。

气解了，可事儿也闹大了。今日杀了汉朝的官吏，那以后等待着她的将是什么？所以徵侧干脆一不做二不休，直接带领着本地的百姓们反了。

因为光武帝取消了郡国兵的制度，所以全国各郡的驻兵都极少。因此，徵侧一路势如破竹，一连拿下了好几个城池。其他受"压迫"的土著见徵侧如此勇猛，干脆也起兵造反响应徵侧。

一时间，交趾大乱，只短短三个月的时间，徵侧便侵占六十五城，全占交趾领土。

由于郡国兵制度的取消，别说交趾郡，就连整个交州都派不出兵去平定交趾的叛乱。交州刺史甚至都只能做到自守而已。

徵侧见自己造反这么长时间都没人管她，得意至极，干脆自封为女王，在交趾建立了独立的政治集团。

此消息传到洛阳以后，朝野震惊，光武帝迅速派马援带领中央军前往南方平叛。

马援到达合浦以后，分水陆两路同时向浪泊发起了进攻。

轻轻松松拿下了整个交趾使得徵侧开始轻视汉朝士兵的单兵作战能力，认为他们只不过是名声大而已。所以这一次她只派了不多的部队迎击汉军。

可一交手徵侧就知道自己错大发了。

那汉朝中央军不但作战能力超强，在马援的指挥下，他们的作战方式也是千变万化，根本就不是自己的士兵能够抵挡的。

于是，首战便被马援几乎全歼，徵侧只能带少数残部逃往岑溪。

而马援这个经验丰富的沙场老将根本就不给徵侧喘息的机会，他率军奋起直追，从吴川梅菉登陆，至高州信宜一路追击徵侧至岑溪。

这时候的徵侧不敢再对汉军有一丝轻视，遂调动全国兵力和马援在岑溪决战。

那徵侧见到马援的汉军以后直接就挥军冲上去了，完全没有战术可言，马援则采取了守势，死死地守住了徵侧一波又一波的攻势，在徵侧士兵士气开始下降的时候，马援果断反击，杀得徵侧连连败退，最后只能退到岑溪一带最险要的金溪洞穴据守。

如此，攻守互换，但此时的徵侧军已经斗志全无，根本挡不住战斗力超强的汉中央野战军。

最后，强大的汉军杀入金溪洞穴，斩杀徵侧，并在之后不久重新收回了整个交趾。

本次战斗结束了，虽然最终的结果是好的，但有些事情真的是值得人深思，尤其是值得光武帝深思。

整个交趾六十五城，不到三个月的时间便被徵侧全盘攻下！而整个交趾甚至是交州竟然没有丝毫的抵抗能力。

西汉时候，民间也曾发动了多次农民起义，他们的战术素养要比徵侧更强，他们的单兵作战能力要比徵侧更高，但为什么都没有达到徵侧的高度呢？

这里面固然有地理因素的原因。但不可否认的，最重要的还是郡国兵这个制度啊。

这个制度的存在，让他们在起事的时候伴随着相当的风险和阻碍。哪怕最后他们成功在一个地方起事了，周边的郡国兵也会在第一时间前来救援，所以很少有百姓能够起事成功的。

然而徵侧在没有丝毫阻碍的情况下便全取整个交趾郡，这难道不值得光武帝深思吗？值得，可光武帝依然没有恢复郡国兵制度，他已经铁了心了。

4.3　光烈皇后阴丽华小传

公元40年十月，洛阳方面突然接到了匈奴方面卢芳的一封信。信上卢芳说自己是一个汉族人，想要落叶归根，死在自己国家的土地上，而呼都单于也已经答应了他的请求，所以请汉朝皇帝能答应他这个无礼的请求。

光武帝现在最怕的是谁？当然是匈奴，那简直是怕得不得了，如果有和匈奴缓和关系的机会，他是绝对不会放过的。所以光武帝一听是呼都单于放卢芳回来的，便赶紧封卢芳为代王，并赏赐给卢芳绫罗绸缎两万匹。

可实际上呢？《资治通鉴》都说了，实际上这都是光武帝给呼都单于的尊重。不然凭借卢芳这么一个汉奸，光武帝怎么可能封他为代王，还给他两万匹绫罗绸缎？

不过很遗憾的，光武帝这次又错了，当然，也可以说他是中了卢芳的诡计。

原来，自从卢芳逃回匈奴以后，呼都单于认为这个汉奸没有什么利用价值，便弃之不用。这还不算，因为光武帝曾经为卢芳颁布了诏书，说只要谁能将这人送到汉朝，将会奖励巨额的财物。

呼都单于贪图汉朝的财物，便有将卢芳送到汉朝的心思。可这事儿却让卢芳提前得知，所以在呼都单于将自己送到汉朝之前，卢芳主动给光武帝写了一封信，便是自己愿意投降汉朝。同时还跑到了呼都单于那里，希望呼都单于能让自己回到汉朝，那样汉朝将会给他很多礼物。

呼都单于没想那么多便答应了卢芳的请求，并派人送卢芳回汉朝。可到最后所有的好处都被卢芳给得了，他呼都单于倒好，又出人又出力忙前忙后啥也没捞到。这他当然接受不了。所以当呼都单于听说这件事以后当即出兵寇掠汉朝边境。

洛阳那边，光武帝被呼都单于这一出给打蒙了。我都对你这么尊敬了你还打我？可细想之后，光武帝感觉这事情不是那么简单，卢芳那边刚刚从匈奴出来呼都单于就打自己。这事儿很明显呼都单于是不知道的。所以，光武帝立即下令卢芳停止前进，先驻扎在昌平，等一切弄明白以后再来。

由此可见，光武帝这时候害怕匈奴到了一种什么样的地步。

可光武帝这临时的举动又把卢芳给吓到了，他惊疑不定地认为光武帝突然叫停他一定不是什么好事儿，再加上现在汉朝因为自己又和匈奴闹掰了，所以干脆一不做二不休，再次返回匈奴，相信这回呼都单于不会再将自己送回汉朝了吧。

于是，卢芳带着自己的人彻夜狂奔，终于有惊无险地返回了匈奴，在匈奴继续居住了十余年后死去。

公元40年十二月，因为新莽时期以后天下货币大乱，所以这时候的汉朝人并没有统一的货币，还在用布、帛、金、小米等物品相互交换，极为不便。所以光武帝在本月统一复用五铢钱为国家货币。老百姓都觉得这样很方便，很多老人都流着泪诉说："还是汉朝好啊。"

公元41年十月，突然从洛阳城内传来一个震撼的消息，令整个汉朝的大街小巷无不对其猜想。

原来，光武帝的皇后郭圣通在这个月被光武帝所废，另外一个女人成为皇后。这女人不是别人，正是鼎鼎大名的光烈皇后阴丽华了。

阴丽华，南阳新野人，其先祖便是辅助齐桓公成就一代霸主的管仲了。那么阴丽华应该叫管丽华才对，怎么能姓阴呢？

因为管氏到了管仲第七代子孙管修的时候，家族在齐国混不下去了，这才举族投奔了楚国。

楚王热情地接待了管氏一族，并封管修为阴大夫。所以自从这以后，管氏一族都改以阴为氏。

等到西汉初建以后，阴氏一族举族迁居到了新野，从此便在此地定居下来。

阴氏一族本来就很有财力，举族迁徙到新野之后还正是西汉立国之初，百废待兴，所以阴氏一族抓住了这千载难逢的机遇，运用手中的财力在本地发展，不久便成为新野的豪门大户。

等到新莽时候，阴氏一族在新野已经占有土地七百多顷，车马和奴仆的规模甚至都可以和诸侯王相比。可阴氏一族虽然富有，但自从搬到新野以后，已经有好几代人没在朝中当过官了。再加上当时王莽的政令连连失败，造反集团此起彼伏，眼看天下就要大乱，所以那时候阴丽华就发誓要嫁给一个英明神武的将军。

阴丽华，不仅是新野最娇艳的一朵鲜花，后面还有着阴氏家族那庞大的靠山，所以谁要是娶到阴丽华，那可真是天大的福气了。

而那时候的光武帝呢？还籍籍无名。所以当时光武帝虽然极度仰慕阴丽华，但也只敢在心里想想，不敢明面上对阴丽华表白。

直到光武帝在昆阳之战后威震天下，又被刘玄所赏识封了大官，这才鼓起勇气前往新野向阴丽华求亲。

而此时的光武帝已经完全满足了阴丽华对丈夫的幻想，再加上光武帝长相确实也不错，虽然比自己大了十岁，但这不是什么问题，便嫁给了光武帝。

可小两口新婚刚刚三个月不到，那边刘玄便要求光武帝前往河北给他安抚人心。这是刘秀的机会，唯一的机会，所以他绝对不能放弃，便暂时离开了阴丽华，前往河北了。

后来的事情大家也都知道了，为了能够得到实力强大的刘扬效忠，光武帝虽然心中不愿，但还是迎娶了刘扬的外甥女郭圣通为自己的夫人。而远在新野的阴丽华就这样不明不白地变成了光武帝的妾。

后来，光武帝平定河北，夺取洛阳，便在洛阳登基称帝。而就在这时候，郭圣通也给光武帝生下了第一个大胖小子，也就是太子刘彊了。

但就是这样，光武帝依然没有让郭圣通当皇后，而是给了她一个贵人的称号。因为在光武帝心中，他所爱的女人只有一个，那便是现在还在新野的阴丽华。

而刘扬对此也没有什么过激的表现，毕竟光武帝现在已经全定了河北，如果事情不是做得太过出格，他也不好说什么。

后来，光武帝果然将阴丽华一家接回了洛阳，并同样封阴丽华为贵人。

当初分别的时候，光武帝在阴丽华面前是一位威震天下、光芒万丈的英雄。可两年以后，光武帝已经成为高不可攀的汉朝皇帝，更要命的是，现在光武帝已经有了郭圣通，而郭圣通又给光武帝生了一个长子。

古时候长子是什么概念几乎所有人都懂，所以阴丽华当时便绝了和郭圣通竞争的心思。

在这以后，虽然两个人都是贵人，但阴丽华"侍奉"郭圣通就好像侍奉刘秀一样，这让刘秀感觉更加亏欠阴丽华。

同样地，郭圣通虽然不像成帝时候的班婕妤那样贤惠，但也绝对不是一个心如蛇蝎的女人，她见阴丽华对自己如此恭敬，也就没去寻阴丽华的麻烦。后宫在这两个贵人的相互扶持下平静得如水一般。

而同样因为阴丽华的关系，光武帝打算大封阴氏外戚，让他们也能在朝中有一定的地位。

可阴丽华的大哥阴识却说什么都不肯接受光武帝的赏赐。阴丽华见此非常奇怪，便问自己的大哥为什么不接受光武帝的好意。

听得自己的妹妹这么问，阴识犹豫了好一阵才像下定决心一样和阴丽华道："妹妹，我今天是以你大哥的身份在和你说话，希望后面的话你不要泄露，只自己知道便好。"

阴丽华点了点头。

阴识道："我问你，你现在和郭贵人的关系处得怎么样？"

阴丽华："很好的。"

阴识："为什么会这么好呢？"

阴丽华："因为是我先对郭贵人表达的善意，不和她去争夺什么。"

阴识："错！郭贵人之所以和你相处融洽，并不是因为你对她有多么的尊敬，而是因为你对她根本没有丝毫威胁，所以她才会放心和你融洽地相处，这样在陛下面前还能捞得一个'母仪天下'的名声。"

见阴丽华陷入了沉思中，阴识继续道："第一，你虽然是陛下的原配，但真正帮助陛下取得河北的却是郭贵人的家族。而你，什么忙都没能帮上。第二，郭贵人跟随陛下这么多年，陛下身边的那些大臣们或多或少都和郭贵人有所亲近，所以在支持度上你也不是郭贵人的对手。第三，不孝有三，无后为大，郭贵人现在已经给陛下生了长子，而你，一个孩子都没能给陛下生出来，所以在这方面你也落了下乘。基于这几点来看，你现在唯一能做的便是隐忍，千万不要让郭贵人认为你会对她造成什么威胁。而如果我们接受陛下的赏赐而提升了自己的身份地位，那么郭贵人必定会对你有所防范，到时候恐怕性命都会不保，就更别提什么富贵了。所以要我说，不但不能接受陛下给予的赏赐，甚至陛下封你为皇后你都不能答应！言尽于此，就看妹妹你以后怎么选择了。"

话毕，阴识对阴丽华拱了拱手，转身便离去了。

阴识走后，阴丽华在原地沉思良久，没过多长时间便拒绝了光武帝对阴氏一族的一切赏赐。

光武帝非常奇怪地问阴丽华为什么要这样，阴丽华以西汉亡于外戚专权为由回答了光武帝。

见阴丽华如此贤惠，光武帝大为高兴，当即便想册封阴丽华为皇后，可阴丽华却死活都不肯答应光武帝的要求。这下光武帝就更加奇怪了。追问阴丽华为什么要拒绝他的好意，阴丽华道："臣妾虽然是陛下的原配，但在陛下平定河北的过程中，臣妾并没有给陛下任何帮助，反倒是郭贵人的家族全力帮忙，这才助陛下成功地夺回了河北，臣妾怎么能侵占别人的功劳而转到自己的身上呢？"

自己最爱的女人这么说，光武帝的自尊心受不了了（能平定河北是我的能耐，和刘扬有什么关系），一定要让阴丽华来当这个皇后，可阴丽华死活不干，而当时光武帝还没有彻底统一天下，所以也就没有继续强迫阴丽华，心不甘情不愿地立了郭贵人为皇后，并立刘彊为太子。

可自从这以后，但凡光武帝亲自出征便总是要带上阴丽华，好像在给阴丽华补偿什么东西一般。最要命的是，时间到了公元28年，阴丽华终于是给光武帝生了一个大胖小子，而这小子便是刘阳了。

刘阳之前也说过，那是神童级别的人物，十二岁就能给光武帝出谋划策、排忧解难。所以光武帝对这个刘阳是喜欢得不得了，没日没夜地想要刘阳继承大统。

可想要刘阳继承大统就必须先搞定刘彊，而想要让刘彊下来就必须先搞掉郭皇后。于是这以后，光武帝对郭皇后母子越发冷落。

公元33年，颍川和河东两郡发生叛乱，一些趁乱而发国难财的人四处打砸抢，而富可比王侯的阴氏家族就不可避免地成了这些人眼中的香饽饽。所以一伙势力比较大的盗贼团伙当即进攻了阴氏家族，并在混战中绑架了阴丽华的舅舅。

正所谓娘亲舅大，阴丽华和她舅舅的关系不用多说，那是相当亲的。所以当阴丽华的舅舅被这些土匪绑架以后阴丽华非常害怕，整日请上天保佑自己舅舅的平安。

可往往事与愿违，阴丽华的舅舅最终还是死在了这些强盗的手中。那一段时间阴丽华非常伤心，整日哭泣。光武帝为了安慰心中的挚爱，竟然公开发布诏书："朕在最卑贱的时候娶了阴贵人，本来相亲相爱形影不离，可后来因为兵祸的原因各自别离。最后，朕经过了千辛万苦终于统一了河北，继承了大统，当时就想立有母仪天下之德的阴贵人为皇后。可阴贵人坚决拒绝，这才将一国之母给予了一个小妾（固辞弗敢当，列于滕妾）。朕为了补偿对她的亏欠，所以想大封阴氏之人为官，可心怀天下的阴贵人依然不肯接受，并提醒朕，西汉就是因为外戚专权而亡国的。这难道不是一个真正具有皇后气度的女人所说出来的话吗？如今，阴贵人舅父不幸丧亡，朕无法再无动于衷了，所以追封阴贵人的舅父为宣恩哀侯！对于阴贵人舅父的尸体，也要完好保存，按照国家公侯的礼仪举行葬礼！"

这诏书完全就是告诉整个朝廷的文武百官，只有阴贵人才是真正的皇后，郭贵人的这个皇后不过是阴贵人让出来的而已。并且也在提醒满朝文武，告诉他们，以后自己想要提阴贵人为皇后的时候不要不知死活地出来阻止。

而这一次，阴丽华并没有拒绝。

刘扬心中虽然愤怒，但这时候天下除了一个公孙述以外全都被光武帝给平定了，他就是再想有什么心思也不敢了。

公元37年，光武帝平定巴蜀，彻底统一了天下，乃大封功臣和阴氏外戚。不过这其中并没有郭皇后的亲人，其意已不言自明。

而这一次，阴丽华还是没有阻止。

直到这一年，也就是公元41年，光武帝哐当来一句郭皇后对阴丽华心怀怨恨，不配再在皇后之位上待着，然后火急火燎便废了郭皇后而立阴丽华为皇后。

而这一次，阴丽华又是没有阻止。

母亲被废了，光武帝又极度宠爱刘阳，这是满朝文武都知道的事情。刘彊知道自己现在的处境，如果再不长点儿眼估计以后自己的命都没了。所以刘彊主动向光武帝递交了"辞呈"，表示自己没有能力承担这个太子之位，请光武帝废除他的太子之位，另选贤能之人。

光武帝对刘彊的"懂事"十分满意，所以封刘彊为东海王，让他从此以后做一名闲散王爷，得以善终。至于刘阳就不必多说了，刘彊走后他便成了汉朝的太子，并改名为刘庄，从此以后谁都无法再动摇半点儿。

好了，以上便是阴丽华的崛起史，我们还是接着进入主线。

4.4 硬脖子县令

公元41年十二月，也就是阴丽华登上皇后宝座的两个月以后，匈奴、鲜卑以及赤山乌桓组成联军疯狂寇掠汉朝边境，汉朝损失巨大。

而因为边境根本没有郡国兵，便只能任由强寇随意掳掠。

洛阳的光武帝听说此事以后只能无奈地任用祭肜为辽东太守，并给予了祭肜一定数量的军事编制，允许他在辽东自行征练士兵抵御胡虏，就好像西汉的郡国兵制度一样。

如此，才使得祭肜在以后的岁月里可以多次抵御贼寇的入侵。

同月，莎车王贤再次遣使到洛阳拜见光武帝，请求光武帝在西域重新设置西域都护。

光武帝虽然还是拒绝了他的好意，但为了表彰莎车王的忠诚，乃赏其西域都护绶带以及车辆、旗帜、黄金、绸缎。

这不就是光武帝把责任直接推给了莎车王吗？

可等莎车使者走后，敦煌太守裴遵却紧急上书道："非我族类，其心必异！陛下怎么能将如此大权交给西域的国家呢？陛下这样做不但会遭受西域其他国家的怨恨，以后您的子孙后代想要再收回西域也就难于上青天了。"

收到了这封信，光武帝才发现了问题的严重性，便赶紧派裴遵拿着汉朝所谓的大将军印追上莎车使者，意图换取西域都护的印信。

大将军印？呵，听着挺威风，不过那是在中原，在西域谁认这个东西？只有西域都护的大印才是西域国家认可的。

基于这个原因，莎车使者当然不愿意交换，并以"天子无戏言"为由强烈拒绝。

结果这么一闹裴遵也是怒了，他也不管什么两国相交了，直接用武力的手段将西域都护大印强抢回来，然后将大将军印扔到了地上，掉头就走了。

这下好了，本来和汉朝关系还不错的莎车国从此恨上了汉朝。

这还不算完，那莎车王贤手上虽然没有了西域都护的大印，但在西域依然称呼自己为汉朝亲授的西域都护。

本来这种骗子的行为是要被汉朝训斥甚至打击的，但光武帝这时候也没立场管这事儿了，毕竟是自己言而无信在先的。于是从这以后，西域诸国多有从莎车之命者。

公元42年二月，蜀郡守将史歆见自从光武帝取消郡国兵制度以后，不光是蜀郡，甚至连整个益州都没有什么兵马驻防。在这种情况下，如果拥有一点兵力，那么很容易便会在极短的时间内占据整个益州，就如之前的徵侧一样。

史歆认为，益州易守难攻，一旦自己占据了益州以后，便可以在此地自立为王，划地自守，哪怕是光武帝亲自来攻，也不是那么容易能攻下益州的。

所以，史歆带着自己的一众心腹当即在成都造反。

因为成都本就没有多少守军，所以被史歆轻易侵占。

可就在史歆于成都招募士兵的时候，问题来了。

当初徵侧为什么能势如破竹呢？原因很简单，得人心。当时交趾郡很多土著都不习惯汉朝的法令，再加上徵侧在交趾土民之中血脉高贵，声望极高，所以她一起事便有很多土民跟随。

可如今的史歆呢？他既不是什么土民，也没有什么本事，只不过是成都的一个小小的守将而已，所以虽然夺取了成都，但根本没有多少人愿意帮他。

最重要的是，益州经过连年的战乱，正是休养生息的时候。那光武帝虽然在郡国兵和土地制度的事情上办得不是那么漂亮，但其他的政策确实得到了老百姓的拥护，这是无可厚非的。所以当他征兵的时候，根本就没人响应。

史歆因此大怒，乃用武力强征百姓为兵卒，这样的兵卒战斗力如何就可想而知了。

而洛阳那边反应也相当迅速，光武帝一听说西南有变，立即命吴汉率将近两万的中央野战军前往西南平叛。

公元42年七月，吴汉顺利抵达益州。而这时候，别说全攻下益州了，成都才刚刚被史歆搞定。无奈的史歆只能改变计划，以死守成都的方式来抗衡吴汉的军队。

可吴汉那边刚刚将成都团团围住，还没等他开始进攻，成都的百姓便造反了。

他们纷纷起义反抗史歆的统治，甚至大开成都城门，迎接汉军入城。

于是，吴汉轻轻松松便拿下了成都这座坚城，并斩杀史歆等一众叛贼。

听得此消息以后，光武帝大为振奋。为了表彰这些忠诚的百姓，光武帝大赦整个益州，释放了益州死刑以下的罪犯，并免除益州一年的税务。

但这，真的无法从根本上解决问题。

公元43年正月，一个叫单臣的神棍仅以数百人便轻松拿下了五原城，并在此地宣布独立，建立地方政权。

对于此种行径，光武帝当然无法容忍，遂命臧宫率数千中央野战军出击五原。

虽然臧宫在四月成功夺回五原并斩杀了单臣，但现在汉朝的根本问题已经摆在了光武帝的面前，那就是谁都敢造反，原因就是没有郡国兵制度的威慑。

可光武帝依然雷打不动。

公元43年六月，光武帝开始了官场大任命。

六月上旬，为了提高阴氏一族在朝廷中的威慑力，光武帝乃升阴识为执金吾，阴兴为卫尉。

执金吾乃是率领禁军保护京城安危的第一负责人。卫尉更是皇宫禁卫之首，位列九卿。这两个官职皆为皇帝身边的重中之重，非心腹亲信不能担任。由此可见，光武帝对阴氏一族已经器重到了什么程度。

而这两人也确实不是什么简单之辈。

阴识城府极深，办事毫无破绽，外表忠厚而内心缜密。他在朝堂之上敢于直谏（不过度把握得非常好），和同僚宾客在一起聊天也从来都不涉及政治。刘秀因此对阴识格外看重，经常指着阴识告诫皇亲贵戚，让他们向阴识学习。

阴兴，阴丽华的亲弟弟，臂力过人，有些武勇，曾随光武帝南征北战，虽然没立过什么大功，却一直都是光武帝身边护卫第一人。

阴兴外表武勇但内心极为小心谨慎。他虽然是武夫出身，但身边的一众宾客没有一个是豪杰之士，基本都是一些文化人。并且和阴兴关系好的人阴兴从来都不推荐，只在金钱上帮助他们，所以世人都赞阴兴对国家忠义无双。

同月中旬，光武帝齐聚儒家名士在一起讨论学术问题。其中有一个叫桓荣的特别耀眼。在众多儒学名家中，桓荣往往引经据典，将其他同僚折服，所以光武帝任命其为议郎，教授太子刘庄儒家学问。

同月下旬，光武帝听说陈留董宣铁面无私，在处理公事方面六亲不认，所以将其召来任命为洛阳令，负责洛阳城内的民事管理。

可让光武帝没有想到的是，这董宣刚刚来到洛阳没几天就给光武帝惹了大麻烦。

一天，在洛阳城内的一个豪华酒楼之中，一群衣着鲜亮的人正簇拥着一名管家打扮的人不断恭维着。

"二哥，小弟真的没有想到，您如今竟然混到如此地步，以后您还要多多关照啊。"

"是呀是呀，湖阳公主那是什么人？那是当今陛下的亲大姐！哎，我可是听说了，湖阳公主在陛下还是孩子的时候便成天带着陛下玩儿，姐弟俩那感情，别说多亲了，就连当今皇后面对湖阳公主都要恭敬有加呢。"

众马屁精一听这话，连忙对那二哥连连作揖，请求以后的关照。

那被叫二哥的人十分享受这种吹捧，满脸傲气地道："好了好了，你们都是我的兄弟，以后能照顾的我肯定会多多照顾，今天心情好，二哥我还没喝够，走！咱们继续！"

话毕，一行人呼呼啦啦地便要离去。酒店小二一见众人要走，赶紧对下面掌柜喊道："掌柜的，天子阁诸位爷用餐完毕，要去结账喽！"

砰！还没等这个小二吆喝完，那叫二哥的一个大飞脚便将小二踹倒在地上，然后踩着这小二的脸阴狠地道："二爷我喝酒吃饭从来没有付钱的习惯，你小子让我付账？谁借给你的狗胆？"

这小二并不认识这个自称为二爷的人，还以为是这群衣着华丽之人的跟班，所以虽然被踩在脚下，但依然愤愤不平地道："放开我！放开我！这是洛阳城，天子脚下，你一个下人胆敢如此肆无忌惮，就不怕王法了吗？"

一听这话，此"二爷"直接怒了。没错，他虽然是下人，却是湖阳公主的下人，还是湖阳公主最宠爱的下人，怎么能跟普通的下人相比？所以一听这话他直接怒了，从怀中抽出一把精致的匕首直接就往那小二身上捅。

噗噗噗噗噗！几刀下去，一开始还连连惨叫的小二逐渐没有了声音。

"二爷！"

身边的一众狐朋狗友早就吓得浑身哆嗦了。"二爷"是湖阳公主身边的宠奴没错，但毕竟这是洛阳，是天子脚下，不是随随便便就能杀人的地方。为免殃及池鱼，"二爷"的这些狐朋狗友们立马就跑了。

而这时候，看着倒在血泊之中的小二，"二爷"也惊得酒醒了。他哪里还敢继续在酒店逗留，赶忙跑回湖阳公主的府邸去了。

进了公主府，"二爷"不敢有所隐瞒，当即便将自己是如何杀人的事情原原本本地告诉了湖阳公主。

听罢，湖阳公主虽一开始眉头微皱，不过一会儿便如同没事儿人一般地道："不就是杀了一个人嘛，没什么大事，这几天你就不要出府了，过一段时间就没事了。"

"二爷"听罢，长舒了一口气，赶紧退下了。

可就在这时，一名下人来到了湖阳公主的面前恭敬地道："启禀主子，新上任的洛阳令董宣大人带人找上门来了，希望主子能将某某交给他，不知主子打算如何处理？"

湖阳公主冷哼一声，不屑地道："一个小小的洛阳令，还敢到本宫府前耀武扬威，真是不懂规矩，让他滚。"

"是！"

就这样，这名家奴走到了董宣面前，给董宣一顿痛骂。而董宣呢，只是冷冷地看了这名家奴一眼，带着人转身便走了。

虽然憋屈，但董宣手下的那些小吏也理解，身在洛阳，他们这些小吏是最难做的，这个得罪不起那个高攀不上，就连抓一个杀了人的家奴也要看别人的脸色，不过这也没办法。谁叫自己……砰！

正在思考的小吏走着走着，突然撞到了董宣的后背。那小吏实在没想到董宣会突然停下，所以只是一愣便赶紧道："小人鲁莽了，还请大人恕罪。"

董宣摆摆手道："不碍事的，咱们就在这等着就好。"

众人不知道董宣在人家湖阳公主家附近等什么，但长官说什么是什么，他们也就陪同这董宣在原地等着了。

两个时辰以后，湖阳公主出行，车队呼呼啦啦便走过了董宣等待的地方。一直都在闭目养神的董宣见湖阳公主的车队路过，直接瞪大了双眼，冲下面的官吏吼道："都给我跟紧了，一会儿谁要是敢反抗，你们就地处决！有什么罪责我一个人担着！"

话毕，董宣直接冲了上去。

这些官吏也跟着董宣冲了上去。

正在牵马的家奴一见董宣气势汹汹地冲了上来，就要上前去拦。可就在这时候，董宣一把将首环刀抽了出来，然后将刀指着那个家丁阴狠狠地道："没你事儿，一边去，再废话要了你的命。"

那家奴不敢说话了，而其他的家奴在一众官吏的威逼下也都老老实实地站在一边，不敢有丝毫乱动。

可就在这时，湖阳公主掀开了车帘，厉声对董宣道："大胆！是谁给你的胆子敢……"

"你才大胆！"

没等湖阳公主说完，董宣直接吼断了她的话。

自从光武帝称帝以后，哪有一个人敢如此和湖阳公主说话？所以董宣这一嗓子直接把湖阳公主给镇住了，支支吾吾半天说不出一句话。

董宣也没管，继续嘶吼着对湖阳公主道："你身为陛下的姐姐，大汉朝的公主，理应维护国家纲纪，可你看看你自己都干了些什么？维护无故杀人的下人，破坏国家法典。如果这天下人人都像你这样，国家纲纪何在？国家还要法律有什么用？你难道想要汉家天下灭亡吗？"

湖阳公主道："你，你，我……"

董宣道："你什么你，给我闪开！"

话毕，董宣一跃跳到了湖阳公主的车驾之上，一把扒拉开湖阳公主，直接掀开了车帘。而之前那嚣张跋扈的"二爷"现在已经吓得浑身发抖。

董宣根本就不惯着这厮，一手提着钢刀，一手抓住他的头发便往车外拽。

哐当，董宣直接将"二爷"扔到了地上，然后对着周围的人群吼道："都给本官听清了，本官便是新上任的洛阳令董宣，只要本官在任一天，不管你有什么背景，胆敢触犯国家法律的，他！便是下场！"

话毕，董宣手中钢刀猛地一挥。咔嚓，"二爷"人头落地。

此时，湖阳公主虽然气得浑身发抖，但面对眼前这个疯子，她根本不敢再说什么，而是阴沉着脸跑到了光武帝的面前，一把鼻涕一把泪地哭诉着自己的遭遇。

一听董宣如此大胆，光武帝直接就怒了！当即命人将董宣押到自己面前，然后对其吼道："贼子！我面前这个人你可认得？"

董宣并没有丝毫慌张，而是平淡如水地道："认得，这是陛下您的姐姐，湖阳公主。"

见董宣如此，光武帝怒极而笑："好，好个董宣，好一个处变不惊啊！来人！"

"在！"

光武帝道："给我将这无耻的东西乱棍打死！"

就在周围侍卫提了大棍子冲董宣奔来的时候，董宣突然下跪，给光武帝重重地叩了一下头，然后坚定地道："臣请求说一句话再死！"

光武帝以为董宣怂了，便冷哼地道："说！"

董宣道："陛下英明，所以汉室得以重新振兴。可打天下容易，守天下难！想要一个国家安定最重要的是什么？那就是法！如果一个国家的法律可以因为某一个人而任意改变的话，那天下必将再次混乱。如今，湖阳公主放任自己的家奴杀人，还不准官府来抓，这便是视国家法典如无物。难道我训斥她有错吗？我也是一个士人，有尊严，不用陛下您动手，我自己来！"

话毕，董宣突然站了起来，直接冲着大殿中的柱子冲去。

光武帝当时就慌了，直接冲下面的护卫们吼道："快！给我把他拉……"

砰！没等光武帝把话说完，伴随着一声沉闷的响声，董宣的脑袋已经撞到了柱子之上。

董宣可真是用了全力了，撞得满脑袋都是鲜血，并且走起路来都摇摇晃晃。

见这一下子自己没撞死，董宣顶起脑袋，再奔柱子而去。

可这时候卫兵也赶过来了，他们忙拉住了董宣，制止他寻死。光武帝赶紧将声调变得柔和道："你刚才说得很有道理，是朕太过于爱护自己的家人了，但你董宣也有做得不到位的地方。你当时杀了那个奴才也就得了，为什么还要如此羞辱湖阳公主呢？好了好了，事情已经这样就算了吧，不过董爱卿你也要给湖阳公主道个歉才行。"

其实话说到这里光武帝已经服软了，所谓的道歉也不过是给双方一个台阶下而已。可满脸是血的董宣瞪着双眼死活不肯认错，就是说自己没错。

于是光武帝吼道："董宣！你，你！你简直不通人情世故！来人！"

"在！"

"给我把他按到地上，让他强拜我姐姐。"

"是！"

两个侍卫听罢，直接抓住董宣往地上按。

可董宣呢？双手杵着地面死活不肯对湖阳公主叩首，甚至头上的伤口都在董宣的用力下吱吱往外蹿血。

最后，光武帝也实在是没有办法了，他无奈地道："行了，松手吧，人家董大人脖子硬得很啊。好了，硬脖子县令，你出去吧，朕不想再看到你了。"

话毕，董宣拍了拍身上的土，站起来对光武帝深深一拜，然后看都不看湖阳公主一眼，掉头就走了。

湖阳公主委屈地道："弟弟，你当初为平民的时候窝藏罪犯没有一个人敢上门去讨。可如今当了皇帝怎么还越来越回去了？"

光武帝哈哈大笑地道："姐姐啊，不要再说了，这就是天子和百姓的不同之处了。"

这以后，硬脖子县令董宣可算是出名了，整个京城的权贵一听到硬脖子县令的名号，无不吓得屁滚尿流，洛阳之法得以振兴！

4.5 西南夷之乱

时间：公元43年九月。

地点：洛阳宣德殿。

此时的刘秀正在用双手不停地揉搓着自己的脑袋，看上去极为烦恼。

为什么会这样呢？因为西南又闹起来了，并且这次闹得要比上一次的史歆造反更加夸张。因为这一次闹起来的是西南夷多部少数民族。

自光武帝取消了郡国兵制度以后，汉朝内外兵祸不断。

西南夷当然也是这样，这些少数民族见近一段时间以来汉朝刀兵四起，内忧外患从来没有断过，所以也对汉朝的益州发动了叛乱，并残杀汉朝地方官，掠夺汉朝财物人口。

又是益州方面的叛乱，光武帝闻听此事以后非常气愤，当即派刘尚往益州方面，并允许他在益州自行招募士兵讨贼。

姓名：刘尚。

身份：刘氏宗亲。

才能：行军打仗，治理一郡之地。

政绩：郡县地方官—跟随吴汉南征北战—以副将的身份参与西北军攻略公孙述战役。

评价：拥有多年战阵经验的沙场老将。

刘尚到达益州以后，立即招募广汉郡、犍为郡和蜀郡的男丁组成一支一万三千人的野战部队，然后稍加训练便起兵往南而去了。

可就在刘尚大军到达越巂郡的时候，经验丰富的刘尚立即发现此地的不正常。因为曾经参与过讨伐公孙述的战役，所以越巂郡他也来过。

当时的越巂郡只是一个非常普通的郡，甚至还有些穷，什么防御工事都没有。可此时越巂郡的防御体系却有些强大得可怕。更重要的是，越巂郡的粮食也囤积了相当的数目。

刘尚觉得，如果只是固守一地的话，根本用不着囤积这么多的粮草，一般囤积这么多的粮草都是要主动出击的。那主动出击又能往哪边走？朝廷没有让越巂郡攻击诸夷他当然不会主动攻击，那就是往北面走呗。更何况那长贵本来便是夷人，非我族类其心必异，这谁都知道。基于以上怀疑，刘尚进入越巂郡以后便命心腹之人调查越巂太守长贵。

这一调查还真就调查出事情来了。原来这长贵早就准备配合诸夷向北攻击朝廷了，这事儿在越巂郡已经不是什么秘密，甚至有的老百姓都知道了。

而就在这时候，长贵竟然派遣使者来到刘尚处，请刘尚往其府邸饮酒，美其名曰给大军接风，实际上却是制造了大批毒酒，想要毒死汉军。

刘尚冷笑一声，但也没说什么，当即答应了使者，并带领大军往邛都（越巂郡郡治所在）而去了。

至邛都以后，就见邛都城门大开，长贵正带领着手下心腹笑呵呵地等待着刘尚大军。

而在长贵等人的身后则是堆积如山的酒坛子。见刘尚大军正慢慢朝自己的方向过来，长贵的笑容越发灿烂。

可不一会儿，长贵的笑容则开始慢慢产生变化，由灿烂变得惊恐，然后嘶吼道："快回城！"

那么长贵为什么要这个样子呢？那是因为刘尚的部队已经杀过来了。

而这时候长贵的主力部队都在城中，对刘尚完全没有防备之意，为了彰显自己的诚意，叩都的城门更是四面大开。结果，长贵等人刚刚逃入城中，尾随着他们的汉军便已经冲了进来。

那刘尚一马当先，带着数百名中央骑兵直接追到了长贵的身后，噗！就是一刀，长贵的无头尸身直接掉落马下。

主帅一死，叩都守军顿时陷入了恐慌之中，没挣扎多一会儿便跪地向刘尚投降了。

这下好了，刘尚没费多大的劲儿便再得一万多训练多日的正规军，又得到了相当丰厚的粮草。长贵可真是雪中送炭啊。

就这样，刘尚率领将近三万人的部队浩浩荡荡向南夷杀奔而去。想当初西汉巅峰之时，汉武帝给诸夷的威慑力实在是太大了，汉朝大兵的强悍也给诸夷造成了不可磨灭的阴影，所以如今的东汉大军还没等到达诸夷领地，那些夷人就开始害怕了，有的夷人甚至不听首领命令，擅自带领家人逃往深山老林，宁可终老于山林也绝不和汉朝有任何瓜葛。

这种恐慌的情绪随着汉军的临近越发严重，等汉军进入他们的领地之时，这种恐慌再也控制不住，霎时之间便绵延全夷部族，几乎每个人都在收拾行装准备逃窜。

这夷族首领见此种士气实在不适合再和汉军决战，乃在无奈之下亲自率领部队狼狈逃出了自己的领地，投奔其他部落去了。

汉军就这样"胜"了讨伐夷族的第一仗。可这种不战而胜的"战绩"却是刘尚不能容忍的，所以他继续率军激突猛进，在公元44年的时候抵达了栋蚕夷的领地。

可这一次，这些夷人没有跑。因为栋蚕夷的首领已经将所有反对汉朝统治的首领全都聚集到了自己的领地上，组成联军来对抗汉朝大军了。

刘尚的部队连续交战且连战连捷。

这场东汉军团和夷族联军的交手整整持续了一年。在这一年之中，汉军不断取得胜利，一直到公元45年正月，刘尚终是斩掉了栋蚕夷首领的首级，平定了这次的叛乱。

4.6 韩国人的祖先

公元44年四月，身为三公之一的大司徒戴涉被举报曾经因私怨谋害太仓令。光武帝对此高度重视，即刻命廷尉署全力调查此案。结果调查结果证明指控完全属实，大司徒戴涉因此被投入监狱而死。可这还没有完，光武帝以三公职务相连为由同时免去了大司空窦融的职务，意图让他归老。呵呵，以三公相连为由，从来没听说过，这借口简直太荒谬。说白了，其实就是光武帝已经统一天下，而窦融在西北的影响力又太大，所以光武帝开始卸磨杀驴了。

同年五月，东汉著名军事统帅吴汉去世，匈奴人趁此机会出动大量骑兵对上党、天水展开疯狂寇掠。兵锋甚至都到达了扶风地区。光武帝被这些匈奴狼弄得头痛发作，竟然在本月越发严重，没几日后竟然疼得连床都下不去了，整日只能在病床之上嘶吼。光武帝越发感觉老天就是要在这一年把他给收了，于是开始托付后事。

那一天，他同时将阴兴和张湛叫到了自己身边，语重心长地要将大司徒和大司空的位置交给二人，让二人好好辅佐年仅十六岁的刘庄。可出乎意料的是，两个人都拒绝了，只不过一个让光武帝开心，另一个则让光武帝恼火。

现在，自己的姐姐阴丽华已经成了后宫中的实际掌权者，阴氏在阴丽华的高大背景下鸡犬升天，权力已经太大了。阴兴知道什么叫树大招风，所以断然拒绝了光武帝的要求，对光武帝三拜九叩："微臣多谢陛下垂怜，可微臣有多少能耐自己清楚，您叫我操持兵刃保护您的安全微臣可以做到，可出任三公之职，这真不是微臣这点儿能耐所能胜任的。微臣并不怕死，却怕丢了汉家的脸，丢了陛下您的脸面啊。"

阴兴的表演可谓是以假乱真了，将光武帝说得十分感动，所以答应了他的请求，并赏赐给了阴兴很多的财宝。可再看张湛就不是那么回事儿了。

张湛，字子孝，前太子的太傅。其人做事认真，一丝不苟，经常对光武帝直言进谏。

那张湛很有能力，光武帝对其也比较看重，可自从光武帝废了前太子以后，张湛就彻底和光武帝闹掰了。按照张湛的话就是"太子从上位以后就没有犯过半点儿错误，陛下您凭什么废了他"。

光武帝那时候一心想扶刘庄上位，根本就没搭理张湛，完全是霸王硬上弓。张湛被光武帝这种跋扈的态度也给惹怒了，所以自从刘庄上位以后便没有再上过朝。这次要不是看光武帝快归西了，他更是懒得上朝。所以当光武帝想要任命张湛为大司徒的时候，张湛果断地拒绝了他，并且什么好听的话都没说，就是那么生硬地拒绝。

光武帝这次本来就是想要托孤的，可见张湛如此德行，以后还怎么敢用这么个人物辅佐刘庄？所以当即罢免了张湛的所有官职，让他直接回家养老去了。

公元44年六月，东汉的开国皇帝，被人们所称赞的"完美"皇帝刘秀……病好了。

同月，容光焕发的刘秀任命多名官员上位，分别任：

广汉太守蔡茂为大司徒（姓名：蔡茂。字：子礼。籍贯：河内怀县。专长：儒学、治理地方。经历：西汉末时至长安担任博士—王莽篡权后下野，不肯为王莽效力—天下大乱后逃到窦融处—刘秀发迹后被征召，任命为广汉太守—治理广汉政绩突出—上奏建议光武帝严格制约皇室贵戚，被光武帝采纳），管理天下民事。

朱浮为大司空（姓名：朱浮。字：叔元。籍贯：沛国萧县。专长：治理地方，陷害同僚。经历：刘秀征河北时为刘秀主簿—任刘秀偏将军—刘秀定河北后受封幽州牧—因为和彭宠相互看不上，所以诬陷彭宠—被彭宠打败—群臣参朱浮陷害同僚，致使彭宠反叛，还在军事上失误连连使汉朝损失巨大，请光武帝将其斩杀。光武帝念其有功于国家，所以没有斩杀，而是改为执金吾—任太仆—大司空。光武帝真心任人唯亲），掌天下水土之事。

刘隆为骠骑将军、掌大司马事（姓名：刘隆。字：元伯。籍贯：南阳。专长：行军打仗。荣誉头衔：云台二十八将第十六将。经历：家中大人参与反叛王莽活动被族诛，只有他一个人活了下来—长大后往长安求学—加入更始政权—刘秀刚上河北便投奔刘秀—刘秀平定河北的多次战争中刘隆都立下了汗马之劳—刘秀统一河北以后任命刘隆为亢父侯—平定李宪有功—平定公孙述有功—因度田事件被牵连入狱，刘秀不忍杀他，贬为平民—辅助马援南征有功，被光武帝封为扶乐乡侯—被光武帝任命为代理大司马）。

同年秋，现在韩国真正的祖先——韩国（三韩）派遣使者前来汉朝上贡，和汉朝建交。

因为这个韩国以后还要多次提及，所以在这里和大家详细地介绍一下。

东汉时候的韩国和当今的韩国国土面积差不了多少，都是在朝鲜半岛南部。因为韩国在当时由三个"韩国"组成，所以史学家们也叫韩国为三韩（为了方便区分，以后就叫韩国为三韩了）。

三韩分别为马韩、辰韩、弁韩。其中三部韩国中马韩最为强大，有国五十四，民十多万户，北与汉朝乐浪相连，南与倭国（日本）为邻。

辰韩有国十二，北与秽貊相连。

至于弁韩则在辰韩之南，同样有国十二，南面亦与倭国为邻。

基于以上，三韩共有国七十八。

三韩中最大的国有户一万，最小的也有数千家。

三韩人生活在山海之间，虽然也是定居生活，但却没有建造城市。

三韩之人世代尊马韩为王，并且七十八国中所有的国主都是马韩种人。那么为什么马韩种人在三韩之中有如此大的统治力呢？

那是因为在最早的时候三韩这地方根本就没有什么辰韩和弁韩，只有一个马韩。

后来，秦二世祸害百姓，致使天下大乱。很大一部分秦人为了避免战乱，便远迁至韩国之地。

古时候没有什么高科技，所以一个国家最重要的便是人口，没有人什么都干不了。于是韩国的国主收容了他们，并给了他们很大的地盘让其生活，这便有了辰韩和弁韩。

在当时有很多人为了图省事，直接称呼辰韩和弁韩为秦韩。承认他们具有汉人的血统。

下面介绍一下这三个韩国的风俗。

马韩国内皆为马韩本地人，不允许其他两韩长期居住，为的便是保证血统的纯正。马韩人懂得种田养蚕，还会织绵布。他们的房屋皆为土屋，形状和中原的坟墓极为相似，并且房屋的门是在上面，每次进出房屋都得跳。

马韩人没有跪拜这一说，膝下子女不分长幼，所以继承家业要么就是平分，要么就是能者居之。

马韩人不喜欢金银，不知道马和牛还能骑。他们只喜欢珍珠等圆形的珠宝，贵族们的身上从上到下都是珍珠。

马韩人基本上全是束发露髻，穿布衣草鞋。他们的男人大多强壮勇敢，其中那些最为强壮的年轻人都会用绳子贯穿后背的皮肤，然后绑上木头，以此来炫耀自己的勇武。

马韩人会在五月、十月种完田以后祭祀鬼神，男女彻夜在野外举行酒会，群魔乱舞。他们跳舞的时候会数十人相连狠踏大地，发出的声音极有节奏感。

辰韩是秦国人的后代，他们的房屋和中原相同，种田养蚕等技术不比汉朝人差，礼仪也和中原十分相近。可以说，辰韩在三韩中是最有礼仪和科技最先进的一部，十分强大（以后的新罗就出在辰韩）。

并且辰韩人非常会做买卖，周围的秽貊、马韩还有倭国都会来辰韩购买铁等生活必需品。

至于弁韩人种很难说得清楚，弁韩那地方各人种都有，属于大杂烩吧。

在东汉时期，经过多年的繁衍生息，弁韩的人种已经变化了。他们个个人高马大，喜爱美丽清洁，从男到女几乎各个有"洁癖"，但人情风俗和辰韩基本上没有什么区别。

并且，因为辰韩在三韩中发展得非常好，国中欢乐富足，所以弁韩人便和辰韩杂居，紧抱辰韩大腿。

以上便是三韩的一个基本介绍了。至于倭国，以后我会更加详细地介绍，在此之前，我们还是先回看主线吧。

4.7 辽东战神

公元44年十二月，匈奴狼再次寇掠汉朝边境，天水、扶风、上党都没能幸免，全为匈奴狼所涂炭。

光武帝因为此事大为光火，可又没有办法对付这些匈奴狼，所以只能每天唉声叹气。

而这时候刚扫平南方徵侧之乱的马援看出了光武帝的苦恼，所以自告奋勇地请求带兵讨伐边境一带的匈奴人。

见马援如此给力，光武帝高兴得不行，当即批准了马援的请求，并给了他相当数量的中央野战军让他给匈奴人好看。

可什么用都没有。因为就在马援到达边界以后，匈奴人早就跑了，反正汉朝现在也没有郡国兵，马援还能带着一堆中央野战军在这耗着吗？不能吧？早晚要走吧？那我何不等你走后再继续寇掠呢？

就这样，马援带着精锐的中央野战军在边境一顿索敌也没搜出一根毛来，最后只能带着大军回去了。

结果，一个月以后，也就是公元45年正月，匈奴人又来了，不过这次还不是他一个族来，而是勾结了乌桓以及鲜卑对汉朝边境来了一次超大型的寇掠。

据史料所载，本次寇掠以后，"汉边境萧条，百姓流亡无以数计。"说白了就是百姓在边境得不到安全感，不待了。

这一回光武帝终是再也无法忍受了，所以哪怕心中不愿意，但依然在边境几个重要的郡县恢复了西汉的郡国兵制度。

鲜卑是东胡的一个分支，因为居住在鲜卑山一带，所以世人皆称其为鲜卑族。鲜卑的语言和乌桓一模一样，只是在婚姻礼仪上略有不同。

鲜卑的年轻人结婚必须要先剃光头发，然后在春季三月部众大会后才允许交合。

鲜卑盛产马、羊、角端牛。

鲜卑人用角端牛的犄角制造弓箭，其射程和杀伤力都要比普通的弓箭强大，所以将此弓取名为角端弓。

同时，鲜卑盛产裘皮。这种东西在中原很受欢迎，所以裘皮也是鲜卑的重要收入来源之一。

西汉初期，东胡被冒顿所灭，鲜卑人为避免遭到匈奴人的荼毒，乃举族迁徙至辽东塞外，从此在这定居了下来。

那时候，鲜卑还没有和汉朝建交。

直到东汉建立以后，匈奴通过多年的休养生息越发强大。鲜卑也在这些年的繁衍生息中逐渐强大了起来。

反观东汉，因为光武帝取消了郡国兵制度，所以边塞防御极为薄弱，鲜卑便和匈奴开始寇掠起了汉朝边境。

公元45年四月，也就是匈奴、乌桓、鲜卑寇掠了汉朝边境的三个月以后，安定属国的胡人也相继谋反。他们集结于青山自立，不断攻击抢劫汉朝村邑，使得汉朝西北不得安宁。

无奈的光武帝只能派遣陈䜣携中央野战军前往攻击并将其平定。

公元45年八月，有可能是尝到了甜头，亦有可能是得寸进尺。在这个月，没想到光武帝已经在边地恢复了郡国兵制度的鲜卑人又开始寇掠汉朝的辽东边界了。

不过这一次，因为他们的贪婪，终于使自己尝到了大汉郡国兵的厉害。

此时，一万余鲜卑骑兵正在一名鲜卑将领的率领下一步步向汉朝的辽东郡逼近。可就在这些精锐的鲜卑轻骑兵进入辽东郡境内之时，前方突然马蹄声阵阵，尘烟满天。

不一会儿的工夫，一群身穿红衣黑甲的汉朝骑兵显现而出。这些汉朝骑兵虽然没有鲜卑骑兵的人数多，但在一名极为健壮的将军的带领下全无惧色，缓缓向鲜卑骑兵团移动着。

那鲜卑首领细细观察了汉军一阵后只是轻蔑一笑，当即命部队向那数千汉军冲去。

而几乎在鲜卑骑兵冲锋的同一时刻，汉军在那名健壮统帅的带领下也冲鲜卑骑兵杀了过去。

双方快速地朝对方接近着，不管是鲜卑军还是汉军都是一脸的肃杀之气。

然而就在双方距离还有一百多米的时候，那名汉军将军突然从战马的侧面抽出一把超级巨大的弓箭。然后就听砰的一声巨响，伴随着令人恐惧的破空之声，这将军射出来的箭矢直接穿透了一名鲜卑小将。

砰砰砰砰砰，这汉朝将领的上弦速度极为惊人，箭矢一发又一发激射了出来，每一枚箭矢射出必杀一名鲜卑将官，所以在两军交战之前，鲜卑军的前锋线上就已经开始出现了些许的混乱。

然后，汉军这可怕的将官一马当先，他冲在部队的最前方，提着这可怕的大弓率军直冲向鲜卑大军。

砰的一声巨响，两军迅速撞击在一起，瞬间残肢乱飞，喊打喊杀声震慑天际。这其中最耀眼的便是那名汉军将领，他手中的大弓被抡得呼呼作响，但凡被抡到的鲜卑士兵无不被打得脑浆迸裂。汉军士兵在这名将领的带领下士气极为高涨，精通于骑兵作战的鲜卑骑兵被杀得败退连连，只两个时辰鲜卑军就已经开始出现了些许溃势。

汉军将领见此情况更是勇猛无双，率军猛突，来回于敌军丛中如入无人之境，竟没有任何人能够拦住他的步伐。

又是一个时辰以后，鲜卑军在这绝勇悍将的疯狂打击下开始崩溃了。他们再也不想和这个汉军疯子交手了。

于是，一个一个的鲜卑士兵开始疯狂逃窜，那名鲜卑主帅虽然嘶吼着阻止，却没有一点儿效果。

最后，见实在阻止不了溃势，同时那个汉朝疯子也距离自己越来越近了，这鲜卑将领吓得也带着众人逃脱了。

而这汉军将领很明显不想放过这群鲜卑人，遂率领汉军拼命地追击。凡追到者根本不接受投降，手起刀落便是人头落地。

不一会儿，奔逃中的鲜卑军不知道是怎么逃的，突然被一条不知名的大河所阻。因为没有船只，根本无法渡过，便只能停在原地急得直跺脚。

可就在这时，那令人恐怖的尘烟又冒了出来，轰隆隆的马蹄声震慑着这些鲜卑人的心灵。无他，汉朝骑兵追过来了。

有句话说得好，叫"兔子急了也咬人"，更何况这些凶残的鲜卑人了。可当一个人的恐惧甚至超过了自己的本能，那你哪怕是将他逼死，他也绝不敢有半分反抗。

现在的这名汉朝悍将就已经将这些鲜卑人逼到了这种地步。

那些鲜卑人宁可自己抹了脖子也坚决不会再和这个疯子有任何交手了，哪怕是那名鲜卑主帅也已经吓得失去了往日的从容。

最后，也不知道是哪个鲜卑士兵，因为对这汉朝将领太过恐惧，竟然直接跳进了面前的那条大河之中。

之后，这些鲜卑士兵如同下饺子一样都跳进了大河之中。

结果自是不必多说，本次战役，汉军大胜，鲜卑军被淹死、砍死的士兵不计其数，几乎全军覆没。那些鲜卑人的精良战马也全都被汉军所俘获。

自此，祭肜这个可怕的名字威震整个鲜卑族，有祭肜在辽东一天，鲜卑人都对汉朝毕恭毕敬，再不敢有任何的小心思。

没错，这个将凶残的鲜卑人彻底打成孙子的汉朝猛将便是祭肜了。

祭肜，字次孙，汉朝名将祭遵的堂弟。他从小就体格强健，武艺高强，可对人却十分恭敬有礼，还以孝道闻名。

王莽末年，天下大乱，盗贼四起，到处都是烟火刀枪。几乎每个汉子都想用自己的双手闯出一番富贵来。可祭肜却没有动，他只是拿着一把钢刀默默地守在祖宗的坟前，力保祖宗之墓不被挖掘。

后来，天下大定，直到这时候祭肜才离开了祖宗的坟墓，闯荡天下。

可这个时候天下已经被平定，你还哪里有机会立功呢？

别急，有！

因为祭肜本身就是光武帝爱将祭遵的堂弟，再加上光武帝也听说过祭肜的事迹，所以对祭肜非常喜爱，断定这种孝子必定也会对君王忠诚如父。

所以，光武帝直接提拔祭肜为黄门侍郎，让他经常跟随自己左右，充当自己的保镖。

可随着祭肜在光武帝身边的时间越来越长，光武帝惊异地发现，这个叫祭肜的年轻人不但武艺高超，还非常冷静，不但在军事学方面造诣高深，还对各种经典熟记于心。

这不就是传说中的文武双全吗？

基于此，光武帝直接将祭肜派下地方去做了一县之令，想看看这个年轻人究竟能做到什么地步。

结果五年以后，这个县不管是经济、农业还是治安都位列全国第一。

时间一直到了公元45年。

这一年，光武帝再也忍受不了北方诸异族没完没了的寇掠了，所以在边境几个重要的郡县恢复了郡国兵制度，并任命文武双全的祭肜为辽东太守。

那祭肜一到辽东便开始疯狂地训练士兵，短短几个月内便将辽东的步兵和骑兵训练得相当精锐。

同时，祭肜还在辽东广布哨兵，时刻留意北方这些游牧民族的一举一动。

于是，当鲜卑骑兵刚刚出动之时祭肜便已经得知了消息。

祭肜认为，现在北方最需要的便是打一场硬仗来重振汉军的威严，并且这个硬仗还有些说道。

首先，你的士兵不能比鲜卑人多，那样的话人家极有可能直接溜了，不和你过招。

其次，和这些游牧民族过招，若真想全歼他们就必须要用骑兵，不然他们一跑根本追都追不上。

最后，也是最重要的。这些游牧民族民风彪悍，人人都喜欢下手又黑又狠的勇士。

所以，祭肜决定，用少于鲜卑骑兵数量的骑兵从正面硬生生地歼灭他们。这便有了上文那一幕。

4.8　多事的十月

公元45年十月，呼都单于派遣使者出使乌桓和鲜卑，约定他们在某日某时从三个方向共同向汉朝发动攻击。

可这时候的鲜卑已经被祭肜给打怕了，他们的首领一听匈奴使者的来意以后将头摇得和拨浪鼓一般，当即便拒绝了匈奴的"好意"，死活不再和汉朝人作对了。

乌桓那边也是一个样子。乌桓的首领听说汉朝皇帝在边境重新启用郡国兵制度以后就开始犹豫了。这之后随着鲜卑全军覆没的消息传来，乌桓的首领更是尿了，直接断了和汉朝人战斗的念头。所以这一次匈奴使者前来的结果就不言而喻了。

连续在鲜卑和乌桓那边被拒，呼都单于极为郁闷，但他依然要攻击汉朝边境。

于是，呼都单于在这个月出动大军团对上谷和中山展开寇掠行动。

可这一次，匈奴那边一动，边地的各个郡县便开始活动了起来，但凡匈奴攻击任何一个地方，周边的郡国兵都会在第一时间出击防守。所以这一次匈奴虽然抢到了些东西，但和之前的成果相比完全是不值一提。

而最重要的还是收入和支出不成正比。跑了这么远的道，费了这么大的劲，还死了不少的人，结果就抢到这么一点东西。综合以上来看，这次匈奴人的寇掠行动是以失败告终了。并且，尝到了汉朝郡国兵厉害的匈奴、乌桓、鲜卑在很长时间内都不敢再侵犯汉朝的边境。

公元45年冬季的一天，车师、鄯善、焉耆等西域十八国的国王几乎在同一时间派遣使者前往长安，痛哭流涕地请求光武帝派遣西域都护至西域，重新掌管西域大权。

奇怪，这些西域国王怎么会这么着急地让别人去统治他们呢？难道他们贱？当然不是，这主要的原因都是出在莎车王贤的身上。

话说那莎车王贤自从得了光武帝给他的西域都护大印以后便开始以汉朝的名义公然攻击周边小国。这还没几年的工夫便成了西域中的强国之一。

并且这莎车王贤贪心不足，尝到了甜头以后竟然又生出了其他的野心。

他竟然想再吞并车师、鄯善等中型国家，进而统一整个西域。

要说这样也就算了，这些国家联合起来也不惧莎车国。可关键的问题是莎车王手里有光武帝亲自赐予的西域都护大印，有了这个大印，侵略也变成了合理合法的，他们根本不敢有半点儿反汉的心思，毕竟当初的西汉实在是太过强大，强大到他们连别样的心思都不敢有一点点。所以，这些西域国家只能联结在一起共同派遣使者往洛阳拜见光武帝，请求汉朝能在西域重新设立西域都护府。

可光武帝这个人外表上来看虽然光芒万丈，实际上却是个"懒汉"，自从统一天下以后，他唯一想做的便是如何发展汉朝的经济，如何将汉朝重新带回文景时期的繁荣昌盛。至于其他地方的事情，他不想管也懒得管（一说光武帝这样做的根本原因是想给刘庄留下青史留名的机会）。

所以这一次不管这些西域使者如何恳求，他都照样婉拒了他们，并将他们带过来的王子（人质）返还给了他们。

那些西域国王们听说光武帝的态度以后莫名恐惧，按说身为一个成功的皇帝是不可能不知道西域一家独大对他的危险是有多大的。可光武帝就这么干了，他非但不管莎车国的吞并行为，还用"无所谓"的态度进一步纵容莎车王贤。长此以往，自己必定会在莎车王的吞并下灭亡。

不行！绝不能这样坐以待毙。几乎走投无路的西域众国王见光武帝那边的路打不通，便直接找到了敦煌太守裴遵，并恳求裴遵将王子全都扣留在敦煌，意图给莎车王以警告。

结果，那裴遵做得极为彻底，他当即便答应了这些使者的请求，不但将所有的人质都留在了敦煌，还写信给莎车王贤，以欺骗的方式威胁让他老实一点儿。

"你的举动已经被我们皇帝所关注，现在洛阳方面正准备派遣新的都护前往西域，所以你要是再这样继续做下去，你的结果是什么你自己清楚。"

此封信胜过千军万马，短时间内莎车王贤确实是老实了。

公元46年十月，大司空朱浮因为收受贿赂被免职，由光禄勋杜林接任他的位置成为大司空，刘昆则被任命为光禄勋。姓名：杜林。字：伯山。所长：《尚书》、识人。经历：新莽小吏—投奔隗嚣—被刘秀召见—被任命为大司徒司直—被任命为光禄勋—顶替朱浮成为大司空。

姓名：刘昆。字：桓公。所长：经学、极擅声乐。经历：新莽时期，因演奏声乐时有上千人观看，被王莽判定为谋反关押—新莽破灭，天下大赦，刘昆逃走，在江陵开班教授经学—经过朝廷相关官员的推荐，光武帝任其为江陵县令—光武帝升其为议郎—光武帝升其为弘农太守—政绩突出，所以代替杜林成为光禄勋。

还是公元46年的十月，这个月，匈奴呼都单于魂归西天，其子乌达鞮侯继位，可还没到一个月的时间便神秘地死去了（大部分人都认为是他弟弟害死了他，因为匈奴允许兄终弟及）。

结果，其弟蒲奴继承了单于大位。

本来匈奴人还能去宰汉朝这条大肥羊，但自从光武帝重新在边境启用了那国兵制度以后，匈奴每次去寇掠都是赔本买卖，久而久之就不去了。

如此，便有好多的匈奴人因为畜生死亡的关系吃不上食物被活活饿死，匈奴国力在这一年大大地下跌了。

新上任的蒲奴单于不害怕天灾，因为他相信，只要肯坚持努力，再大的天灾都能过去。可他害怕人祸呀！要知道，当初自己的匈奴大军趁着汉朝大乱的时候没少祸害汉朝百姓，哪怕是光武帝统一天下了，他们依然寇掠不断，一直到尝到了汉朝郡国兵的苦头，他们才暂缓了寇掠汉朝的脚步。

如今，正是自己最弱势的时候，如果这时候汉朝人打过来，那自己肯定没有反击之力。于是，蒲奴单于急遣使者往渔阳，请求与汉朝和亲。

渔阳太守不敢怠慢，马上派人护送匈奴使者前往洛阳面见光武帝。

之前也说过了，光武帝现在正着力发展国内经济，能避免发生战争就极力避免，所以匈奴使者只不过将此提议一说，光武帝就答应了。

好了，终于可以不用担心南边的大患了。可就在蒲奴单于刚刚放下心中那块大石的时候，突然从东面传来了噩耗，那乌桓首领竟然趁着匈奴虚弱疲软之时突然举族出动，冲他们杀奔过来。

是呀，乌桓本就是东胡人，当初他们的祖先被冒顿单于所灭，这种仇恨一直埋藏在他们心底，怎能不趁此天赐良机将匈奴灭掉呢？

乌桓人举族入侵的消息使得蒲奴单于大为光火。

"是，我承认自己的确奈何不了庞大的汉朝，但我还治不了你一个小小的乌桓吗？"

于是，蒲奴单于出动了所有匈奴骑兵主动迎击，和乌桓骑兵在漠南展开了一场超大型的决战。

很遗憾，这次战役的详细史料依然没有记载，只记载了匈奴不敌乌桓，被打得连连败退。

蒲奴单于怕那些残忍的乌桓人直接将匈奴灭族，只能无奈地带着全族人民向北迁徙数千里，南方从此成为一片空地。

光武帝大喜，立即罢去和匈奴连接郡县的郡国兵，又给国家省去了一些"小钱"。

同月，就在匈奴人向北迁徙以后，光武帝又通过金钱的力量买通了乌桓各部首领，希望他们能阻止乌桓大人继续和汉朝为敌。

这些部落首领收钱办事，立即去寻乌桓大首领，劝他不要再和汉朝为敌，最好和平相处。

那乌桓大人见识了之前汉朝郡国兵的实力以后其实早就不想再和汉朝开战了，光武皇帝又在第一时间送来了台阶，便借坡下驴，答应了他们的请求。

于是汉朝北边境在相当长的一段时间内都没有兵祸，汉朝得以全力发展国内经济（此时的鲜卑人被祭肜压得头都不敢抬，所以完全没有威胁）。

还是本年的十月，鄯善国的国王再次派遣使者来到洛阳，并诚恳地向光武帝请求："尊敬的大汉皇帝，我代表西域众国真诚地请求您再派西域都护往西域驻扎，我们实在是再无法忍受莎车的压榨了。如果汉皇陛下再不派遣西域都护往西域驻扎，我们只能去投靠匈奴了。"

可是莎车王不是已经消停了吗？怎么没过几天好日子又闹上了？

原来，随着时间的推移，莎车王贤见汉朝迟迟不派都护过来，便断定自己是被裴遵给耍了，因此大怒！虽然自己动不了裴遵，但动其他的国家还是没有问题的。

于是，莎车王再次出兵寇掠周边一个个小国，不断地吞并，最后兵锋甚至都伸到鄯善国的国土上了。

鄯善国王大怒，便出动部队迎战，结果被莎车军队打得节节败退。所以，毫无办法的鄯善王这才联合西域一些中小型国家联名上奏光武帝，希望光武帝能够再派西域都护坐镇西域。

可现在的光武帝正全心全意地发展国家经济，对于西域等其他乱七八糟的事情根本没有一点儿兴趣，所以哪怕是鄯善王这么说了，光武帝依然是爱答不理地道："现在汉朝根本没有闲着的力量关注西域，所以朕没办法答应你们的请求。如果你们西域诸国真的感到力不从心，那东西南北何去何从你们自己选择吧。我汉朝不会干预也不会忌恨，就这样吧，朕累了。"

这以后，西域很多中小型国家只能无奈地归附匈奴。

4.9　不知己亦不知彼逢战必败

公元47年正月，南郡一带的溻山蛮首领雷迁受不了没有郡国兵把守的诱惑，又开始在南郡之内疯狂掠夺抢劫，给南郡造成了相当严重的损失。

光武帝大怒，再次派遣刘尚带领一万中央野战军前往南方讨伐这些南蛮。

想当初数个夷族部落联手都被刘尚给打得丢盔弃甲，此时只不过是南蛮的一个部族，怎么可能是刘尚的对手？怎么可能是精锐的中央野战军的对手？所以不出意外地，雷迁的部队被刘尚打得大溃，交战没多长时间便疯了一般往溻山疯狂逃窜。

不过刘尚并没有打算就此放过他们，而是带着部队急速追击，将这些蛮族逃兵屠杀殆尽。

然而这还远远没有结束。杀掉这些蛮兵以后，刘尚率军继续向溻山进击，直接杀到了溻山腹地。

此时的溻山部众已经没有了首领，所以乱作一团，做毫无组织的抵抗。

刘尚带着精锐的中央野战军就这样毫无顾忌地杀杀杀。

此时的溻山蛮腹地已经是满地死尸、血流成河。还剩下的那些溻山蛮人再没有勇气抵抗这些恶魔，只能跪在地上向汉军投降。

最后，刘尚带着溻山蛮仅剩下的七千百姓回到汉朝境内，并将百姓安置在江夏郡一带。

同年二月，也就是刘尚平灭了溻山蛮的一个月以后，高句丽蚕支部闹了大型饥荒，老百姓甚至饿得易子而食。蚕支部首领紧急向高句丽王求救，可高句丽其他的地方也被天灾波及，根本拿不出食物来赈济蚕支部。

蚕支部首领无奈，只能带领着一干高句丽人偷偷摸摸地前往辽东郡，抢劫几个小村落便仓皇而逃了。

可回到领地以后，蚕支部的首领却异常害怕，甚至哪怕吃了饱饭也哆哆嗦嗦。为什么？因为辽东郡的太守不是别人，正是连鲜卑人都惧怕至极的辽东战神祭肜。

想当初那祭肜杀得鲜卑人丢盔弃甲。如今，自己只有一个部（事儿是蚕支部惹出来的，所以蚕支部首领认为高句丽王绝对不会因为一个部而和汉朝闹掰，那最后他一定是死路一条），根本不可能是祭肜的对手。

然而，就在蚕支部首领整日哆哆嗦嗦如坐针毡的时候，突然有一个下人闯了进来，激动地道："报！报告首领！辽、辽东太守祭肜派人来了！"

一听这话，蚕支部首领砰的一下站了起来，六神无主地道："不可能，怎么会这么快，怎么会这么快！豁出去了！怕什么，和他们拼了！"

话毕，这名首领直接抄起家伙就要往外冲。

那下人一愣，赶紧将此首领拦住道："首领你干什么？祭太守是给咱们送粮来了！哪有你这么招待客人的？"

这名首领一听，直接愣在当场，根本不敢相信自己的耳朵。直到数分钟以后这名首领才反应过来，然后一下蹿了出去。

只见这时候的蚕支部人声鼎沸，老百姓们全都激动得痛哭流涕，几乎每个百姓都抓着汉兵的手连连鞠躬致歉。因为这些粮食实在是太多了，多到了完全能使自己的部族度过这次的天灾。

"这……这……怎么会这样？怎么会这样？"

蚕支部的首领这时候已经六神无主，自己抢夺了辽东的粮食，虽然约束好了手下没杀人，但也是在人家眼皮子底下抢了粮食，那祭肜不是杀神吗？怎么可能不杀自己还反过来送粮食？这简直太不合理了。

而就在这名首领愣神儿中，一个懂得高句丽语言的汉军校官在一名蚕支部士兵的带领下来到了此首领身前。然后不等此首领说什么他便微笑着道："首领请了，我家太守听说贵部最近闹灾，粮食短缺，所以特派我等前来借粮给贵部，至于这粮食什么时候还都无所谓，等贵部粮食充足以后再还也不是问题。"

首领道："我，我，可是我……"

那校官笑道："哦，您是说您之前抢了我们汉朝村落的事吧。我家太守说了，每个人都有困难的时候，之前我们辽东和首领您也不是很熟，所以您在最困难的时候抢了我们一次是可以原谅的。最重要的是首领您只抢了一点粮食，没有杀害我们汉朝的百姓，所以我们太守想要从此和您做朋友，共同帮助扶持。哦，对了，我家太守还要我和首领大人您说，以后再有这样的难处可不要再抢了，说一声就行！我们会把粮食借给你们的。"

话毕，蚕支部首领浑身颤抖，眼泪一滴一滴落了下来。然后这名首领直接跪在地上，冲着辽东郡的方向咣咣磕头。

一个月以后，蚕支部首领竟然带全族一万多男女老少来到辽东郡拜访祭肜，请求从此归辽东郡统治，他们愿意充当汉朝的东北防线，为汉朝、为祭肜去死！

祭肜直接将蚕支部首领扶起，并接纳了他们全族，但并没有用他们去当炮灰，而是让他们和辽东的汉人混居。从这以后，辽东的汉人便有了高句丽人的血脉。

公元47年的五至八月，大司徒蔡茂和大司空杜林相继去世，光武帝用陈留太守玉况为大司徒，太仆张纯为大司空。

姓名：玉况。经历：路人。

姓名：张纯。字：伯仁。血统：西汉张安世五世孙。特长：精通西汉时期的典章制度。经历：哀帝、平帝时担任朝廷侍中—新莽时期官至九卿—光武帝称帝时投奔，得以恢复封地，并任虎贲中郎将—任太中大夫—任太仆—任大司空。

公元47年十月，南方再次传来了造反的声音。

越族徵侧造反、西南夷的造反以及澧山蛮的造反，南方次次反叛都被汉朝以雷霆万钧之势所平灭，所以光武帝对于南方这些少数民族的战力极为蔑视，认为他们根本无法和北方这些少数民族相提并论，所以哪怕是南方这些少数民族无数次的造反，光武帝依然未在南方边境设置郡国兵。

光武帝认为，通过这么多次的讨伐，那些南方的少数民族一定不敢再和汉朝叫板了。

可事实证明光武帝真的太天真了。

因为就在潕山蛮被刘尚血腥屠杀没多长时间以后，武陵蛮再次举兵反叛汉朝，他们大肆攻击周围郡县，屠杀汉朝人民。

因为周围郡县根本没有郡国兵的守护，所以武陵蛮如入无人之境，大杀特杀，给汉朝南部边境造成了相当惨重的损失。

光武帝大怒，乃再派刘尚前往讨伐。

只不过，这一次光武帝没有给刘尚中央野战军，而是让刘尚携数百骑兵前往南方自行征召士兵讨伐。

因为这些蛮子的战斗力实在太低，已经让光武帝完全对其放松了警惕，不想兴师动众地浪费军粮，所以让刘尚在近处自行征兵了。

公元47年十一月，刘尚抵达南郡，然后在南郡、长沙郡及武陵郡征召士兵，仅一个月的时间便征召了一万多人，然后便率领大军前往讨伐武陵蛮去了。

本来刘尚还想好好和武陵蛮子较量一番，可让刘尚没想到的是，他刚刚征集完士兵，那些武陵蛮便已经逃回了自己的老巢了。

对于这种胆小如鼠之辈刘尚是一百个也看不上的，天真地认为他们的战斗力也不会比潕山蛮高到哪里去，甚至有可能还不如潕山蛮。

于是，在这种轻敌的心态下，刘尚驱兵猛进，深入武陵蛮腹地。

殊不知，此时那位不知名的武陵蛮首领正在冷笑，不停地冷笑。

他在刘尚进入武陵蛮腹地以后便命数千伏兵埋伏在汉军的归路之上，完全断去了刘尚的后路。

然后，武陵蛮首领利用山川险要的地理优势广布防线，完全堵死了刘尚的进军之路。

那刘尚对这些武陵蛮是相当轻视，认为他们哪怕是占据了险要也不可能挡得住汉军的进攻，于是带领大军猛攻一点，意图攻破此防线以后直袭武陵蛮的大本营。

可刘尚率领惯了精锐的中央野战军，所以高估了自己的战力，也低估了敌方的战力（不知己亦不知彼）。

一个月，刘尚整整狂攻了一个月却始终无法攻陷这个据点，而汉军这些临时征召的新兵的士气正以直线的速度向下跌落。

刘尚怎么说也是一个行军多年的将领，他经验丰富，一见这种情况就知道这场战役不能再打下去了。

于是，刘尚果断率军后撤，意图回到南郡以后重整部队，重新制订好详细的攻击计划以后再对武陵蛮进行军事打击。

可这一切都晚了。

就在汉军回撤之时，杀声四起，周围密林之中突然冒出了数千名武陵蛮子。现在的汉军已经疲惫至极，根本没有继续作战的心思，再加上武陵蛮子突然袭来，使得汉军顿时混乱，完全丧失了抵抗的意志。

而这时候，早已经准备好的武陵蛮主力部队也从后方冲杀过来，使得汉军乱上加乱。

刘尚虽拼命组织抵抗，但依然没有办法使汉军振作。

于是，一个接一个的汉军被斩杀于武陵蛮的刀下，一些汉军竟然吓得跪地求饶。

不一会儿，几乎所有的汉军全都跪在地上向武陵蛮投降。

而这些武陵蛮子也没有再对这些投降的汉军下刀，而是直接向刘尚冲了过去。

刘尚带领着跟随自己而来的数百骑兵奋勇冲杀。可敌军人数实在太多，无论刘尚如何冲杀都冲不出武陵蛮的包围圈。最后，一支冷箭飞来，正中刘尚的喉咙。刘尚，这个汉朝的沙场老将惨死于武陵蛮的领地。

斩掉刘尚以后，其他的骑兵也没坚持多一会儿便被全部射杀。而这时候，面对着满地下跪的汉朝士兵，那武陵蛮首领只是轻蔑一笑，然后对着身边传令兵便是一个抹脖子的手势。

公元48年正月，汉朝一万多名士卒皆死于武陵蛮之地，连带主将刘尚，无一生还。

可这时候的洛阳还不知道南方军败，沉浸在一股狂喜之中。为什么呢？因为已经逃到了更北的匈奴再次分裂为南北匈奴了（郅支单于被弄死以后，北匈奴越来越弱，有的向西方迁徙了，还有的重新投靠了南匈奴，所以不知道具体是哪一年，亚洲就已经没有北匈奴的存在了）。其中南匈奴投奔了汉朝，成为汉朝抵抗北匈奴和乌桓的一道坚实屏障。那么这又是怎么回事呢？要细说这件事，我们还要将时间移到呼韩邪单于临终之时。

4.10 彻底败亡 再分南北匈奴

当初呼韩邪在临终之前，曾语重心长地嘱咐自己的孩子们，让他们一定不要自相残杀，兄弟们要依次坐单于的位置，等到最后一个兄弟上位以后再将单于之位传给老大的儿子。

兄终弟及，这是和当初商朝完全一样的兄终弟及制度。呼韩邪单于一定不知道，正是因为这个兄终弟及制度在商朝闹了一出九世之乱，差点儿让商朝亡了国。

呼韩邪死去以后，前几任单于还真都挺听话，每个单于继位之后都将自己的弟弟立为了左贤王（南匈奴以左贤王为继承人）。

那呼都单于在刚刚继位的时候也一样将左贤王的位置传给了弟弟伊屠知牙斯（王昭君之子），可随着时间的流逝，尝到了权力给自己带来的荣光以后，呼都单于便生出了别样的心思，竟想将自己的位置传给儿子。

于是，呼都单于找了个莫须有的罪名将伊屠知牙斯给杀了，然后立自己的儿子乌达鞮侯为左贤王。

可令呼都单于没有想到的是，他的这种举动恰恰得罪了自己的侄子，上一任单于乌累若鞮单于的儿子，现任匈奴奥鞮日逐王的比。

早在西汉的时候，长安方面就已经把很大一部分投降的匈奴人安放在边境的八个县了，并称为汉朝的属国。

本来一直都相安无事，可王莽篡权以后，天下大乱，这些匈奴人就趁着天下大乱的时机重新归附了匈奴，并在呼都单于的指挥下不断对汉朝边境发动攻击。

为了方便匈奴的管理，也为了方便以后进攻汉朝，呼都单于便设下了八部大人，并以日逐王比来做他们的头目。

那日逐王比特别会做人，所以这八部大人对日逐王比特别忠心，日逐王比在匈奴的地位和力量也就越发强大了。

而拥有了强大的力量，野心便不可避免会奔涌而出。可以说从这时候开始，日逐王比便已经对单于之位有了窥伺的心思。只不过呼韩邪的那些孙子辈比自己年长的早就死光了，而呼都单于后面也只剩一个伊屠知牙斯，这单于之位早晚都是自己的，他也就没有动手。

可等到呼都单于将自己的弟弟弄死，然后又将自己的儿子弄上左贤王的位置以后，日逐王比可就不干了。为什么？这不就等于以后自己没有继承匈奴单于的资格了吗？

基于此，日逐王比从此对呼都单于极为不满，甚至经常在自己的手下面前发牢骚道："兄终弟及是我爷爷当初定下的规矩，所以继位的人应该是我叔叔伊屠知牙斯，现在我叔叔死了，那位置也应该传给我才对！怎么能传给乌达鞮侯？"

可以说从这时候开始，日逐王比便已经彻底起了造反的心思。

而一段时日过后，随着日逐王比来王庭拜见自己的次数越来越少，呼都单于也开始怀疑起了日逐王比，便派遣了两名心腹前去日逐王比的驻地监视他。

可多年过去了，匈奴内部从来没发生过大型冲突。

直到呼都单于魂归西去，乌达鞮侯继位以后，日逐王比终于打算动手了。

可还没等他动手，乌达鞮侯的弟弟蒲奴单于却先一步要了乌达鞮侯的小命，成为新任的匈奴单于。

这之后便是蒲奴单于与汉朝和解，又遭受乌桓的袭击，所以远走更北的地界，日逐王比便只能再将计划推迟。

可到了更北以后，不知是蒲奴单于已经发现了日逐王比的计划还是畏惧他手中的实力，竟然想要先一步下手弄死日逐王比，进而换上自己的心腹，乃集合一万余匈奴精骑悄悄向日逐王比的地盘进发。

可此计划还未等实施便被日逐王比所发觉，进而全集八部五万骑兵准备抵抗蒲奴单于的侵攻。

蒲奴单于见消息泄露，只能率士兵草草撤回本部，准备集全匈奴的兵力再对日逐王比展开总攻。

自此以后，蒲奴单于和日逐王比彻底撕破了脸皮，双方势力进入了备战状态。

既如此，他日逐王比也没有什么可藏着掖着的了。

于是，就在汉朝刘尚开始进攻武陵蛮的前后，日逐王比便自称南匈奴呼韩邪单于，意图利用爷爷的名号来与北匈奴蒲奴单于分庭抗礼。

可现在有一个严峻的问题摆在面前：那呼韩邪单于手中的力量虽然强大，可毕竟是原来北匈奴的一部分，和整个北匈奴来抗衡还是差那么一些的，所以他只能寻找后盾来支持自己、帮助自己。

那这个后盾又是谁呢？除了汉朝当然没有第二人选。

于是，呼韩邪单于率全族人马撤回五原塞，并遣使往洛阳方面臣服，表示愿意永远为汉朝的藩属，并帮助汉朝守卫北疆。

面对呼韩邪单于的诚意，光武帝一时还拿不定主意。说实话，现在光武帝根本就不想掺和到战争里面，他只想稳稳当当地发展国内经济，之前连整个西域都不要了，现在面对呼韩邪单于的请求，他根本不想接受。

可这个分裂匈奴的机会又非常难得，当初自己的先辈们不就是用的这种方式来分裂匈奴，并让汉朝北边界百年安定的吗？

基于此，拿不定主意的光武帝只能召集满朝文武，共同商讨对策。

可身不在朝中并不知朝中的难处，这南匈奴并不是那么好收的。

要知道，非我族类，其心必异。最早的汉宣帝为什么敢收南匈奴？那是因为那时候的汉朝国富民强，兵甲无数！汉宣帝根本就不惧匈奴人。哪怕是你突然反戈一击，我汉朝大军也能在旦夕之间将你淹没。

可现在的汉朝很明显没有那个实力。

首先，军事实力。

东汉和西汉的军事实力根本无法相提并论，这是摆在台面上的事实，不容置喙。西汉时候的汉朝皇帝可以靠精锐的中央军和郡国兵淹没匈奴人，但光武帝不能，他没那个实力。

其次，财政力量。

西汉汉宣帝时期，汉朝粮食堆满了各地的仓库，其势直逼文景，哪怕是北方受到了严重的侵害也能在旦夕之间恢复原样，光武帝行吗？不行。

所以基于以上观点，几乎满朝文武全都不赞成收纳南匈奴，就让他们自己打去吧，打得同归于尽才好呢。

不过几乎并不代表全部。

就在光武帝想要听从众人意见，拒绝南匈奴使者的时候，一名武官走了出来道："末将有不同观点！"

见此人一出，光武帝眼前一亮，微笑着道："噢？耿小子，你有什么话，但说无妨。"（光武帝口中的耿小子名叫耿国。他是耿况的儿子，汉朝著名军事统帅耿弇的弟弟。虽然在指挥士兵作战方面没有哥哥耿弇的果断，但熟读兵书，在兵法理论上拥有过人的造诣。光武帝认为他很有才能，便将其留在身边充当自己的军事顾问。直到汉朝统一天下以后，光武帝便提升其为五官中郎将。）

耿国道："末将认为，陛下应该和孝宣皇帝一样接受南匈奴的投诚，让他们在北方各部替我汉朝抵挡北匈奴和乌桓的寇掠，此举实为保万世安宁之良策。"

话音刚落，一名文官便站出来道："耿将军这话说得不对，正所谓'非我族类，其心必异'，匈奴人，莽荒野人，做事不讲信义情分，只讲利益！他们现在肯投奔我们，完全是因为北匈奴强大，一旦我汉朝帮助他们压过了北匈奴，这些南匈奴人保不齐便会掉转枪头来对付我们。请问耿将军，到那时我汉朝该如何应对？"

话毕，场中一众文武频频点头，貌似对于这种说法很是认可。

可耿国并未怎么在意，只是微微一笑道："我记得孝宣皇帝当初也没有帮助南匈奴消灭北匈奴吧？"

那文官明显一愣："你是说……"

耿国道："没错，我们可以当南匈奴的后盾，但仅在南匈奴有大难的时候才会出手帮助，并不会帮他们去消灭北匈奴，这样的话，匈奴就会一直分裂不断，一直处于相互攻击消耗的状态，永远都不会再次崛起，这难道不是一桩妙不可言的无本买卖吗？相信他南匈奴也不敢在没消灭北匈奴之前便对我汉朝倒戈相向吧？那他可太傻了。"

这话说完，全场陷入了一片沉静之中，再没有人反对耿国的提议。

于是，公元48年正月，汉朝正式接纳南匈奴为自己的藩属国。

4.11 马革裹尸 "惨死"的老将军

然而，就在举朝为南匈奴归顺汉朝的事儿高兴的时候，刘尚兵败的消息却突然传到了洛阳城中。

光武帝闻听此事大怒，立即下令南方十二郡征集并训练新士兵，打算几个月后血洗武陵蛮。

可还没等光武帝动手，那帮武陵蛮却先行动手了。

原来，那些武陵蛮子在全歼刘尚的汉军以后士气空前高涨（自西汉武帝开始，这是南方少数民族第一次打败了朝廷的大集团军），每个人都喊打喊杀要去寇掠汉朝南方郡县。

武陵蛮首领见手下众人士气如此高涨，乃在休整一个月以后便继续对汉朝南部边境发起了猛烈攻击。

这些蛮人只要进入汉朝的郡县以后便不停地烧杀抢掠，所过之处鸡犬不留，给汉朝造成了相当大的损失。

光武帝因此紧急派遣谒者李嵩及中山太守马成前往南方征用当地百姓讨伐他们，可结果是虽然抵挡住了他们的步伐，但始终没有办法取得胜利，反倒是连连败退。

不过这也没有办法，毕竟再优秀的将军也要有精锐的部队才能获得胜利。

公元48年七月，南方十二郡的士兵终于训练并集结完毕，可以随时出征。洛阳方面也在选择这次南征的主帅。

马援，这一年已经六十二岁了，虽然身体机能严重衰退，但他带兵作战的心却一直都没有衰退，反倒如同战国的廉颇一般高昂。所以一听朝廷要选择南征主帅，他便在第一时间出现在了宣德殿，主动请缨率军南征。

看着已经满脸皱纹的马援，已经五十三岁的光武帝淡淡地道："马援啊，你今年已经过六十了吧，听朕的，别折腾了。"

马援倔强地道："陛下只看到臣老去的身躯，却不知臣现在的实力，不怕陛下不信！臣现在还能骑在马上飞奔呢。"

"当真？"

"当真！"

"好！那朕还真要见识一下，不过你这老头儿一会儿要是骑不动马，那可就别怪朕不念及旧情了。"

就这样，光武帝一行人跟着马援走到了校场观看他这老迈的身躯是如何骑上马背的。

嘀！可你还真别说，这老马援虽然谈不上是健步如飞，但身体确实稳健。只见他跳上马背便驱马而行，硬是在校场飞奔好几圈才从马上下来，并瞪着那双炯炯有神的大眼睛看着光武帝，求战之心无与伦比。

见此，光武帝无奈对身旁众人笑笑："这老头儿的身体还真挺健壮的。"

于是，在本月，光武帝命马援为南征军主帅，率马武、耿舒、刘匡、孙永及十二郡大军、四万囚徒向南讨伐武陵蛮。

可就在大军行进到下隽县的时候，军队前方突然出现了两条道路，分别为壶头山一路和充县一路。

两条路线各有优劣。走壶头山的话会省去很多路程，不过沿途有水路险地，不好行军，尤其是对这些刚刚征召没多长时间的新兵来讲，此种行军方法更是一项巨大的考验。

而走充县方面虽然道路平坦，却绕了一个大圈子，既耽误讨伐敌军的时间又耗费国家的军粮，所以行军的问题上，部队中就发出了两种声音。

马援认为，汉军兵力占据绝对的优势，应该用最短的时间消灭敌军，所以应该走壶头山这条道路，虽然行军艰苦了些，但可以迅速拿下敌军。

但四将军之一的耿舒却不这么认为。

耿舒觉得，正是因为汉军部队庞大才应该走充县这一条路，这条路虽然很远，但都是康庄大道，大军易于行军整备，哪怕遇到突然袭击也能很好地应对，不至于受到伏兵袭击骚扰。

两人因为这个问题争执不下，最后竟联手将自己的建议上报到洛阳方面，请光武帝定夺。

对于两条路究竟走哪一条光武帝也有些拿不定主意，不过现在国家正是需要用钱的时候，军费方面能省则省，所以光武帝比较倾向于马援，便同意了马援的奏请，走壶头山这条道路。

于是，大军开始向壶头山行进。

可这些武陵蛮子做了万全的准备，他们不但在充县布置了守军，还同时在壶头山各处险要之上建垒防守。这些防守据点几乎每一个都占据险要，每一个都挡在马援的行军路线之中，使得汉军行进更加困难，每走一个地方都要费好大劲才能端下一个据点。

正巧这时候还是最为炎热的季节，南方就更不用说了，而汉军还穿着一身厚重的铠甲，可以说遭受着如炽热地狱一般的折磨。

所以，在强攻下几个据点以后，军中传染病开始泛滥，甚至连马援都染上了疾病。

为了有效控制疾病的蔓延并养精蓄锐，马援命令所有的汉军士兵凿山开洞，每到午时最热的时候便躲在山洞里休养，其他时候统统向敌人进攻。

可就是这样，还是有无数的士兵死于疾病，士气以直线往下跌落。

为了提升军队的士气，马援光着脚，忍着病痛的折磨，亲自跑到前线指挥作战。

在他的亲自领导下，汉军的士气有所回升，但每攻下一个据点依然死伤无数。

可以说，现在汉军每走一步都是用死人硬生生堆出来的。

最重要的是，马援在这种重重阻击之下行军速度实在是太慢了，慢得好几个月都没能走出壶头山。

针对于此，耿舒给他的哥哥耿弇写了一封信："之前我曾经无数次建议马援要走充县的道路，这条道路虽然耗费粮饷，但士兵可以一起往前冲，军队可以最大限度地得到控制，可马援说什么都不肯听从我的言论，执意要走壶头山这条道路，结果大军寸步难行，无数的士兵死于瘟疫之中，试想一下，我军如果走的是充县那条路的话，现在早就到达目的地了吧？还有，未到达壶头山的时候一些蛮子结成小股部队没头没脑便冲我们冲了过来。结果没冲到我们近前就跑了。可马援呢？好像一个商人一般谨慎，他非但不敢追击这些蛮子，还下令全军缓缓向前行进。要知道，这些蛮子可都是现在挡在我们面前的敌人。如果当时马援要是能将他们消灭，现在我们也早就到达目的地了。"

耿弇收到这封信以后冷冷一笑，当即将此信交到光武帝手中。结果光武帝"大怒"，直接派遣和马援有仇的虎贲中郎将梁松乘坐驿站的快马往前线临阵替换马援，并让他代替马援率领这支部队。

再让我们看看马援这时候战况如何了。

就在耿舒致信耿弇没几天以后，马援对壶头山发动轮番猛攻，终于在百般努力之下突破了壶头山的封锁，到达了临乡地区，也就是现在武陵蛮正在攻击的地方。

到了这地方以后，马援的病情更加严重了，但是他丝毫没有管自己的身体，而是亲率大军对武陵蛮的敌军发动了疯狂的攻击。

武陵蛮无法抵挡汉军的冲击，只交战几个回合便撤回自己的大本营了。

打退了敌军的总攻击，马援本想乘胜继续深入武陵蛮的腹地。可一是现在的汉军损失着实严重，不适合继续深入武陵蛮腹地作战；二是马援的身体，真的已经折腾不下去了。

所以，马援停住了，可这一停，就再也没站起来。

公元49年，协助光武帝平陇西、抗羌祸、灭岭南、击乌桓的一代名将马援，就此离开人世，他马革裹尸的愿望终于得以实现。

主将已死，部队没有了统一的指挥，立即停驻于原地，等待朝廷的下一步命令。而就在这个时候，和马援仇深似海的梁松也到达了汉军大营。他本来打算好好羞辱一番马援，报以前的一箭之仇，可万万没想到自己到达大营以后马援已经死了。

梁松因此极为不甘，所以他决定，哪怕是马援死了，也不让他死得安宁。在给洛阳汇报战况时，梁松极力打压马援的功劳，无限扩大他在本次平定蛮族战役中的战略判断失误，还扩大了汉军的损失，将责任都归咎于马援，而军界之中竟没有一个人替马援说好话。

于是，收到报告的光武帝大怒，他直接收回了马援的侯爵，并将在朝中为官的马家之人全部罢免。

光武帝如此盛怒，使马家人惶惶不可终日，每天都怕得要死，甚至都不敢厚葬马援，只能偷偷摸摸将马援的尸体下葬到城西的几亩地里面。

最后，朝中的文官都看不下去了，有几个人甚至当着光武帝的面诉说马援曾经的功劳，并着重强调梁松和马援的仇恨，说明他的奏报根本不可信。且哪怕是马援真的在这次南征战斗中指挥不利，因为他以前的功劳，光武帝也不能这么对待他吧？

经这几个人的诉说，光武帝这才允许马家人给马援正式下葬。

光武帝为什么要这么对待马援呢？他的反应也太过于激烈了吧。可仔细想想，实际上也不怎么奇怪，史料上也对于马援的死有很多种说法，但我都不怎么认可。我认为，光武帝如此对待马援的原因只有两个而已。

首先，平一众武将的不满之心。

马援是背弃了隗嚣而投奔光武帝的。军界之人大部分对于马援这种叛徒都十分痛恨，所以他们根本就看不上马援。这要单单是这样也就算了，最要命的是马援的军事才能还十分出众，每逢出征必能取得胜利，所以光武帝给他的机会就越来越多，军功甚至能位列汉朝三甲，远远超出了很多当初跟随光武帝打天下的将军们。这就造成了很大一部分武将对马援的忌妒心，有机会就要抨击打压马援。

最后，也是最重要的，那就是光武帝需要一个垫背的。

这一次马援从壶头山进击武陵蛮确实是棋差一招，但这全都要怪马援吗？不！最大的责任人不是马援！而是光武帝！

就是因为这样，光武帝才格外敏感！

要知道马援最开始可是给光武帝写信请示了，光武帝经过再三考虑之后才同意马援走的壶头山，所以这第一责任人必是光武帝无疑。

可光武帝是什么人？那是人们口中的"完美"皇帝，是不能出错的。特别是军事方面，他只能对，不能错。

本来光武帝还不知道该怎么收场，不过就在这时候耿舒送来了台阶。这封信中根本就没有提及光武帝，将所有的错误全都指向了马援。并且将很明显的伏兵之事也拿出来说事儿，这很明显就是在给光武帝找台阶下，而光武帝也就顺着这个台阶下来了。

再加上后来光武帝的表现又是这么激烈，只因为一个小小的壶头山之事便全盘否定了马援之前的功劳，将马家打压到底，这难道还不能说明问题吗？

4.12　夫余国

马援死了，南征军临阵换了大帅，光武帝就是行伍出身，深知临阵换帅的禁忌，再加上武陵蛮确实也撤退了，所以光武帝直接命南征军各回各家，这次大型的南征活动便如此虎头蛇尾地结束了。

不过通过这一段时间南方不断的叛乱，也使得光武帝深知南方少数民族的可怕，乃恢复了南部一些重要据点的郡国兵制度。

此举确实令南方消停了不少，起码武陵蛮在不短的一段时间内都没敢再攻击汉朝边境，这就是郡国兵的威慑力。

公元49年正月，辽东一带的秽貊人突然出动大军同时袭击了右北平、渔阳、上谷和太原。至于原因，和之前高句丽蚕支部没什么两样，都是因为活不下去了，这才不得已抢劫汉朝的物资来对抗灾年。

那祭肜虽然拥有相当卓越的军事天赋，却不是一个满脑子只懂得打和杀的人。他始终认为，只有以德服人，才是停止刀兵的最好办法。

于是，祭肜复演当初蚕支部之故事，再次借给了秽貊人粮草，使得秽貊人对祭肜亦是感激涕零，秽貊首领更是发誓从此不与汉朝为敌，还会每年都进献给汉朝一些土特产当作贡品。

打发了秽貊以后，祭肜又派人前往鲜卑，借给了同样正在经受灾荒的鲜卑人很多粮食，使得鲜卑人成功地度过了灾荒。

我们之前也说过了，这些游牧民族最敬畏的便是那些拥有绝对武力值的猛汉。前一段时间鲜卑人已经见识过了祭肜的武勇，对他极为惧怕。如今，祭肜不计前嫌，又借给了自己如此多的粮食，使得鲜卑人对祭肜更加尊敬。

于是，在拥有绝对武力的前提下，鲜卑人渐渐开始依附祭肜，再不和汉朝为敌。

祭肜见边境情况越来越好，便又生出了一个想法，乃于二月在边境设置大型交易所，拿汉朝的资源和鲜卑、高句丽、秽貊的进行相互交换。

一时间，四个民族在边境交易所各取所需，一片其乐融融的景象，甚至连乌桓都眼馋了，便派遣使者往祭彤处请求加入进来，和四个民族共同交易所需。

不过乌桓和汉朝可是敌国，祭彤虽然愿意让乌桓也上来插一脚，但对于这种政治敏感事件他还是非常警惕的，于是好言安抚了乌桓使者，然后上报洛阳，请求光武帝定夺。

光武帝对祭彤这一段时间的表现满意得已经不能再满意了（建立关市以后，高句丽、秽貊和鲜卑几乎在同一时间派遣使者到洛阳献上了他们的贡品，虽然没有明说，但实际上就是对汉朝表示内附了），所以当即批准了乌桓的请求，并设置了乌桓校尉于上谷。

然而这还没有完，更东北面的夫余人见周边的邻居都因为和汉朝进行交易而得到了实惠，便也派遣使者往洛阳拜见光武帝，请求加入汉朝关市。

于是，在一年之内，整个北方皆内附于汉朝，汉北边境除了一个北匈奴，在短时间内再无威胁。

秽貊，这是一个相当古老的民族，早在有商一朝便已经出现在历史的舞台上。

最早的时候，秽貊十分强大，势力范围遍及朝鲜半岛至松花江流域的广大地区，部落无数。可在周朝灭商以后，不知是何缘故分裂成一大一小两个团体。其中小的团体投靠了挹娄（女真），逐渐被其同化，另一个大的团体则分布在我国东北一带，开始新的生活，其文化习惯史料上未有记载，但基本和夫余人差不了多少。

夫余国，其具体位置大概在汉朝玄菟郡北边一千里处，其南为高句丽，东为挹娄，西为鲜卑，北为弱水，土地面积大概在方圆两千里。

夫余国在东夷诸国中土地最为平坦，适合种植五谷，又出名马、赤玉、貂皮还有大如酸枣的珍珠。

夫余国以围栏筑城，城中有宫室、仓库、监狱。

夫余的男人个个健壮，但这个民族却十分忠厚，轻易不会去抢劫其他民族的财物，所以为周边的民族所亲善。

夫余人最擅弓箭、刀、矛，其他的武器根本不会用，就更别提造了。

不同于中原五畜，夫余人将狗也加入其中，便是六畜。

夫余国每年都有一次祭天仪式，一连几日，男女们都会在一起载歌载舞，并禁止刑狱之事。

夫余人用刑极为严格，如果一个人杀人了，那杀人的人会被处死，他的家人也会成为被杀者一家的奴隶。

对于偷盗者，夫余国行偷一罚十二论处，如果拿不出十二倍的钱财来补偿，那不好意思，你就去死吧。

夫余人禁止男女私通，一旦发现，不论男女，直接处死。

夫余人兄死则用嫂为妻，人死即葬，有椁无棺。至于夫余国王，死后则用玉制棺材下葬。

至于夫余国的由来，那就要追溯到千年以前了（有可能更远）。

很久很久以前，在我国东北区域有一个小国名叫索离国（实际上就是秽貊的一个部落）。

一天，索离国的国王外出巡行归来，发现自己的一个小老婆竟然怀孕了。这小老婆是索离国王在巡行前没几天刚刚讨得的，还没能行房，根本不可能怀孕，所以这肚子里面的孩子绝对不是自己的。

索离国王因此大怒，便想杀掉这个背着自己与别人私通的女人。可这女人在惊慌失措之下却编出了一个奇异的理论来回避自己所做之事。

只见此女跪在地上大叫冤枉，并且哭泣着道："大王，我真的没有背着您行那苟且之事。我的孩子完全是上天赐予的啊。"

索离王眉头紧皱道："说明白点儿，什么上天给予的？"

小老婆道："前一段时间，我自己在外面瞎溜达，突然见远处有五彩祥云，我好奇啊，就跑过去看看到底是怎么回事儿。可当我站到五彩祥云的下方之时，那五彩祥云竟直冲我飞了过来，一下就钻到了我的肚子里。这才有了宝宝。"

古人皇帝明君都信奉鬼神，那就更别提一个小小的索离国王了。

可就让他这么相信他还真就办不到。所以半信半疑的索离国王就将这个女人关在了监狱之中，让她自生自灭。

这女人最后还真将孩子生下来了，还是个男孩儿。

可索离国王依然不肯相信这孩子是老天赐予的，便将这刚刚生下的婴儿扔到了猪圈之中，并阴狠地道："你要是天神的儿子，你就是在虎狼之中也能生存。"

还真别说，这孩子还真就在猪圈之中活下来了，是被母猪喂活的。

可就是这样索离国王依然不肯相信，又将孩子扔到了马圈之中，并将母马给拉出去了。

可多日以后，这孩子又让公马给喂活了。

这一下索离国王不得不相信这孩子是天神所生了，便将此婴孩重新交给了其母亲抚养，并取名为东明。

那东明极为勇悍，在十几岁的时候便已经能挥舞大刀，拉得大弓。在部众之中很得人心。可不管你有多么神勇，你都不是我的孩子，所以国王便打算杀掉东明。

可不料东明提前收到了消息，便赶在刺客来之前向东逃跑了。

结果，这个东明便来到了夫余国。

夫余国那时候还不叫夫余国，是一个只有一群土民的地方，东明便教导这些土民如何打鱼、种田、制作兵器。久而久之，东明便成了这群人的领导，吞并了周围一个又一个部落，没多久便建立了夫余国，这便是夫余国的由来了。

4.13　弱者

在祭肜的作用下，整个北方一片欢声笑语，本来和汉朝不怎么对付的少数民族全都成了汉朝的忠实拥护者，鲜卑等一众少数民族为了向祭肜表示感谢，不但偿还了之前欠下的粮食，反倒是又给了祭肜无数的珍宝。

可祭肜都没有收，只是和这些首领们道："现在北匈奴正与我朝为敌，如果你们真的想对我祭肜或者我大汉表示感激和尊重的话，那就请去攻击北匈奴吧，我和朝廷都会感激你们！到死都不会背弃你们。"

这之后，鲜卑、乌桓不间断地出兵攻击北匈奴，甚至距离北匈奴较远的高句丽、夫余和秽貊都会在两族出击的时候派遣族人前去帮忙，使得北匈奴警钟长鸣。

这还不算，呼韩邪单于见北匈奴不断被骚扰，防守重心渐渐偏移，便也在这一段时间突然命弟弟左贤王莫率一万精锐骑兵突袭北匈奴。

北匈奴防守不利，被南匈奴突入，遭受砍杀不断。蒲奴单于的弟弟也被生擒，损失极为惨重。

蒲奴单于大惧，因此举族继续向北迁徙了一千多里地，这才避免了兵祸的继续蔓延。可北匈奴现在所居住的地方水草就已经不怎么肥美了，继续向北就更不用说了，所以很多北匈奴的贵族都对蒲奴单于失望透顶，奥鞬骨都侯和右骨都侯更是带领着部众三万多人偷偷南走，归附了南匈奴。毕竟在身为"南匈奴"的那段日子里，南匈奴和汉朝相处融洽，每个人都过着幸福的生活。

于是仅仅两个月，北匈奴再次被大大地削弱了。

公元49年三月，呼韩邪单于派自己的长子前往洛阳"侍奉"光武帝，进一步表示自己对大汉的忠诚之心。

公元49年，仅仅一年的时间，汉朝北方在短时间内无忧矣。

公元50年正月，因为东汉刚刚建立没有多少年，所以百官的俸禄普遍要比西汉官员少很多。如果放任这种情况继续下去，官员贪污腐败的现象就会逐渐增多。针对于此，光武帝在本月下令增加百官俸禄，从上到下一律拉到西汉时期的水准。

同月，光武帝开始为自己修建陵墓。有鉴于西汉很多负责修建陵墓的官员都在负责修建的过程中利用职务的便利中饱私囊，于是光武帝特别下令修建陵墓的规格，要较众多西汉皇帝（除了汉文帝）的规格都低很多，并早在修建之前便已经将预算估算出来，多一分也没有。所以本次修建基本没多花多少钱。

还是这个月，通过这一段时间的表现，光武帝正式承认了南匈奴从属于汉朝的身份，乃设置匈奴中郎将，并命段郴为汉使出使南匈奴，送给呼韩邪单于冠带、衣裳、黄金玺印等象征着呼韩邪单于从属于汉朝的身份之物，又赠粮食两万五千斛，牛羊三万六千头以及无尽的衣物及生活用品。

当天，呼韩邪单于用隆重的礼节亲自迎接段郴，其态度极为谦卑，可面对着呼韩邪单于的却是段郴那冷冷的话语："大单于难道不知道面对汉皇的诏书应该下跪迎接吗？"

当着在场所有南匈奴权贵的面，呼韩邪单于犹豫再三，可最后依然匍匐在地，以最为谦卑的姿态接受了光武帝的诏书。

周围的南匈奴贵族们见自家单于如此，无不潸然泪下。不过也只能流点儿眼泪，仅此而已。他们知道，他们懂，这时候的南匈奴是弱者，弱者想要活命，那就只能做到这种程度。就好像两百多年以后的匈奴人刘渊，那时候很多的人都要匍匐在他的脚下，因为那时候他是强者，而其他人却是弱者。

同年秋季，因为南匈奴的附属，整个北方的安定，光武帝重新收回了雁门、上谷、代等之前遗弃的地方，并将之前南迁的流民全重新安置了回来。可这时候的三郡已成废墟，所有的一切都要重新来过。于是光武帝对先前徙民之举感到万分后悔。因此，光武帝也对郡国兵制度的重要性有了更深层次的认识，乃于本年又在南部一带的重要边地设置了郡国兵制。

同年冬季，向更北方迁徙的北匈奴此时已经进入了现今的俄罗斯中南部地区，那里的冬天温度已经达到了零下五六十度，匈奴人受不了这种要人命的寒冷，所以一个又一个北匈奴人向南迁徙，前往投奔南匈奴，希望得到汉朝的庇护。

可自从上一次奥鞬骨都侯和右骨都侯的投南事件以后，蒲奴单于对于人口"偷迁"的防范就特别严密，所以当有关单位查到有人偷偷向南迁徙以后，蒲奴单于在第一时间便派大规模的骑兵野战团前往追击了。

结果，在这些南逃者即将进入南匈奴国境线的时候，北匈奴的骑兵将他们追上并全部擒获了。

可就在这时候，南匈奴也派遣了骑兵前来迎接这些南逃的北匈奴人，正好见北匈奴人对这些南逃者拳脚相加，于是抽出马刀便杀了上去。

北匈奴骑兵这次出来了不少，虽然距离大本营没有南匈奴近，但士兵却比他们更多。于是这些北匈奴人根本不惧，也抽出马刀迎了上去，两方就这样厮杀在了一起。

可因为北匈奴人数占据优势，所以只交战没多一会儿南匈奴便被压了下去。不过同样因为战场距离南匈奴比较近，所以呼韩邪单于闻听南匈奴陷入劣势以后便以最快的速度召集援兵前往援救。

但随着时间的推移，北匈奴不断地胜利，北匈奴的这些战士早就杀红了眼，他们的士气极高，如同地狱中爬出的恶鬼，不管南匈奴来了多少援军都不要命地向前冲杀。

几日以后，连战连胜的北匈奴竟然杀进了南匈奴的国境线。

与此同时，听见战场报告的蒲奴单于极为振奋，立即组编所有北匈奴的骑兵支援战场，打算一战而灭南匈奴。

战场的变化着实太快，快得让人猝不及防，不过这并不包括光武帝。精通于战事和政事的光武帝清楚，一旦南匈奴被北匈奴所灭，那好不容易安定的北疆将再次陷入战乱，这是他绝不允许的。

所以，光武帝立即对呼韩邪单于下诏书，让他将南匈奴的民众全都迁徙到西河郡美稷县一带，然后再下诏书，命令整个北方的郡国兵全部往西河郡集结。

一时间，边境人头攒动，甚至乌桓和鲜卑人都在蠢蠢欲动，准备在最好的时机从北匈奴的身上挖下一块肉来。

见此，蒲奴单于直接尿了。他立即解散了即将出援的部队，并令已经抢回民众的骑兵团急速回国。

同时，蒲奴单于还致信光武帝，再三解释自己这次的出征完全是为了追回叛乱的民众，不是也不敢前去骚扰汉朝。其态度极为谦卑。试想，如果匈奴没有分裂的话，哪怕汉朝再强大，他一个匈奴大单于至于将事情做到这种地步吗？这，还是身为一个弱者的悲哀。

4.14 波及千人的大案

公元51年五月，光武帝下诏去掉大司徒、大司空前面的大字，并将大司马之名重新改为太尉。

同月，因为一些重要的南方边郡重地都设置了郡国兵，所以威慑力大增，益州郡的各部蛮夷全都上表洛阳，表示重新接受汉朝的统治。

还是同月，见识了汉朝在北方的凝聚力以后，蒲奴单于决定以谦卑的姿态与汉朝和亲，所以派出使者往武威郡请求郡守代为传达。

对于这种比较重要的政治事件，武威太守不敢有丝毫大意，第一时间便派人往洛阳汇报情况。

光武帝对这次的事件比较重视，所以没有自行决定，而是专门召开廷议共同商讨。

宣德殿中，一众文武讨论激烈，有说可以和亲的，有说不能和亲的，多时都不能商讨出一个结果来。

光武帝见身边的太子刘庄一直都是微笑的状态，便笑骂道："你小子，玩儿什么神秘？你是怎么想的，说出来听听。"

一听这话，全场一众文武全都闭上了嘴巴，一起聆听这位以后为皇帝的太子是怎么说的。

刘庄很满意在场一众文武的态度，便轻声道："父皇，儿臣认为，我们一定不能答应和北匈奴结亲！不但不能答应和他们结亲，还不能对他们好，怎么无礼怎么来。"

光武帝皱眉道："为何如此？不答应便不答应，为什么还要无礼地对待他们呢？"

刘庄道："南匈奴刚刚归顺我们汉朝没多长时间，人心还不够稳定，所以北匈奴才会在这种时候与我们汉朝寻求和亲，其意可不单单是想要讨好我们汉朝，还要离间我们和南匈奴的关系。"

光武帝道："继续说下去。"

刘庄道："如果我们选择和北匈奴结为亲家，那么呼韩邪单于就会产生畏惧的心理，从此和我们汉朝疏远，甚至在北匈奴的压力之下还有一定的可能性重新归附北匈奴，到时候匈奴重新统一，可就不是我们汉朝再能轻易掌握的了。并且，想要让边境这些少数民族永远消停是根本不可能的，他们的生产落后，生活物资不足，总是会抢夺其他邻居的财产。这是他们的天性，无法改变。与其这样，还不如在边境立一个永远的敌人，这样，我们汉朝只面对一个残废的饿狼就够了，如此才能将损失减到最小，难道不是这样吗？"

这话说完，全场更是寂静得吓人，每个人都用看怪物一样的眼神看着这个"铁腕"太子，光武帝更是哈哈大笑。如此，对于北匈奴的国策在刘庄的这一番话下就此定论。

从这以后，汉朝和北匈奴彻底决裂，再无和解的可能，而南匈奴也在汉朝的坚决态度下对汉朝更加忠心。

公元52年正月，见刘疆自从从太子的位置上下来以后从未有过什么想法，又极为听话地前往了东海国，这使得光武帝非常欣慰，也对刘疆产生了一丝愧疚的心理，毕竟都是自己的亲生孩子，如果没有必要，谁会和亲生儿子结仇呢？

于是，对于已经构不成威胁的刘疆，光武帝在本月扩大了他的封国，让其拥有二十九县的封地，还赏给了他很多的虎贲武士，甚至包括出行的仪仗都允许他和自己相仿。

可面对光武帝的这种赏赐，刘疆一点儿也不高兴，反倒是更加畏惧。别人不知道自己这个老子什么德行，他可是知道得很。光武帝刘秀，从外表上看起来温文尔雅、心胸宽广，可真的涉及自己的利益，杀人比谁都果断、比谁都狠。所以，在刘疆的眼中，他的父亲给他的并不是什么劳什子的赏赐，而是一堆毒药。如果刘疆敢仗着老子给他的荣耀嚣张跋扈的话，那么等待着他的不是什么锦绣前程，而是死无葬身之地的悲惨结局。

基于此，刘疆活得要比以前更加小心，更加谨慎，别说自己封国的太傅了，甚至就连一个小老百姓他都不敢轻易欺负。他现在只有一个小小的愿望，那就是自己的父亲彻底将自己给忘了，再也记不起有这么一个儿子。

公元52年六月，沛太后郭氏去世。没过几天，发生了一起恶性杀人事件，于是全国诸王的宾客多受牵连，一时间，此事成为汉朝百姓茶余饭后的经典谈资。

想当初，在马援还活着的时候，他有一个叫王磐的侄婿，此人是王莽的后人，王莽败亡以后，王磐便携带大量财富隐居于长江和淮河之间。

可这王磐不是一个甘于寂寞的人。天下大定以后，这王磐成了游侠，用钱财收买死士，其团伙在长江和淮河之间很有些名气。

后来，这厮更是来到了京城，用手中的钱财结交权贵，甚至和皇亲国戚都成了好友。马援当时就对马家的小辈们说："王氏是已经落败的家族，王磐本应该隐居自保，做一世的富家翁，可他却不知死活，来京城叫嚣，我预料他蹦跶不了多久了，你们这帮小子都给我离他远一点儿，如果我知道你们谁和这厮有私交，那就给我滚出马家，以免我们马家人受到牵连。"

马援是马家的族长，谁敢不听他的命令？所以所有的马家人全都离王磐远远的。

等一年以后，王磐果然犯下了"大不敬"之罪，被削头斩首，当时被牵连的权贵不在少数，而因为马家早有防范，所以并没有受到牵连。可王磐的儿子王肃却没有吸取老爹的教训，依然在洛阳之中东奔西跑，充当权贵的门客。

当时天下刚刚大定，很多东汉时期的禁令还没有完善，所以诸侯王们全都赖在京城，广结门客。几乎所有的诸侯王都认为自己以后有机会冲击那九五至尊之位。

在这种情况下，还是马援，他对好友吕种语重心长地道："建武开年，陆下重建天下，凭借陛下之英明神武，再建天下一定会国泰民安，而众多皇子看不到问题的本质，还在为那虚无缥缈的美梦所积攒力量，广招门客。陛下外宽内严，一定会对此事有所防范，恐怕早晚会有牢狱之灾，我知道你现在和有些皇子走得很近，不过我奉劝你离他们远一点，不然早晚会受到牵连。"

吕种当时虽然哼哈地答应着，可说实话，他根本就没放在心上。直到这一年，在王肃等宾客的怂恿下，一些诸侯王聚集的私人武装越来越多，大有不轨之念。

而就在刘秀打算收拾这些人的时候，突然发生了一起恶性杀人事件。

怎么回事儿呢？更始刘玄之子，现在身为汉朝寿光侯，同时还是沛王门客的刘鲤，仗着是沛王的宠臣，竟然公然杀死了刘盆子的哥哥刘恭。

此事正中光武帝下怀，他不但将有关涉案人员全部抓获，甚至还以此为借口狠抓全国与此事"有牵连"的诸侯王的门客，抓住以后不问什么乱七八糟的，直接诛杀。

一时间，全国各地诸侯王的门客哭号遍野，竟有数千名门客死于这次大型诛杀活动之中，当然这其中也包括吕种，他在被行刑以前老泪纵横："我该死！马将军，您真神人也！"

4.15　倭国

公元52年八月，几乎所有的诸侯王都遣散了自己的门客，乖乖地回到了封国。

太子刘庄到这时候，哪怕是潜在威胁也全都没有了。光武帝已经为他铺平了道路。

同月，不死心的蒲奴单于再遣使者来到洛阳，这一次北匈奴完全是有备而来，他们献上了大量的战马、皮衣等游牧民族特有的生活物资，不求别的，只求能与汉朝和亲，仅此而已。

俗话说"伸手不打笑脸人"。对于北匈奴的这种近乎卑躬屈膝的态度，光武帝也不知道该怎么应付了。答应北匈奴？前一段时间太子刘庄已经声明了答应此事以后的严重后果，所以光武帝是绝对不会与北匈奴和亲的，但就这么拒绝北匈奴？那也不行，怎么可能一而再再而三地不给人家脸面。

所以，光武帝召集三公前来宣德殿讨论如何应对北匈奴这次的"和亲行动"。

可三公对于这种事情也不知道如何处理。

就在这时候，跟随司徒一起来觐见光武帝的司徒掾（司徒的属官）班彪却站出来道："臣有本要奏！"

"说！"

班彪道："孝宣皇帝曾告诫过当时的臣子，说：'匈奴是一个很大的国家，匈奴人既忠厚又多变狡诈。为什么这么说呢？因为和他交往，如果你能得到他的真心，他甚至愿意为你冲锋陷阵，为你去死！可如果你得不到他的真心，他又会和你扯皮，处处给你设下陷阱。'臣觉得，孝宣皇帝这话说得一针见血！就像之前太子说的，现在南匈奴虽然投奔了我们汉朝，但并没有多长的时间，我们汉朝也没有得到南匈奴的真心。而北匈奴害怕时间过得久了，南匈奴就会真正成为我大汉的从属，所以屡次派人来请求与我们汉朝和亲，并大量进贡。意图便是令南匈奴畏惧，进而和我们汉朝离心离德。可北匈奴越是这样，就越显示了他的畏惧和空虚。所以之前太子所说对北匈奴的基本国策绝不能变！至于这一次如何应对北匈奴的礼物，臣觉得很简单，拿出我同等的礼品回赠也就可以了，这样谁都挑不出半分不对之处！"

班彪所言正中光武帝下怀，乃回赠了北匈奴同样数目的汉朝财物，就是不答应和亲之事。从此，北匈奴彻底断绝了与汉朝和亲的念想，南匈奴也将随着时间的推移越来越汉化。

公元53年二月，汉朝发生日食，光武帝因此大赦天下，赐给天下所有男人进爵位一级，并赏赐生活无法自理的人五斛大米。由此可见，此时的汉朝已经逐渐地富了起来。

公元54年正月，鲜卑大首领亲自前来洛阳向光武帝进行朝拜，从此正式成为了汉朝的藩国。

五月，日食之后又来了大水和蝗灾，可这天下却没有一个人因为这连番的奇异之事对光武帝有所非议，原因很简单，光武帝让他们能吃得饱饭，让他们能不必遭受兵祸的危害，所以每个人都小心翼翼地珍惜现在的生活。所以别说什么劳什子的日食，就是天上下刀子他们也会忍着。

七月，汉朝名将、猛将贾复去世。

九月，光武帝下令将所有男死刑犯全都判处宫刑释放，女子则继续囚禁数年后释放。

公元56年正月，天下诸侯王皆往洛阳朝拜，整个天下一片太平盛世的景象。

二月，光武帝突然将《河图会昌符》扔给梁松等人要求对其进行考证。梁松针对于其中有写道"赤刘之九，会命岱宗"来分析，感觉这光武帝是想要封禅了，于是便三番五次地请求光武帝往泰山封禅。

光武帝一开始还是坚持不去的，可架不住群臣的"诚意"，这才"勉强"答应他们前往封禅。

其实光武帝大可不必这么表演。凡封禅者，皆有大功于世。秦始皇横扫六合，统一天下，所以他有资格封禅。汉武帝开疆扩土，打击匈奴，使汉朝的版图急速扩张，后代得以安宁，所以他有资格封禅。光武帝扫平众雄，重建大汉，在短短的时间内使得汉朝经济急速增长，虽然有一些为政措施做得并不是那么理想，但绝大部分根本挑不出毛病，所以，他也有往泰山封禅的资格。

于是，公元56年二月二十二日至二十五日，光武帝成功封禅泰山。

三月，司空张纯去世，光武帝用太仆冯鲂接替其为司空。（姓名：冯鲂。字：孝孙。籍贯：南阳湖阳。特长：打防守战、治理地方、心性坚韧。经历：王莽末年时招募豪杰自守一方—光武帝登基攻下南阳以后被招至麾下—为县令期间年年政绩全国前十一被光武帝召至洛阳为太仆—顶替张纯为司空）

四月，因为现在大汉已经国泰民安，天下太平，再也用不着动用武力了，光武帝毕生梦想已足，所以在这一年改建武年号为中元。

同月，司徒冯勤去世，光武帝用司隶校尉李䜣接替冯勤为司徒。

本年秋季，全国各地频繁暴发蝗灾，光武帝因此连番祭拜高祖庙，请求汉高祖刘邦的保佑。可就在光武帝刚刚祭拜完高祖庙还不到一个月的时间，那可恶的日食又来了，虽然在民间没有任何一个人因为这一连串的事件污蔑光武帝，可光武帝自己却接受不了。

光武帝这人，不求长生，不信鬼神，却对图谶极为信奉，对天道非常依赖。他认为，自己就是通过图谶的启发才能成功一统天下，可最近却接连发生天灾，那是不是天道对我最近的治国有什么不满，又给了我什么提示呢？基于此，光武帝准备大发官吏往民间去找寻天道所降下的图谶，意图继续按照老天的意愿去治理国家。

光武帝的做法给一众大臣都吓蒙了。要知道，这种事情肯定是瞒不住的，早晚都会传到民间，到那时候，有心之人完全有可能伪造图谶，进而控制皇帝。可明知道事情会发展到这种地步却没有一个人敢去劝谏光武帝。为什么呢？因为光武帝对于图谶实在是太过于信赖。在光武帝心中，图谶就是神圣且不可诋毁的，谁要是敢质疑图谶，那就是质疑他光武帝的帝位，质疑老天给大汉的福佑！基于此，绝大部分人都不敢去触这个霉头。只有给事中桓谭上疏直言道："陛下，一般人总是喜欢注重那些奇异的传闻而忽略眼前的事物。所谓的天道和命运，那都是些缥缈无形的东西，甚至是否存在都不得而知。所以孔子对其闭口不提，他虽然没有否认天道，但同时，质疑之意也是表露无遗。基于此，圣明的君王始终以仁义为根本，从来不会去过度重视那些奇异的怪事。如今时代，一些小人专门看准统治者偏爱的东西来伪造假物，欺骗人心，进而连累君主，身为一名贤明的君王，怎么能不对这些鬼神之事避而远之呢？陛下，您不信长生，远避术士，视点石成金之术如粪土，真是无比英明啊，可为什么您又要如此信奉谶文？这是何等的失误？要臣认为，所谓的谶文只不过是在机缘巧合之下蒙对而已，根本不能用它来决定国家大事，还请陛下三思而后行。"

看完桓谭的上疏以后，光武帝无名火起，双手狠狠地攥着桓谭的奏折久久不能松开，也许光武帝信奉谶文，也许光武帝不信奉谶文，但不管他信奉还是不信奉，所谓的谶文都是他继承大统的口实，是他身份合法性的象征，绝对不允许诋毁。所以，当光武帝看到桓谭的奏折以后，他怒了，并在第一时间将桓谭召到了宣德殿。

宣德殿上，光武帝冷笑着对桓谭道："你的奏折朕看到了，但朕依然决定用谶图来决定这次的事，不知你怎么看？"

这是光武帝给桓谭最后的机会，可桓谭好像没有读懂光武帝的意思，想了半天以后坚定地道："臣不懂得图谶之事，所以无法回答陛下的提问。"

光武帝道："哦？那你为什么不学习一下呢？"

桓谭义正词严地道："图谶之事，背离正道！是歪门邪道，绝不可以信奉！绝不……"

光武帝怒吼打断他道："大胆！桓谭你这般蠢，你也懂得怎么当臣子？来人！"

"在！"

光武帝道："桓谭逆贼诽谤天道，目无国法，给朕直接押下去斩了！"

"是！"

桓谭傻了，彻底傻了："以宽容为主的陛下为什么说杀就杀，难道是我触及了什么底线了？等等，底线，底线……天哪，我都干了什么，我都干了什么！我这是要拉陛下下台啊！"

直到这时候，桓谭才知道自己究竟干了什么，才知道死神已经和自己近在咫尺。于是，桓谭做了最后的努力，他急忙跪在光武帝面前，拼了命地向光武帝磕头请罪，直到将自己磕得满脸是血，光武帝才原谅了他（谭扣头流血，良久，乃得解）。

但死罪可免，活罪难逃，这之后，光武帝将桓谭彻底贬出了洛阳，让他去六安做一名普通郡丞。不久，桓谭病死在前往六安的途中。从此，朝中再也没有人敢因为图谶之事和光武帝指指点点了。

同年十一月，呼韩邪单于归天，其左贤王莫被立为新任南匈奴单于，是为丘浮尤鞮单于。

同月，分布在现甘肃南部武都一带的参狼羌同一时间对武都、陇西发动寇掠行动。这些羌人的情报系统相当落后，他们还认为这时候的汉朝是光武帝刚刚统一天下时候的汉朝，并没有郡国兵。结果，这些羌人刚刚进入汉朝边境便被边境上的郡国兵连杀带砍给打跑了。

公元57年正月，东夷一脉的倭国国王正式派遣使者往汉朝进贡，以附属国的姿态和东汉建交。

倭国，也就是现在的日本，倭国这时候一共有一百多个小国（极小的部落而已），实际上自汉武帝消灭朝鲜以后便已经有三十多个"国主"前来向汉朝进贡臣服了。不过那时候只不过是一些国主向汉朝表示臣服，所以不能算是两国正式建交。

直到公元57年正月，倭国国王才正式派遣使者前来和汉朝建交。

据《三国志·乌丸鲜卑东夷列传》所载，很久以前的夏朝，国君少康的儿子曾经被封在会稽。他带领着会稽一带的百姓种田捕鱼生活，可因为当时船只简陋，海中还时常有凶狠的海兽出没，所以有很多百姓都在打鱼的过程中葬身鱼腹。

为了避免这种情况再次发生，少康便命自己的百姓在身上文出各种吓人的文身，以吓退海兽。

从此，吴越之地的人多有此种文身，或文于左，或文于右。

又据《三国志集解》注《梁书》记载，最早出使倭国的汉朝使者发现倭国渔民的打鱼方式和吴越渔民一模一样，更重要的是，他们皆有文身，文身也和吴越国的渔民极为相似，并且那些倭国的老人们都说自己是吴太伯（周朝古公亶父的儿子，因躲避储君之争前往了吴越之地，为吴越的发展起到了相当重要的作用）的后人，所以很多古史学家都认为倭国本无人居住，直到后来春秋战国的时候，吴越的人民为了躲避战乱，这才有很大一部分人乘船到了倭国生活。所以日本人其实是吴越人的后代。

这种论证不知道是真还是假，本人不敢断定，但我个人还是觉得有些道理的。

据《后汉书》和《三国志》所载，那个时候的倭国人不管男人还是女人都不淫乱，所有百姓都非常善良厚道，倭国男人只以木棉布扎头，妇女们则披着头发。

倭国人的衣服就好像一张单被，在中间穿一个洞，然后穿在身上，极其简单。

倭国人种植禾稻、苎麻，他们还种桑养蚕、析麻搓线，生产细麻布、细绢布和丝绵。

倭国的土地上没有牛马虎豹，兵器的种类只有矛、盾、木弓。

倭国气候温暖，人们一年四季都光着脚，食物多为生菜。他们有房屋居室，父母兄弟休息都有单独的地方，不挤在一起。

倭国人喜欢用朱丹涂抹自己的身体，就好像汉朝的粉一样。

倭国人死掉以后安葬有内棺而无外棺，堆土作为坟墓。刚刚死去家人的倭国人一段时间之内都不会吃肉，他们只哭，一天到晚地哭，而周围的邻居则会到死者家里唱歌跳舞，白吃白喝。安葬了死者以后，全家人都要到距离自己最近的河水里洗澡，就好像中原丧礼中的练沐一样。

倭国的使者到中原来经常是一个人，从出发到回国这段时间他们都不会洗澡、梳头，往往一名倭国使者到达洛阳以后浑身都是虱子，但这是人家对汉朝皇帝的尊重，汉朝皇帝和满朝的大臣便只能忍着，还要对对方的尊重表示善意。

倭国使者回到国家以后，如果旅途一切顺利，那么他们的国王便会重重地赏赐这名使者。可如果在这过程之中生病了，或者回来的时间延期了（哪怕完成了邦交任务），国王便会杀掉这名使者，因为他们觉得这表示此名使者没有尊重汉朝。

倭国特产珍珠、青玉。树木则有楠、杼、豫樟、揉枥、投櫃、乌号、枫香等。

倭国还盛产姜、橘、椒、蘘荷。这些都是可以吃的好东西，但是倭国人并不知道，所以这些优质的食品被当作垃圾一样丢弃了。

倭国人不管办什么事情都要先用骨头来进行占卜，只有占卜结果是吉的话才会办接下来的事。

倭国人喜欢男男女女规规矩矩地坐在一起饮酒聊天。每当倭国人在大街上碰到长者或者高官的时候，他们都会两手合十以表尊重。

倭国不管男女，几乎人人长寿，活到八九十岁的很常见，更甚至有能活到一百多岁的，这在当时简直就是奇迹。

倭国人非常善良，他们不喜欢争斗，全国上下极少有人犯法。

倭国中每个小国都设有大型市场，专门负责和其他的小国进行交易。由于地处极东的大海之上，所以倭国没有外敌，只在自己的领地中活动。

本来，善良的倭国人过着与世无争的桃源之日是非常惬意无忧的，可不知道怎么回事儿，自从和东汉建交以来，倭国的人开始变了，各国的国主们开始变得有了野心。他们相互吞并，相互战争，到三国以后，本来的一百多个国家直接变成了三十多个，本来的男性国王更是被女皇所取代（卑弥呼）。倭国，即将在很长的一段时间陷入战乱之中。

4.16　光武帝

公元57年二月，也就是倭国和汉朝正式建交的一个月以后，光武帝刘秀，崩，享年六十二岁。

光武帝，时常被人们称作完美皇帝，虽然并不是真正的完美，但这不是没有根据的。在军事上，昆阳之战以绝弱胜绝强，给予了新莽朝廷最强有力的一击。

平定河北的诸多战争中，除了一次大意而险死还生以外无一败绩。之后逐鹿中原平定天下，光武帝多次遥控指挥将军作战，从无一次指挥失误，反倒是不听他话的将军最后全都失败了。

从政方面，除了取消郡国兵制度和应对土地兼并问题以外，几乎挑不出任何毛病，光武帝每天一大早就会起床，然后主持朝会，和群臣共同讨论政治得失，一直到午饭前才会散朝，天天如此。

散朝以后，光武帝还会处理从各地送来的公文。因为光武帝几乎将大权都集中于尚书台，所以每日堆积的奏折都好像小山一样高。可光武帝每日都会将公文处理完毕才会睡觉，在这种没有充足休息的情况下，光武帝能活到六十二岁也是不容易了。

总之，在光武帝的治理下，东汉朝廷迅速地富了起来，百姓们又恢复了西汉时候的勃勃生机。所以《后汉书》才会这么评价光武帝：

"汉朝中衰，王莽篡位。九州纷乱，日月星三光昏暗。人们厌恶邪恶欺诈，神明思念圣德归来。光武皇帝大受天命，佳气神光已经彰明。他有先见之明，深通经天纬地之术。王寻、王邑率领百万之众，如虎狼一般气势汹汹。兵车压地之声震慑荒野，刀枪箭矢更是遮天蔽日。可光武皇帝神勇无比，硬是用微弱的力量取得了决定性的胜利，所以新都侯王莽终于灭亡。后来天下大乱，群贼四起，光武帝指挥神兵，代表上天对这些叛乱的人依次实行了讨伐。最终统一了天下。多么英明的神机妙算，多么威武的指挥决断。啊！天命集中于光武帝一身，得以光复兴隆我汉家天下。"